신약성경이 가르치고
지금도 사용되는
예언의 은사

신약성경이 가르치고 지금도 사용되는
예언의 은사

2015년 11월 20일 초판 2쇄 발행

지은이 | 웨인 그루뎀
옮긴이 | 김동수 · 김윤아
펴낸이 | 박영호
펴낸곳 | 도서출판 솔로몬

주소 | 서울시 동작구 사당 3동 207-3 신주빌딩 1층
전화 | 599-1482
팩스 | 592-2104
직영서점 | 596-5225

등록일 | 1990년 7월 31일
등록번호 | 제 16-24호

ISBN 978-89-8255-511-4 03230

The Gift of Prophecy by Wayne Grudem
Copyright ⓒ 2000 by Wayne Grudem

Korean Copyright ⓒ 2013
by Solomon Publishing Co., Seoul, Korea

본서의 한국어판 저작권은 알맹2 에이전시를 통하여
Cook Communications Ministries와 독점 계약한 도서출판 솔로몬에 있습니다.
저작권법에 의하여 한국 내에서 보호를 받는 저작물이므로
무단전재와 복제를 금합니다.

예언의 은사

신약성경이 가르치고 지금도 사용되는

웨인 그루뎀 지음
김동수 · 김윤아 옮김

The Gift of Prophecy
in the New Testament and Today

솔로몬

내 삶에 매일 기쁨을 주는
엘리엇, 올리버, 알렉산더에게

"자식들은 여호와의 기업이요"
(시 127:3)

옮긴이 서문 8
서문 10
1997년 재판의 서문 12
2000년 판의 서문 14

서론 17

1장 구약의 예언자들: 바로 그 하나님의 말씀을 말하기 21
예언자들은 하나님의 사자들이다 / 예언자들의 말은 하나님의 말씀이다 / 예언자들의 말의 절대적 신적 권위 / 오늘날에 적용하기

2장 신약의 사도들: 바로 그 하나님의 말씀을 말하기 29
신약성경의 사도들은 그리스도의 사자들이다 / 신약성경의 사도들은 구약성경의 예언자들과 연관성이 있다 / 사도들의 말은 하나님의 말씀이다 / 왜 "예언자"라는 명칭 대신 "사도"라는 명칭인가? / "사도들"이 "예언자들"이라고 호칭된 적이 있는가? / 오늘날에 적용하기

3장 고린도의 신약 예언자들: 하나님이 마음에 주신 것을 인간의 말로만 말하기 57
고린도전서 12-14장의 구조 / 고린도전서 14:29: 분별해야 하는 예언 / 고린도전서 14:30 의도적으로 무시된 예언 / 고린도전서 14:36: 고린도교회 예언자들에게 하나님의 말씀이 없음 / 고린도전서 14:37-38: 사도보다 권위가 낮은 예언자들 / 고린도전서 11:5: 다스리지도 가르치지도 않는 여성 예언자들 / 고린도전서로부터의 결론

4장 신약 여타 문헌에 나타난 예언자들: 하나님이 마음에 주신 것을 인간의 말로만 말하기 81
사도행전의 증거 / 다른 신약 책들의 증거 / 초기 교회사에 나타난 예언 / 요약 / 오늘날에 적용하기

5장 예언의 원천: 하나님이 마음에 생각나게 하시는 것 109
고린도전서 14:30: 예언은 하나님의 "계시"에 근거해야만 한다 / 예언자는 얼마만큼 알 수 있는가? / 예언이 "황홀경적"(ecstatic)인가? / 예언이 기적적인 것인가? / 요약 / 오늘날에 적용하기

6장 예언과 가르침: 서로 어떻게 다른 은사인가? 131

예언의 핵심 본질 / 예언에는 "계시"가 필요하다 / 가르침의 핵심 본질 / 예언과 가르침의 차이점 / 예언과 설교의 차이 / 왜 바울은 여성에게 예언을 허용하지만 가르침은 허용하지 않는가? / 요약 / 오늘날에 적용하기

7장 예언의 내용: 예언자들이 무엇을 말했나? 147

고린도전서 14:3: 덕을 세우며 권면하며 위로하는 어떤 것 / 고린도전서 14:31: 사람들이 예언으로부터 "배움"을 얻을 수 있기 때문에 이것은 가르침을 포함할 수 있을까? / 고린도전서 13:2: 사랑 있는 예언하기와 사랑 없는 예언하기-중요한 차이점 / 고린도전서 이외에 언급된 예언의 기능들 / 예언의 "형식": 예언들이 전형적인 단어들과 구문들 혹은 독특한 언어 패턴들을 지니고 있었는가? / 요약 / 오늘날에 적용하기: 예언에 어떤 종류의 내용이 있을 수 있는가?

8장 교회에서 하나님의 축복의 표적으로써의 예언(고전 14:20-25) 171

서론 / 인용된 구약구절의 의미(사 28:11-12) / 이사야서 28:11-12에 대한 바울의 해석 / 예언과 방언이 모두 "표적"이라고 지칭될 수 있는가? / 이 구절을 이해하기 위한 열쇠: "표적"은 긍정적 혹은 부정적 의미를 모두 가질 수 있음 / 바울이 말하고자 하는 것의 요약 / 방언의 은사에 대한 암시 / 결론: 예언이 어떻게 하나님의 축복의 표적인가? / 오늘날에 적용하기

9장 예언자들과 교회 치리: 예언자들은 초기 교회의 "카리스마적 지도자들"이었는가? 185

서론: 이 제안의 근거 / 초기 예언자들의 카리스마적 지도자 역할에 대한 증거의 판별 / 요약 / 오늘날에 적용하기

10장 모든 신자가 예언할 수 있는가? 193

"예언자"는 교회 내의 직책인가, 아니면 비공식적 명칭인가? / 모든 신자가 예언할 수 있는가? / 예언은 한시적 은사인가, 아니면 지속적 은사인가? / 예언의 은사에는 능력의 차이가 있을 수 있다 / 예언의 은사를 추구하는 것이 옳은 일인가? / 요약 / 오늘날에 적용하기

11장 여성과 예언: 예언은 권장되지만 예언에 대한 판단은 권장되지 않음 219

사도행전 21:9: 빌립의 딸들 / 고린도전서 11:5: 머리에 너울을 쓰고 예언하는 여성들 / 고린도전서 14:33b-35: 여성이 어떤 식으로 교회에서 "잠잠해야" 하는가? / 요약 / 오늘날에 적용하기

12장 예언의 지속 기간: 예언은 교회에서 언제까지 사용될 것인가? 233

서론 / 고린도전서 13:8-13의 해석 / 이 해석에 대한 반론 / 예언의 은사와 성서의 관계 / 새 언약 시대(New Covenant Age)의 특징으로서의 성령의 은사들 / 요약 / 오늘날에 적용하기

13장 지역교회에서 예언의 장려와 규제 263

예언의 은사를 사용하고 있지 않으나 사용하고자 하는 교회들을 위해 / 예언의 은사를 이미 사용하고 있는 교회들을 위해

14장 왜 오늘날 우리에게 예언의 은사가 필요한가? 275

부록 A: 사도의 직분 279

부록 B: 정경으로서의 성서 288

부록 C: 성서의 충분성 309

2000년 판을 위한 부록

부록 1: 구약성서와 신약성서의 예언과 예언자들: 성서적-신학적 고찰 324

부록 2: 고린도전서 12:8의 '지혜의 말씀'과 '지식의 말씀'은 무엇인가? 348

부록 3: 은사중지론의 논증에 있어서 몇 가지 그릇된 가정들 359

부록 4: 에드먼드 클라우니의 『교회론』에 실린 반론에 관한 소고 363

부록 5: 그리스도인들이 여전히 예언할 수 있는 이유 369

부록 6: 에베소서 2:20과 3:5의 해석 387

부록 7: 교회 역사상 여러 시점에 예언의 은사가 존재했다는 증거 408

약어표 424

참고문헌 426

미주 428

옮긴이 서문

§

본서의 저자인 그루뎀은 특이한 이력의 소유자다. 하버드대학을 나와 웨스터민스터 신학교에서 공부하고, 후에 캠브리지 대학에서 박사 학위를 받았다. 신학에서 보수와 진보를 아우르는 그의 이력이다. 또 그는 신약학 분야로 학위 논문으로 "고린도전서 12-14장에 나타난 예언은사 연구"를 썼는데 그는 지금까지 주로 조직신학자로 활동해 왔다. 그는 성서신학과 조직신학을 아우를 수 있는 우리 시대에 몇 안 되는 학자다. 거기에다, 얼마 전까지 시카고에 있는 유명한 트리니티 신학교의 교수로 있다가, 지금은 연구에 전념하기 위해 비교적 작은 규모의 신학교인 피닉스 신학교Phoenix Theological Seminary에서 조직신학 교수 겸 성서신학 교수로 있으면서, 지역교회들에서도 성경을 가르치고 있다. 신학과 목회를 아우르는 그의 경향성이다.

이러한 그루뎀의 이력은 본서를 쓰는데 유감없이 발휘되고 있다. 그는 미세한 주석에 전문가일 뿐만 아니라, 조직신학적으로 문제를 다룰 수 있는 능력을 본서에서 보여주었다. 또 전통적 개혁주의 성향의 신학교를 졸업하고, 복음주의 권의 신학교에서 가르쳤지만, 그는 어떤 한 신학에 함몰되지 않고 매우 균형 있게 신약성서가 말하는 예언의 은사를 다루고 있다. 또 그의 주장은 단순히 상아탑에서만 회자되는 것들이 아니라 교회의 삶과 밀접하게 관계되어 있다. 이런 사람이 정말 우리가 꿈꾸는 신학자가 아니겠는가!

본서는 그루뎀의 박사 학위 논문을 평신도와 교회에 맞게 쉽게 풀어쓴 책이다. 본서는 신약성서가 말하는 예언의 은사를 주석적으로 잘 풀어낼 뿐 아니라, 이것이 교리적으로 어떤 중요성이 있는지, 그리고 현재 이것이 교회에 어떻게 적용될 수 있는지를 매우 쉬운 필치로 표현하고 있다.

이 책은 예언의 은사를 인정하고 현재에도 그대로 활용하자는 논지로, 신학자가 쓴 책 중에는 매우 드문 종류의 것이다. 벌써 본서는 예언의 은사에 관한 표준서가 되었다. 그래서 예언의 은사에 관해서 교계에서 논란이 있는 이 때에 본서는 바른 예언관을 제공해 줄 것을 역자들은 확신하면서 이 책을 번역하게 되었다.

평택대에서 신약학을 가르치는 역자 김동수와 여기에서 바울의 예언의 은사 연구로 박사 학위를 받은 역자 김윤아가 의기투합하여 이 역서를 내놓게 되었다. 완성된 원고를 꼼꼼히 읽고 교정해 주신 유종근 장로님(전 전라북도 지사이셨으며 역자인 김윤아 남편)께 역자들은 감사한다.

2013년 9월 4일

김동수 · 김윤아

서문
§

본서는 내 박사학위 논문인 '고린도전서에 나타난 예언의 은사'[1]의 대중적 버전으로 쓰기 시작한 것이다. 하지만 이 책이 끝날 때는 그 이상이 되었다. 본서는 더 많은 실제적인 문제에 대한 논의를 담고 있으며 몇 몇 은사주의적 관점과 비 은사주의적 관점으로 쓰여진 예언에 관한 다른 대중 서적과 대화를 포함하고 있기 때문이다. 게다가 비록 내가 박사 학위 논문을 완성했을 때와 신약 성서의 예언에 대한 내 이해가 그 때와 똑같을지라도 동료들과 학생들과의 계속된 대화를 통해 나는 몇 가지 상세한 점에서 내 견해를 정제 혹은 수정했다. 비록 여기에서 박사 학위 논문의 각주들과 복잡함 없이 대중적인 형태로 표현되기는 했지만 대체적인 결과는 보다 성숙하고 보다 분명하게 서술되었다.

내가 1977년에 박사 학위 논문을 쓴 이후 신약의 예언에 관해서 두 권의 매우 중요한 책이 발간되었는데, 하나는 힐 David Hill이 쓴 것이고 다른 하나는 아우니 David Aune가 쓴 것이다. 이 책들이 본질상 학문적으로 기술된 것이기 때문에 본서에서는 이것들에 대한 상세한 논의는 하지 않았지만, 나는 두 책에 대해서 다른 곳에서 서평을 한 바 있다. 힐 David Hill의 '신약의 예언' New Testament Prophecy에[2] 대한 나의 논평은 *Themelios* 7:2(January 1982), 25-26에 나와 있고, 아우니 David Aune의 '초기 기독교와 고대 근동 세계에 있어서의 예언' Prophecy in Early Christianity and the Ancient Mediterranean World[3]에 대한 서평은 *Evangelical Quarterly* 59:4(October 1987), 351-355에 나온다.

많은 사람들이 하나님의 섭리 가운데 이 분야에 관해서 나에게 영향을 미쳤다. "은사주의적" 친구들(특히 Bob Slosser와 Harald Bredesen)과 "비은사주의적" (혹은 "반은사주의적"까지도) 친구들(특히 John Frame, Edmund Clowney, Richard Gaffin과 O. Palmer Robetston), 물론 두 진영에 실제로 속하지 않는 친구들(특히 Vern Poythress, Kim Batteau, Randy Hekman, 그리고 내 박사논문 지도교수인 C. F. D. Moule)도 대화와 글을 통해서 이러한 질문을 계속해서 하게끔 했고 내 이해를 도왔다.

나는 친절하고 정확하게 여러 섹션의 원고를 타이핑해 준 모리스Mary Morris와 비르킨쇼우Marie Birkinshaw와 프레스톤Jane Preston과 인덱스를 만들어 준 로쓰웰Don Rothwell에게 감사하고 싶다.

나는 나의 부모님인 아르덴Arden Grudem과 진Jean Grudem게 감사하는데, 부모님은 내가 본서와 본서가 바탕이 된 이전 논문을 쓸 때 여러 방식으로 그것이 가능하도록 도와주었다. 킹스웨이 출판사의 캐서우드Christopher Catherwood의 예의바르지만 집념 어린 권고가 없었더라면 나는 이 책을 쓰지 못했을 것이다. 하지만 내가 이 글을 쓰기로 동의한 이후 내 아내 마가렛은 내가 다른 프로젝트를 그 후에 맡지 못하도록 지혜롭고 부드럽게(하지만 여전히 집념으로) 내게 상기시켰다. 이것으로 인해 나는 거의 정시에 원고를 완성할 수 있었다.

마지막으로, 내 아들들인 엘리엇, 올리버와 알렉산더는 이 일을 하는 가운데 놀라운 기쁨과 격려의 원천이었다. 나는 본서를 내 아들들에게 헌서하는데, 이들이 자랐을 때는 보다 강해진 교회와 보다 강해진 복음주의 운동이 일어나 성령의 은사에 관한 문제로 교회가 더 이상 갈라지지 않고 "능력과 사랑과 절제하는 마음"으로(딤후 1:7) 성령이 예수를 사랑하고 그의 말씀에 순종하는 자들에게 주시는 이 은사들을 일치해서 사용하기를 소망한다.

웨인 그루뎀
1987년 9월

1997년 재판의 서문

§

나는 본서를 개정하려고 했었지만 다른 프로젝트가 많아 지금까지 하지 못했었다. 그런데 1987년판대로 재판을 해 준 킹스웨이 출판사에 감사한다. 나는 10년 전의 견해를 그대로 가지고 있지만 특히 다음과 같은 몇 가지 점을 보다 분명하게 할 기회를 곧 갖게 되기를 소망한다.

(1) 나는 신약은 물론 구약에도 다양한 예언이 있었다고 생각하지만, 경전적 권위를 가진 일차적 구약 예언을 묘사하는 말로 "구약의 예언"이라는 내 배타적 어구는 이 점이 명료하지 않았다.

(2) 내가 62페이지에서 말했듯이, 나는 47-62페이지는 본서와 내 주장에서 꼭 필요한 부분이 아니라고 생각한다. [주의: 이 부분은 2000년도 판에서는 부록 6가 되었다] 그래서 몇 몇 저자들이 에베소서 2:20에 관한 내 견해와 다른 것에 너무 큰 에너지를 소비한 것과 내 입장을 유지하는데 있어서 이것이 핵심이라고 주장한 것은 나를 혼란스럽게 하고 있다(어떤 해석에 대해서도 그것은 그렇지 않다).

(3) 신약의 예언자들이 그 권위에 있어서 반드시 구약의 예언자들과 같아야 한다고 주장하는 자들에 의해 나는 설득되지 않은 채 남아 있다. 내게는 그들의 주장은 다음과 같은 점을 제대로 설명하지 못한다. (a) 제사장 직의 경우에도 엄청난 변화가 있었다는 것(우리 모두는 제사장이다. 벧전 2:5, 9); (b) 구약에서 선지자들이 가졌던 신적 권위의 역할을 사도들이 떠맡았다는 사실; (c) 오순절 이후에 지역 교회에서 예언에 관한 신약 본문에 강력한 영향력이 있다는 것(3-4장을 보라).

(4) 한 두 비평가는 내가 성경의 권위 혹은 성경의 충족성을 부인했다고 주장했다(사실 이것들은 내가 길게 쓰면서 변호했던 교리들인데 말이다!). 그들은 나의 입장을 이해하지 못했거나 혹은 정확히 그것을 표현해내지 못했다.

(5) 지난 10년 동안의 가장 놀라운 발전은 몇 몇 학자들에 의해서 청교도주의자들(Samuel Rutherford와 Richard Baxter를 포함하여)이 내가 본서에서 주장한 예언에 관한 똑 같은 견해를 가지고 있었다는 것을 발견한 것과 또한 웨스터민스터 신앙고백이 성령으로부터의 그러한 개인적으로 주어지는 계시를 "개인적인 정신들"private spirits로 부르며, 이것을 "고대 작가들의 견해"와 "인간에 관한 교리"와 함께 교회에 존재하지만 "성령이 성경을 통해서 말하는 것"에 의해서 분별되어야 한다는 것을 발견한 것이다(WCF 1:10)-이 견해는 내가 진심으로 동의하는 것이다.

웨인 그루뎀
1997년 9월

2000년 판의 서문

§

나는 크로스웨이 북스Crossway Books 출판사에 이 책을 다시 인쇄해 준 것에 대해 감사한다. 왜냐하면 이 문제는 본서가 처음에 출판되었을 때와 마찬가지와 최소한 현대 교회에 적절한 것이라고 믿기 때문이다.

본 판에서 나는 1988년 판에서 본문의 내용을 바꾸지 않았다. 하지만 출판사 당국자들은 내가 본서의 첫 판에 포함되지 않았던 자료들을 포함하는 몇 개의 부록(1에서 7까지의 숫자로)을 추가하도록 내게 친절하게 허용해 주었다. 이것들은 다음과 같은 것들이다. (1) 신구약에 나타난 예언과 예언자들에 관한 새로운 성서적-신학적 연구; (2) 고린도전서 12:8에 있는 "지혜의 말"과 "지식의 말"에 관한 논문; (3) 은사중지론자들의 주장에서 내가 흔히 보는 부정확한 가정들에 대한 짧은 토론; (4) 클라우니Edmund Clowney의 교회The Church라는 책에 있는 예언의 은사에 관한 장에 나와 있는 몇 가지 점에 대한 대화; (5) 대중적인 청중을 위해서 짧은 형태로 예언에 관한 내 입장을 요약하는 논문; (6) 지난 판본에서는 제 2장의 일부로 있었던 에베소서 2:20과 3:5에 대한 나의 논의; (7) 예언의 은사에 대한 몇 가지 예를 보여주는 일련의 인용들, 이것은 교회 역사의 여러 다른 지점에서 기능을 한 것인데, 특히 17세기 청교도들과 개혁주의 지도자들로부터 뽑아온 것들.

1997년 재판의 서문에서(위를 보라) 이것이 이 책으로 1988년에 처음으로 출판된 이래로, 그리고 6년 전 '고린도전서에 나타난 예언의 은사'[4]라는 책이 출판된 이래로, 나는 내 입장과 다른 수많은 논문들과 책들에 대한 보다 철저한 반응을 곧 글로 쓰는 희망을 표출했었다. 하지만 나는 이제 어떤 더 이상의 반응을 계획하지 않는다. 왜냐하면 내 생애에 있어서 하나님의 인도하심을 분별해 볼 때 새로운 프로젝트와 새로운 헌신이 보다 높은 우선적인 일이 되었다. 게다가 나는 이 책에서의 내 주장이 내게는 아직도 유효한 것처럼 보이며 나는 많은 독자들이 이것이 설득력 있다고 생각하는데 감사한다. 또한 내가 감사하는 것은 본서와 다른 책들과 다른 논문들을 통해서 전 세계에 있는 많은 교회들이 예언의 은사가 기능하도록 허용하는 새로운 열린 마음을 채택했다는 것과(현명한 성서적 지침 내에서) **본서**를 통해서 많은 교회들이 그들의 교회와 개인적인 삶에 관한 부가적인 주님의 축복을 발견한 것이다.

웨인 그루뎀
2000년 6월

The Gift of Prophecy

서론

§

오늘날에 있어서 예언의 문제

예언의 은사란 무엇인가?

우리는 이것을 우리들의 교회에서 사용해야 하는가? 오늘날 이 문제에 관해서 기독교인들 사이에 심한 견해 차이가 존재한다.

다수의 은사주의자들이나 오순절주의자들은 예언은 "주님으로부터 받은 말씀"으로 우리 삶의 세부적 상황에 안내를 해주고 개인의 덕성을 많이 함양하며 예배 시간에 하나님의 임재에 관한 강렬한 인식을 가져다준다고 한다.

그러나 다수의 개혁주의자들과 세대주의자들은 그 같은 견해는 하나님이 우리에게 주신 완성된 말씀으로서의 성경의 독특한 권위를 위협하며 사람들로 하여금 성경에 대해 관심을 기울이지 않게 하며, 믿을 수 없는 형태의 "주관적" 인도에 지나친 관심을 기울이도록 유도한다고 한다. 그들은 예언의 은사는 우리가 성경에서 볼 수 있는 하나님 자신의 말씀을 말(또는 기록)하는 능력이며 그 은사는 신약성경이 완성됨과 함께 끝났다고 한다. 그들의 견해는 흔히 은사중지론자cessationist의 관점이라고 불리는데 이는 그들이 예언과 다른 기적적 은사들은 신약성경이 기록된 이후 중지되었다고 주장하기 때문이다.

그리고 은사주의자도 아니고 은사중지론자도 아니면서 예언의 은사(그리고 다른 특이한 은사들)에 관해서 어떻게 생각해야 할지 확신이 서지 않는 다수의 기독교인들이 있다. 그들은 예언이 현재 자기들의 교회에서 기능하는 것을 보지 못하고 있으며, 은사주의 운동에서 목격한 일부 지나친 행위에 다소 미심쩍어하지만 반면에 그 같은 은사들의 사용에 대해 반대할 확고한 신념도 없다.

신약성경의 새로운 분석이 이러한 견해 차이를 해소할 수 있을까? 성서 본문 그 자체가 양쪽 견해에 정말로 중요한 것을 보전하면서도 신약성경의 가르침에 충실한 '중간 지대' 또는 '제 삼의 입장'을 제시하는가? 나는 이 물음에 대한 답은 '그렇다'라고 생각한다.

이 책에서 나는 예언의 은사에 관한 이해를 제시하는데 이는 위의 세 그룹의 견해에 각각 약간의 수정을 요구한다. 나는 은사주의자들에게 계속해서 예언의 은사를 사용하되 그것을 "주님이 주신 말씀"이라고 부르지 말 것을 요구하는데, 이는 그 같은 라벨을 붙이는 것이 예언을 성경과 같은 권위를 가진 것처럼 만들어 많은 오해를 야기하기 때문이다. 실천적인 면에서는 나는 은사주의 운동의 책임성 있는 지도자들의 말을 많이 인용했는데, 이 은사를 사용하는 교회들에게는 예언을 해석하고 오용을 방지하는데 있어서 그들의 지혜로운 권면을 따르기를 바란다.

반면에 은사중지론자의 입장에 있는 사람들에게 나는 신약시대의 보통 교회들에서의 예언은 그 권위가 성경과 동등하지 않았으며 단순히 성령께서 누군가의 마음에 가져다 준 것을 매우 인간적으로 (그리고 때로는 부분적으로 오류가 있는) 보고하는 것이었을 가능성을 심각하게 생각해보라고 요구한다. 그리고 나는 그들에게 특정 은사들의 단절을 옹호하는 주장들을 다시 생각해보라고 요구하는데, 나는 이 주장들을 12장에서 새롭게 자세히 검토할 것이다.

끝으로, 이 같은 문제에 이 편이든 저 편이든 강한 확신이 없는 다른 모든 기독교인들에게 나는 예언의 은사에 관한 신약성경의 가르침에 어느 정도 관심을 기울여주고, 또한 특정 상황에서 성경의 안전 조치들을 따른다면 이 은사는 개인의 덕성을 많이 세워주며 예배에 새로운 영적 활력소를 가져다 줄 수 있다는 가능성에도 관심을 가져 줄 것을 요구한다.

시작부터 나는 은사주의자들과 은사중지론자들의 견해가 대부분 틀렸다고 말하는 것이 아니라는 점을 분명히 하고자 한다. 오히려 나는 (그들이 중요하다고 여기는 부분에서) 그들이 대부분 옳다고 생각하며, 예언의 성격(특히 예언의 권위)에 대해 어떻게 이해하는가에 약간의 수정을 가한다면 양쪽이 매우 중요하다고 여기는 부분들을 안전하게 지키면서 이 문제의 해결을 가져올 가능성이 있다고 생각한다. 은사중지론자들의 편에서는 예언에 관한 이 같은 견해가 신약 정경의 완성(따라서 오늘날에는 동등한 권위를 가진 새로운 말씀이 주어지지 않는다는 점)과, 성경의 충분성과, 성경의 인도가 가지는 최상의 독특한 권위에 대한 강력한 긍정을 포함할 것이다. 은사주의자들 편에서는 이 견해가 예언은 교회가 예배를 위해 모였을 때 다음을 일깨워주고, 덕을 세워주며, 권면과 안위의 말씀으로 현재의 필요에 직접적으로 언급해주며, 사람들로 하여금 "하나님이 참으로 너희 가운데 계시다"(고전 14:25)는 사실을 깨닫게 해주는 자생적이고 강력한 성령의 역사로서 여전히 계속해서 사용할 수 있도록 해준다.[5] 나아가 나는 모든 크리스천들이 중요하다고 생각하는 문제들에 관해서 신약성경의 예언에 관한 이러한 견해가 하나님의 백성들 사이에서 성령의 은사들에 대한 더 큰 의견통일을 이루고, 어떻게 하면 이 같은 은사들이 오늘날 바르게 사용될 수 있을까에 대해 더 잘 이해하도록 하는데 기여할 수 있기를 기대한다.

이 책은 또한 몇 가지 실천적 문제들을 다룬다. 개인적 차원에서 예언의 은사를 구하는 것이 옳은 것인가? 내가 이 은사를 받았는지 어떻게 알 수 있는가? 이 은사를 언제 어떻게 사용해야 하는가? 이 은사는 강화되거나 상실될 수 있는 것인가? 그리고 이 은사의 사용을 인정하는, 또는 인정을 고려하는 교회로서는 이에 대해 어떠한 가르침을 주어야 하는가? 은사 활용에 적절한 상황은 어떤 것인가? 무질서, 그릇된 가르침, 주관적 인도에 대한 지나친 의존 등의 남용을 방지하기 위해 어떠한 안전조치를 취해야 하는가? 거짓 예언에 대한 보호 대책은 무엇인가? 교회 내에서 모든 사람에게 예언할 수 있도록 허용해야 하는가? 이런 문제를 교회의 분열을 피하면서 대처할 수 있는가?

이 책은 개인적 경험들을 모아놓은 것이 아니다. 물론 그런 경험들은 하나님의 역사에 기뻐하도록 사람들을 고무하고 다른 사람들이 경험했던 비극적 남용을 피하도록 경고하는데 소중한 것이다. 예언의 은사에 관한 이 시대의 문헌들을 읽는 사람은 어느(찬반) 입장이든지 좋은 간증과 나쁜 간증이 많이 수록될 수 있으며 결국 결정적 증거가 되지 못한다는 것을 알게 된다. 궁극적으로 이 모든 문제는 성경 자체가 말하는 바에 의해 결정되어야 한다. 그래서 이 책은 거의 전적으로 성경의 가르침을 신중하게 분석할 것이다. 전체적 논거의 흐름을 알고자 하는 사람들을 위해 나는 통상적인 것보다 더 자세한 목차를 실었다. 나는 기독교인(신자)들이 성경을 손에 들고 이 책을 읽으면서 내가 제시하는 바가 바울이 "예언하기를 사모하라"(고전 14:29)고 말한 바로 그 예언의 은사에 관해 실제로 신약성경이 가르치고 있는 것인지 자문해 보기를 권한다.

1장

구약의 예언자들:
바로 그 하나님의 말씀을 말하기

신약성경에서의 예언의 은사에 관한 연구를 시작하기 전에 우리는 구약성경의 예언자들 – 모세와 사무엘, 또는 나단, 이사야, 예레미야와 다니엘 같은 사람들을 간단히 관찰해 볼 필요가 있다.

그들의 존재 목적은 무엇이었던가? 그들은 어느 정도의 권위가 있었던가? 만일 누군가 감히 그들을 거역하려 할 때 어떻게 되었는가? 그들은 한 번이라도 실수한 적이 있었는가?

우리는 이 시점에서 구약의 예언자들이 신약의 예언자들과 똑같았는지에 대해서는 아무런 가정을 하지 않는다. (사실 제 3장에서 나는 중요한 차이점들이 있다고 주장할 것이다.) 지금은 단지 구약성경의 본문 중에서 증거들을 조사하고 특별히 구약의 예언자들이 어떠한 권위를 가졌었는지에 대해 어느 정도의 결론을 도출하고자 한다.

예언자들은 하나님의 사자들이다
✳

구약의 예언자들의 주된 임무는 하나님으로부터 받은 말씀을 사람들에게 전하라고 보내진 하나님의 사자가 되는 것이었다.

그래서 우리는 예언자 학개에 관해 다음과 같이 기록한 것을 본다. "그 때에 여호와의 사자 학개가 여호와의 위임을 받아 백성에게 말하여 이르되"(학 1:13; cf. 옵 1:1). 마찬가지로 여호와께서 다윗 왕에게 "선지자 나단을 (통해 말씀을) 보내사"(삼하 12:25)라고 했고, 여호와께서 예언자 이사야에게 히스기야 왕에게 전할 말씀을 주셨다고 했다(왕하 20:4–6).

사실 진정한 예언자는 "진실로 여호와의 보내신 예언자"(렘 28:9)이다. 그러나 거짓을 예언하는 가짜 예언자는 여호와께서 "내가 그들을 보내지 아니하였다"(렘 29:9; cf. 13:6)고 말씀하시는 자들이다.

많은 경우에 예언자들은 특별한 종류의 사자使者들이다. 그들은 "언약의 사자들"로서 이스라엘 사람들에게 하나님과 그들 사이의 언약의 조건들을 상기시켜 주며 불순종하는 자들에게 회개하라고 요청하고 불순종의 대가가 곧 임할 것임을 경고하라고 보내심을 받는다(예를 들어, 대하 24:19; 느 9:26; 렘 7:25; 말 4:4-6을 보라).

이 사실이 왜 중요한가? 이것이 중요한 이유는 공적 사자는 그저 자신의 권위를 갖고 가는 것이 아니라 자신을 보낸 자의 권위를 갖고 말하는 것이기 때문이다.

대통령이나 수상의 메시지를 갖고 외국으로 파송된 대사를 생각해보라. 그는 그 메시지를 자기 자신의 것이라고 생각하지 않으며 그 메시지는 또한 자기의 개인적 권위를 수반하는 것이 아니다. 그가 전달하는 메시지는 그를 보낸 지도자의 권위를 수반하는 것이다.

구약성경의 예언자들도 그러했다. 그들은 그들 자신을 위해 말하는 것이 아니라 그들을 보내신 하나님을 위해 말한다는 것을 알았으며 하나님의 권위를 갖고 말했다.

예언자들의 말은 하나님의 말씀이다

✸

하나님의 사자들, 즉 예언자들의 권위는 그들이 전하는 메시지의 일반적 내용 또는 핵심 개념에만 국한된 것이 아니었다. 오히려 그들은 그들의 말 그대로가 하나님이 그들에게 전하라고 주신 말씀이었다고 반복적으로 주장했다. 우리는 이 점을 진정한 예언자를 구별하는 특징, 즉 진정한 예언자는 자기 자신의 말 또는 "자신의 마음에서 나온 말"을 하지 않고 하나님이 전하라고 주신 말씀을 말한다는 사실에서 발견한다. 예언자는 하나님이 전하라고 주신 바로 그 말씀을 말한다는 사실은 구약성경에서 자주 강조되고 있다.

- "너가 네 입과 함께 있어서 할 말을 가르치리라."(출 4:12, cf. 24:3)
- "하나님이 내 입에 주시는 말씀, 그것을 말할 뿐이니이다."(민 22:38; cf. 23:5, 16)
- "내 말을 그 입에 두리니."(신 18:18; cf. 21-22절)
- "내가 내 말을 네 입에 두었노라."(렘 1:9)
- "너는 내 말로 고할찌어다."(겔 2:7; cf. 3:17)

그러므로 우리는 구약성경의 예언자들이 분명 자신들을 위하여 말하는 것이 아니라 하나님을 위해 말할 때에 "내가 이렇게 하리라" 또는 "내가 그렇게 하였노라"라는 식으로 하나님을 자주 일인칭으로 지칭하는 것을 발견하는데(삼하 7:4-16; 왕상 20:13, 42; 왕하 17:13; 19:25-28, 34; 21:12-15; 22:16-20; 대하 12:5; 그리고 그 후의 예언자들에게서 수백 번) 이는 놀랄 일이 아니다. 이처럼 예언자의 말을 여호와의 말씀과 완전히 동일시하는 것은 예언자가 "너는 내가 여호와인 줄 알리라"(왕상 20:13) 또는 "나는 여호와라. 나 외에 다른 이가 없나니, 나 밖에 신이 없느니라."(사 45:5)라는 식으로 말할 때에 나타난다. 분명 그러한 경우에 어느 이스라엘 사람도 예언자가 자기 자신의 말을 하고 있다고 생각하지 않았을 것이며 그는 단지 자신을 보내신 이의 말씀을 복창하고 있다고 여겨졌을 뿐이다.

예언적 발언이 하나님으로부터 기원했다는 믿음의 마지막 지표는 예언자가 하는 말의 발언자로 하나님을 지칭하는 빈도에서 찾아볼 수 있다. 열왕기상 13:26에서 "여호와께서 그에게 하신 말씀"은 예언자가 21절에서 한 말이다. 마찬가지로 열왕기상 21:19에 나오는 엘리야의 말이 열왕기하 9:25f.에서 여호와께서 아합에게 내리신 벌이라고 인용되는데 엘리야는 언급도 되지 않는다(cf. 학 1:12; 삼상 15:3, 18). "여호와께서 그 종 예언자 아무개로 하신 말씀"이라고 읽는 것은 흔한 일이다(왕상 14:18; 16:12; 왕하 9:36; 14:25; 17:23; 24:2; 대하 29:25; 스 9:10-11; 느 9:30; 렘 37:2; 슥 7:7, 12; 등 등).

예언자들의 말의 절대적 신적 권위

✳

예언자의 말을 불신하거나 불순종하는 것은 하나님을 불신하고 불순종하는 것이다

예언자가 하나님의 말씀 그대로를 전한다는 사상에는 실질적인 결과가 따랐다. 즉 사람들이 어떠한 자세로 그의 말을 듣는가에 커다란 차이가 있었다. 사실 예언자의 말을 듣는 사람들이 그의 말에 하나님의 절대적 권위가 있다고 확신하게 되면 그들은 하나님 자신으로부터 불순종과 불신앙의 벌을 받을까 두려워하여 메시지의 경미한 일부분이라도 불신하고 불순종하는 위험을 감수하려 하지 않을 것이다(신 18:19; 삼상 8:7; 15:3, 18, 23 대조; 왕상 20:36; 대하 25:16; 사 30:12-14; 렘 6:10-11, 16-19 등을 보라). 다른 구절들도 제시할 수 있으나 패턴은 분명하다. 예언자가 하나님의 이름으로 말한 것을 무엇이든지 불신하거나 불순종한다는 것은 간단한 문제가 아니라 하나님을 불신하고 불순종하는 것이다.

진정한 예언자의 말은 도전하거나 의심할 수 없다

진정한 예언자는 하나님의 말씀 그대로를 전한다는 생각에는 또 다른 결과가 따랐다. 만일 그 말이 하나님의 말씀이라면 하나님으로부터 나왔기 때문에 틀림없이 진실하고, 선하고 순수할 것이다.

그러므로 우리는 구약성경에서 진정한 예언자로 인정된 사람의 예언을 '평가'하거나 '걸러내어' 좋은 것과 나쁜 것을 구별해내고 거짓과 진실을 가려내려고 한 사례를 찾아볼 수 없다. 오히려 사무엘이 예언자로 세워졌을 때 "여호와께서 그와 함께 계셔서 그 말이 하나도 땅에 떨어지지 않게 하셨다"(삼상 3:19). 사무엘이 하나님의 사람(즉, 예언자)이었기 때문에 사울의 사환이 "그가 말한 것은 반드시 다 응하나니"(삼상 9:6)라고 말할 수 있었다.

이는 어느 예언자가 하나님의 이름으로 말했을 때 만일 한 마디의 예언이라도 성취되지 않으면 그는 거짓 예언자임을 의미했다(신 18:22). 예언자의 직분에 부여된 권위가 너무나 크고, 따라서 거짓 예언자의 발현으로 인해

백성들에게 끼치는 영향이 너무나 재앙적이기 때문에 거짓 예언에 대한 처벌은 죽음이었다(신 18:20; 13:5). [주: 나는 이제 더 이상 구약성경이 거짓 예언에 대해 사형을 명령한 것이 아니라고 생각하며, 다른 신들을 섬기도록 하는 권고가 포함된 거짓 예언에만 사형을 명하였다고 생각한다. 아래 부록 1의 2마 부분을 보라.]

그래서 우리는 구약성경에서 모든 예언자가 평가되고 판단되지만 모든 예언의 각 부분들이 평가되고 판단되지는 않는 것을 보게 된다. 사람들은 "이 사람이 진정한 예언자인가, 아닌가? 그는 하나님의 말씀을 전하는가, 아닌가?"라고 묻는다. 그러나 그들은 한 번도 "이 예언의 어느 부분이 진실이고 어느 부분이 거짓인가? 어느 부분이 좋고 어느 부분이 나쁜가?"라고 묻지 않는다. 왜냐하면 단 한 부분의 거짓이 전체 예언을 실격시키고 그 예언자는 거짓 예언자임을 드러낼 것이기 때문이다. 실제로 전한 말씀에 대해 하나님의 권위를 주장하는 진정한 예언자라면 절대로 자신의 예언에 부분적으로는 자기 자신의 말을, 그리고 또 부분적으로는 하나님의 말씀을 할 수는 없다. 예언 전체가 하나님의 말씀이거나, 그렇지 않으면 거짓 예언자일 것이다.

따라서 여호와께서 사무엘과 함께 계셔서 그 말이 하나도 땅에 떨어지지 않게 하신(삼상 3:19) 것이 분명했을 때 "… 온 이스라엘이 사무엘은 여호와의 예언자로 세우심을 입은 줄을 알았다"(20절). 그래서 사무엘을 불순종하거나 아무렇게나 내린 것 같이 보이는 명령이라도 나중에 재론하면 하나님의 벌을 받게 된다(삼상 13:13과 10:18 대조; 15:23과 3절 대조).

이와 비슷하게 미가야는 예언자로서의 자신의 모든 평판을 단 한 가지 예언의 성취에 걸 의향이 있었다(왕상 22:28). 예언자가 하나님의 이름으로 하는 모든 말씀의 발언자가 하나님이라고 여겨졌기 때문에 진정한 예언자가 좋은 것과 나쁜 것 또는 진실과 거짓의 요소가 섞인 예언을 전한다는 것은 상상할 수 없는 일이었다. 진정한 예언자는 하나님으로부터 받은 것이라면 무엇이든지 말했다. 이와 같이 여호와께서 예언자를 통해 말씀하신 것은 절대적 신적 권위가 있었으며 그 권위는 그 예언자가 사용한 바로 그 단어들까지 연장되었다.

물론 이 말은 진정한 예언자는 결코 배신하지 않을 것이라는 것을 의미하지는 않는다(왕상 13:18). 여기서 내가 구별하고자 하는 것은 사람들이 어떠한 종류의 평가를 할 것으로 기대되는가와 관련되어 있다.

만일 이스라엘 사람들이 보통 생각하기를 예언자가 여호와의 말씀이 아니라 자기 자신의 말을 하고 있다고 한다면 그가 말한 문장 하나하나가 다 평가와 질문의 대상이 될 것이다. 듣는 사람들은 각 발언마다 "이 말이 진실인가, 아닌가? 옳은가, 그른가?"라고 물을 것이다. 예언자가 하는 이런 종류의 말은 사람들이 하는 말 중의 한 가지로 다른 어떤 말보다 더 권위를 갖지 못할 것이다. 비록 그가 전반적 내용이 하나님으로부터 왔다고 주장할지라도 예언자의 모든 말을 비판적으로 분별할 필요가 있는데, 이는 어느 한 부분에서라도 작은 실수가 일어날 수 있기 때문이다.

그러나 만일 예언자가 하나님의 말씀 그대로를 전한다고 주장한다면 다른 종류의 평가가 이루어진다. 거기에는 두 가지의 가능성만 있을 뿐이며 중간 지대는 없다. 질문은 이렇게 된다. "이것이 하나님의 말씀인가, 아닌가? 하나님의 말씀이라면 나는 순종해야 한다. 아니라면 그 예언자는 하나님을 잘못 대변하는 것이고 죽여야 마땅하다"(신 18:2)을 보라). 일단 그의 말이 (어떠한 방법으로든지) 하나님의 말씀으로 받아들여지면 다른 지위를 갖게 되어 도전이나 질문을 할 수 없게 된다.

| 오늘날에 적용하기 |

비록 이 연구가 아직 신약성경의 예언에 관한 문제를 다루지는 않았지만 그럼에도 불구하고 오늘날의 기독교인들에게 유용하게 적용할 수 있다. 그 이유는 구약성경의 예언자들이 전한 하나님의 말씀들이 사라지지 않고 구약성경의 책 속에 많이 보존되어 있기 때문이다. 사실 구약성경 전체가 예언자로서의 역할을 하는 사람들에 의해 기록되었다고 생각되고 있다는 근거가 없지 않다. 왜냐하면 누가복음에 이렇게 기록되어 있기 때문이다. "이

에 모세와 및 모든 예언자의 글로 시작하여 모든 성경에 쓴바 자기에 관한 것을 자세히 설명하시니라"(눅 24:27).

우리가 구약성경의 대부분이 '예언자'로서 기록한 사람들로부터 나온 것이라고 생각하든지 또는 전부가 그렇다고 생각하든지 간에 성경은 구약의 전체가 동일한 종류의 권위, 즉 하나님의 말씀 자체가 갖는 권위를 갖고 있다고 주장한다는 점을 확인할 수 있다.[6]

여기에는 현대의 독자들에게 실천적 결론이 존재한다. 우리는 구약성경의 본문들을 온전히 신뢰할 수 있으며, (그 계명들이 오늘날 우리에게 적용되는 경우에는 언제든) 우리는 그 계명들에 온전히 복종해야 하는데, 이는 그것들이 하나님의 명령이기 때문이다.

그리고 만일 구약성경이 이 같은 권위를 가진다면 우리는 결코 이를 무시하거나 거짓 또는 우리의 믿음에 합당하지 않은 요소들을 포함하고 있다고 생각해서는 안 된다. 도리어 우리는 구약성경을 소중히 여겨야 하며, 창조주께서 우리에게 말씀으로 우리의 삶을 인도하시고 우리의 영혼에 영적 자양분을 공급하시는 음성을 듣기 위해 계속해서 구약으로 되돌아가야 한다. 구약성경이 말하는 것은 하나님이 말씀하시는 것이고 이를 불신하거나 불복하는 것은 하나님 바로 그분을 불신하거나 불복하는 것이다.

2장

신약의 사도들:
바로 그 하나님의 말씀을 말하기

신약성경을 검토해본다면 우리는 구약성경의 예언자들과 같은 사람들을 발견할 수 있을까?

처음에 우리는 신약성경의 예언자들이 구약성경의 예언자들과 같을 것이라고 기대할 수 있다. 그러나 우리가 신약성경을 통틀어 관찰해보면 그렇지 않은 것 같다. 설혹 있다고 하더라도 (의심할 수 없는 하나님의 절대적 권위를 갖고) 하나님의 말씀을 그대로 전하고 신약성경에 포함하기 위해 성경책을 쓰는 권위를 가진 한 무리의 예언자들이 신약의 교회 내에 있었다는 증거는 거의 없다.

반면 신약성경에는 하나님의 절대적 권위를 갖고 말하고 신약성경의 대부분을 쓴 한 무리의 특출한 사람들이 있다. 그러나 이 사람들은 '예언자'라고 불리지 않고 '사도'라고 불리었다. 그들은 여러 면에서 구약성경의 예언자들과 비슷했다.

신약성경의 사도들은 그리스도의 사자들이다

✳

구약성경의 예언자와 신약성경의 사도 사이의 한 가지 현저한 유사점은 구약성경의 예언자들이 하나님에 의해 그의 사자로 '보내심'을 받은 것처럼 사도는 그리스도의 임명을 받아 특정한 사도적 사명을 위해 '보내심'을 받았다는 것이다.

예수는 (오순절 이후에 '사도'들이 될) 제자들에게 "아버지께서 나를 보내신 것같이 나도 너희를 보내노라"(요 20:21)고 말씀하셨다. 이와 비슷하게 그는 열한 제자들에게 "그러므로 너희는 가서 모든 족속으로 제자를 삼(으라)"(마 28:19)고 말씀하셨다.

그리고 다메섹으로 가는 길에서 그리스도는 바울에게 "내가 너를 멀리 이방인에게로 보내리라"(행 22:21; cf. 행 26:17; 고전 1:17; 갈 2:7-8)고 말씀하셨다. 사실 구약성경의 예언자들이 언약의 사자들이었던 것처럼 고린도후서 3:6에서 바울도 자신을 새 언약의 일군이라고 부르고 있으며, 바울은 그리스도께서 자신에게 사도로서 특별한 임무를 맡겼다는 사실을 자주 언급했다(고전 9:17; 고후 1:1; 5:20; 갈 1:1; 엡 1:1; 골 1:1, 25; 딤전 1:1; 등을 보라).

신약성경의 사도들은 구약성경의 예언자들과 연관성이 있다

그렇다면 우리가 신약성경을 읽을 때 사도들이 구약성경의 예언자들과 연관되는 것을 여러 차례 발견하지만 이와 대조적으로 신약성경의 예언자들은 한 번도 구약성경의 예언자들과 같은 방식으로 연관되어 있지 않은 것은 놀랄 일이 아니다.

첫째로 예수에게 '사도'라는 용어가 적용될 때에 그렇다. 히브리서 1장은 "옛적에 선지자들로 여러 부분과 여러 모양으로 우리 조상들에게 말씀하신 하나님이 이 모든 날 마지막에 아들로 우리에게 말씀하셨으니"(히 1:1-2a)라고 시작한다. 그리고 나서는 히브리서 3:1에 위와 같은 말에 근거하여 예수를 '예언자'라고 부르는 대신 저자는 "그러므로 … 우리의 믿는 도리의 사도시며 대제사장이신 예수를 깊이 생각하라"고 말하고 이어서 그를 유대교의 전통에 의하면 구약성경 예언자의 원형인 모세와 대조시킨다.

그렇다면 히브리서의 저자에 의하면 하나님은 구약성경에서 예언자들을 통해 말씀하셨고 신약성경에서는 사도 예수를 통해 말씀하셨다. 그러나 이러한 용어 사용은 특이하다 – 예수를 '사도'라 부른 것은 여기 한 번 뿐이다. '사도'라는 단어를 그리스도의 권위를 가진 사자들을 지칭하기 위해 사용한 것이 훨씬 더 통상적이었다.

예를 들어, 베드로후서 3:2에서 독자들은 "거룩한 예언자의 예언한 말씀과 주되신 구주께서 너희의 사도들로 말미암아 명하신 것을" 기억하라고 촉구 받는다. 그리고 누가복음 11:49에서 우리는 "내가 예언자와 사도들을 그들에게 보내리니"라는 구절을 읽게 되는데 여기에서 문맥상 "예언자"는 구약성경의 예언자들을 지칭하는 것이 틀림없다.

또한 초대교회에서도 사도들이 구약성경의 예언자들과 연결되었으나 신약성경의 예언자가 구약성경의 예언자와 관련된 경우를 나는 알지 못한다.

안디옥의 주교 이그나시우스(A.D. 107년경에 사망)는 그리스도는 문門이며 "그를 통해 아브라함과 이삭과 야곱과 예언자들과 사도들과 교회가 들어간다.… 사랑하는 예언자들은 그분을 가리키는 말씀을 전했기 때문이다"고 기록했다(Ignatius, *To the Philadelphians* 9:1-2).

서머나의 주교 폴리캅(A. D. 155년에 사망)은 빌립보 교회를 다음과 같이 권면했다.

그렇다면 "그분 자신께서 우리에게 명령하신 바와 같이, 그리고 우리에게 복음을 전해 준 사도들과 우리 주님의 오심을 예언했던 예언자들이 그리했던 것처럼 "그분을 두려움과 모든 공경으로 섬깁시다."(Polycarp, *To the Philippians*, 6:3). (Hermas, *The Shepherd: Similitudes* 9.15.4; Justin Martyr, *Dialogue with Trypho*, 75와 비교하라.)

사도들의 말은 하나님의 말씀이다

구약성경의 예언자들과 신약성경의 사도들 사이의 가장 중요한 유사점은 성경의 말씀, 즉 하나님의 절대적 권위를 가진 말씀을 기록하는 능력에 있다.

사도들은 그리스도의 복음을 처음 받은 사람들이다

이 능력은 사도들의 메시지가 그리스도로부터 직접 받았다는 데서 시작된다. 예를 들어, 사도 바울은 자신의 메시지가 사람에게서 온 것이 아니라 예수 그리스도 자신에게서 나온 것임을 강경하게 주장 한다. "내가 전한 복음이 사람의 뜻을 따라 된 것이 아니라. 이는 내가 사람에게서 받은 것도 아니요, 배운 것도 아니요, 오직 예수 그리스도의 계시로 말미암은 것이라"(갈 1:11-12).

자신의 메시지의 신적 기원에 관한 주장은 분명히 구약성경 예언자들의 전통에 부합한다(신 18:20; 왕상 22:14, 28; 렘 23:16ff,; 겔 13:1ff.).

신약성경은 또한 다른 사도들에 대해서도 그리스도의 삶과 사역에 관한 완전히 정확한 정보를 그들만이 갖고 있다고 주장한다. 성령으로부터 예수님의 말씀과 행적을 정확하게 기억하고 후세들을 위해 이를 바르게 해석하는 권능을 최초로 받은 사람들은 사도들이었다.

예수는 요한복음 14:26에서 자신의 제자들(부활 이후에는 사도들이라 불리었다)에게 이 같은 능력을 받게 될 것을 약속했다. "보혜사, 곧 아버지께서 내 이름으로 보내실 성령, 그가 너희에게 모든 것을 가르치시고 내가 너희에게 말한 모든 것을 생각나게 하시리라."

마찬가지로 예수는 그의 제자들에게 말할 때 성령으로부터 추가적으로 진리를 계시 받을 것임을 약속했다.

> 진리의 성령이 오시면 그가 너희를 모든 진리 가운데로 인도하시리니, 그가 자의로 말하지 않고 오직 듣는 것을 말하시며 장래 일을 너희에게 알리시리라. 그가 내 영광을 나타내리니, 내 것을 가지고 너희에게 알리겠음이니라 (요 16:13-14).

이와 같이 제자들은 성경을 쓰게 하는 놀라운 은사를 약속 받았다. 성령이 그들에게 '모든 것'을 가르치고, 예수께서 말씀하신 모든 것을 생각나게 하며, '모든 진리' 가운데로 인도하실 것이다.

사도들은 하나님의 말씀 바로 그것을 말하고 기록한다

그러나 사도들이 구약성경의 예언자들과 보다 분명히 닮은 점은 사도들이 전하는 메시지가 그냥 대체적으로 주님에게서 받은 것이 아니라 하나님의 말씀을 바로 그대로 말한다고 주장하는 데에 나타난다. 그들은 구약성경의 예언자들과 동일한 권위를 가졌다고 주장하는 것이다.

베드로는 자신의 서신을 읽는 사람들에게 "주되신 구주께서 너희의 사도들로 말미암아 명하신 것을"(벧후 3:2) 기억하라고 권면한다. (그리고 그는 분명히 사도들에게 거짓말을 하는 것은[행 5:2] 성령께 거짓말을 하는 것과 같으며[행 5:3] 하나님께 거짓말 하는 것과 같다고[행 5:4] 주장하는 것 같다.)

이와 같이 하나님 자신의 말씀을 말할 수 있다는 주장은 특별히 사도 바울의 글들에 자주 나타난다. 그는 성령이 그에게 "눈으로도 보지 못하고 귀로도 듣지 못하고 사람의 마음으로도 생각하지 못한"(고전 2:9) 것들을 보여주셨다고 주장할 뿐만 아니라, 그가 이 계시를 말할 때에 "사람의 지혜의 가르친 말로 아니하고 오직 성령의 가르치신 것으로 하니 신령한 일은 신령한 것으로 분별하느니라"(고전 2:13)고 주장한다.

후에 자신의 사도 직분을 변호하면서 바울은 고린도 교인들에게 "그리스도께서 내 안에서 말씀하시는 증거를"(고후 13:3) 보여주겠다고 말한다. 그는 "내 복음"(롬 2:16)은 모든 사람의 최종적 심판을 예언하는 메시지라고 주장한다. 그는 어느 누구나 하늘로부터 온 천사라도 자신이 전한 복음과 다른 복음을 전하면 그 사람은 저주를 받을 것이라고 – 하나님으로부터 영원히 저주받을 것이라고 말한다(갈 1:8-9).

뿐만 아니라 바울은 데살로니가 교인들이 "우리에게 들은바 하나님의 말씀을" 받아들이고 이를 "사람의 말로 아니하고 하나님의 말씀으로 받음이니 진실로 그러하다"(살전 2:13)고 칭찬한다. 그리고 도덕적 행동에 대한 자신의 가르침에 관해 그들이 오해하지 않도록 "저버리는 자는 사람을 저버리는 것이 아니요 … 하나님을 저버림이니라"(살전 4:8)고 경고한다. 그래서 그는 자신의 서신을 "모든 형제에게"(살전 5:27) 읽어주라고 주님 앞에서 엄숙하게 명령할 수 있었다. 그것은 단순한 인간의 편지가 아니라 주님 자신이 모든 교회에 읽어줄 것을 요구하시는 것이기 때문이다.

그러므로 바울은 명령을 내릴 수 있었으며 마지막 때와 주님의 다시 오심에 대해 자세한 예언을 할 수 있었는데 이 모든 것을 주 예수 그리스도 자신의 절대적 권위를 갖고 했다. "우리가 주의 말씀으로 너희에게 이것을 말하노니 …"(살전 4:15). "형제들아, 우리 주 예수 그리스도의 이름으로 너희를 명하노니 …"(살후 3:14).

따라서 만일 누군가 바울의 가르침을 불순종한다면 그 사람은 한 동안 기독교 공동체의 교제에서 제외되어야 했다. "누가 이 편지에 한 우리 말을 순종치 아니하거든 그 사람을 지목하여 사귀지 말고 저로 하여금 부끄럽게 하라"(살후 3:14).

그렇다면 베드로가 바울의 글들을 '성경'으로 분류하여 권위의 수준에 있어서 모든 구약성경 본문들과 같은 등급으로 한 것은 놀랄 일이 아니다.

> 우리 사랑하는 형제 바울도 그 받은 지혜대로 너희에게 이같이 썼고, 또 그 모든 편지에도 이런 일에 관하여 말하였으되 그 중에 알기 어려운 것이 더러 있으니 무식한 자들과 굳세지 못한 자들이 다른 성경과 같이 그것도 억지로 풀다가 스스로 멸망에 이르느니라(벧후 3:15-16).

베드로가 '다른 성경'을 언급할 때 그가 구약성경을 말하고 있음이 틀림없다. 왜냐하면 이 단어(헬라어로 '그라페')가 신약성경의 다른 곳에서 사용된 50번 모두 그런 의미로 사용되었기 때문이다. 이 단어는 우리가 하나님의 말씀 그대로라고 받아들이고 있는 성경의 말씀을 항상 지칭하고 있다. 그리고 이는 사도 바울의 글에 구약성경의 예언자들의 말, 즉 하나님의 말씀 그 자체와 동일한 지위가 부여되고 있음을 의미한다.

본 연구의 목적과 연관하여 이 주제와 관련된 가장 중요한 구절은 고린도전서 14:37-38인데, 그 이유는 바울이 여러 명의 여언자들이 활동하고 있는 공동체에게 쓴 이 서신에서 그는 전체 공동체에, 그리고 예언자들에게도 자신의 권위를 내세우기 때문이다. 바울은 "만일 누구든지 자기를 선지자나 혹 신령한 자로 생각하거든 내가 너희에게 편지한 것이 주의 명령인 줄 알라. 만일 누구든지 알지 못하면 그는 알지 못한 자니라"고 썼다(저자는 RSV를 사용하는데 38절은 "If anyone does not recognize this, he is not recognized"라고 해서 "누구든지 그것을 알지 못하면 하나님께서 그 사람을 알아주시지 않는다"는 의미가 된다 – 옮긴이).

이 구절에서 "(편지한) 것"으로 번역된 단어는 복수 대명사(헬라어로 ha)로서 글자 그대로 하면 "내가 너희에게 편지한 것들"로 번역될 수 있다. 이리하여 바울은 자신이 고린도 교회에 보낸 지침들이 단순히 자기 자신의 것이 아니라 주님의 명령임을 주장한다.

그러나 "내가 너희에게 편지한 것들"이라고 말함으로써 바울은 이 구절에 앞서는 부분 중 얼마만큼을 지칭하는 것인가? 우리는 확실하게 말할 수는 없겠지만 이 구절이 정확하게 영적 은사들에 관한 논의(12-14장)의 끝 부분에 나온다는 사실을 주목할 수 있으며, 따라서 적어도 위의 세 장들에 적용된다고 하는 것이 가장 자연스러워 보일 것이다.

물론 어떤 사람은 이 구절이 바로 앞의 문장만을 지칭한다거나 또는 여자들에 관한 지침들(33-35절)을 지칭한다고 주장할 수도 있을 것이다. 그러나 이 표현은 아주 포괄적이고("내가 너희에게 편지한 것들") 복수 단어(헬라어 ha)를 사용함으로써 매우 불특정적이어서 그렇게 작은 부분으로 제한하는 것은 너무 작위적으로 보일 것이다. 바울의 목적은 논의를 결론짓고 동시에 고린도의 어느 예언자든 자신이 쓴 규칙에 일치하지 않는 새로운 규칙을 옹호하지 못하도록 하려는 것이었다. 분명히 이와 같은 우려는 적어도 12장과 13장으로, 그리고 어쩌면 11장까지도 거슬러 올라가는 일련의 예배 지침들에 적용될 것이다.

이는 고린도전서 14:37은 바울의 권위에 대한 매우 강한 발언임을 의미한다. 바울은 여기에서 고린도의 교회 예배를 위해 다수의 새 규칙을 제정하고 이에 "주의 명령"의 지위를 부여했다. 뿐만 아니라 벌칙이 엄격했다. 바울의 신적 권위를 인정하기를 거부하는 자는 그 자신을 주님이(혹은 다른 해석에 의하면 회중이) 알아주지(인정해주지) 않게 될 것이다. 토머스 에드워즈 Thomas Edwards는 고린도전서 14:38을 이렇게 요약한다. "그리스도의 사도의 말을 듣기를 거부하는 자는 그리스도 자신의 말을 듣기를 거부하여 그의 진노를 일으킨다."[7]

이리하여 여기에서 우리는 구약성경의 예언자들의 권위와 매우 가까운 유사성을 발견한다. 누구든 바울의 가르침을 불순종하면 "주의 명령"을 불순종하는 것이 된다. 그 반면에 신약성경의 예언자들에 관해서는 이와 비슷한 주장조차도 전혀 없다. 사실 고린도의 예언자들도 바울의 사도적 권위에 종속되는 것으로 생각되었다. 램피G. W. H. Lampe는 바울이 "예언자가 옳고 자기가 틀릴 수도 있다는 가능성을 인정하기를 단호히 거절할 수밖에 없었다(고전 14:37-38)"고 지적한다.[8]

그렇다면 사도들은 하나님 자신의 말씀을 기록하는 권위가 있었으며, 그 진실성의 지위와 권위는 구약성경의 말씀과 동등했다. 그들은 구속사의 중심적 사건을 성경에 기록하기 위해서 – 그리스도의 삶과 죽음과 부활에 관한 사실과 의미를 기록하고 믿는 자들의 삶에 적용하기 위해서 글을 썼다. 사도의 권위 있는 말을 불신하거나 불순종하는 것은 하나님을 불신하거나 불순종하는 것이다. 사도들은 신적인 권위를 가진 구약성경의 예언자들에 상응하는 신약성경의 사역자들이다.

왜 "예언자"라는 명칭 대신에 "사도"라는 명칭인가?

그러나 신약성경의 사도들이 구약성경의 예언자들과 그토록 비슷했다면 왜 예수는 그들을 '예언자'라고 부르지 않았는가? 왜 그는 '사도'라는 새로운 명칭을 사용했는가? 여기에는 세 가지 이유가 있는 것 같다.

모든 하나님의 사람들이 예언할 것에 관한 요엘의 예언

첫째, 요엘은 하나님의 신을 만민에게 부어주어 단지 소수의(성경의 말씀을 기록하는 권위를 가진 사람들과 같은) 사람들만이 아니라 모든 하나님의 사람들이 예언을 하게 될 것이라는 예언을 했다.

그 후에 내가 내 신을 만민에게 부어 주리니 너희 자녀들이 장래 일을 말할 것이며 너희 늙은이는 꿈을 꾸며 너희 젊은이는 이상을 볼 것이며, 그 때에 내가 또 내 신으로 남종과 여종에게 부어 줄 것이며(욜 2:28-29).

이와 유사하게 모세는 많은 사람들이 예언 하는 날을 바라보았다. "다 선지자 되게 하시기를 원하노라"(민 11:29). 그리고 민수기 15:25에 관한 미드라쉬 라바Midrash Rabbah에는 랍비가 한 유명한 말이 있다. "앞으로 올 세상에서는 모든 이스라엘 사람들이 예언자가 될 것이다." 따라서 '예언자'는 소수의 사람들, 즉 하나님의 말씀을 성경에 기록하는 특별한 권위를 가진 사도들과 같은 사람들에게 적용하기에는 너무나 광의의 용어였을 것이다. 새 언약의 시대는 모든 하나님의 사람들이 예언을 할 수 있는 시대가 될 것으로 기대되었던 것이다.

'예언자' 라는 단어의 의미

(a) 세속 헬라어에서의 의미. 예수가 자신의 특별한 임무를 부여한 사자들을 '예언자'라고 부르지 않은 또 다른 이유가 있었다. 그것은 신약의 시대에 사용되던 일상 언어에서 '예언자'라는 단어의 뜻과 관련되어 있다.

신약의 시대에 이르러서 일상적인 언어에서 '예언자'(헬라어로 '프로페테스')라는 용어는 흔히 '초자연적 지식을 가진 자' 또는 '장래를 예언하는 자' – 또는 단지 '대변인'(신적인 권위라는 뜻을 전혀 함축하지 않는)을 의미했다. 신약시대와 비슷한 시기의 여러 사례들이 헬무트 크라머에 의해 제시되었다(Helmut Kramer, *TDNT* 6:794; 또 LSJ, 1540).

- 철학자가 "불멸의 성향을 지닌 예언자"라고 불리었다(디오 크리소스톰, A.D. 40-120).
- 선생(디오게네스)이 "진실과 정직의 예언자"가 되기 원했다(사모사타의 루시안, A.D. 120-180).
- 에피쿠로스의 철학을 옹호하는 자들은 "에피쿠로스의 예언자들"이라고 불리었다(플루타크, A.D. 50-120).

- 기록된 역사는 "진리의 여성 예언자"라고 불리었다(디오도로스 시쿨로스, B.C. 60-30년경에 기록되었음).
- 식물학의 '전문가'가 "예언자"라고 불리었다(길리기아의 디오스쿠리데스, A.D. 1세기).
- 의술의 '돌팔이'를 "예언자"라고 불렀다(페르가뭄의 갈렌, A.D. 129-199).

크라머는 '예언자'라는 헬라어 단어('프로페테스')는 "단지 선언하거나, 선포하거나 알리는 공식적 기능을 표현 한다"고 결론짓는다. 그러나 그는 "모든 예언자는 자신의 것이 아닌 것을 선언하기 때문에" 사자(전령)를 뜻하는 헬라어 단어('케룩스')가 "가장 가까운 동의어다"라고 한다(TDNT 6:795).

고대 세계에서 '예언자'라는 헬라어 단어 사용 역시 에릭 파셔Eric Fascher의 책 예언자Prophētēs에서 폭넓게 다루어졌다.9 광범위한 조사 분석을 한 후에 파셔는 예언자Prophētēs 자체는 협의狹義의 고유한 의미를 갖지 않은 '구조어'frame-word라고 결론짓는다(51-54). 오히려 이 단어는 매우 다양한 상황에서 사용되고 있으며 그 의미는 문맥에 의해 결정된다. 그러나 거의 모든 경우에 합당한 일반적 정의는 '선포자' 또는 '발표자'announcer이다. 파셔는 '프로페테스'는 '예측자, 예언자'라는 의미를 득자적으로 가지는 경우가 거의 없으며, 문맥상의 다른 수식어를 통해 이런 의미가 부여된다고 말한다. 동사 '프로페튜오'Prophēteuō의 경우도 마찬가지다. 이 단어에는 결코 '예측하다, 예언하다, 선견하다'라는 의미가 없으며, '신의 이름으로 말하다' 또는 '숨겨진 것을 드러내다' 혹은 '예언자Prophētēs의 직분을 갖다'라는 의미가 있다.

이와 같이 광범위한 의미를 갖기 때문에 한 가지는 분명하다. '예언자'라는 단어는 "하나님의 절대적 권위를 갖고 말하는 자" 또는 "하나님의 말씀 바로 그것을 말하는 자"라는 의미를 자동적으로 떠오르게 하지 않는다는 것이다. 그것은 헬라어가 통용되는 세계에서 이 단어가 일상적으로 사용될 때 의미하는 바가 아니다.

이는 예수와 신약성경 저자들이 1세기의 세상에서 "하나님의 말씀 바로 그것을 말하는 자"를 의미하는 단어가 필요했다면 헬라어 단어 '예언자' *Prophētēs*는 여기에 적합하지 않았다는 것을 의미한다. 이 단어는 그 의미가 너무 희석되었다 – 그것은 단지 일반적으로 '대변자'를 의미했을 뿐이며 그 예언자가 대변하는 자의 권위를 온전히 가졌다는 것을 의미하지 않았다.

그러나 '세속' 헬라어를 사용한 저자들에게서 나온 이 같은 정보가 예수와 신약성경 저자들에게 무슨 상관이 있는가? 세속 헬라어를 사용한 저자들에게서 인용한 것들이 우리의 신약성경 연구에 중요한 것인가? 아니면 신약성경이 세속적 헬라어와는 다른 언어로 기록된 것인가?

앞의 인용들은 다음과 같은 면에서 중요하다. 그것들은 '예언자'라는 단어(헬라어로 '프로페테스')가 신약성경이 기록될 무렵에 헬라어를 사용하는 보통 사람들에게는 폭넓은 의미를 가졌음을 보여준다. 물론 '예언자'라는 단어는 구약성경의 헬라어 번역본에서 "하나님을 대신해서 말하는 자"를 뜻했던 것처럼 "신을 대신해서 말하는 자"를 의미할 수 있다. 그러나 이 단어는 '대변자, 선포자'를 의미할 수도 있다.

초기교회 기독교인들은 로마제국 전체에서 그랬던 것처럼 일반적인 헬라어를 사용했다. 그들은 위에서 인용된 '세속' 헬라어 저자들의 글들을 무엇이든지 쉽게 읽고 이해할 수 있었다. 그들은 이 저자들 중 누구와도 사적인 대화를 할 수 있었을 것이다. (예를 들어, 바울은 아테네의 마르스 언덕Mars Hill에서 이교도 헬라철학자들과 어렵지 않게 대화할 수 있었다.) 이는 그들이 같은 언어를 사용했기 때문이다 – 그들은 수천 단어들의 의미에 대해 공통된 이해를 하고 있었다.[10]

뿐만 아니라 이들 세속 작가들 중 누구든지 신약성경의 문장들을 읽고 이해할 수 있었을 것이다 – 사실 복음서들은 그 당시의 헬라어를 사용하는 불신자들이 읽고 그리스도에 대한 믿음으로 들어올 수 있도록 하기 위하여 쓰인 것이었다. (이해하지 못했다면 이는 다른 언어가 사용되었기 때문이 아니라 죄가 그들의 마음을 혼미케 했기 때문이다: 고전 2:14; 고후 4:4.)

그러므로 우리가 A.D. 1세기의 로마제국에서 일상적 회화와 글쓰기에 사용되었던 헬라어 단어들의 의미를 이해하는 것이 필요하다.

그렇다고 신약성경이 단어들을 항상 같은 뜻으로 사용해야만 한다는 것을 뜻하는 것은 물론 아니다. 몇 가지 매우 중요한 단어들(예를 들어, '하나님', '하늘', '구원', '교회' 등을 의미하는 헬라어 단어들)은 초기교회 기독교인들이 사용하면서 크게 변화된 의미가 부여되었다. 그리고 '예언자'라는 단어도 그렇게 될 수 있었다 – 예수와 신약성경 저자들이 원했다면 초기교회를 지도하고 이를 위해 성경을 쓴, 권위 있는 예수의 사자들에게 적용하기 위해 '사도'라는 단어 대신에 '예언자'라는 단어를 유지하고 사용할 수 있었을 것이다. 예를 들어, 오순절 이후에 열두 제자들을 '예언자'로 부르고 베드로와 야고보와 요한과 다른 제자들이 '예언자'라는 단어를 통상적으로 이해되는 것처럼 생각하지 말고 구약성경을 기록한 예언자들을 '예언자'라고 부르는 것과 비슷하게 특별한 뜻으로 생각하도록 분명히 할 수 있었을 것이다. 우리는 그렇게 될 수도 있었다고 인정하지 않을 수 없다. 그러나 그렇게 되지 않았다.

그 대신에 새로운 용어 '사도'가 선택되었다. 여기에서 우리가 보여주고자 하는 것은 왜 그와 같은 새 용어의 선택이 전적으로 적합했는가 하는 것이다. 새 용어는 '예언자'라는 단어의 세속 용례에서 기인하는 오해만이 아니라 당시의 유대인들의 용례와 구약성경 자체에서도 발생할 수 있는 상당한 오해를 피하도록 했다.

(b) 1세기 유대인들에게 **통용되는** 의미. 그러나 '예언자'라는 단어가 하나님의 말씀 바로 그것을 말하는 사자를 지칭하는 구약성경의 배경을 알고 있었던 1세기의 유대인들에게는 '예언자'라는 단어가 훨씬 더 강한 의미를 가졌다고 항변하는 사람도 있을 것이다. 그들은 '예언자'라는 단어를 다른 방식으로, 즉 구약성경이 성경을 기록한 예언자들을 지칭했던 것과 비슷하게 사용하지 않겠는가?

놀랍게도 반드시 그런 것은 아니었다. 분명 1세기의 유대인들이 구약의 예언자들을 지칭하기 위해 '예언자'라는 단어를 사용하기는 했지만 이 단어는 훨씬 더 폭넓은 의미로 사용되기도 했다. '예언자'라는 히브리어 단어와 헬라어 단어 공히 유대인의 문헌에서 폭넓은 의미로 사용되었다는 증거가 있다.

예를 들어, 랍비 문헌에서 '예언자', '예언', '예언하다'(히브리어로 '나비'와 이 어원의 단어들)라는 단어들은 때로는 단지 감각적 인지로는 알 수 없는 것들에 대한 지식을 가진 사람들에 대해 사용되기도 한다. 예를 들어, 이 단어들은 미래를 예언하기는 하지만 결코 하나님의 말씀을 말한다거나 그들이 하는 말에 하나님의 권위가 부착되었다고 생각되지 않는 사람들을 지칭할 수 있다.

몇 가지 예를 들자면, 바벨론 탈무드에 나오는 리브가 이야기(b.Sot. 13a는 '그녀의 예언'을 언급하는데 문맥상 권위의 개념이 아니라 예견[prediction]의 개념이 이 단어의 선택 동기임을 보여준다), 미리암 이야기(b.Meg. 14a는 단지 그녀가 무언가를 예언했다는 이유로 그녀를 '여성 예언자'라고 부른다), 그리고 한나 이야기(예언을 했다는 사실로 b.Meg. 14a에서 그녀에게 '여성 예언자'라는 용어를 적용하는 것이 정당화된다고 했다)가 있다.

또한 b.Ber. 55b와 57b에서는 계시된 지식이라는 의미로서의 예언을 강조하는 것으로 보인다. 랍비 요한은 "만일 일찍 일어나서 성경 구절이 마음에 생각나면 이것은 작은 예언이다"고 말했다.

유사하게 랍비 하니나 b. 이삭은 "불완전한 형태의 예언이 꿈이다"(창세기 랍비 주석 17:5; 그리고 다시 44:7)라고 말했다.

이 같은 현상들에 "예언"이라는 용어를 적용할 수 있다는 것은 메시지를 받은 사람이 다른 사람에게 권위를 갖고 전달할 수 있다거나 실제 사용된 언어에 하나님의 권위를 주장할 수가 있어서가 아니라 각각의 경우에 그 예언자에게 외부로부터 지식이 특별하게 전달되었다는 것을 암시하기 때문이다. 위의 사례들은 '예언자'라는 단어 및 거기에서 파생된 단어들에 폭넓은 의미가 부여되었음을 보여준다.

외경에서 우리는 솔로몬의 지혜서(Wisd. 기원전 1세기 말) 7:27를 주목한다. 이 구절은 지혜에 관해 "모든 세대에서 그녀(지혜)는 거룩한 영혼에 전달되어 그들을 하나님의 친구들로, 그리고 예언자들로 만든다"고 말했다.

요세푸스(A.D. 37-38 – A.D. 100년경)는 아주 분명하게 요한 히르카누스

(B.C. 105년에 사망했음)를 예언자로 규정했다. 그는 "하나님에 의해 가장 높은 특권과 나라의 통치와 대제사장의 직분과 예언의 은사를 받을 자격이 있는 사람으로 여겨졌는데 그 이유는 하나님이 그와 함께하셔서 그로 하여금 장래 일을 예견하고 예언할 수 있도록 하셨기 때문이다. 그래서 예를 들자면 그는 그의 장남과 차남에 대해 그들이 국가의 지도자로 남아 있을 수 없을 것이라고 예언했다"(*Ant.* 13.299-300; 같은 내용이 *Wars* 1.68-69에도 있음).

이 구절이 중요한 이유는 요한 히르카누스가 '예언자'의 호칭을 받을 수 있게 된 자격이 무엇인지를 분명히 하기 때문이다. 그것은 자신이 하는 말에 하나님의 권위를 내세우며 말할 수 있기 때문이 아니라 단지 장래 일을 예언할 수 있기 때문이다. 이 능력이 하나님께로부터 오는 것이라고 여겨지기 때문에 그의 예언은 일반적으로 하나님께로부터 온 것이라고 생각되었을 수도 있지만 그가 실제로 한 말에 대해 (구약성경의 예언자들처럼) 하나님의 절대적 권위가 있다고 주장한 적도 없었고 암시한 적도 없었다.

필로(B.C. 30년경-A.D. 45)의 글에는 꿈속에서 마음이 장래 일을 '예언한다'고 했다(*Spec. Leg.* 1.219). 그러면서 필로는 또한 단순히 '대변인'을 의미하기 위해 '예언자'를 사용하는데 이러한 의미는 세속 헬라 문헌에 더 자주 발견된다. *Quod Deus* 138에서 이성은 하나님의 '예언자'라고 한다. 그리고 *Det.* 40과 *Mig.* 169에서는 언어가 우리들의 이해를 위한 '예언자'의 역할을 한다고 한다.

이처럼 여러 갈래의 유대인 전통에는 1세기의 유대인들이 동시대의 이교도 헬라인들과 마찬가지로 '예언자'라는 단어 및 이에서 파생된 단어들을 그 예언자가 하는 말에 하나님의 절대적 권위가 따른다는 의미가 전혀 없이 광범위한 부류의 사람들을 지칭하는 데 사용할 수 있었다.

(c) 신약성경의 '예언자'라는 단어 사용에 끼친 영향. 우리가 신약성경으로 눈을 돌릴 때에는 ('예언자'라는 단어가) 이와 같이 매우 다양하게 사용된다는 사실을 고려해야 한다. 신약시대의 기독교인들은 단어들의 의미를 이해하는 데 있어서 구약성경과 당시의 유대인들이 단어를 사용하는 방식과, 그리고 그들이 살고 있던 문화권에서 일상적으로 사용되었던 헬라어의 영향을

받았다. 이와 같은 영향들이 합쳐졌을 때 '예언자'라는 단어 및 이에서 파생된 단어들은 단지 "실제로 하는 말에 하나님의 권위를 가진 하나님의 사자"라는 것보다 훨씬 더 폭넓은 의미를 갖게 되었다.

물론 신약성경 저자들이 '예언자', '예언', '예언하다'라는 단어들을 사용하게 되는 경우에는 대부분 구약성경을 쓴 위대한 예언자들과 관련된 문맥 안에서였다. (신약성경 저자들은 그리스도 안에서 구약 예언자들의 글이 성취되었음을 보았다.) 이 같은 문맥에서는 '예언자'와 그에서 파생된 단어들이 대체적으로 구약성경에서 하나님의 말씀을 그대로 전한 사람들을 지칭한다. 그러나 그런 사실이 '예언자'라는 단어가 구약성경의 예언자가 아닌 다른 사람들에게 적용될 때에 무엇을 의미할 것인가를 말해주지는 않는다. 그것은 그 당시에 통용되고 있던 헬라어의 여러 가지 의미 중 어느 한 가지일 수도 있다.

사실 그렇게 되었다. 디도서 1:12에서 우리는 '예언자'(헬라어로 '프로페테스')가 '선언인, 발표자, 대변자'라는 일반적인 의미를 가진 것을 발견한다. 에피메니데스(B.C. 6세기경의 종교 지도자)를 지칭하면서 본문은 이렇게 말한다. "그레데인 중의 어떤 선지자가 말하되 '그레데인들은 항상 거짓말쟁이며 악한 짐승이며 배만 위하는 게으름뱅이라'." 분명 에피메니데스는 하나님의 말씀을 그대로 말하는 사람이 아니었다. 그럼에도 불구하고 바울은 그를 '예언자'(헬라어로 *Prophētēs*)라고 불렀다.

그리고 누가복음 22:64에서 예수의 눈을 가린 대제사장의 부하들이 "예언자 노릇하라. 너를 친 자가 누구냐?"라고 물었다. 이 경우에 그들이 의미한 것은 "하나님의 절대적 권위가 있는 말을 하라"가 아니라 오히려 조롱 섞인 도전으로 "네가 초자연적인 능력으로 알고 있다는 것을 보여주라 – 네가 우리를 볼 수 없어도 누가 너를 쳤는지 말해보라"는 것이었다.

우물가의 여인에 관한 이야기에서 예수가 그 여인의 과거에 관한 비밀을 말하자마자 그녀는 "주여, 내가 보니 선지자로소이다"(요 4:19)라고 말한다. 그러나 예수는 아직 그녀에게 자신이 실제로 하는 말에 하나님의 권위가 있다고 확신시키지 않았다. 그는 통상적인 방법에서 오는 것이 아닌 지식(그녀의 다섯 전남편에 대해 알고 있었다)을 갖고 있음을 방금 보여주었다.

이 마지막 두 사례가 특히 흥미로운 것은 1 세기 팔레스타인의 보통 사람들, 그러나 그들의 종교적 배경으로 인해 구약성경에 대해 조금은 알고 있던 사람들에게 '예언자'와 '예언'이라는 단어가 어떤 의미를 가졌는지를 엿볼 수 있게 해주기 때문이다.

비슷한 증거들이 신약성경 이외에 기독교인들의 글에서 나온다. 솔로몬의 유언(Testament of Solomon: 기독교의 영향을 받은 A.D. 100년경의 작품)에는 솔로몬에게 그의 왕국이 갈라질 것이라고 예언하는(헬라어로 '프로페튜오' [Prophēteuō]) 마귀에 관한 이야기가 있다(15.8). 폴리캅의 순교(Martyrdom of Polycarp: A.D. 154-160년경)에는 폴리캅이 "나는 산채로 불태워질 것이다"고 예언자처럼(헬라어로 '프로페티코스' [Prophētikōs]) 말했다고 기록되어 있다. 두 경우 모두 하나님의 말씀 바로 그것을 말하는 것이 아니라 어떤 초자연적인 지식에 의한 예언을 나타내주고 잇다.

그리스도의 사자들에 대한 새로운 호칭은 신약 교회의 새로움을 보여주었다

'예언자'라는 단어 대신에 사도들에게 적합한 다른 단어를 만들어 낸 데는 제 3의 요인이 있었을 수 있다. 비록 구약과 신약 사이에 상당한 연속성이 있었으나 적지 않은 차이도 존재했다. 그리스도가 확립한 새 언약의 새로움을 강조하기 위하여 그는 새 언약의 공동체, 즉 교회의 초기 지도자들을 지칭하는 새로운 호칭이 적합하다고 생각했던 것 같다. 그리하여 지상에 남은 교회 지도자들은 '예수 그리스도의 예언자들'이라고 불리지 않았다. 그보다는 옛 언약으로부터의 현저한 변화를 알리기 위해 '예수 그리스도의 사도들'이라는 새로운 호칭으로 신호를 삼았다.

결론: '예언자'는 반드시 하나님의 절대적 권위를 의미하는 것은 아니다

따라서 이 연구의 결과는 신약성경의 저자들이 구약성경의 예언자가 아닌 사람에게 '예언자' 또는 그 파생어를 적용하면 그 용어가 어떤 의미를 갖게 될지 미리 알 수가 없다는 깨달음이다. 정확한 의미는 문맥에 의해 결정되어야 할 것이다. 분명 그 단어가 항상 구약성경 예언자들의 양식에 맞추어 "하나님의 말씀 바로 그것을 말하는 자"를 뜻해야만 한다고 말할 수는 없다.

'사도'라는 단어의 적합성

이 시점에서 위에서 언급된 두 가지 요인을 유념할 필요가 있다. 예언의 능력이 모든 하나님의 사람들에게 주어질 것이라는 예언과 히브리어와 헬라어에서 '예언자' 및 파생단어들이 하나님의 절대적 권위가 딸리지 않은 언어에 자주 사용되었다는 사실이다. 이 두 가지 요인 때문에 신약성경에 하나님의 말씀을 그대로 기록하는 일을 하는 사람들을 지칭하는 용어로 '예언자'(헬라어로 '프로페테스' [*Prophētēs*])가 아닌 다른 단어가 적합할 것이다.

'사도'(헬라어로 '아포스톨로스' [*apostolos*])라는 단어는 이 목적에 잘 부합했다.

첫째, 1장에서 주목했던 바와 같이 구약성경에서 하나님의 권위를 갖고 말하는 자와 그렇지 않은 자를 구별하는 한 가지는 '사자'使者의 지위였다. 백성에게 말하라고 하나님으로부터 보내심을 받은 구약성경의 예언자만이 하나님의 말씀을 전달하는 유일한 종류의 예언자였다. 헬라어 단어 '아포스톨로스' *apostolos*는 '보냄을 받은 사람 또는 물건' 또는 단순히 '사자'를 의미했다. 관련된 동사 '아포스텔로' *apostellō*는 '보내다'를 의미했다. 따라서 이 단어가 '예언자'라는 단어와 같지는 않지만 그래도 구약성경의 예언자와의 연관성을 어느 정도 갖고 있었다.

이 단어는 '예언자'와 파생 단어들이 가진 폭넓은 의미 중 한 가지 특정한 면을 나타내기 위해 '예언자'보다 더 제한적인 용어로 사용될 수 있었다. 이 단어는 구약성경에서 하나님의 사자였으며 하나님의 권위를 갖고 말했던 사람들과 같은 역할을 하는 신약성경의 사람들을 지칭할 수 있었다.

둘째, 이러한 의미로서의 '아포스톨로스'는 새로운 용어였기 때문에 예언의 능력이 널리 퍼질 것이라는 구약성경과 랍비들의 기대와 상충됨이 없이 이 단어는 제한된 수의 사람들에게 사용될 수 있었다.

셋째, '사도'(헬라어로 '아포스톨로스' [apostolos])라는 단어는 신약성경 시대 이전에는 다소 생소한 단어였었다. 이 단어는 헬라어 구약성경(칠십인역)에 단 한 번 발견되고 요세푸스에 한 번, 그리고 필로에는 전혀 찾아볼 수 없다. 세속 헬라어에서는 어딘가로 '보내진' 군대 원정이나 해군 함대를 지칭하기 위해 매우 간헐적으로 사용되었으며 '사자'를 의미하는 통용 헬라어는 아니었다.

따라서 '사도'라는 단어는 예수에 의해 '보냄을 받은 자'를 의미하는 단어로 선택된 것으로 보이는데, 이 용어는 구약성경이나 세속 헬라어의 용례로 인해 왜곡될 염려가 별로 없었다. 그리고 '예수 그리스도의 사도'라는 호칭에서 보다 충분한 의미가 부여되기에 적합한 용어였다. 그리하여 이 호칭은 교회를 세우고 다스리라고, 그리고 교회를 위해 신약성경의 말씀을 기록하라고 그리스도가 자신의 권위를 주어 보낸 사람들에게 신약성경 전체를 관통하여 사용되었다.

사도들이 "예언자들"이라고 호칭된 적이 있는가?

✳

이상의 논의를 거치고 나면 왜 신약성경에서 사도들이 일상적으로 '예언자'라는 호칭으로 불리지 않았는지 분명해질 것이다. '사도'가 훨씬 더 적절한 용어였다.

그러나 사도들이 한 번이라도 '예언자'로 불린 적이 있는가? 그들이 '예언한다'고 말해진 경우는 없는가?

사실 그런 경우들이 있다. 그러나 그런 사례들을 살펴보기 전에 이 문제를 보다 넓은 관점에서 검토하는 것이 좋을 것이다. 사도들에 대해 다른 호칭이나 다른 기능의 명칭이 사용된 경우가 있는가? 여기에서도 답은 그렇다는 것이다.

사도에게 부여된 다른 기능적 호칭들

예를 들어, 디모데전서 2:7에서 바울은 자신을 "전파하는 자preacher와 사도" 그리고 "믿음과 진리 안에서 이방인의 스승"이라고 부른다. 세 가지 호칭 – '전파하는 자', '사도', '스승'이 바울에게 적용되었다. 유사하게 디모데후서 1:11은 "내가 이 복음을 위하여 선포자와 사도와 교사로 세우심을 입었노라"고 말한다.

그리고 베드로는 베드로전서 5:1에서 자신을 "함께 장로된 자"라고 부른다.

그러나 이 같은 사례들이 신약성경의 모든 '교사'들이 사도 바울과 동등한 권위를 가졌다거나 신약성경에서 '반포(설교)자'였던 자들이 다 바울처럼 '주의 명령'을 말할 수 있었다는 것을 증명하는 것은 아니다. 그리고 베드로전서 5:1도 신약성경의 모든 '장로'들이 사도 베드로와 동등한 권위를 가졌다는 것을 증명하는 것이 아니다.

이 사례들은 사도들이 특정한 기능을 강조할 때 그 기능을 묘사하는 용어를 사도들에게 적용할 수 있다는 것을 보여줄 뿐이다. 예를 들어, 사도 바울이 자신의 가르치는 역할을 강조하고자 했을 때 자신을 '교사'라고 불렀다.

'예언자'라는 단어와 '예언하다'라는 단어와 관련해서도 이와 같은 일이 발생한다. 이것은 사도들을 지칭하기 위해 사용될 수도 있는 것이다.

예를 들어, 바울이 자신에 관해 고린도에 와서 예언하는 것에 대해 말할 수 있었다. "그런즉 형제들아 내가 너희에게 나아가서 방언을 말하고 계시나 지식이나 예언이나 가르치는 것이나 말하지 아니하면 너희에게 무엇이 유익하리요"(고전 14:6). 이와 비슷하게 그는 고린도전서 13:9에서 자신을 포함시키는 것 같다. "우리가 … 부분적으로 예언하니".

내가 5장과 6장에서 주장하는 바와 같이 신약성경의 예언이 보여주는 뚜렷한 특징은 예언하는 사람이 '계시'(또는 하나님이 마음에 갖다 주신 것)를 받아 교회에 보고했다는 점이다. 따라서 만일 사도가 하나님으로부터 계시를 받아 보고하는 역할을 강조하기 원했다면 그가 자신을 '예언자'라고 부를 수 있었다.

그럼에도 불구하고 바울이 자신의 권위를 세우기 위하여 예언의 은사에 호소한 적이 없다는 것이 중요하다. 만일 신약성경의 예언자들이 하나님의 절대적 권위를 갖고 말한다고 통상적으로 인정되었다면 (바울이) 그렇게 하는 것이 어렵지 않았을 것이며 자연스러웠을 것이다. 그러나 오히려 바울이 자신의 권위를 세우려 할 때에 그는 '사도'로서의 자신의 지위에 호소한다. 이는 신약성경 저자들의 권위가 구약성경의 예언자와 비슷하다는 것을 의미하는 호칭은 '예언자'가 아니라 '사도'였다는 것을 보여주는 또 다른 증거이다.

분명 고린도 교회에는 바울과 같은 사도가 아닌 '예언자'들이 있었다. 바울은 그들이 어떠한 기능을 해야 할지에 관해 많은 지침들을 주었다. 나중에 우리는 이 지침들을 자세히 검토하여 예언의 은사를 보다 정확하게 정의하는 데 관심을 기울일 것이다. 그러나 우리는 먼저 '예언자'라는 단어가 사도를 지칭하기 위해 사용된 것으로 보이는 신약성경의 다른 두 구절을 살펴볼 필요가 있다.

요한계시록

신약성경에서 사도에 의해 제공된 '예언'의 가장 큰 사례는 요한계시록이다.

이 책 전체가 예언임을 주장한다. "이 예언의 말씀을 읽는 자와 듣는 … 자들이 복이 있나니"(계 1:3). 그리고 책 말미에 "이 책의 예언의 말씀을 지키는 자가 복이 있으리라 … 이 책의 예언의 말씀을 인봉하지 말라. 때가 가까우니라"(계 22:7, 10; cf. 22:19). 끝으로 요한은 "네가 많은 백성과 나라와 방언과 임금에게 다시 예언하여야 하리라"(계 10:11)는 명령을 받는다. 따라서 요한계시록 전체가 예언으로 간주되고 있으며, 요한은 이 책을 기록하는 데 있어서 예언자로서의 역할을 한다.

만일 우리가 저자 '요한'(계 1:1, 4, 9)이 진실로 사도 요한이라는 견해를 수용한다면 – 이 견해가 이 책이 교회에서 수용된 초기의 역사 이래 가장 널리 수용된 견해였다 – 우리는 이 책에서 다시 한 번 신약성경의 사도가 예언자의 기능을 수행하며 교회를 위해 방대한 예언을 기록하는 사례를 발견한다. 그리고 진정 우리는 왜 이 책을 '예언'이라고 부르는 것이 적절한지를 알 수 있다. 이 책의 내용은 구약성경의 문서 예언자들에게서 발견되는 장래에 대한 위대한 예언자적 예언과 비슷하다. 그러나 여기에서는 교회 시대를 넘어 하나님이 계획하시는 구속사의 위대한 최후 사건들을 들여다본다.

그리고 요한이 주장하는 권위는 신약성경에서 다른 사도들이 주장하는 바와 같이 하나님의 절대적 권위이다. 그의 말은 도전과 의문을 용납하지 않으며(계 22:18-19), 순종하면 큰 복을 받을 것이나(계 1:3; 22:7) 수정을 가하면 하나님의 직접적인 처벌을 받게 된다고 했다(계 22:18-19).

요한은 구약성경의 예언자들이나 신약성경의 다른 사도들처럼 예수 그리스도에 의해 사자의 임무를 받는다. 그리스도는 그에게 나타나시어 "너 보는 것을 책에 써서 … 일곱 교회에 보내라"(계 1:11)고 명령하신다. 요한은 반복해서 "네 본 것(을) 기록하라"(계 1:19) 혹은 단순히 "편지(기록)하라write, RSV"(계 2:1, 8, 12, 18; 3:1, 7, 14; 14:13; 19:9; 21:5)는 명령을 받는다.

요한에게 계시되기는 했으나 기록하는 것이 허락되지 않은 것도 있기 때문에(cf. 계 10:4) 이것이 의미하는 바는 그가 기록한 것은 하나님의 위임을 받은 것 이상도 이하도 아니었으며, 바로 이런 위임이 그의 말에 권위를 부여한다는 점이다. 이 같이 저자(요한)는 "자기 자신을 위하여 사도들의 권위와만 비교할 수 있는 권위를 주장한다"(G. Friedrich, *TDNT* 6:849).

그러나 우리는 요한계시록을 보통의 신약 교회에서 예언의 은사가 어떤 것인지에 대한 증거로 보아야 하는가? 아니, 그렇게 하는 것은 적합하지 않을 것이다. 이 책은 어느 평범한 크리스천이 아니라 예수 그리스도의 유명한 사도가 제공한 예언이다. 더구나 이는 어느 지방의 성도들이 예배 중에 받은 예언이 아니라 밧모 섬에 귀양을 가 있는 요한에게 소아시아의 일곱 교회를 위하여(계 1:4), 그리고 궁극적으로는 기독교 교회 전체를 위하여 주어진 것이었다. 그리고 이것은 어느 지역 교회에서 당시의 욕구를 충족시키기 위해 주어진 짧은 예언이 아니라 역사에 대한 하나님의 최종 계획을 유일하게 보여준 것으로서 신약의 정경에 포함시키기 위해 기나긴 담화의 (9,800 단어가 넘는다) 형식으로 딱 한 번 주어진 것이었다.

권위나, 내용으로나, 범위나 신약교회에 이와 유사한 또 다른 예언이 한 번도 주어진 적이 없다고 말해도 좋을 것이다.

결론적으로 말하자면 요한계시록은 사도가 예언자의 역할을 하고 신약 교회를 위해 예언을 기록할 수 있음을 보여준다. 그러나 그 저자가 사도였으며 독특한 책이었기 때문에 1세기의 교회에서 평범한 성도들 사이에 기능했던 예언의 은사와 직접으로 연관된 정보를 제공하지는 않는다.[11]

에베소서 2:20과 3:5

사도에 대한 언급과 함께 '예언자'라는 단어가 나오는 곳이 한 군데 더 있다. 그것은 에베소서 2:20과 3:5이다.

이 두 구절 중의 첫 번째는 아래와 같다.

그러므로 이제부터 너희가 외인도 아니요 나그네도 아니요 오직 성도들과 동일한 시민이요 하나님의 권속이라. 너희는 사도들과 선지자들의 터 위에 세우심을 입은 자라. 그리스도 예수께서 친히 모퉁이 돌이 되셨느니라(엡 2:19-20).

그리고 몇 구절 뒤에 바울은 그의 이방인 독자들에게 이렇게 말한다.

이것을 읽으면 그리스도의 비밀을 내가 깨달은 것을 너희가 알 수 있으리라. 이제 그의 거룩한 사도들과 예언자들에게 성령으로 나타내신 것같이 다른 세대에서는 사람의 아들들에게 알게 하지 아니하셨으니 이는 이방인들이 복음으로 말미암아 그리스도 예수 안에서 함께 후사가 되고 함께 지체가 되고 함께 약속에 참예하는 자가 됨이라(엡 3:4-6).

어떤 사람들은 에베소서 2:20은 신약성경의 모든 예언자들이 다 같았다는 것을 보여주며, 나아가 에베소서 2:20에서 예언자들의 독특한 '터'의 역할은 그들이 사도들이나 성경과 동등한 권위를 갖고 말할 수 있었음을 의미한다고 주장했다. 예를 들어, 필라델피아 소재 웨스트민스터 신학대학원의 신중한 신약 성서학자 리처드 개핀Richard Gaffin은 "에베소서 2:20은 예언에 관한 신약성경의 다른 모든 언급에 유효한 보편적 결론을 내린다"고 말한다.[12]

이것은 중요한 문제다. 왜냐하면 만일 신약성경에서 예언의 은사를 받은 사람들이 모두 이같이 하나님의 절대적 권위를 가졌다면 신약성경이 완성되어 교회에 주어진 직후에 이 은사는 소멸되었을 것으로 기대할 수 있을 것이다. 오늘날의 기독교인은 대부분 신약성경이 완전하며 오늘날 아무도 성경 말씀과 동일한 권위를 갖고 말하거나 글을 쓸 수 없다는 데 동의할 것이다.[13]

그러나 이러한 입장이 설득력이 있는 것인가? 이것이 정말로 에베소서 2:20과 3:5의 의미란 말인가?

문제의 핵심은 이 구절들이 1세기의 교회에서 예언의 은사를 받은 모든 크리스천을 지칭하는가 아닌가 이다. 여기에서 언급된 예언자들이 고린도와 데살로니가와 에베소 등에서 예언의 은사를 가진 사람들인가?

만일 그렇다면 – 만일 이 구절들이 1세기 교회의 모든 지방 회중들에 속한 모든 예언자들을 지칭하고 있다면 – 그들이 신약 교회에서 독특한 '토대'의 역할을 한 것으로 묘사된 것이라고 볼 수 있으며, 우리는 개핀의 주장에 동의하지 않을 수 없을 것이고, 신약성경이 완성되고 난 후 이 은사는 중지될 것임을 확실하게 기대할 것이다.

그러나 나 개인적으로는 이 '모든 교회 예언자들'이라는 입장이 설득력 있다고 보이지 않는다. 나는 부록 6에서 또 다른 입장, 즉 에베소서 2:20과 3:5가 사도들과 예언자들이라는 두 그룹의 사람들에 대해 말하고 있은 것이 아니라 '사도-예언자들'이라는 한 그룹에 대해 말하고 있다고 주장한다.

에베소서 2:20과 3:5에 대해 가장 공통적으로 수용되고 있는 네 가지의 해석은 "사도들과 예언자들의 토대"가 다음과 같은 것을 의미한다고 요약할 수 있을 것이다.

1. 사도들과 구약성경의 예언자들
2. 사도들과 신약성경 예언자들의 가르침
3. 사도들과 신약성경 예언자 자신들
4. 사도-예언자 자신들(즉, 사도들이며 또한 예언자들이었건 사람들)

부록 6에서 이상의 견해를 검토한 후 나에게 최선으로 보이는 결론은 에베소서 2:20이 4번의 의미, 즉 교회는 "사도들이며 예언자들이었던 사람들의 터 위에 세워졌다"는 것과 3:5의 뜻은 이방인이 교회에 받아들여진 비밀 mystery은 "이제 예언자들이기도 했던 그의 거룩한 사도들에게 성령으로 나타내신 것같이 다른 세대에서는 사람의 아들들에게 알게 하지 아니하셨다"는 것이라고 이해되어야 한다는 것이다. [이 4가지 견해에 대한 논의는 부록 6을 보라.]

그러나 부록 6의 논증에 설득되지 않고 3번이 보다 설득력이 있는 것으로 보인다고 할지라도, 다시 말해 이 구절들이 '신약성경의 사도들'과 '신약성경의 예언자들'이라는 두 그룹의 사람들을 지칭한다고 해도 이 구절들이 모든 신약 예언자들을 지칭한다고 결론지어야만 하는 것은 아니다. 사실 이 두 구절에 나오는 것처럼 '예언자'에 대한 간략한 언급이 모든 신약 교회의 회중들에서 예언의 은사를 가진 모든 사람들을 묘사한 것이라고 주장하기는 몹시 어려운 일일 것이며, 특히 신약성경에 나오는 다수의 다른 구절들이 지방 교회들에서 '터가 아닌' 역할을 하는 예언자들을 언급했다는 점에서 그렇다.[14]

그러므로 예를 들어, 독자가 3번 견해를 선호한다 해도 이 책에서 이제부터 펼치는 논증에 별다른 영향을 미치지는 못할 것이다. 그 이유는 만일 에베소서 2:20과 3:5가 상이한 두 집단, 즉 사도들과 예언자들에 대해 말하고 있다면 여기에 언급된 '예언자들'은 사도들과 비슷한 권위를 가진 사람들일 것이고, 따라서 그들은 다수의 초대교회 회중들 사이에 널리 분포되어 있었으며 신약성경의 다른 부분에서 훨씬 더 상세하게 기술된 보통 예언자들과는 달랐을 것이다. 한 가지 언급하지 않을 수 없는 것은 (위의 3번 견해를 갖고 있는) 리처드 개핀이 에베소서 2:20에 많은 관심을 기울이며 이 구절이 신약 교회의 모든 예언자들을 묘사하고 있다고 말하는데, 그러나 그는 그것이 옳다는 것을 – 다른 문맥에서의 예들도 실로 동일한 '터'의 역할을 수행한다는 것을 – 보여주기 위해 신약성경의 다른 부분들에 실재하고 있는 자료들을 거의 분석하지 않았다. (예를 들어, 그는 고린도전서 14장에 나오는 예언의 권위에 관한 문제에 두 쪽(60-61)만을 할애했다.)

본 연구의 목적을 위해서는 정기적인 회중들의 모임에서 예언의 은사를 사용하는 일반적인 기독교 예언자들이 에베소서 2:20과 3:5에 나오는 – 이방인의 수용이라는 위대한 비밀을 계시 받은 특별한 그룹의 '예언자들'(또는 '사도-예언자들')보다 훨씬 더 큰 연관성이 있다. 이제 우리는 다음 장에서 보통의 기독교 회중들 중에 있던 이러한 예언자들에 관한 연구로 방향을 돌리고자 한다.

그렇다면 두 종류의 예언이 있다는 것인가?

내가 이 책에서 주장하는 바와 같이 사도들은 절대적인 하나님의 권위를 갖고 "예언"할 수 있었으나 일반 성도 예언자들은 그런 종류의 권위가 없었다고 한다면 나는 신약성경에 두 종류의 예언이 존재한다고 말하는 것인가? 어떤 이는 그렇게 구분할 수 있을 것이며, 사실 나는 전에 이 주제에 관한 보다 전문적인 책에서, 예언에 관한 앞선 학자들의 논의들에서 사용된 용어에 따르기 위해 그렇게 말한 적이 있었다.[15]

그러나 나는 이 책에서는 신약성경의 "두 종류의 예언"이라는 말을 하지 않기로 했는데, 이는 그러한 용어가 오해를 불러 일으켜 예언이 종류에 따라 여러 면에서 다르며 큰 차이는 예언자 자신의 경험에 있다는 등의 뜻으로 잘못 해석될 수 있기 때문이다. 그러나 신약성경은 그러한 차이를 입증해주지 않고 있다(그리고 나도 앞에서 언급한 책에서 그러한 차이를 인정하지 않았다).

내가 이전의 책에서 구분하고자 했으며 여기에서도 구분하고자 하는 것은 단 한 가지, 즉 예언에서 선포된 말에 부여되는 권위의 종류에 관해서이다. 사도에 의해서 예언이 선포(또는 기록)될 때 그 말씀은 독특한 권위 – (내가 이 장의 앞부분에서 주장했던 것처럼) 는 신적인 절대적 권위를 갖는다. 사도에 의해 선포된 예언을 믿지 않거나 순종하지 않는 것은 하나님을 믿지 않거나 순종하지 않는 것이다. 사도들의 말이 기록되어 성경에 포함된 이유가 거기에 있었다. 즉 그들의 말은 성경의(성경과 같은) 권위를 갖고 있었다. 그러나 (우리가 다음 장에서 보게 되는 바와 같이) 지역의 신약 공동체에 속한 일반 예언자들의 말에는 그와 같은 절대적 권위가 전혀 적용되지 않았다. 이런 의미에서 그들의 예언은 "달랐다."

그러나 이는 놀랄 일이 아니다. 이는 예를 들어, '가르치는 것'과 "설교하는 것"에서 발생하는 것과 똑같다. 사도의 가르침과 설교에는 하나님의 절대적 권위가 있었지만 우리는 통상 신약성경에 "두 종류의 가르침"이 있었다거나 "두 종류의 설교"가 있었다고 말하지 않는다. 우리가 만일 사도들과 다른 모든 사람들 사이의 권위에 차이가 있음을 강조하기 위하여 그렇게 말하고자 한다면 틀린 것은 아닐 것이다. 그러나 일반적으로 그런 언어 표현은 신약성경 교회들에서 사도들의 설교나 가르침과 다른 모든 설교나 가르침 사이에 존재하는 차이를 강조하고 유사성을 최소화 할 것이기 때문에 오해를 불러일으킬 수 있다.

그래서 이 책에서 나는 "두 종류의 예언"이라는 용어를 사용하지 않았다. 나는 단지 사도들에 의해 행해진 예언에 대해서, 그리고 여러 지방 교회들에서 행해진 "일반 성도들의 예언"에 대해서 논의했다. 사도들의 예언이 다른 것은 "종류"에 있어서(혹은 여러 면에서)가 아니라 단지 권위에 있어서 만이다. 지역 교회의 다른 모든 기독교인들에 의한 예언은 "일반적"이고 "통상적"이었으며, 이것이 이 책의 주된 관심사이다.

| 오늘날에 적용하기 |

신약성경의 사도들이 구약성경의 예언자들과 동등한 사람들이라는 점을 이해한다면 우리는 그러한 "예수 그리스도의 사도들"의 글에 세심한 관심

을 기울임으로써 그러한 이해를 우리의 삶에 적용해야 할 것이다. 특별히 신약성경의 글들을 하나님 자신의 권위를 갖고 있으며 아직도 살아 있고 능력이 있어 오늘도 우리의 심령에 말하는 하나님의 말씀 그 자체로 읽어야 한다. 오늘날 우리에게 행해지는 다른 어떤 말도 그 권위와 순결성과 능력에 있어서 결코 성경의 말씀과 동등할 수 없다.

우리의 일상생활에서 성경 말씀만이 우리의 가슴과 마음에서 첫 번째 자리를 차지해야 한다. 우리는 이를 우리의 창조주께서 우리에게 하시는 말씀 그 자체로 읽고, 믿고, 외우고, 사랑하고, 소중히 여겨야 한다. 오늘날의 다른 모든 은사나 가르침도 성경 말씀에 따라야 하며 이 말씀에 의해 판단되어야 한다. 다른 어떤 은사나 가르침이나 글도 우리의 삶에 있어서 절대적 우선순위를 놓고 성경 말씀과 경쟁하도록 해서는 안 된다.

3장

고린도의 신약 예언자들:
하나님이 마음에 주신 것을 인간의 말로만 말하기

고린도전서 12-14장의 구조

바울이 고린도전서에서 예언에 대해 말하는 것을 자세히 살펴보기 전에, 우리는 고린도전서 12-14장의 내용과 구조를 개략적으로 살펴보는 것이 좋을 것이다.

바울이 교회에서 처리해야 했던 많은 문제들 중의 하나는 눈에 띄게 성령의 은사를 받은 사람들의 자만심(고전 1:31; 4:7; 5:6; 8:1; 10:12; 11:21ff.; 13:4-5)과 그 결과로 그 정도의 은사를 받지 못한 사람들에게 나타나는 시기심이나 열등감(고전 3:3; 10:10; 12:14-26; 13:4)의 문제였다. 바울은 고린도전서 12:28에서 "하나님이 교회 중에 몇을 세우셨으니 첫째는 사도요 둘째는 예언자요 셋째는 교사요 그 다음은 능력을 행하는 자요 그 다음은 병 고치는 은사와 서로 돕는 것과 다스리는 것과 각종 방언을 말하는 것이라"고 말함으로써 이 두 문제를 동시에 해결한다. 한편으로 그런 직분들이 하나님께로부터 왔다는 것을 지적하면서 그는 고린도 교인들에게 그들이 자만해야 할 것이 아니라 겸손해야 될 것을 말한다(고전 4:7 "누가 너를 남달리 구별하였느냐 네게 있는 것 중에 받지 아니한 것이 무엇이냐 네가 받았은즉 어찌하여 받지 아니한 것 같이 자랑하느냐"를 주목하라).

또한 하나님이 좋게 여기신 대로 은사들을 분배하셨으므로(고전 12:11, 18, 28을 보라), 고린도 교인들은 하나님의 결정에 대해 시기하거나 불평하는 대신 만족해야 했다. 그리고 각 신자에게 은사가 주어졌으며(고전 12:6, 7, 11) 모든 은사는 필요가 있으므로(고전 12:7, 15, 17, 21, 23, 26) 아무도 자신의 은사를 중요하지 않다고 느낄 필요가 없었다.

그러나 이 문제들을 해결하는 것에 있어서 바울이 여기서 멈추었으면, 그는 다른 문제를 만들었을 것이다. 은사의 분배에서의 하나님의 주권에 대해

균형 잡히지 않은 강조를 함으로써 고린도 교인들이 숙명론적이 되어, 교회에 도움을 주는 은사에 이르는 것에 더 이상 노력하지 않게 될 수도 있었다. 그러므로 바울은 그런 문제를 바로잡는 한 가지의 지시를 더한다. 즉 비록 하나님께서 원하시는 대로 은사를 분배하셨지만(고전 12:28-30), 그럼에도 불구하고 너희는 더 큰 은사들을 구하기를 계속해야 한다는 것이다.

하지만 만약 고린도 교인들이 잘못된 태도를 가진다면 더 큰 은사라도 잘못 사용할 가능성이 있었다. 그래서 바울은 더 큰 은사를 구하는 것보다 더 좋은 것("가장 좋은 길", 고전 12:31b), 즉 그들이 가진 은사를 사랑 안에서 행하는 것(고전 13장)을 설명한다.

그것이 실천적으로는 어떻게 적용되는가? 은사의 사용에 있어서, 사랑의 길에 따른다는 의미는 교회의 덕을 세울 수 있도록 이해할 수 있게, 질서 있게 말하는 것이다(고전 14장).

이 장들의 구조를 간단히 요약하면 다음과 같다.

1. 하나님이 너희에게 주신 다양한 은사들을 사용하는 것이 좋다(고전 12장).
2. 은사들을 사랑 안에서 사용하거나 구하면 더욱 좋다(고전 13장).
3. 은사들을 사랑에서 사용한다는 것은 이해할 수 있게, 질서 있게 말하는 것이다(고전14:1-40).

고린도전서 12-14장의 구조적 이해는 12:31에서 "더 큰" 은사라고 말한 것과 12:28에서 "첫째… 둘째… 셋째…"라고 열거한 것을 이해하는데 도움이 될 것이다.

고린도전서 12:28에서 바울이 "첫째… 둘째… 셋째… 그 다음…"라고 한 말에 암시되어 있는 서열에서 방언을 가장 마지막에 두고 있지만 방언이 교회가 태동될 때부터 있었기 때문에(행 2:4) 이 서열은 분명 시대적 순서에 따른 것이 아니다.

그러면 이것이 "품위"나 "영적 능력"의 서열인가? 그런 것 같지는 않다. 바울은 영적 교만과 싸우려는 것이고 자기 자신에 대해 권위를 주장하는 대신에 사도들이 "세계, 곧 천사와 사람들에게 구경거리가 되었노라"(고전 4:9)고 생각하고 있다.

고린도전서 12:31a는 우리에게 올바른 답을 부분적으로 제시해 준다. 대부분의 독자들은, 더 큰(헬, '메이존') 은사들이 바울이 바로 전에 "첫째… 둘째… 셋째…"로 서열을 매겼던 은사들이라고 생각했을 것이다. 바울의 생각은 고린도전서 14:5b에서 분명해지는데, 거기에서 그는 같은 단어를 어쩌면 의도적으로 사용하여, 그(예언자)를 통해 교회의 덕이 세워지기 때문에 "예언하는 자가 더 크니라"(헬, '메이존') 말한다.

따라서 이러한 맥락에서 크다는 것은 교회에 유익함을 나타내는 것이다. 고린도전서 12:28에서 사도들은 교회의 덕을 세우는데 가장 쓸모 있기 때문에 첫 번째에 있다. 예언자들은 두 번째이고 교사들은 세 번째인데, 그들도 교회의 덕을 세우는데 크게 기여하기 때문이다. 이 같은 해석은 교회의 덕을 세우기 위해 은사와 성품들을 권면하려는 바울의 전체적 의도에 잘 맞아 떨어진다[중요한 결론을 맺는 부분들(고전 12:7, 25-26; 14:5b, 12, 26b)에서 이러한 것을 강조한 점을 주목하라].

몇몇 세부사항들은 이 연구의 뒷부분의 결론들을 미리 가정하고 있기 때문에 그것과 연결하는 말을 한 후에 다시 한 번 고린도전서 12-14장 전체를 요약하는 것이 도움이 될 것이다.

영적인 은사들에 관하여(12:1),

1. 너희는 모두 유용한 은사들을 가지고 있으며(12:2-30), 더 큰 은사를 구하는 것이 좋다(12:31a).
2. 더 좋은 것(12:31b)은 사랑 안에서 은사들을 행하거나 구하는 것(13:1-13), 즉 교회의 덕이 세워질 수 있도록 알아들을 수 있게 말하고 질서 있게 예배하는 것이다(14:1-36).
3. 너희는 주님의 명령인 내 말에 순종해야 한다(14:37-38).
4. "그런즉 내 형제들아 예언하기를 사모하며 방언 말하기를 금하지 말라. 모든 것을 품위 있고 질서 있게 하라"(14:39-40).

그러므로 12-14장의 이 이해에 있어서 고린도전서 14:29-33a는 바울이 고린도 교인들에게 예배에서 어떻게 행동해야 할지를 지도하는 서신의 더 큰 부분(14:1-36)의 일부이다. 29절 이하는 특히 예언의 은사를 올바르게 사용하는 것에 대한 바울의 견해를 설명한다.

고린도전서 14:29: 가려내야 하는 예언

바울은 "예언하는 자는 둘이나 셋이나 말하고 다른 이들은 분별할 것"(고전14:29)이라고 말하고 있다.

해결해야 할 첫 번째 질문은 예언을 평가하라고 바울이 명령한 "다른 이들"은 누구인가 하는 문제이다.

14:29의 "다른 이들"은 12:10의 "영들 분별함의 은사"를 지닌 자들인가?

많이는 아니지만 몇 몇 신약성서 주석가들은 여기서 언급한 "다른 이들"은 "영들 분별함의 은사"(고전12:10)를 지닌 자들이라고 말하기도 했다. 그들이 이 견해를 선호하는 중요한 이유는 고린도전서 12:10에 나타나는 명사 "평가, 식별, 구별(헬, '디아크리시스')"과 고린도전서 14:29에 있는 동사 "평가하다, 분별하다, 식별하다(헬, '디아크리노')"의 유사성 때문이다.

그러나 이 명사와 동사 모두가 다양한 의미를 지닌다는 점을 주목해야 한다. 바울은 12:10에서(다른 종류의 영들 사이에서) "구별함"의 의미로 '디아크리시스'를 사용한 반면에 14:29에서 매우 다른 것을 뜻하는, 예를 들어(예언의 말들을) "평가하다" 혹은 "심사하다"라는 뜻으로 '디아크리노'를 사용한 것은 충분히 개연성 있는 일이다. 사실 바울은 고린도전서에서만도 동사 '디아크리노'를 여러 가지의 의미로 사용하고 있다.[16]

바울의 폭넓은 용례에서 12:10의 명사와 14:29의 동사가 같은 의미를 지니며, 같은 은사의 활동을 언급한다고 가정하는 것은 다소 무리가 있을 것이다.[17]

더욱이 고린도전서 12:10이 예언자들과 예언들을 시험하는 것에 제한되어 있다는 단순한 가정은 적합하지 않다. 예를 들어, 비틀링거Bittlinger는 "영들 분별함"의 보기로서 마귀의 존재를 인식한 예수의 몇몇 축귀 사례와 엘루마의 사례(행 13:8ff.), 그리고 점치는 소녀(행 16:16-18)의 경우를 예로 든다.[18] 그리고 로벗슨Robertson과 플루머Plummer는 이 능력을 "여러 상황들에서 특별한 영적 현상이 위로부터 온 것인지 아닌지를 분별하는 것"이라고 규정한다.

본문이 이 은사를 예언의 특정한 시험에 국한한다고 이해하려는 유혹을 우리가 거부한다면 로벗슨과 플루머가 말한 바와 같은 보다 일반적인 정의가 필요하다. "어떤 사람에게 미친 성령의 감동 또는 악한 영의 감동을 식별하는 능력"[19]과 같이 정의하는 것이 보다 적절할 것이다.

이것은 A. D. 1세기 기독교인들에게 마귀의 영향이 "영들 분별함의 은사"를 사용할 잠재적인 기회였을 수도 있다는 것을 뜻한다. 어떤 병은 마귀의 영향 때문이었는가(마 9:23-24; 12:22 참조)? 그렇다면 이 은사를 지닌 사람은 그것을 알아차릴 수 있었고 마귀를 내쫓을 수 있었다. 악한 영이 어떤 사람이 전도하거나 가르치거나 봉사하는 것을 가로막을 수 있었던 것인가(행 16:16-18 참조)? 그렇다면 이 은사를 가진 사람은 문제의 이유를 알아차릴 수 있었다. 어떤 사람이 악한 영의 힘으로 예언하고 있었는가(요일 4:1-6)? 그렇다면 이 은사를 가진 사람은 그것에 주의를 기울이게 할 수 있었다. 바울은 고린도에서의 이방인의 제의가 마귀와 관련되어 있다고 생각했기 때문에(고전 10:20ff. 참조), 우리는 이 은사가 유용할 수 있는 수많은 상황을 상상할 수 있다.

그러나 만약 고린도전서 12:10이 이렇게 이해되어진다면 14:29에서의 "다른 이들"이 "영들 분멸함"의 은사를 가진 사람들로 제한될 필요가 없게 된다. 그 은사는 단순히 예언자들을 분별하는 것보다 더 넓은 의미를 지니고 있기 때문이다.

또한, 만약 바울이 14:29에서의 가르침을 "영들 분별함"의 은사를 가진 자들에게만 제한하려 했다면, 그는 "다른 이들"과 같은 보편적인 표현을 아무런 제약 없이 사용하지는 않았을 것이다. 만약 바울이 이런 의미를 독자들에게 전하려 했다면, 그는 아마도 "영들 분별함의 은사를 가진 이들"이라는 말을 사용하였을 것이다.

14:29에서의 "다른 이들"은 다른 예언자들인가?

고린도전서 14:29에 대한 보다 보편적인 시각은 바울이 "다른 이들은 분별할 것"이라고 했을 때, 그는 "다른 예언자들은 분별할 것"을 뜻했다고 보는 것이다.

이 견해를 취하는 사람들은 고린도전서 12:10에서 단지 일부 교인들만이 "영들 분별함"의 은사를 가졌다는 것에 호소한다. 그러나 그들은 두 가지 수용되기 어려운 가정을 한다.

a) 제한된 수의 "영들 분별함"의 은사를 지닌 사람들은 대부분 예언자라는 주장

b) "영들 분별함"의 은사가 고린도전서 14:29에서 예언의 "분별"에 사용된다는 주장

이 견해의 문제는 12:10에서 바울이 예언의 은사와 영들을 분별하는 은사를 명확히 구분하고 있다는 점이다(고전 12:10 "어떤 사람에게는…"). 그는 절대 모든 예언자들이 영들을 분별하는 은사를 가지고 있다고는 하지 않는다.

그리고 다른 많은 것을 고려해 보아도 "다른 이들"이 "다른 예언자들"이라는 것은 가능성이 매우 적다.

(a) 회중을 상대로 한 발언을 평가하는 것에 대해 언급하는 다른 곳들에서는 모든 회중이 포함된다는 것이 명백해 보인다. 고린도전서 12:3은 누구나 시험해 볼 수 있는 기준을 제공한다. 말하는 사람이 예수를 저주하면 성령으로 말하는 것이 아니고, 예수가 주님이시라는 확실한 신앙고백을 하면 그 사람은 성령으로 말하는 것이다.

마찬가지로 데살로니가전서 5:20-21은 전체 교회에게 말하고 있다("예언을 멸시하지 말고 범사에 헤아려 좋은 것을 취하고"). 그리고 전체 교회에 의한 평가들은 요한일서 4:1-6과 사도행전 17:11에도 암시되어 있다.

그러나 이것이 발언에 관한 공개적 평가에서 교회에 참석한 모든 사람이 동등한 역할을 한다는 것을 의미하지는 않는다. 우리는 성숙한 사람들(히 5:14), 지혜로운 사람들(고전 6:5), 영들을 분별하는 은사를 지닌 사람들(고전 12:10)이 더 자주 말하고 더 권위 있게 말했으리라고 예상할 수 있다. 그러나 우리는 예언의 분별이 어떤 특정한 직책이나 은사를 받은 자들에게만 제한되어 있다는 것을 어디에서도 찾아볼 수 없다.

(b) 만약 바울이 "다른 예언자들은 분별할 것"을 의미했다면 그는 아마도 "다른 이들"이라는 말과는 다른 단어를 사용했을 것이다. 고뎃Godet은 만약 바울이 "다른 예언자들은 분별할 것"을 의미했다면 "나머지 예언자들(헬, '호이 로이포이')"이라는 단어가 가장 적합했을 것임을 정확하게 지적한다.[20]

(c) 만약 우리가 "다른 이들"을 특정한 예언자들 집단에 제한시키면 나머지 성도들이 예언과 평가가 이루어지는 동안에 무엇을 하고 있는지를 생각하기가 매우 어렵게 된다. 예언이 끝나고 그 중의 어느 것을 믿을지 판단되는 동안 그들은 "중립적"으로 앉아 있을 것인가? 결코 그럴 것 같지는 않다. 그들은 앉아서 곧바로 자신들의 고유한 생각으로 발언내용을 평가했을 것이다.

평가에 대한 이 정신적 과정은 "분별할 것"이라는 바울의 표현으로 잘 설명할 수 있다. 그러므로 바울이 고린도전서 14:29에서 예언들을 평가하는 것에 대해 말했을 때 그가 누구라도 제외시켰다고 보기는 어렵다. 특히 교사들, 관리자들, 그리고 예언의 은사를 가지지 않았던 다른 교회 지도자들이, 예언을 진실한 것이라고 인정하기까지 판단이 진행되는 동안 아무 반응 없이 앉아 있었어야 했다는 주장은 받아들이기 어렵다. 예언을 분별하는데 있어서 그런 지도자들이 중요한 역할을 했다는 견해가 훨씬 더 바람직하다.

결론: "다른 이들"은 회중 전체를 의미한다

앞에서 말한 주장들은 "다른 이들"을 특정하고 제한된 그리스도인들의 집단에 국한시키려는 시도에 여러 가지 심각한 문제들이 있다는 것을 보여 주었다. 이 주장들은 그 구절을 온 교회와 관련시켜야 할 좋은 이유가 된다.[21]

예언자가 말할 때에 회중의 각 사람들은, 성서와 그가 이미 진실임을 알고 있는 권위 있는 가르침에 비추어 그 예언을 판단하면서 신중하게 들어야 했다. 조금 후에 그에 대응해서 말할 기회가 올 것이며, 지혜로운 자들과 성숙한 자들이 가장 많이 기여할 것임은 의심의 여지가 없다. 그러나 모든 사람이 분별하고 평가할 수 있기 때문에, 아무도 쓸모없다고 느끼면 안 된다(고전 12:22).

어떻게 예언이 분별되는가?

고린도전서 14:29에서 다음으로 해결되어야 할 것은, 바울이 "예언하는 자는 둘이나 셋이나 말하고 다른 이들은 분별할 것이요"라고 했을 때 그가 무슨 종류의 분별을 말하는 것인지에 대한 문제이다.

이 말을 검토해보면 바울은 각 사람이 자기 자신의 생각으로 판단해 예언의 일부는 좋게 받아들이고 일부는 잘못된 것 또는 오도된 것으로 보고 거부하는 것을 생각하고 있었다는 것을 보여줄 것이다. 이것은 문맥과 바울이 사용하는 '디아크리노' 라는 단어 모두로부터 유추해 낼 수 있다.

(a) 문맥에 따른 주장: 얼핏 보기에 "다른 이들은 분별할 것"이라는 것이 예언자가 참 예언자인지 또는 거짓 예언자인지를 분별하는 것을 의미한다고 볼 수도 있을 것이다. 이것은 디다케라고 불리는 저자 미상의 초기 기독교 문서와 맞아 떨어진다. 예를 들어, 디다케 11:3-12에는 회중이 예언자가 참 예언자인지 거짓 예언자인지를 분별할 수 있는 기준이 나온다. 비슷하게 마태는 "양의 옷을 입고 너희에게 다가오나 속은 노략질하는 이리"인 거짓 예언자들을 주의하라고 한다. 거짓 예언자는 그들의 열매로 알 수 있을 것이다(마7:15-20; 24:11, 24). 요한일서 4:1-6도 역시 거짓 예언자들에 대한

경고와 그들을 구별해 내는 법을 다루고 있다.

그러나 더 자세히 살펴보면 고린도전서 14:29는 앞에 언급한 구절들과는 다르다는 것이 드러난다. 그 구절들은 교회 밖에서 오는 외부인들에 대한 경고(마 7:15; 요일 4:1, 3, 디다케 11:5, 6)와 판단의 기준에 대해 말하고 있다. 그러나 바울은 고린도전서 14장에서 성도의 교제 안에 이미 받아들여진 사람들의 모임에 관해서 말하고 있다("너희가 모일 때에," 26절; "예언하기를 사모하며," 39절).

바울이 "예언하는 자는 둘이나 셋이나 말하라"고 할 때에 결코 예배 때마다 자신의 예언이 판단되고 입증되기를 기다리는 두세 명의 새로운 예언자가 있어야 한다는 뜻으로 말하지 않는다. 오히려 회중에게 알려지고 인정받은 예언자들이 여럿 있어서 각자 차례대로 말하는 상황을 묘사하고 있다. 이런 상황에서 예언자들이 발언할 때마다 "참" 예언자를 반복해서 "분별"하고 선포한다는 것은 있을 수 없는 일이다.

마태복음 7장, 요한일서 4장 그리고 디다케 11보다도 고린도전서 14:29와 더 좋은 병행구절은 또 하나의 바울서신인 데살로니가전서 5:19-21에서 찾을 수 있다. 거기에서는 예언들(20절)이 평가되고 판단되었지, 예언자들이 평가된 것이 아니다. 바울의 이 말은 바울이 쓰지 않은 다른 글들(매우 다른 상황에 대해 말하는 것일 수도 있다)보다 고린도전서 14:29에 훨씬 더 가깝다. 사실 데살로니가전서 5:19-21과 고린도전서 14:29ff.에는 거짓 예언자들에 대한 경고와 거짓 예언자를 가려내는 기준, 그리고 교회 밖에서 안으로 들어와 예언자인 척 하는 사람들에 대한 어떠한 암시도 없다. 다른 글들이 거짓 예언자를 분별해 내는 것에 대해 가르치는 것에 반해, 데살로니가전서 5:19-21과 고린도전서 14:29는 다른 종류의 평가, 즉 이미 회중에게 인정된 자들이 실제 행한 예언의 평가에 대해 말한다.

끝으로, 예언자가 "참" 예언자인지 "거짓" 예언자인지를 판단한다는 것은 단순히 바울이 말하는 성도들의 모임의 모습과 일치하지 않는다. 회중이 "참" 예언자와 "거짓" 예언자를 분별할 수 있는 방법은 매우 복잡한 방식인 투표뿐이다. 그런 중요한 문제에서 의심의 여지 없이 각 사람은 자신의 뜻을 표현하고 싶을 것이다. 마태복음 7장과 디다케 11에서 예언자를 판단하는 것에는 며칠 동안 예언자를 관찰하고 평가하는 것이 필요하다. 그러나 바울의 "다른 이들은 분별할 것"이라는 말은 그들이 예언하고 있을 때나 끝난 즉시 실행되어야 할 것으로 보인다(고전 14:27). 실제로 예언자들은 서로를 멈추게 할 수도 있었다(고전 14:30).

결론적으로 고린도전서 14:29의 문맥은 성도들이 예언자의 말을 듣고 그것을 평가하지만, 예언자 자체를 진짜인지 가짜인지 평가하지는 않는다는 것을 보여준다.

(b) 단어 '디아크리노'의 의미: 바울은 헬라어 단어 '디아크리노'를 사용함으로써 어떤 종류의 분별이 가능한지를 보다 정확하게 정의할 수 있도록 해준다. 이 단어가 꽤 폭넓은 의미를 내포하고 있지만 그것은 매우 자주 분리하는 것, 구별하는 것, 또는 연관된 것들이나 개념들 중에서 신중하게 가려내는 것 등의 의미를 띤다.

이 단어는 예를 들어, 밀알을 걸러내는 것(Philo, *Mut.* 249, Jos. 113), 정한 짐승과 부정한 짐승을 구별하는 것(Josephus, *Ant.* 259), 또는 무리 중에서 잘못을 범한 자들을 그 나머지와 분리해내는 것(Josephus, *Wars* 4.118, 543) 등에 사용될 수 있다. 그것은 선과 악을 구별하는 데에(*Testament of Asher* 1.5; 히브리서 5:14에서 같은 어원의 명사가 같은 방식으로 사용된 것과 비교해보라), 그리고 참과 거짓을 가려내는 데에(Philo, *Congr.* 18; 욥기 12:11 "귀가 말을 분별하지 아니하느냐" 참조) 사용된다.

신약성경에서는 '디아크리노'가 유대인 신자들과 이방 신자들을 구별하는 데에(사도행전 15:9; 아마 사도행전 11:12에서도) 사용된다. 바울은 고린도전서 4:7에서 "누가 너를 구별하였느냐"(다른 사람들로부터, 그리하여 너를 더 중요하게 여겼느뇨)라고 말한다. 그리고 고린도전서 11:31에서 "우리가 우리를 (제대로) 살폈으면 판단을 받지 아니하려니와"라고 했다. 그 뜻은 자신의 태도와 행동을 의식적으로 살펴보고 신중하게 가려내고 평가하여 바른 것과 그렇지 않은 것을 결정한다는 의미이다.

"구별하기" 또는 "신중하게 평가하기"라는 의미는 '디아크리노'가 고린도전서 14:29에 적합한 단어가 되게 할 것이다. 그것은 바울이 만일 회중의 모든 성도들이 각각의 발언을 신중하게 듣고 평가하여 각자 좋다고 느낀 것과 덜 좋다고 느낀 것, 도움이 된다고 생각된 것과 도움이 되지 않는다고 생각된 것, 참이라고 여겨진 것과 거짓이라고 여겨진 것 등을 구별하는 과정에 관해 말하려 했다면 적합하다는 것이다.[22]

뿐만 아니라 만일 바울이 고린도 성도들이 각 예언자가 참 예언자인지 거짓 예언자인지를 판단해야 한다는 뜻으로 말했다면 그는 아마 다른 단어를 - '디아크리노'가 아니라 아마 '크리노'를 - 사용했을 것이다. 신약성경은 유죄가 아니면 무죄, 옳은 것과 그른 것, 참과 거짓(마 7:1; 19:28; 요 7:51; 18:31; 행 16:15; 25:10; 롬 2:1; 14:3,4,10,13; 고전 4:5; 5:3,12; 6:1,2,3,6; 10:15; 11:13; 골 2:16; 히 10:30; 13:4; 약 4:11 등 참조)과 같이 두 가지의 가능성만 있는 경우를 말할 때에는 이 단어를 선호하고 있다. 사실 바울은 고린도전서 6:2-6에서 교회 밖에서의 공적이며 사법적인 판단(이를 위해 바울은 '크리노'를 사용한다)을 교회 내에서의 비공식적인 결정들(이에는 '디아크리노'를 사용한다)과 의식적으로 구별하는 것 같다. 교회 내에서 어느 한 편이 "유죄"이고 다른 편이 "무죄"라고 선언하는 것보다는 신중한 평가를 한 결과 양편 모두에게 약간의 잘못이 드러날 가능성이 더 크다.

이런 분별과 평가가 완전히 조용한 것인지 아니면 성도들이 구두로 반응하는 것인지는 '디아크리노'라는 단어만으로는 판단할 수 없다. 이 동사의 강조점은 결정에 이르는 과정 그 자체에 있지 그 정신적 평가의 결과가 무엇인지에 있지 않다. 그러나 예언에 대해 회중의 지도자들에 의한 구두 반응은 적어도 때에 따라서는 적절했을 것이며 바울이 교회 예배의 목표로 설정하는 "덕을 세우는"(고전14:26) 과정에 분명 기여하는 바가 있을 것이다.

예언에 대한 이러한 "분별"은 어떠한 기준에 따라 행해져야 하는가? 신약성경의 다른 곳에서 공적인 발언의 평가 기준은 언제나 성경이나 가르침 받은 것(행 17:11; 고전 14:37-38; 갈 1:8; 요일 4:2-3,6)이었던 것으로 보이며 여기에서도 그러한 기준이 적용된다고 생각할 수 있다.

예언의 분별에 관한 논의를 끝맺기 전에 거짓 예언자에 대해 한 마디 말할 필요가 있다. 바울이 고린도전서 14:29에서 참 예언자(성령의 감동을 받아 말하는 진정한 그리스도교 신자)의 판단에 관해 말하고 있는 반면에 거짓 예언자가 와서 악한 영의 감동을 받아 말할 가능성도 분명 존재한다(요일 4:1,3 참조). 비록 바울이 고린도전서에서 이러한 가능성을 드러내서 논의하지는 않았지만 우리는 바울이 말한 것으로부터 그가 거짓 예언자는 영들을 분별하는(고전 12:10) 능력을 가진 자들에 의해 가려내질 것이며, 이러한 거짓 예언자들은 그들의 뻔히 드러나는 이단적 교리에 의해 스스로 (가짜임을) 드러낼 것(고전 12:3; 요일 4:2-3)이라고 생각했다는 결론을 내려도 좋을 것이다.

(c) 결론: 고린도전서 14:29의 문맥과 헬라어 단어 '디아크리노'에 통상적으로 부여되는 의미를 함께 고려해보면 우리는 고린도전서 14:29가 의미하는 것은 전체 성도들이 예언자가 말하는 것을 듣고 평가하여 이에 대한 의견을 형성하고 어떤 사람들은 아마 공개적으로 논의를 할 수도 있다는 것이라고 결론지을 수 있다. 각 예언은 참된 것과 거짓된 것을 동시에 포함하고 있을 수 있으며, 그러한 것들은 걸러 내지고 분별되어질 것이다. RSV 번역은 이러한 과정을 잘 포착하고 있다. "둘이나 셋의 예언자가 말하도록 하고 다른 이들은 발언된 것을 분별하도록 하라."

이 과정을 구약성경에서 발견되는 예언자의 판결과 비교해보면 흥미롭다. 구약에서는 거짓 예언자는 죽여야 했다(신 18:20). 거짓 예언자가 되는 것은 하나님을 대신해서 말한다고 주장하고 나서 하나님이 명령하시지 않은 것을 말하기만 하면 되는 것이었다(신 18:20; 렘 23:16 참조). [주: 앞의 214쪽과 부록 1의 2마를 보라. 나는 거짓 예언자가 다른 신들을 섬기는 것을 주장하지 않았다면 한 번의 거짓 예언이 사형의 조건이 된다고 더 이상 주장하지 않는다.]

아마도 구약성경의 예언자는 하나님의 절대적 권위를 갖고 말하는 입장에 있었기 때문에 처벌이 그렇게 엄중했을 것이다. 예언자는 하나님의 말씀을 전해야 했다("내 말을 그 입에 두리니," 신 18:18; "그가 내 이름으로 고하는 내 말," 신 18:19). 참 예언자의 말을 거역하는 것은 하나님의 벌을 가져온다(신 18:19). 그러한 예언자는 대단한 권위를 행사했을 것이기 때문에 사칭하는 자들에 대한 엄중한 벌칙으로써 예언자의 직분을 안전하게 지켜주는 것이 중요했다.

고린도전서에는 그런 사상이 없다. 우리가 살펴본 것처럼 그저 성도들이 예언을 분별하여 그에 대한 견해를 형성할 것이다. 어떤 예언은 아주 가치 있는 것일 수 있고 또 어떤 것은 그렇지 않을 수 있다. 이러한 과정은 구약성경에서 기대하는 종류의 예언과 고린도전서의 그것 사이에 차이가 있을 때만 이해할 수 있는 것이다.

구약성경의 예언자들은 하나님의 말씀을 그대로 선포한다고 주장하였는데 바울이나 고린도 사람들이 하나님의 말씀이 참인지 또는 쓸모 있는 것인지 알아보기 위해 분별할 필요가 있다고 생각했다고는 상상할 수도 없는 일이다. 따라서 고린도의 예언자들은 그들이 실제로 하는 말에 하나님의 권위가 부여되었다고 여겨지지는 않았을 것이다. 그들의 예언은 여러모로 평가와 심문을 받아야 했다.[23]

고린도전서 14:30: 의도적으로 무시된 예언들

✳

두세 명의 예언자만 말하라는 지시를 내린 후 바울은 질서 있는 (예배) 형태가 이어질 것을 보장한다. "만일 곁에 있는 다른 이에게 계시가 있거든 먼저 하던 자는 잠잠할지니라"(고전 14:30).

이 절은 다음과 같은 상황을 그려 내고 있다. 한 예언자가 발언하는 동안에 다른 이(남자나 여자)에게 갑자기 무엇인가 "계시된다(헬라어로 '아포칼룹토')." 두 번째 사람이 어떤 방식으로 (아마 일어섬으로) 자기가 말할 것이 있다는 신호를 보낸다. 그러면 첫 번째 예언자는 자기의 할 말을 끝까지 하지 않고 즉시 앉아서 두 번째 예언자가 발언할 수 있도록 침묵을 지킨다.

상실될 수 있는 예언

이 절에서 우리가 첫 번째로 주목하는 것은 바울이 첫 번째 예언이 영원히 상실되고 교회에서 한 번도 듣지 못할 수 있다는 사실에 전혀 개의치 않는 것처럼 보인다는 점이다. 바울의 이러한 태도는 우리가 고린도전서 14:29에서 살펴본 대로 신약성경의 예언 양상에 부합하는 것으로 보인다. 만일 (신약의) 예언자들이 하나님의 말씀 그 자체를 말한다고 여겨졌다면 우리는 바울이 그들의 발언과 선포를 보존하는 데 좀 더 관심을 기울였을 것이기 때문이다. 만일 하나님이 실제로 자신의 말씀을 예언자를 통해 교회에 선포하신다면 교회가 그 말씀을 듣는 것이 중요한 일일 것이다!

여기서 바울의 태도와 대조하기 위해 우리는 예레미야 36장의 상황을 상기해 볼 수 있을 것이다. 거기서 여호야김은 자신더러 읽으라고 쓰인 예언자의 말씀을 뻔뻔스럽게 무시해버리는데(렘 36:23-25), 그 결과 더 큰 벌이 내려진다(렘 36:30). 그런데도 바울은 고린도전서 14:30에서 첫 번째 예언자가 말하려 했던 것의 일부분을 교회가 한 번도 들을 수 없게 될 수도 있는 제도를 옹호하고 있다.

만일 신약성경의 예언자들이 그들이 하는 말 그 자체에 하나님의 절대적 권위가 부여된다고 여겨졌다면 이 절(고전 14:30)은 이해할 수 없을 것이다. 바울이 어떻게 하나님의 말씀이 버려지도록 지시할 수 있겠는가?

그러나 만일 신약성경의 예언자들이 하나님이 그들의 마음에 생각나게 하신 것을 전하기 위해 단지 인간의 언어로 말하고 있었다고 여겨졌다면 바울의 가르침은 매우 합리적일 것이다. 다수의 성도가 예배에 기여할 것들을 보유하고 있었는데(고전 14:26) 제한된 시간밖에 없었다. 그러므로 다양한 기여를 통해 예배에 참여한 모든 성도가 어떠한 방식으로든지 덕을 세움을 받도록 하기 위해(고전 14:31) 가급적 많은 사람들이 기여하도록 허용되어야 할 것이다.

물론 누군가에게 "찬송시나, 가르치는 말이나, 계시나, 방언이나, 통역함"(고전 14:26)이 - 혹은 예언이 - 있을 때 시간 때문에 사용되지 못할 경우도 있을 것이다. 그러나 그것은 문제가 아니었다. 중요한 것은 모든 것을 덕을 세우기 위하여 하는 것이었다(고전 14:26).

여기에서 어떤 이는 첫 번째 예언자의 말이 버려질 필요는 없다고 이의를 제기할 수도 있을 것이다. 그 사람은 단지 두 번째 예언자가 끝날 때까지 잠잠했다가 자기의 발언을 계속하면 된다.

그러나 이와 같은 이의 제기는 바울의 말을 적절히 설명하지 못한다. 왜냐하면 만일 첫 번째 예언자가 다시 발언 할 수 있을 것으로 기대할 수 있다면 바울은 애초에 무엇 때문에 그 첫 번째 예언자에게 잠잠할 것을 명령하겠는가? 만일 첫 번째 예언자가 그의 계시를 유보해 두었다가 나중에 발언할 수 있다면 두 번째 예언자도 그리할 수 있을 것이다. 그렇다고 하면 첫 번째 예언자를 무례하게 중단시키고 그로 하여금 발언을 두 부분으로 나누어 하게 하는 대신 두 번째 예언자가 기다리는 것이 훨씬 더 합당할 것이다.

그렇다면 바울의 가르침이 이해할 수 있는 것이 되기 위해서는 바울은 두 번째 예언자가 끝낸 후에 첫 번째 예언자가 다시 발언하지 않는다고 생각했다고 가정해야 할 것이다. 첫 번째 예언자의 예언의 나머지 부분은 의도적으로 무시되고 아마 교회가 한 번도 듣지 못하게 될 것이다.

"계시"는 신적 권위를 의미하는가?

고린도전서 14:30에서 우리에게 두 번째로 관심을 갖게 하는 것은 "계시"라고 번역된 용어이다. 사실 여기에서 사용된 헬라어 용어는 동사(헬라어로 '아포칼륍토')인데, 이 절은 "다른 앉은 이에게 (무엇인가) 계시되어지거든 먼저 하던 자는 잠잠 하라"(RSV를 직역한 것임 – 옮긴이)고 단어 그대로 번역하고 있다.

내가 제 5장에서 주장하는 바와 같이 이 "계시하다"('아포칼륍토')라는 용어는 고린도전서 14:32-33에 있는 증거와 함께 신약성경의 예언자에게 예언을 하도록 하는 성령의 특정한 계시적 행동을 의미한다. 바울은 하나님이 예언자로 하여금 무엇인가를 생각하도록 순간적으로 깨닫게 하시는 어떤 과정을 그리고 있다.

그런데 바로 이 지점에서 한 가지 문제가 발생한다. 신약성경의 예언이 하나님의 "계시"에 근거하였다는 사실은 그 예언자가 그 자신의 말에 부여된 신적 권위를 갖고 말했다는 것을 필연적으로 의미한다고 주장할 수도 있을 것이다.

그러나 사실 반드시 그런 것은 아니다. 여러 경우에 (성경에서) 사용되는 "계시하다"('아포칼륍토') 또는 "계시"('아포칼륍시스')라는 용어를 살펴보면 "계시"의 보고는 흔히 인간 언어의 권위만 갖는 것으로 여겨질 수 있어, 예를 들어, 우리가 설교나 성숙한 크리스첸의 충고에 투여하는 정도의 권위와 흡사하다. 이런 (계시의) 보고는 결코 무시되어서는 안 될 것이지만 우리의 삶에 있어서 성경과 동등한 권위를 가진 것으로 여겨져도 안 될 것이다.[24]

예를 들어, 빌립보서 3:15에서 바울은 수신자들이 계속해서 (믿음이) 성장하고 그리스도를 위해 효과적으로 섬기는 일에 열성을 다하도록 권면한 후 "만일 무슨 일에 너희가 달리 생각하면 하나님이 이것도 너희에게 나타내시리라['아포칼륍토']"고 말한다. 즉 빌립보 성도들 중 누군가 고귀한 부르심으로부터 이탈한다면 하나님이 그들의 잘못을 알려주실 것이다. 즉 그가 그것을 그들에게 "계시"해주실 것이다.

우리는 빌립보의 어떤 성도가 그의 이웃에게 하나님이 그 이웃의 삶 가운데 어떤 죄를 "계시"해주셨다고 보고할 때마다 그 이웃과의 대화(그런 "계시"의 보고)에서 그가 하는 말에 하나님의 절대적 권위가 부여되었다고 가정할 수는 없을 것이다. 그보다는 그 "계시"가 단지 인간의 언어로, 하나님 자신의 말씀이 아니라 예언자 자신의 언어로 보고될 것이다.[25]

이와 비슷한 경우로 바울은 로마서 1:18에서 "하나님의 진노가 불의로 진리를 막는 사람들의 모든 경건치 않음과 불의에 대하여 하늘로 좇아 나타나나니('아포칼륍토')"라고 말한다. 하나님의 진노에 관한 이 계시는 모든 사람이 명백히 볼 수 있지만 하나님이 그들에게 계시하신 것에 대해 사람들이 논의할 때 바울은 분명 이 같은 논의가 신적인 권위를 갖는 말씀의 범주에 속한다고 주장하지는 않을 것이다.

그리고 에베소서 1:17에서 수신자들이 그리스도인으로서 그들의 소유가 되는 은혜에 관해 더 많이 알도록 하기 위해 하나님이 그들에게 "지혜와 계시['아포칼륍시스': 동일한 어원의 명사]의 영을 너희에게 주사 하나님을 알게" 하실 것을 기도하는 것을 우리가 읽게 된다. 다시 한 번 말하거니와 신자가 그리스도인으로서의 특권에 대한 새로운 깨달음을 얻고 이를 친구에게 말해

줄 때마다 그가 사용하는 단어들이 하나님의 말씀 그대로라고 생각한다는 것은 있을 수 없는 일이다. 그것은 하나님이 그 그리스도인에게 "계시"하신 것에 대한 보고이겠지만 그 보고는 단지 인간의 언어로만 다가올 것이다.

끝으로 마태복음 11:27에서 예수는 누구든 아버지를 안다면 이는 아들이 아버지를 그에게 계시해주었기('아포칼륩토') 때문이라고 말한다. 만일 "계시"의 보고가 항상 하나님의 말씀 그대로인 단어들로 표현된다고 주장한다면 우리는 자신이 어떻게 하나님을 알게 되었는지를 보고하는 어느 신자든 그가 실제로 사용하는 단어들에 하나님의 절대적 권위를 갖고 말하는 것이라고 주장해야 할 것이다. 그러나 이는 분명히 불가능한 상황이다.

따라서 "계시하다" 또는 "계시"라는 용어 그 자체가 고린도전서 14장의 예언자들이 실제 사용하는 단어들에 하나님의 권위를 갖고 말하는 것으로 여겨졌다는 것을 결코 보여주지 않는다. 특히 고린도전서 14:30의 '아포칼륩토'라는 용어는 하나님이 계시해주신 것을 보고하는 그리스도인 예언자가 하나님의 말씀 그대로 말하는 것이라고 생각하도록 요구하지는 않는다.

카슨D.A. Carson이 다음과 같이 관찰한 것이 옳다.

> 바울이 고린도전서 14:30에서 예언의 은사가 계시에 의존한다고 가정할 때 우리는 정경의 완결성을 위협할 정도로 권위 있는 형태의 계시에 국한하는 것이 아니다. 그렇게 주장하는 것은 개신교의 조직신학 용어를 성경 저자들의 용어와 혼동하는 것이다.[26]

고린도전서 14:36: 고린도교회 예언자들에게 하나님의 말씀이 없음

✸

여자들이 교회에서 말하는 것에 대한 간략한 문단(고전 14:33b-35)에 이어 바울은 "하나님의 말씀이 너희에게로부터 난 것이냐 또는 너희에게만 임한 것이냐"(고전 14:36)고 말한다. 이 절에서 바울은 고린도 교회에 대해 공세를 취하면서 그들이 자신이 방금 제시한 것과 다른 교회 예배 규정을 세우는 것을 금한다.

바울은 두 가지의 수사학적 질문을 던지면서 이에 대한 답은 둘 다 부정적임을 암시한다. 그가 "하나님의 말씀이 너희에게로부터 난 것이냐"고 말할 때 그는 하나님의 말씀은 그들에게로부터 난 것이 아니라는 것 – 환언하면 그들은 바울처럼 절대적인 하나님의 권위가 있는 말을 하지 않았다는 것을 암시한다. 그러므로 그들은 바울의 사도적 지시에 따라야 하며 그들의 예언자들 중 누군가가 동일한 권위를 갖고 지시할 수 있다고 생각하지 말아야 한다. 하나님의 말씀은 사도들에게로부터 "난 것"이고 고린도와 같은 지방 교회의 어떠한 예언자들로부터 난 것이 아니다.

RSV와 NIV는 이 절을 "Did the word of God originate with you?"라고 번역한다. 다시 말해 너희들이 복음 메시지의 근원이었느냐고 묻는 것이다. 물론 그들은 근원이 아니었다. 따라서 그들은 바울의 명령을 무시하는 규칙들을 제정할 수 없다(이 번역에 의하면 그렇다).

이것이 이 구절의 뜻(복음이 너희에게로부터 나온 것이냐?)이라고 해도 그 말이 의미하는 바는 분명하다. 즉 고린도 교회에서 (예언자들을 포함한) 아무도 그 권위에 있어서 바울의 말과 경쟁할 수 있는 규칙들을 제정할 수 없다. 그리고 이는 고린도의 어떤 예언자도 사도들처럼 "주의 말씀"을 말할 수 없다는 것을 의미한다.

그러나 이 구절의 뜻이 "복음이 너희에게로부터 나온 것이냐?"인지에 대해 의문을 제기할만한 이유가 있다. 첫째, 복음이 바울에게서 나온 것도 아니기 때문이다(복음은 예수 그리스도로부터 나왔고, 그 후 오순절에 사도들을 통해 전해졌으며, 아무튼 바울로부터는 아니었다). 그러므로 복음이 고린도 성도들로부터 나온 것이 아니라고 말한다고 해서 그들이 바울보다 권위가 모자란다는 것을 입증하는 것은 아니다.

뿐만 아니라 바울이 사용한 일반 헬라어 단어('엑셀코마이')는 단지 "나가다$^{go\ out}$"를 의미할 뿐이고 반드시 "근원$^{original\ source}$" 또는 "첫 번째 기원점$^{first\ point\ of\ origin}$"이라는 뜻이 이 단어에 붙어있는 것은 아니다. 동일한 단어가 예수가 여러 도시들로부터 "나갔다"는 보도에 통상적으로 사용되고 있는데, 어떤 경우에도 이들 도시 중의 하나가 예수에 관한 메시지의 근원 아니었다(마 9:26; 막 1:28; 눅 4:14; 7:17; 요 21:23을 보라. 그리고 메시지의 퍼져나감에 관한 로마서 10:18의 구절과 비교해 보라.).

그리고 바울이 이런 뜻으로 말했다면 그는 "하나님의 말씀(또는 복음)이 맨 처음 너희에게로부터 나갔느냐?"고 할 수 있었을 것이다. 그러나 그는 그렇게 말하지 않았다. 그는 단순히 "하나님의 말씀이 너희에게로부터 난 것이냐?"고 말했고, 그렇지 않다는 것을 – 즉, 그들로부터 퍼져나간 적이 없었다는 것을 암시했다. 고린도 교회의 그 누구도 하나님의 말씀 을 전파하지 않았다.

그러나 여기에는 또 한 가지의 뜻이 담겨있다. 여기서 잠정적으로, 고린도의 예언자들이 하나님이 실제 사용하신 언어와 같은 신적 권위를 갖고 전체 기독교 세계에 대해서는 말하는 것은 아닐지라도 단지 고린도 교회에 대해서만은 하나님의 절대적 권위를 가진 말을 할 수 있었다고 가정해보자. 그렇다고 한다면 그들은 예배의 진행과 같은 2차적 문제들에 관해서는 이런 종류의 "주의 말씀"을 말할 수 있으리라고 가정할 수 있을 것이다. 물론 이런 것이 중요한 것이기는 하지만, 예를 들어, 전체 기독교 세계를 위한 주요 교리를 결정하는 것과는 결코 같은 수준에 있지 않다. 그런데도 바울은 그들에게 이런 능력조차도 거부한다. 그들은 예배의 진행에 관해서 그들이 원하는 것을 할 수 없었다. 그들은 더 큰 권위로 말할 수 있는 다른 사람들이나 바울에게 복종해야 했다. 따라서 고린도전서 14:36에 의하면 고린도 교회의 그 누구도, 어느 예언자도 하나님의 절대적 권위로 말할 수 없었던 것 같다.

고린도전서 14:37-38: 사도보다 권위가 낮은 예언자들
✳

고린도전서 14:37-38에서 바울은 여러 명의 예언자들이 활동하고 있는 공동체에 편지를 쓰고 있는데, 그는 여전히 전체 공동체에 – 예언자들에게도 – 자신의 권위를 확고히 하고 있다. 이 구절들은 36절에 대한 긍정적 대구對句다. 바울은 이렇게 썼다.

> 만일 누구든지 자기를 예언자나 혹 신령한 자로 생각하거든 내가 너희에게 편지한 것이 주의 명령인줄 알라. 만일 누구든지 알지 못하면 그는 알지 못한 자니라(고전 14:37-38).

여기서 바울은 자신의 견해가 옳다는 것보다 더한 것을 주장하고 있다. 그가 또한 주장하는 것은 자신의 말에 복종하지 않는 자는 "주의 명령"을 복종하지 않는 것이며 바울에게 벌을 받는 것이 아니라 하나님에게 직접 벌을 받게 된다는 것이다.

앞에서 사도의 권위에 대한 논의에서 우리가 주목한 바와 같이 바울의 주장은 자신이 고린도 교회에 쓴 편지가 하나님이 실제 사용하신 언어와 같은 신적 권위가 있다고 주장하는 것과 다름이 없다. 그리고 이 권위는 예언자들을 포함한 고린도 교회의 모든 사람들 위에 세워진다. 바울에 의하면 고린도 예언자들의 말은 바울이 틀렸다고 입증할 만큼 충분한 권위를 갖지도 않았고 가질 수도 없었다는 것이다. 그가 자신에게 하나님이 실제 사용하신 언어와 같은 신적 권위가 있다고 주장한다면 고린도의 예언자들에게는 그보다 훨씬 적은 것을 부여하는 것으로 보인다.

고린도전서 11:5: 다스리지도 않고 가르치지도 않는 여성 예언자들
✻

고린도전서를 마치면서 우리는 바울이 여자들이 교회에서 예언할 수 있다고 생각했다는 점을 잠시 주목하고자 한다. "무릇 여자로서 머리에 쓴 것을 벗고 기도나 예언을 하는 자는 그 머리를 욕되게 하는 것이요"(고전 11:5). 그런데 14:34에서 바울은 "저희(여자들)의 말하는 것을 허락함이 없나니 … 오직 복종할 것이요"라고 말한다.

우리는 제 4장의 논의를 예상하면서 고린도전서 14:34에서 검토하는 것은 모든 발언이 아니라 회중의 남자들 앞에서 권위를 내세우는, 즉 "복종"하지 않는 종류의 발언이라는 점을 말할 수 있다. (헬라어 단어 '알라'[but: 오직, 그러나]가 의미하는 강한 대조를 주목하라. 바울이 금지한 방식으로 "발언"하는 것은 복종하는 것과 정 반대되는 방식으로 행동하는 것이다.)

이 해석이 맞다면, 고린도에서 여자들이 행한 예언이 권위적인 발언, 즉 복종이나 믿음을 강요하는 종류의 발언이 아니라는 전제 하에서 고린도전서 11:5를 고린도전서 14:34와 쉽게 조화시킬 수 있다. 자신들의 말에 하나님이 실제로 사용하신 언어와 같은 신적 권위가 있다고 주장하는 발언은 그러한 권리를 가지겠지만, 하나님이 마음에 생각나게 하신 것을 단지 인간의 언어로 보고하는 발언은 그럴 수 없을 것이다. 고린도에서 여자들이 말한 예언은 "하나님이 실제로 사용하신 언어와 같은 신적 권위"와 같은 아주 높은 권위를 주장할 수 없었을 것이다. 따라서 고린도전서 11:5는 고린도의 예언자들이 하나님이 실제로 사용하신 언어와 같은 신적 권위를 갖고 예언하도록 바울에게 가르침을 받은 것이 아니라는 것을 보여주는 또 하나의 표시이다.

고린도전서로부터의 결론

✻

우리는 이제 고린도전서에서 다섯 개의 상이한 절들 또는 짧은 구절들을 검토해보았다. 각 구절에서 적어도 바울의 견해에 의하면 고린도의 예언자들은 실제로 하나님의 말씀의 권위를 가지고 말한 것은 아니며, 다른 사람들에 의해서도 그들이 절대적인 하나님의 권위를 갖고 말한다고 여겨진 것은 아니었음을 보여주는 부분들이 있다.

고린도전서 14:29에서는 예언자의 말에 도전하거나 의문을 제기할 수 있으며 때로는 예언자가 틀릴 수도 있는 것으로 여겨진다. 그러나 간헐적으로 범하는 실수가 그를 "거짓" 예언자로 만든다는 말도 없다. 고린도전서

14:30에서 바울은 예언자의 말이 부분적으로 영원히 상실되고 교회가 한 번도 듣지 못하게 될 수 있다는 점에 개의치 않는 것처럼 보인다. 고린도전서 14:36에서 바울은 자기 자신이 준 규칙 외에는 예언자들이 예배의 규칙을 만드는 권한을 거부하고 있으며, 고린도전서 14:37-38에서 그는 고린도의 어떤 예언자도 자신과 대등한 종류의 신적 권위를 갖지 않았다는 견해를 피력하는 것으로 보인다. 끝으로, 고린도전서 14:34-35에서 바울은 여자들이 예언하는 것은 허용하면서도 그들에게 회중들이 복종하도록 하거나 그들의 믿음을 강요할 권한은 인정하지 않는데, 이는 예언자들의 말이 하나님의 "절대적" 권위에는 미치지 못한다는 그의 견해와 일치한다고 할 수 있을 것이다.[27]

그렇다면 이들 다섯 구절들은 고린도에서 행해진 예언들이, 예를 들어, 요한계시록이나 구약성경의 많은 부분들에서 우리가 대하는 예언과는 매우 다른 것이라고 바울이 생각했다는 것을 가리키고 있다. 거기(계시록과 구약)에서는 하나님이 실제로 사용하신 언어와 같은 신적 권위를 예언자 자신이, 또는 그를 대신해서 (다른 사람이) 주장한다. 그러나 고린도전서에 언급된 예언은 비록 하나님의 "계시"로 촉발된 것이기는 하겠지만 인간의 언어로 선포되어 그 정도의 권위밖에 없었다. 예언자는 틀릴 수 있고, 해석을 잘못할 수도 있으며, 아무 때나 도전 받고 의문이 제기될 수 있다.

이제 신약성경의 다른 부분에 나오는 예언 기록들을 살펴보고 이를 고린도전서에서 우리가 도출한 결론과 비교해보는 일이 남아 있다.

4장

신약 여타 문헌에 나타난 예언자들: 하나님이 마음에 주시는 것을 인간의 말로만 말하기

사도행전의 증거

사도행전 11:28: 아가보, 장면 1

이 장면은 안디옥에 있는 교회에서 일어나는 일인데, 그 교회는 사도행전 13장부터 끝까지 나와 있는 내용으로 초기교회 선교 센터인 예루살렘을 대체할 것이다. 이 교회는 조금 후에 바울과 바나바를 첫 번째 선교여행에 보낸 교회이기도하다. 사실 바나바와 사울(바울)은 이 교회에서 1년 내내 가르쳤다(행 11:25-26).

그 다음 본문을 읽어보면 아래와 같다.

그 때에 선지자들이 예루살렘에서 안디옥에 이르니 그 중에 아가보라 하는 한 사람이 일어나 성령으로 말하되 천하에 큰 흉년이 들리라 하더니 글라우디오 때에 그렇게 되니라 제자들이 각각 그 힘대로 유대에 사는 형제들에게 부조를 보내기로 작정하고 이를 실행하여 바나바와 사울의 손으로 장로들에게 보내니라(행 11:27-30).

중요한 질문은 아가보의 예언에 어떤 권위가 있는가 하는 것이다.

누가가 '성령에 의해' 아가보가 예언했다고 했을 때 그는 헬라어 구약성서(칠십인역)에서 예언적 연설을 의미하는 것으로 한 번도 사용되지 않은 구절('디아 투 푸뉴마' [dia tou pneuma])을 사용한다. 단어 '디아'(무엇을 통하여 또는 무엇의 도움으로)는 마치 '어떤 행동의 시원자'를 의미하는 것처럼 보인다.[28] 그리고 이 구문은 성령과 예언자 간에 느슨한 관계를 표현하는데 꽤 적합하다. 왜냐하면 이것은 자기 자신에게 크게 영향을 받는 것을 허용하는 것이기 때문이다(참고. 롬 8:37의 "우리를 사랑하시는 이로 말미암아 우리가 넉넉히 이기느니라" 그리고 딤후 1:14의 "우리 안에 거하시는 성령으로 말미암아 네게 부탁한 아름다운 전통을 지키라"– 이 두 문장이 같은 문법적 구문을 사용하고 있다).

부정확성의 정도는 "예견했다"라고 번역된 단어에 의해서 암시된다(헬라어로 '세마이노'로 "의미했다" 혹은 "지적했다"는 의미). 이 동일한 단어는 성경 외의 작품들(예를 들면, 유대인 작가 요세푸스나 일반작가 플루타크)의 예언적인 말에서 "단순하게 어떤 일이 일어날지에 대한 모호한 암시를 주는 것"이라는 뜻으로 사용되었다.²⁹ 그래서 우리는 이러한 설명어 의해 절대적인 신적 권위는 요구되지도, 배제되지도 않는 것이라고 결론내릴 것이다.

그러므로, 이 구절에서 증거가 어떤 확실한 결론을 내리기에는 빈약함에도 불구하고 누가의 언어는 "계시"에 기초를 뒀지만 신적이고 권위적인 단어를 사용하지 않은 고린도전서와 같은 종류의 신약성서의 예언과 완벽히 호환된다고 볼 수 있다. 사실 "나타내다, 예언하다" 그리고 "성령으로 말미암다"와 같은 모호한 표현들은 보다 축소된 권위를 암시하는 – 오직 암시만 하는 것 같다.

사도행전 13:2: 이것은 정말 예언인가?

이 구절은 다시 안디옥을 배경으로 한다. "안디옥 교회에 선지자들과 교사들이 있으니 곧 바나바와 니게르라 하는 시므온과 구레네 사람 루기오와 분봉 왕 헤롯의 젖동생 마나엔과 및 사울이라."(행 13:1)

그 다음에 우리는 예언자들과 교사들(행 13:1에서 거론된)이 하나님을 예배하고 금식할 때에 "성령이 이르시되, 내가 불러 시키는 일을 위하여 바나바와 사울을 따로 세우라 하시니"라는 2절을 읽게 된다.

이것이 예언을 보여주고 있는가? 특히, 1절에서 선지자들이 언급된 이후로는 사람들은 종종 그렇다고 추정한다.

하지만 이 구절이 정말로 예언을 말 한 것인지는 확실하지 않다. 1절에 언급된 선지자들과 교사들이 계시의 형태가 어떻든 간에, 그러한 계시가 적절하게 주어진 사람들이라는 것을 보여줄 필요가 있을 뿐이다.

더 중요한 것은 누가가 이 단어들이 예언자에 대한 것이 아니라 "성령"에 대한 것으로 생각한다는 사실이다. 우리가 사도행전의 몇 가지 유사한 표현 방법들을 살펴보면, 우리는 이러한 표현 양식이 사용되었을 때, 어떤 인간 대변인이 언급되지 않는다면 여기서 예언을 말하는 것이 아니라는 것을 발견한다.

- 사도행전 8:29: "성령이 빌립더러 이르시되 이 수레로 가까이 나아가라 하시거늘"(예언이 아님)
- 사도행전 10:19: "베드로가 그 환상에 대하여 생각할 때에 성령께서 그에게 말씀하시되 두 사람이 너를 찾으니"(예언이 아님)
- 사도행전 18:8: "밤에 주께서 환상 가운데 바울에게 말씀하시되 두려워하지 말며 침묵하지 말고 말하라"(예언이 아님)

우리는 또한 비교할 수 있다.

- 사도행전 15:28: "성령과 우리는 이 요긴한 것들 외에는 아무 짐도 너희에게 지우지 아니하는 것이 옳은 줄 알았노니"(이것이 예언의 결과임을 나타내지 않음.)
- 사도행전 16:6-7: "성령이 아시아에서 말씀을 전하지 못하게 하시거늘 그들이 브루기아와 갈라디아 땅으로 다녀가 무시아 앞에 이르러 비두니아로 가고자 애쓰되 예수의 영이 허락하지 아니하시는지라"(이것이 예언의 결과임을 나타내지 않음.)
- 사도행전 16:9: "밤에 환상이 바울에게 보이니 마게도냐 사람 하나가 서서 그에게 청하여 이르되 마게도냐로 건너와서 우리를 도우라 하거늘"(예언이 아님)
- 사도행전 20:23은 애매모호하다(바울이 말하기를): "오직 성령이 각 성에서 내게 증언하여 결박과 환난이 나를 기다린다 하시나"(예언을 포함할 수 있으며 위에 있는 구절들처럼 다른 방식의 성령과의 소통이 포함되어 있을지도 모른다.)
- 사도행전 23:9: (몇 바리새인들의 바울에 대한 말) "혹 영이나 혹 천사가 그에게

말하였으면 어찌 하겠느냐 하여"[30](예언이 언급되거나 암시되지 않음.)

만일 사도행전 13:2이 이러한 몇 가지 다른 예문들과 유사하다면, 그것은 누가가 "하나님을 예배하고 금식하는" 몇몇 혹은 모든 사람들에게 이러한 문제에 대한 확실한 신념을 주었던 (행 15:28과 같이) 성령의 인도하심에 대한 설득력 있는 주관적인 의미를 말하고 있음을 암시하는 것이다. 심지어 그것은 그 무리의 한 명 혹은 여러 명이 생각으로 "들었던"(그들을 성령의 인도하심에 대한 합의로 이끄는) 귀로 들을 수 없는 신의 소리나 비전을 포함하는 것일지도 모른다.

어쨌든, 누가가 그 연설을 어떤 예언자들 중의 하나에게 돌리지 못한 것은 성령에 비예언적 연설을 돌리는 그의 방식과 쌍을 이루면서, 여기에 예언이 관계되어 있다는 것을 어느 정도 의심하게 만든다.

사도행전 19:6: 에베소에서 변화 받고 예언하는 새로운 기독교인들

바울이 에베소에 왔을 때, 그는 세례요한이 전했던 메시지를 (직접적으로 혹은 간접적으로) 들었고 메시야를 위해 세례요한이 행했던 회개의 세례를 받았던 몇몇 사람을 발견했다. 그러나 이 사람들은 예수님이 세례 요한이 예비하는 그 사람이라는 것을 듣지 못한 것 같았고(행 19:4-5) 그리고 "이들은 성령이 계심을 듣지 못하였다"(행 19:2).

이제 바울은 그들에게 예수님만이 그들이 바라보아야 할 사람이라는 복음을 선포했다.

그들이 듣고 주 예수의 이름으로 세례를 받으니 바울이 그들에게 안수하매 성령이 그들에게 임하시므로 방언도 하고 예언도 하니 모두 열두 사람쯤 되니라 (행 19:5-7).

여기서 "예언하다"라는 동사는 구약성서의 예언자 무리들이 우리에게 생각나게 하는 어떤 말하는 행동을 묘사한다. 어쨌든, 여기서의 "예언"이라는 말로 표현된 말하는 행동은 절대적인 신적 권위를 가지고 있다고 여겨지는 구약에서의 사자(使者)의 연설 messenger speeches과 유사성이 없다. 그리고 이것은 또한 바울과 다른 사도들의 하나님의 권위로 말하는 것과는 확실히 다른 것이다.

만약 이것이 모든 사람이 동시에 방언을 하고 예언을 하는 것을 의미한다면(헬라어 본문 동사시제의 조합에 의해 제시된 의미), 아무도 구별된 말을 들을 수 없었을 것이다.

반면, 이러한 변화된 크리스천들이 동시에 방언으로 말하고 예언하는 패턴을 동시에 지속하는 것을 의미한다고 할지라도(헬라 문헌으로부터 가능한 의미), 이것은 신적으로 권위있는 예언자들이 교회에서 카리스마적인 지도력을 보여주고, 성경이 완성될 때까지 제자들이 없을 때 인도하심의 필요를 채워주는 경우가 되지 못했을 것이다. - 바울이 그들과 함께 있었기 때문이다(그는 2년 넘게 그들과 함께 머물러 있었다.) 바울 자신이 그들과 함께 있었을 때, 12명의 추가적 "하나님의 말씀"의 원천이 전혀 필요 없었다. 그래서 에베소에서의 "예언함은" 하나님의 말에 대한 절대적인 권위를 가지고 있는 종류가 되지 못하는 것 같다.

사도행전 21:4: 바울이 불복종한 예언들

이 구절에서 바울은 그의 세 번째 선교여행이 막바지에 이르고 있었고 예루살렘에 근처에 다다른다. 그의 배는 항구도시 두로(시리아 연안, 갈릴리의 서북쪽 해안가)에 닿는다. 바울과 그의 동역자들은 배에서 짐을 내릴 때까지 며칠 동안 거기서 기다려야 했기 때문에 그들은 거기서 크리스천들을 찾으려고 했다.

제자들을 찾아 거기서 이레를 머물더니 그 제자들이 성령의 감동으로 바울더러 예루살렘에 들어가지 말라 하더라 이 여러 날을 지낸 후 우리가 떠나갈 새 (행 21:4-5).

이 구절은 직접적으로 예언을 언급하지는 않지만 성령으로 말미암아 사람이 말하는 행동을 예언자 아가보를 통해 명쾌하게 보여주는 사도행전 11:28과 유사하게, 사실상 제자들이 예언을 하고 있음을 암시한다(행 13:2과의 대조적으로, 인간 대변자들이 경고를 말한 것으로 분명히 인정되었다).

만약 이것이 정말로 예언함을 나타낸다면(예언하는 것처럼 보여지기 때문에), 일반적인 신약성서 회중 모임에서 예언의 권위의 본질을 이해하는데 있어서 매우 중요한 것이다. 바울은 그들의 말에 불순종했는데, 만일 그가 그들이 바로 그 하나님의 말씀을 말하고 있다고 생각했다면 불순종하지는 않았을 것이다.

반면, 두로에 있는 제자들이 고린도, 에베소, 그리고 아마도 안디옥에서 발견했던(위에서 본 바와 같이) 것과 유사한 예언의 은사를 가졌다면, 예언에 대한 바울의 불순종은 전적으로 이해될만 하다.

사실, 우리는 그러한 예언이 어떻게 발생하는지에 대해 대략 추측 할 수 있다. 두로에 있는 그리스도인들의 일부가 바울이 예루살렘에서 당한 고난에 대한 하나님으로부터의 계시 혹은 암시를 가지고 있다고 가정하자. 그러면 그 다음에 이어지는 그들의 예언은 그들 자신의 (잘못된) 해석과 결합되고, 그리고 이와 같이 바울에게 가지 말라고 경고한다는 것은 자연스러운 일이다.

요컨대, 이 구절은 그 선포 속에 절대적인 하나님의 권위를 지닌 바울의 생각에는 못 미치는 예언의 유형을 보여준다. 두로어 있는 예언자들은 "하나님의 말씀"을 말하지 않는다. 비록 내가 이 책에서 논쟁하고 있는 예언에 대한 관점에 대해 그가 동의하지 않을지라도, 리차드 개핀 Richard Gaffin은 이 구절이 성령에 의해 나타난 어떤 것에 대한 신뢰할 수 없는 인간의 반응을 나타낸다고 이해한다.

누가의 관점은 그들의 말의 '손상된 유효성과 불신에 대한 것이 아니라 성령이 어느 정도 도움이 된다 할지라도, 성령이 바울의 미래에 대해 그들에게 계시한 것에 대한 그들의 반응이었다는 것이다. 그 계시와 그것에 대한 그들의 반응은 그들의 말-행동과 혼동되거나 혼합되어서는 안 된다.[31]

여기서 개핀은 내가 위에서 언급한 것과 유사한 방법으로 사건을 이해하는 것처럼 보인다. 두로에 있는 제자들을 향한 성령의 계시가 있고 계시에 대한 반응으로 그들이 바울에게 예루살렘으로 가지 말라고 말한다. 우리의 관점의 차이는, 나는 반응 혹은 계시의 보도를 "예언"이라고 부르고, 개핀은 그렇지 않다는 것이다. 그러나 어떤 용어가 사용되든지 간에, 한 사람 혹은 여러 사람들에 대한 성령의 계시와 "손상된 유효성과 불신"을 가질 수 있는 그 계시에 대한 구두 반응이 있을 수 있다고 우리 둘 다 말하는 것은 매우 의미 있는 것이다. 이것이 바로 내가 이 책에서 논하고자 하는 핵심이며 그것이 – 내 생각에는 – 신약성경이 대개 "예언"이라고 부르는 것이다. 그러나 만약 "예언"이 아니라 "성령의 계시에 대한 신뢰할 수 없는 인간의 선포-행동"이라고 여겨진다 할지라도 그 개념이 인정되면, 이 시점에서는 우리들의 이해의 차이는 그다지 크지 않은 것 같다. 그리고 또한 그러한 "성령의 계시에 대한 신뢰할 수 없는 인간의 반응"이 오늘날 일어날 수 없다는 말에 대한 설득력 있는 이유가 되지 않는 것처럼 보인다.

사도행전 21:9: 빌립의 딸들의 예언

이 짧은 구절은 두로에 대해서 위에 언급된 이야기가 끝나고 이어지는 것이다. 예루살렘을 향한 여정이 계속되는 가운데 바울은 다른 항구 도시인 가이사랴에 도착한다.

이튿날 떠나 가이사랴에 이르러 일곱 집사 중 하나님 전도자 빌립의 집에 들어가서 머무르라 그에게 딸 넷이 있으니 처녀로 예언하는 자라(행 21:8-9)

그들의 예언의 내용에 대한 암시가 나타나지는 않았으나, 이 구절 바로 전(행 21:4)과 바로 다음(행 21:11)에 나타난 예루살렘에서의 바울의 고난에 대한 예언적인 경고는 빌립의 딸들에게 내려진 그 예언에 아마도 유사한 경고들을 함축하고 있다는 것을 우리에게 생각하게 한다는 사실이다.

어쨌든, 이 구절은 본서 제 3장에 나와 있는 고린도전서 11:5에서의 논의에 대해 간결한 확증을 준다. 1세기 교회들의 회중모임에서 여자들의 권위 있는 역할이 인정되지 않았다고 한다면, 이 여자들은 사도들처럼 동일한 절대적인 권위를 가지고 말하지 못했을 것 같다. 그들은 하나님이 그들의 마음에 주시는 것을 단순히 자신들의 언어로 말하는 것을 "예언한다"고 말할 가능성이 더 컸을 것이고 그리고 이러한 예언은 하나님의 말씀의 권위를 가지고 있지 않았다.

사도행전 21:10-11: 아가보, 장면2: 작은 두 가지 실수가 있는 예언

빌립의 딸들을 언급한 구절 바로 다음에 이어진 두 절은 가이사랴에 있는 바울이 직면한 또 다른 예언적 사건을 설명한다. 누가는 다음과 같이 기록한다.

> 여러 날 머물러 있더니 아가보라 하는 한 선지자가 유대로부터 내려와 우리에게 와서 바울의 띠를 가져다가 자기 수족을 잡아매고 말하기를 성령이 말씀하시되 예루살렘에서 유대인들이 이같이 이 띠 임자를 결박하여 이방인의 손에 넘겨주리라 하거늘(행 21:10-11)

이 구절에 두 가지 모순된 요소가 나타난다. 한편으로, "성령이 말씀하시되"라는 아가보의 서두의 말은, 아가보가 "하나님이 말씀하시되…"라고 말한 구약의 선지자들처럼 말하려는 시도를 암시한다.

그러나 다른 한편으로, 이야기 자체의 사건들은 구약이 하나님의 말씀을 하는 사람들에게 요구하는 정확성과 일치하지 않는다. 사실상, 구약성서에 의하면 아가보는 거짓 선지자로 비난받아 마땅하다. 왜냐하면 사도행전 21:27-35에서, 그의 예언들은 어느 것도 이뤄지지 않았기 때문이다.

첫째, 아가보는 "예루살렘의 유대인들이" 바울을 "결박bind"한다고 예언했다(행 21:11: "결박"의 헬라어는 '데오'). 그러나 같은 장의 하반부에 바울이 예루살렘에서 잡혔을 때, 바울을 결박한 사람은 유대인이 아니라 로마인이었다고 누가는 2번씩 이야기 한다. "이에 천부장이 가까이 가서 바울을 잡아 두 쇠사슬로 결박하라(헬라어 '데오') 명하고"(행 21:33). 비슷하게, 이 사건을 반영하면서, "심문하려던 사람들이 곧 그에게서 물러가고 천부장도 그가 로마 시민일 줄 알고 또 그 결박한(헬라어 '데오') 것 때문에 두려워하니라."(행 22:29)

아가보 예언의 두 번째 "실수"는 그가 예언했던 두 번째 항목과 관계있다. 이것은 유대인들이 바울을 이방인들의 손에 넘겼다는 사실이다. "넘겨주다"라는 말에 대한 헬라어는 '파라디도미'로 "양도하다, 넘겨주다"라는 뜻이다. 이 단어의 본질적인 의미는 어떤 사물이나 사람을 어떤 다른 사물이나 사람에게 적극적으로, 의식적으로, 기꺼이 "넘겨주고, 놓아주고, 양도한다"는 것이다. 이것은 신약에서 활용된 다른 모든 119가지의 예들에 나와 있는 경우이다.

'파라디도미'라는 단어가 사용되는 예들은 다음과 같다. 예수님을 유대인 지도자들의 손에 넘긴 가룟 유다의 "넘겨줌"(마 10:4, 26:16 등등), 그 다음에 유대인이 예수님을 이방인들(로마인들)의 손에 넘겨준 "넘겨줌"(마 20:19), 세례 요한이 감옥으로 잡혀간 "넘겨줌"(막 1:14), 사람들에게 규례들을 전한 모세의 "넘겨줌"(행 6:14), 교회에 가르침을 전한 바울의 "전해줌"(고전 15:3)이다. 신약에 있는 이 말이 쓰여진 다른 119가지 예들도 어떠한 행동이 "전해줌"을 하는 사람에 의해서 의식적으로, 의도적으로 이루어 졌다는 생각을 반영한다.

그러나 아가보 예언 다음에 이어지는 누가 내러티브에서, 그는 유대인이 바울을 이방인들의 손에 "넘기지" 않았다는 것을 보여준다. 유대인들이 바울을 의도적으로 이방인의(예를 들어, 유대인들이 예수님에게 했던 것처럼) 손에 넘겼다고 하기 보다는, 그들 자신이 바울을 죽이려고 했다(행 21:31). 바울은 로마 천부장과 군인들에 의해서 힘으로 유대인들로부터 구출되었고(행 21:32-33) 그리고 심지어 "그는 무리의 폭행 때문에 군사들에게 들려갔다."(행 21:35)

누가는 아가보가 부정확한 예언을 했다는 사실을 보여주려고 한 의도가 없었다고 주장될 수 있다. 혹자는 이것들에는 아주 미세한 차이점들이 있을 뿐이라고 말할지도 모른다. 하지만, 이러한 설명은 아가보가 언급한 단지 두 가지 세부사항 – 그의 예언의 내용, 핵심 – 만이 있다는 사실을 충분히 설명해주지 못한다. 사실상, 이러한 세부사항들은 어떠한 것이 예언을 독특하게 만드느냐에 관한 것이다. 여러 다양한 인용문들을 통해 유대인들이 바울을 어떻게 다루었는지를 아는 사람이라면, 바울이 예루살렘에서 유대인으로부터 갖은 폭력과 저항에 부딪쳤을 때 성령에 의한 계시없이도 예언이 가능할 수 있다. 아가보의 예언이 독특한 점은 "결박binding"과 "이방인들의 손에 넘겨줌"에 대한 예언이었다. 그리고 이 두 가지 중요한 요소들에서, 그의 예언은 조금 잘못되었다.

세부 항목에서의 정확성이 신뢰성의 중요한 척도가 되었다는 것이 특별히 예언적인 발언의 경우에 나와 있다. 다음의 예들을 살펴보면,

- 여호수아 6:26: 여호수아가 그 때에 맹세하게 하여 이르되 누구든지 일어나서 이 여리고 성을 건축하는 자는 여호와 앞에서 저주를 받을 것이라. "그 기초를 쌓을 때에 그의 맏아들을 잃을 것이요 그 문을 세울 때에 그의 막내아들을 잃으리라 하였더라." 열왕기상 16:34에 보면, 이 두 예언들이 벧엘 사람 히엘에게 성취되었다.
- 열왕기상 13:2: 하나님의 사람이 제단을 향하여 여호와의 말씀으로 외쳐 이르되 제단아 제단아 여호와께서 이와 같이 말씀하시기를 다윗의 집에 요시야라 이름하는 아들을 낳으리니 그가 네 위에 분향하는 산당 제사장을 네 위에서 제물로 바칠 것이요. 열왕기하 23:15-16, 20에 보면, 이 예언이 성취되었다.
- 열왕기상 17:14: 이스라엘의 하나님 여호와의 말씀이 나 여호와가 비를 지면에 내리는 날까지 그 통의 가루가 떨어지지 아니하고 그 병의 기름이 없어지지 아니하리라 하셨느니라. 17:16에 보면, 이 예언이 성취되었다.
- 열왕기상 21:23: 이세벨에게 대하여도 여호와께서 말씀하여 이르시되 개들이 이스르엘 성읍 곁에서 이세벨을 먹을지라. 열왕기하 9:35-36에 보면, 이 예언이 성취되었다.

- 열왕기하 7:1: 기근이 덮친 사마리아에 엘리사가 이르되 여호와의 말씀을 들을지어다 여호와께서 이르시되 내일 이맘때에 사마리아 성문에서 고운 밀가루 한 스아를 한 세겔로 매매하고 보리 두 스아를 한 세겔로 매매하리라 하셨느니라. 열왕기하 7:16에 보면, 이 예언이 성취되었다.

더 많은 예들을 보여 줄 수 있으나, 이 패턴은 분명하다.**32** 아가보 예언의 세부사항들 속에 잘못들이 있다는 것에 관하여, 카슨D. A. Carson은 다음과 같이 썼다. "나는 구약의 선지자들의 예언들은 세부적으로 꽤 잘못되었다고 보고되지 않았다고 생각한다."**33**

더 나아가서, 누가는 예언적 성취도를 명확하게 하는 적합성을 알고 있다.

- 누가복음 4:21: 예수께서 이사야서 61:1-2의 말씀이 성취되었다고 하셨다 (참고. 눅 24:44).
- 사도행전 1:16-20: 베드로가 시편 69:25과 109:8에 나타난 유다에 대한 예언이 성취되었다고 말했다.
- 사도행전 3:18: 그리스도께서 고난받으실 일에 대한 모든 예언자들의 예언prediction이 성취되었다.
- 사도행전 11:28: 천하에 큰 흉년이 들 것이라는 아가보의 예언이 글라우디오 때에 성취되었다.
- 사도행전 13:27, 29: 유대인 지도자들이 예수를 정죄하고 십자가에 못 박을 것에 대한 구약의 예언자들의 예언이 성취되었다.
- 사도행전 13:33-35: 예수의 부활에 대한 구약의 예언들이 성취되었다(참고. 행 2:25-31).

그러나 사도행전 11:28에 나와 있는 일반적인 예언prediction과는 다르게 아가보의 예언prediction의 경우에서 보면, "예언의 성취" 대한 누가의 침묵은 우리가 성취되지 않은 예언을 가지고 있다는 것뿐만 아니라 유대인에 의

한 "결박"binding과 "내어줌"giving over이라는 두 가지 요소들을 가지고 있는 예언이 다음에 이어지는 내러티브에 의해 명백한 거짓으로 판명되었다는 것을 말해주고 있다.³⁴

이 해석을 지지해주는 다른 두 가지 고려사항이 있다. 첫 번째는 실수 자체의 본질이다. 이것은 아가보가 완전히 잘못된 혹은 오해의 소지가 있는 방법으로 말해왔다는 것이 아니다. 이것은 그가 잘못된 세부 항목들에서 잘못이 있었다는 것이다. 그러나 이와 같은 극소수의 부정확성은 이미 고린도 전서에서 본 예언의 종류와 부합하는데, 여기서 예언자는 계시를 받은 다음 자신의 말로 말한다. 아가보는 대체적인 생각은 옳았으나(바울이 예루살렘에서 투옥되었다), 그 세부 항목들은 어느 정도 잘못되었다.

이 경우에는, 예를 들어, 만약에 아가보가 성난 유대인들의 무리에 둘러싸인 예루살렘에서 로마인들의 포로로서의 바울에 대한 비전을 갖고 있었다면, 그 본문은 완벽하게 잘 설명될 수 있었을 것이다. 성령으로부터의 "비전"vision 혹은 "직관"intuitive insight에 대한 그 자신의 해석은 유대인들이 바울을 결박했고 그를 로마인들에게 내어 주었다는 것이고 그것은 그가 (잘못) 예언한 것이다.

두 번째로, 이와 같은 해결책은 하나님의 뜻에 대한 바울의 정확한 지식과 개인적인 위험에도 불구하고(참고. 행 20:22-24:21:13) 하나님의 뜻에 순종하고자 하는 그의 확고한 목적, 그리고 바울이 만났고(행 21:4, 12-14) 바울을 예루살렘으로 가지 못하도록 했던 선지자들과 다른 제자들이 가지고 있는 신에 뜻에 대한 불확실한 이해 사이에 대조를 이루는 것에 의심할 여지가 없다는 부분에서 아가보의 이야기가 누가의 보다 큰 목적에 부합되도록 한다. 사도행전 21:4에 나타난 잘못된 교훈들 사이의 긴밀한 관련성은 특히 중요하다. 두로에서의 예언들과 가이사랴에서의 예언은 거의 옳지만 완벽하지는 않다.

따라서 가장 좋은 해결책은 아가보가 바울이 예루살렘에서 어떤 일이 일어날지에 관하여 성령으로부터의 계시를 받았고 이 계시에 대한 자신의 해석을 포함하는 예언을 했다고 말하는 것일 것이다(다라서 정확한 세부사항들에서 몇 가지 실수들이 있다). 누가는 그 때 아가보의 예언을 정확하게 기록했고 그 다음에 일어나는 사건들을 정확하게 기록했는데 이것은 어떤 점에서 아가보의 예언이 조금 잘못되었다는 것을 보여주는 사건들의 양상들을 포함하고 있다.

본문의 이러한 해석에 대한 남겨진 어려운 과제는 아가보가 서두에서 사용하는 "성령이 말씀하시되…"이다. 이를 위해서 제안할 수 있는 세 가지 해결책이 있다.

(a) 아가보는 그의 예언에 있어서 "선포"에 대한 신적인 권위를 주장했고 극소수의 불일치가 그 주장을 없던 것으로 하기에는 충분하지 않다. 왜냐하면 그는 일반적으로 옳았기 때문이다.

이 경우에 아가보는 고린도전서에 나오는 선지자들과는 다른 선지자의 예로 간주될 것이다. 그는 요한계시록의 세례 요한과 같이 절대적인 신의 권위를 주장하는 첫 번째 유형의 선지자에 가까울 것이다.

이러한 관점에 대한 내 자신이 생각하는 문제점은, 예언들의 정확한 성취에 대한 구약의 패턴(엄밀히 말하자면, 아가보는 "성취되지 않은 두 사건"들을 예언했다, 신 18:22)과 조화시키기 어렵다는 것과, 또 누가가 바로 이어지는 이야기에서 예언의 두 부분에서 성취되지 않은 것을 명확하게 설명하고 있다는 사실과 조화시키는 것이 어렵다는 것이다.

(b) 여기서 "성령이 말씀하시되…"는 예언이라는 바로 그 말이 성령으로부터 왔다는 의미가 아니라 그 내용이 일반적으로 성령에 의해 계시되었다는 의미이다. 이 경우에 사도행전 21:10-11은 고린도전서에 나타난 예언의 패턴에 적합하다.

"성령이 말씀하시되"라고 요약되는 "예언"의 유사한 예는 이그나시우스의 빌라델피아서 7:1-2(A. D. 108년 경)에 나타난다. 이그나시우스의 예언 그 자체는 "감독, 장로와 집사의 말을 잘들어라"라고 말한다. 그러나 "어떤 인간으로부터" 그 교회의 분열에 대한 "어떤 지식도 없다고" 확실히 말한 다음 이그나시우스가 요약한 것은 다음과 같다. "성령이 말씀하시기를 감독 없이는 아무 것도 하지 마라, 하나님의 성전으로서 우리 몸을 잘 지켜라, 하나뉨을 사랑해라, 갈라짐을 피해라, 예수를 모방하는 사람이 되어라. 그가 또한 그의 아버지에게 한 것같이.'" 이 부분에서 "이렇게 말한다"라고 번역 되는 문구는 아가보가 사도행전 21:11에서 사용한 동일한 두 단어(*tade legei*, "이렇게 말한다 …")인 '레곤 타데' *legon tade*이다. 하지만 이 문구가 직접적인 인용을 도입하지는 않는다. 그것은 매우 넓은 의미의 해석이다. 성령은 "대체적으로 이것을 혹은 이와 같은 어떤 것"을 말하고 있다.

"주님"으로부터 온 말씀을 소개하는 문구(헬라어 *tade legei*)와 유사한 예들을 바나바 서신 6:8, 9:2 그리고 9:5에서 찾아 볼 수 있다. 설명에서 구약을 인용하지 않은 9:5을 제외하고 모든 경우에서 그들은 구약을 해석하는데 매우 자유롭게 의역하도록 한다. 따라서 아가보의 서두의 진술이 "이것은 일반적으로 혹은 대체적으로 성령이 우리에게 말하는 것이다"라는 의미에 지나지 않는다는 것은 명백히 가능한 일이다.

이 해결책이 가지는 문제점은 헬라어 타데 레게이*tade legei*라는 문구인데 이것은 하나님의 말씀을 소개하기 위한 구약 예언자들의 말 "하나님이 말씀하시되"Thus says the Lord…의 헬라어 번역(칠십인 역)에서 종종 쓰여지고 있다는 것이다. 반면에 이것은 다른 많은 사람들의 말을 소개하는데도 쓰이기 때문에, 아마도 실제 사람의 인용된 말이 뒤따를 것을 항상 의미할 필요는 없다. 게다가 "성령이 말씀하시되"Thus says the Holy Spirit라고 아가보가 사용한 정확한 말은 한결 같이 하나님의 말로 되어 있는 성서본문이나 혹은 구약의 예언적인 설교를 소개하는 그 어디에서도 쓰여지지 않는다.

(c) 세 번째 가능성은, 아마도 아가보가 구약의 선지자들을 모방하려고 했거나, 혹은 자신의 예언 은사의 본질을 충분히 이해하지 못했거나, 혹은 권위가 적은 선지자로서의 그의 상태에 적합하지 않은 서두 진술을 잘못 사용했을 수도 있다. 이러한 진술은 사실상 그는 아님에도 불구하고 자신이 바로 하나님의 말을 전하고 있다는 인상을 주어왔다. 우리가 아가보에 대해 많이 알지 못하기 때문에, 그의 역할에 대한 오해가 불가능하다는 결론을 내리는 것은 성급하다. 그리고 누가는 그의 예언에서 나타난 실수들을 지적한다. 이런 경우에 그의 예언은 고린도전서의 예언과 거의 같다.

이 해결책이 가지는 문제점은 아가보가 몇 년 동안 예루살렘 교회에서 몇몇의 사도들과 대면하며 활동해왔는데 아가보가 그의 예언 은사를, 그리고 그의 예언함과 사도들의 절대적으로 권위 있는 말들 사이의 분명한 차이점을 잘못 이해하고 있다는 것을 생각하는 것이 어렵다는 것이다.

이러한 세 가지의 해결책들을 살펴본 이후, 나는 두 번째 해결책이 가장 가능성이 있고 어려움이 적다고 본다, 그러나 다른 사람들은 설득력 있는 다른 두 해결책들 중 하나를 찾을지도 모른다. 어쨌든 이 구절은 하나의 범주로 혹은 또 다른 범주로 분류하기 매우 어려운 것이다.

다른 신약 책들의 증거들

마태복음 10:19-20
이 구절에서 예수님은 이렇게 말한다.

너희를 넘겨 줄 때에 어떻게 또는 무엇을 말할까 염려하지 말라 그 때에 너희에게 할 말을 주시리니 말하는 이는 너희가 아니라 너희 속에서 말씀하시는 이 곧 너희 아버지의 성령이시니라(마 10:19-20)

만약 이 구절이 신약의 예언을 언급하고자 하는 것이라면, 이것은 실제 말씀들이 신적 권위를 가지고 있는 예언의 범주에 확실히 속하게 된다. 20절(이는 너희가 아니라 너희 속에서 말씀하시는 이 곧 너희 아버지의 성령이시니라)은 이러한 주장을 특별히 명백하게 해준다. 이 구절은 마가복음 13:11과 누가복음 12:11-12과 일치한다.

그러나 이러한 구절들이 지역 교회에서 생긴 신약의 예언에 대해 말해주고 있는가? 세 가지 모든 경우에서, 예수의 말들은 12제자들(그들은 "사도들"이 될 것이다)에게 가르쳐졌기 때문에 이 구절들이 어느 정도 사도들에 대한 어떤 특별한 것을 말해주고 있는 것 같다.[35]

이것은 특히 마태의 설명에서 명확히 드러난다. 그는 다음과 같은 말들을 통해 12제자들의 사명에 대한 부분을 소개하고 있다.

예수께서 그의 열두 제자를 부르사 더러운 귀신을 쫓아내며 모든 병과 모든 약한 것을 고치는 권능을 주시니라 열두 제자의 이름은 이러하니 … (마 10:1-2)

비슷하게, 마가복음 13:11은 "베드로와 야고보와 요한과 안드레"(막 13:3)에게 말하는 사적인 대화라는 상황을 배경으로 한다. 누가복음 12:11-12은 예수께서 먼저 제자들에게 말했던 상황이다(눅 12:1). 그래서 성령으로부터 임한 말들에 대한 이러한 구절들은 적어도 사도들 외에 사람들에게 직접적으로 적용되는 것 같지는 않다.

로마서 16:26

바울이 "나의 복음과 예수 그리스도를 전파함은 영세 전부터 감추어졌다가 이제는 나타내신바 되었으며 영원하신 하나님의 명을 따라 선지자들의 글로 말미암아 모든 민족이 알게 되신바(롬 16:25-26)"라고 말했을 때, 어떤 사람들은 바울이 신약 선지자들의 글에 대해 말하고 있는 것이라고 논쟁할지도 모른다.

그러나 이것은 그 구절이 뜻하는 바가 아닌 것 같다. 이 진술은 로마서 맨 마지막 전에 있는 한 구절로부터 나오는데, 이것의 표현법은 로마서 서두 - 로마서 1:2, "이 복음은 하나님이 선지자들을 통하여 그의 아들에 관하여 성경에 미리 약속하신 것이라"에 나타난 바울의 진술과 꽤 유사하다.

더 나아가, 바울은 항상(13번 중 13번) 구약성서 본문을 언급하기 위하여 "성경"(헬라어 '그라페')이라는 말을 사용한다. 로마서가 쓰였을 때, "그리스도의 비밀mystery of Christ"에 대한 전도 설교는 문서화된 예언이 퍼져나가는 것이 아니라 주로 말로 된 설교였다. 바울이 "그리스도인의 비밀"이 예언자들의 글로 말미암아 알려진바 되었다고 말했을 때(롬 16:26), 제자들이나 다른 사람들이 설교를 할 때 이러한 예언들이 예수에 관해 말하고 있음을 보여주기 위하여 구약의 예언들을 활용한다는 것을 바울은 의미하는 것이다 (참고. 행 2:14-36; 8:32-35; 17:2-4; 18:28; 28:23;etc).

따라서 이 구절은 우리에게 신약의 예언의 은사를 말해주는 것이 아니다.

데살로니가전서 5:19-21: 철저히 조사되어야만 하는 예언들

바울은 데살로니가서에 이렇게 쓰고 있다. "성령을 소멸하지 말며, 예언을 멸시하지 말고, 범사에 헤아려 좋은 것을 취하고, 악은 어떤 모양이라도 버리라"(살전 5:19-22).

"예언을 멸시하지 말고(20절)"와 "모든 것을 헤아려보되(21절)"의 긴밀한 연관성은 '예언'이 21절에 나와 있는 "모든 것"에 포함된다는 것을 의미한다. 특별히 예언은 검토되어야 하고, 검토해서 "좋은" 것들이 나올 것이고, 데살로니가 사람들에게 이 좋은 것을 "취하라"고 한다.

20절과 21절 사이를 연결해주는 접속사 "그러나"는 대조를 보다 분명하게 보여준다. "예언을 멸시하지 말고, [그러나] 범사에 헤아려 좋은 것을 취하라"[36]

우리는 여기서 바울이 "모든 사람들을 헤아려라", 혹은 "모든 예언자들을 헤아려라"라고 말하기보다는 "모든 것을 헤아려라"라고 말하고 있음을 인식해야만 한다. 다시 한 번, 바울이 명령하는 절차는 모든 예언자들이 검토되어 그들이 참 예언자인지 거짓 예언자인지를 알아냈으나 참 선지자의 모든 예언이 이러한 방식으로 검토되지 않았던 구약과는 다르다. 바울의 명령은 이런 예언을 모든 예언(모든 예언자가 아니라)이 검토되었던 고린도에 있는 예언들과 동일한 범주로 묶는다.[37]

악과 선을 가려내기 위해서 예언들을 평가하는 과정은 우리가 고린도전서 14:29절에서 찾아낸 것과 상당히 일치하고 그리고 고린도뿐만 아니라 데살로니가에서, 바울은 예언자들이 신적인 권위를 가진 예언 선포를 한다고 생각하지 않는다는 부가적인 확증을 준다.

게다가, 바울이 교회(하나님의 말씀을 귀하게 여긴 교회, 살전 2:13)에 예언을 "멸시"하지 말라고 주의를 줄 필요가 있다고 생각했다는 사실은 데살로니가 사람들이 예언을 하나님의 절대적 권위의 말씀으로 여기지 않았다는 것을 나타내는 것이다.

베드로전서 4:11

"각각 은사를 받은 대로 하나님의 여러 가지 은혜를 맡은 선한 청지기같이 서로 봉사하라"(벧전 4:10). 그리고 나서 베드로는 "만일 누가 말하려면 하나님의 말씀을 하는 것 같이 하고"(벧전 4:11)라고 설명한다. 그러나 여기서 베드로는 교회사역(가르침, 설교, 예언함, 함께 간증함 등)에서 말을 하는 모든 사람들이 하나님의 말로 이야기하고 있다는 것을 말하고 있는 것이 아니다. 그는 회중설교에서 사람들은 그들이 하나님의 말씀을 하는 것 같이 매우 신중하고 진지하게 말해야 한다는 것에 목적을 두고 말하고 있는 것이다.

다시 한 번, 이 구절은 신약의 예언 은사의 본질이나 권위에 대해서 우리들에게 직접적으로 말해주지 않는다.

사도의 부재에 대한 준비

지금까지 우리가 살펴본 구절들 이외에도 신약의 회중 예언자들이 신약의 사도들이나 성경말씀보다 더 하위 권위로 말했다고 주장하는 또 다른 유형의 증거가 있다. 사도들로의 후계자 문제는 그리스도인들이 예언자들의 말을 듣도록 함으로써가 아니라, 성경말씀에 주목하게 함으로서 해결되었다.[38]

그래서 바울은 말년에 "너는 진리의 말씀을 옳게 분별하며"(딤후 2:15), 그리고 "하나님의 감동으로 된 것으로, 교훈, 책망, 바르게 함, 의로 교육함"(딤후 3:16)에 대한 성경말씀의 특성을 강조한다. 유다는 "성도에게 단번에 주신 믿음의 도를 위하여 힘써 싸우라"(유 3)고 그의 독자들에게 촉구한다. 베드로는 그의 말년에, 그의 독자들에게 "어두운 데를 비추는 등불과도 같은 예언에 주의하라"(벧후 1:19-21)라고 말하고 "그의 모든 편지에서"(벧후 3:16) 사도 바울의 가르침을 상기시킨다. 요한은 그의 독자들에게 "이 책의 예언의 말씀을 지키라"(계 22:7)고 촉구한다. 우리는 어떤 경우에도 "너희 교회들에 있는 예언자들에게 주의를 기울이라" 혹은 "예언자들을 통한 하나님의 말에 순종하라"라는 권고를 읽을 수 없다. 그렇지만 제자들이 죽은 뒤에, 많은 지역교회들에는 예언을 말하는 예언자들은 분명히 있었다. 이 예언자들은 사도들과 동등한 권위를 가지고 있지 않은 것처럼 보이고 성경의 저자들은 그것을 알고 있었다.

초기 교회사에 나타난 예언

디다케 11

신약에서의 예언 은사의 권위에 대해서 충분히 살펴보고 난 후, 예언은사를 가진 사람들로 하여금 구약의 선지자들 그리고 신약의 제자들과 같이 절대적인 신적 권위를 가지고 말하도록 할 수 있다는 점을 지적하는 구절 - 이것은 신약성서 외의 구절인데 - 이 하나 더 있다. 이 구절은 디다케 11장에 나와 있다. "성령으로 말하는 예언자들을 헤아려보거나 시험하지 말아라, 모든 죄는 용서받을 것이나 이 죄는 용서받지 못할 것이다."(디다케 11.7)

디다케가 언제 쓰였고 혹은 어떻게 초대교회의 생활상을 나타내고 있는가를 결정하는 것은 매우 어렵다. 이 문제에 대한 학문적인 합의도 없고 구성자체도 우리가 확실한 결론을 내리도록 할 만한 충분한 내부적인 단서들이 없다.

이 구절에서, 성령에 반하는 죄를 언급한 것은 이러한 예언자들이 그들의 예언의 말에 이르기까지 신적 권위를 가지고 말했다고 생각되어 짐을 보여주는 것이다. 성령으로 그들이 말했던 어떤 것들을 평가 (헬라어로 '디아크리노')하는 것은 성령에 반하는 죄였다. 이 경우에, 예언자의 선포는(성령으로 돈을 요구하는 것과 같이 몇 가지 금지된 것들을 제외하고) 이의를 제기할 수 없거나 혹은 의심할 여지가 없었다.

그러나 이 구절은 고린도전서 14:29에 나타난 바울의 가르침과 직접적으로 모순된다. 바울은 예언자들이 무엇을 말하는지 평가하고 검토하라고 말한다. 동일한 그리스어('디아크리노')를 사용하면서, 디다케는 예언자들이 성령으로 말할 때 평가하지 말라고 말한다.

이것이 디다케가 신약에서 발견되는 가르침이나 지시하는 것들과 대조를 이루거나 혹은 제약을 덧붙이는 것들 중의 하나이다(비교. 디다케 1.6 [네가 누구를 돕는지 알 때까지 너의 손에 구호의 땀이 있게하라]; 4.14 [교회가 요구하는 죄들을 자백하라]; 6.3 [우상에게 바쳐진 음식은 금지됨]; 7.1-4 [흐르는 물에서의 세례; 세례전의 금식]; 8.1 [수요일과 금요일의 금식이 명령됨; 월요일과 목요일은 금지됨]; 8.3 [하루에 세 번 주기도문을 함]; 9.1-5 [세례받지 않은 사람은 성찬식에서 배제됨]; 10.5 [예언자들이 원하면 어떤 형식으로든 성찬식을 열 수 있다.]; 11.5 [사도들은 한 도시에 이틀 이상 머무를 수 없음]; 16.2 [마지막에 완벽하지 않는 한 구원은 없음]).

따라서 디다케가 좀 더 흥미로운 것을 포함하고 있고 좀 더 유용한 도구라 할지라도, 몇 가지 점에서 신약성경과 확연히 다르다. 신약성경의 가르침과 너무 많은 다른 점들이 있기 때문에, 디다케는 주류를 이루는 사도의 활동이나 가르침과 동떨어진 누군가에 의해서 기록되었을 것이다. 이것은 초대교회 사도들의 가르침이나 실천에 대한 믿을만한 안내가 아니다.

예언의 은사에 관해서, 디다케는 다른 사람들이 범한 동일한 실수 - 신약의 예언의 은사를 구약의 예언과 너무 쉽게 동일시했고 예언의 은사가 절대적이고 논의의 여지가 없는 권위에 있다고 쉽게 생각함 - 를 저지르고 있는 것 같다.

물론, 일단 디다케의 저자가 이 방식으로 예언을 생각했다면, 그가 바울이 명령했던 예언에 대한 평가(신약의 예언에 대한 보다 덜 권위적인 관점을 가진)를 금지한 것은 당연한 것이었다.

초기 교회 이후: 왜 예언이 결국 쇠퇴하게 되었는가? 예언이 완전히 소실었나?

이 연구는 예언 은사의 권위에 관한 그리고 구약의 선지자들과 신약의 사도들 사이의 관계성에 관한 모든 관련된 신약자료를 통해서 이루어졌다. 교회의 초기 역사로부터 예언에 관한 모든 자료를 조사하고자 하는 것이 우리의 목적의 범위 내에 있지 않으나 하나의 일반적인 해설은 적절하다.

만약 이 연구가 신약의 예언의 축소된 권위를 주장하는데 정확하고, 그래서 그것이 구약의 예언적 설교나 혹은 신약의 사도의 설교와 달랐다는 것을 우리가 잠시 가정한다면, 이와 같은 권위 유형들 사이의 차이는 세미한 것이고 쉽게 불분명해지거나 쉽게 잊혀질 수 있는 것임이 인정되어야 한다. 좋은 동기든 나쁜 동기든 간에 몇몇 그리스도인 예언자들이 하나님 혹은 예수님으로부터 "계시"를 받았다는 것뿐만 아니라 그들이 "계시"를 받았을 때 하나님의 말로 이야기를 했다고 주장하기 시작하는 것은 꽤 쉬운 일일 것이다.

이것은 적어도 몬타니즘과 아마도 여러 다른 케이스들에서 명백하게 발생했던 일이다. 물론, 만약 이러한 선지자들이 이단의 생각^{idea}을 조장하기 시작했다면, 나머지 교회의 반응은 결국 그들을 모두 몰아내는 것이었다. 하나님의 말로 말하는 것을 주장하는 어떤 사람은 결국에는 인정을 받거나 또는 거절되었다. 그(또는 그녀)의 말은 그저 묵인 될 수는 없었다.

하지만 자신들의 위치를 잘못 이해했던 예언자들에 대한 이러한 거절과 함께 예언에 대한 거절도 함께 따라오고 그래서 예언의 은사에 대한 축소된 권위를 인정하는데 실패한 교회 그 자체는 교회 안에서의 예언의 전적인 부정에 크게 기여했다. 이 요인으로 인해 초자연적인 것에 대한 믿음이 점차적으로 감소되었을지도 모른다(개인적인 믿음의 강도와 생명력의 감소). 물론 이러한 설명은 단지 제안 일 뿐이지만, 그것은 초대교회의 역사적인 증언들에 대한 다른 조사들과 일치하는 것 같다.[39]

만약 대부분의 교회에서 예언이 거절되었다면, 예언이 최소한 예언으로서의 기능이 끝나는 것일지도 모른다. 요캄$^{Bruce\ Yocum}$은 "예언과 하나님으로부터 받은 다른 은사들은 기대하는 신앙의 분위기에서 잘 성장한다"[40)]고 언급한다.

그럼에도 불구하고 어떤 다른 것이 생길지도 모른다. 예언과 유사하나 그렇게(예언으로) 인정되지 않는 체험들이 예나 지금이나 믿는 사람들에게 성령에 의해 계속해서 주어진다. 클레멘트$^{Roy\ Clement}$는 다음과 같이 제안한다.

내가 보기에는 자신의 삶 가운데 성령의 개별적 사역을 경험한 기독교인들이 거의 모든 세대에서 나타나는 독서, 통찰, 직감, 예감을 통한 간증을 찾는데, 이러한 간증들은 사도행전에서 누가가 일관되게 성령의 역사로 돌리는 기독교인들의 의식의 종류들과 거의 동일한 것 같다.… 그러한 독서가 공적 선언의 요소를 포함할 때 내가 믿기에는 그것이 신약 성서가 말하는 "예언"에 이른다. 비록 이것이 오늘날 우리의 교회 전승에 있는 현상이이라고 우리가 부르지 않을지라도 말이다.**41**

요약

✳

　신약에 나와 있는 다른 구절들을 조사함으로서 신약의 예언 은사를 더 잘 이해하게 되고, 사도들의 "예언적인" 활동과 지역교회의 예언 은사의 일반적인 기능의 차이를 더 잘 입증할 수 있게 된다.

　한편으로는, 사용되는 예언 선포에서 절대적인 신적 권위를 갖는 "사도적" 예언이 있다. 이와 같은 절대적인 신적 권위를 가진 예언의 예시들은 마태복음 10:19-20, 에베소서 2:20과 3:5, 그리고 요한계시록에서와 같이 사도들과 어김없이 연결되어 있다.**42**

　또 다른 한편으로, 일반적인 회중 예언이 있는데 이 예언에는 절대적인 신적 권위가 나타나지 않는다. 이런 예언 은사의 일반적인 기능을 체험한 신자들은 몇몇 신약교회에서 찾아 볼 수 있고 고린도에 있는 교회의 예언자들(고전 14:29,30,36,37-38; 11:5), 두로의 제자들(행 21:4), 데살로니가에 있는 교회의 예언자들(살전 5:19-21), 빌립의 네 딸들(행 21:9), 에베소에 있는 제자들(행 19:6), 그리고 아마도 사도행전 11:28과 21:10-11의 아가보를 포함한다. 이러한 예들이 일반적인 회중의 예언을 나타내는 것이라면, 이 범주는 로마에 있는 교회에서의 예언(롬 12:6), 그리고 바울이 "모든 성도가 교회에서 함과 같이"(고전 14:33)라고 암시한 것처럼 특별한 경우들에 대해서 결정을 내릴 만한 충분한 증거가 없는 구절들을 또한 포함한다.

오늘날 은사주의 운동을 하는 사람들이 축소된 권위를 지닌 예언을 이해하고 있는가? 오늘날 몇몇 사람들은 예언을 "하나님의 말씀"이라고 말하지만 은사주의 운동의 모든 영역에 대해, 예언이 불완전하고 신성하지 못하고, 순종할 수 없거나 신뢰할 수 없는 요소들을 포함할 것이라는 거의 일관된 증거가 있다.

성공회 은사주의 지도자들인 베넷 부부(Dennis와 Rita Bennett)는 이렇게 기록한다.

> 우리는 언어의 은사를 통해 받은 모든 말들을 받아들이는 것을 생각하지 않는다… 그러나 우리는 단지 성령에 의해 우리를 소생시킨 것과 성경과 일치하는 것을 받아들이고자 한다… "하나님의 현현, 나타나심"이라고 하는 것은 75%가 하나님이고 25%는 인간 자신의 생각이다. 우리는 이 둘을 잘 분별해야만 한다.[43]

하나님의 성회의 지도자인 기 Donald Gee는 말한다.

> 하나님과 사탄을 제외한 어떤 사람들이 예언적인 말의 근원을 아는 것은 매우 어려운 일일 것이다. 그들은 사람의 영혼이라는 중요한 부분을 보는 것을 거부한다. 사실상 성령감화의 정도는 전체 범위가 매우 높음에서부터 매우 낮음까지이다. 우리가 예언 자체를 거절하도록 하거나 혹은 매우 유보적으로 받아들이도록 하는 대부분의 예언들은 사람의 영혼으로부터 나온다.[44]

그리고 예언에 대해 널리 쓰이는 은사주의 저서의 저자인 요캄 Bruce Yocum은 기록한다.

> 예언은 신성하지 않을 수도 있다 – 우리 자신의 생각이나 아이디어들은 우리가 받는 메시지와 섞일 수 있다 – 우리가 직접적으로 말을 받든지 혹은 단지 메시지의 의미만을 받든지… (바울은 우리의 모든 예언은 불완전하다고 말한다).[45]

유사하게, 말론George Mallone은 말한다.

> 오늘날 예언이 매우 도움이 되고 매우 정확하다 할지라도, 예언은 거룩한 성경 말씀 안에 있는 우리에게 주어진 계시의 카테고리 안에 있지 않다. 어떤 사람은 하나님의 소리를 듣고 그리고 말하도록 강요될지도 모르지만, 그것이 오염됨이 없는 것이라고 확신할 수 없다. 영과 육의 혼합이 있을 것이다.[46]

이제 은사주의적 신자들이 예언을 "하나님의 말씀"이라고 부를 때, 또 한편으로 그들이 그것은 정확하게 하나님의 말씀이 아니라고 말할 때 혼동이 온다는 것을 인정해야만 한다. 그러나 이러한 혼동은 구약의 예언과 신약의 예언을 확실히 구별하지 않은데서 나오는 것이다. 실제로, 어떤 은사주의 지도자도 오늘날의 예언은 성경말씀의 권위와 동등하거나 혹은 그렇게 다루어져야만 한다고 말하지 않는다.

그러나 예언에 대한 최근의 논의에서 정말로 잘못 이해되는 부분이 있다. 예언이 끝났다고 논쟁하는 사람들은 신약시대나 혹은 오늘날의 예언이 절대적인 신의 권위를 가지고 있어야만 한다고 계속 주장한다. 예를 들어, 어떤 사람이 "예언자의 말은 하나님의 말이고 그와 같이 받아들여지고 응답되어야 한다"[47]라고 썼다.

그래서 예언은 끝났고 오늘날에는 없다고 주장하는 "중지론자"의 관점(예언은 중지되었고 오늘날 존재하지 않는다)을 가진 사람들은 종종 책임이 있는 은사주의자들이 취하지 않는 예언의 관점에 대항하여 논의하고 있는 것처럼 보인다. 그리고 이것은 많은 신약 구절들과 일치하지 않는 예언의 관점이다. 내가 생각하기에 이것이 많은 은사주의자들(그리고 비 은사주의적 복음주의자들)이 반 은사적 논쟁의 설득력에 영향을 받지 않는 이유이다. 만약 어떤 사람이 은사주의 운동에 반대하는 믿을만한 비판을 하고자 한다면, 가장 책임 있는 은사주의 대변인이 주장하고 있고 이것이 오늘날에도 존재하고 작용하고 있다는 권위가 더 낮은 예언이 계속된다는 것에 반대하여 논의하는 것이 더욱 생산적인 것 같다.

은사주의 저자 브릿지Donald Bridge는 잘 말해준다.

만약 예언이 직접적으로 하나님으로부터 영감받은 것이라고 추정한다면, 오늘날 예언이 없을 수 있다는 것은 권위 있는, 확실한, 그리고 분명한 것이다. 성경은 완전한 것이다. 그러나 모든 예언을 이와 같은 정의에 끼워맞출 필요는 없다… 예언이 어떤 권위를 수행하는가? 지도력, 상담, 가르침과 같은 교회 안에서의 다른 신자 활동과 동일한 권위… 만약 이게 사실이라면, 사실로 입증될 것이다. 영적인 사람들은 그것에 따뜻하게 반응할 것이다, 현명하고 증명된 지도자들은 그것을 인정하고 확인할 것이고, 개화된 양심은 그것을 받아들일 것이다.[48]

| 오늘날에 적용하기 |

만약에 우리가 일반적인 그리스도인의 예언의 권위를 이해한 것이 정확하다면, 오늘날 우리의 삶의 중요한 적용은 우리로 하여금 예언을 과대평가하고 예언이 곧 하나님의 말씀이라고 생각하는 초대교회의 일부 사람들이 저지른 동일한 실수를 하지 않도록 하는 것이다. (오늘날에도 때때로 일어나고 있는 것처럼) 만약 그런 일이 일어난다면, 예언은 어떤 사람들에 의해 모두 거절당할 것이고(그들은 이것을 우리의 삶을 위한 하나님의 말씀의 원천으로써의 성서와 경쟁자로 볼 것이고), 또 다른 사람들은 이것을 너무 높이 평가한 것이다. 그래서 예언을 하나님의 말씀선포로 보고 예언에 대한 적절한 인식을 훈련하지 못해서, 때때로 그들의 일상생활에서 성경말씀보다 예언을 더 중시하거나 때때로 인간적인 해석이 예언에 포함되는 잘못된 판단으로 길을 잃게 될 것이다.

이 시점에서 오늘날 은사주의 운동에 대해 간단한 조언을 하는 것이 적절할 것이다. 대부분의 은사주의자들이 오늘날의 예언이 권위 면에서 성경말씀과 비슷하지 않다고 주장할지라도, 실천하는데 있어서 "하나님이 말씀하시기를"(신약시대의 교회들의 예언자들이 사용하지 않은 구절)이라는 구약의 일반적인 구절로 예언을 시작하는 습관이 큰 혼동을 준다는 것을 말해야만 하겠다. 이 문구를 현대에 사용하는 것은 적절치 않다. 왜냐하면 신약이 그 견해를 옳다고 하지 않았는데도, 따라오는 말이 곧 "하나님의 말씀"이라는 인상을 주기 때문이다. – 그리고 대부분의 책임 있는 은사주의 대변자들은 그들의 모든 예언의 영역에서 그것을 주장하기를 원치 않았다. 그래서 서두 구절이 빠질 때, 얻는 것은 있고 잃는 것은 없는 것 같다.

이러한 제안은 은사주의 운동을 벌이는 다른 사람들의 제안과 유사하다. 패인Timothy Pain은 예언은 "하나님이 말씀하기시를" 혹은 "오 나의 자녀들아!"O my children라는 구절을 서두에 두지 말아야 한다고 주장한다. 스스로 낮춰서, "내 생각에 하나님이 이렇게 제안하시는데 …"⁴⁹라는 예언의 말을 서두에 두는 편이 훨씬 낫다.

하나님의 성회의 지도자 기Donald Gee는 우리가 "나 하나님은 너에게 말한다"I the Lord say unto you.라는 문구를 실증날 정도로 듣는다. 이것은 핵심이 아니다. 메시지는 덜 기품이 있는 언어로 주어질 수 있다"⁵⁰고 말한다.

그리고 은사주의 작가 브릿지Donald Bridge의 책, 오늘날 표적과 기사Signs and Wonders Today에서 동의하는 것 같다.

> 예언은 항상 "하나님이 말씀하시기를"이라는 문구로 시작될 것이라거나 혹은 하나님이 듣는 사람들에게 직접적으로 말했던 것처럼 먼저 개인 각자에게 전달될 것이라고 가정할 만한 그 어떤 성경적인 근거도 없다. 사실상, 이러한 관습은 "통상적인" 예언과 성경에 나와 있는 성령 감화 받은, 권위가 인정된 예언사이에 혼동만 줄지도 모르고 그리고 듣는 사람들로 하여금 하나님이 그들에게 요구하는 "신중히 생각하는" 훈련을 하지 못하도록 할지도 모른다.⁵¹

결론적으로, 예언이 과대평가될 것이라는 위험성이 있고 또한 예언이 모두 거절될 것이라는 상반된 위험성이 있다. 이와 같은 일반적인 잘못을 피하기 위해서, 우리는 예언의 권위를 정확하게 이해해야 한다. 예언의 권위는 우리가 어떤 것에 주목하도록 하기 위해서 하나님이 사용할 수 있는 것으로써, 그러나 그럼에도 불구하고 인간의 해석과 실수가 포함될 수 있는 것으로 이해되어져야 한다. 따라서, 예언은 성경말씀에 의해서 지배를 받아야만 하고 고린도전서 14장에 나타난 바울의 지시에 따라 규제되고 분별되어야 한다. 간단히 말하자면, 따라서 이 장을 현대적으로 적용하는 것은 곧 바울이 데살로니가서에서 말한 것과 같은 것이다. "성령을 소멸하지 말라. 예언을 멸시하지 말고, 범사에 헤아려 좋은 것을 취하고."(살전 5:19-21).

5장

예언의 원천:
하나님이 마음에 생각나게 하시는 것

본서의 앞 장들에서 우리는 예언자가 하는 말에 주목했다. 이것들은 하나님의 말씀이었는가? 아니면 단순히 예언자 자신의 말이었는가? 이것들은 절대적인 신적 권위를 가지고 있었는가? 아니면 회중의 평가와 분별로 검증받아야 되었는가?

이제 우리는 다른 주제, 즉 예언자의 메시지의 출처로 넘어간다. 예언자는 말할 것을 어떻게 아는가? 자신이 말하기 전과 말하는 동안에 그는 무엇을 생각하거나 무엇을 느끼는가? 그는 자신을 완전히 통제하고 있는가? 아니면 유사 황홀경 같은 순간을 경험하는가?

우리가 2장에서 4장까지에서 구약의 예언자와 신약의 예언자의 중요한 차이점 있다는 것을 볼 때, 우리가 구약 예언자의 심리적 상태로부터 신약 예언자의 상태로 너무 성급히 뛰어넘어가 양자를 같다고 보는 것을 경계해 준다. 우리의 정보의 기본 자료는 신약 자체의 본문이 될 것이다.

고린도전서 14:30: 예언은 하나님의 "계시"에 근거해야만 한다

✱

바울이 예배에서 예언적 말하기를 제제하려는 구체적인 교훈을 줄 때 그는 다음과 같이 말함으로 시작한다. "예언하는 자는 둘이나 셋이나 말하고 다른 이들은 분별할 것이요."(고전 14:29) 그 다음에 무질서에 대항해서 그는 계속 말한다. "만일 곁에 앉아 있는 다른 이에게 계시가 있으면 먼저 하던 자는 잠잠할 지니라. 너희는…하나씩 하나씩 예언할 수 있느니라."(고전 14:30-31)

분명히 바울은 첫 번째 예언자가 말하는 가운데 서 있는 것(일상적인 풍습: 눅 4:16; 행 1:15; 5:34; 11:28; 13:16을 보라)과 다른 이들은 그의 말을 듣고 있는 것(cf. 행 20:19; 약 2:3)에 대해서 말하고 있다. 그 때 앉아있는 청중 중 하나에게 갑자기 어떤 것이 "계시되었을" 것이다. 이 사람은 아마도 역시 일어섬으로 혹은 손을 움직여 이 사실을 어떻게든 지금 말하고 있는 사람에게 신호해야만 했을 것이다. 그러면 처음에 말하던 사람은 잠잠하고 두 번째 말하는 사람이 그의 예언을 말하는 것이다.

고린도에서 예언자들이 따른 이러한 대략적 과정은 예언자의 심리적 상태와 예언자에게 다가와 말하게 된 "계시"에 관해서 몇 가지 관찰을 할 수 있게 도와준다.

계시는 자발적으로 이루어진다

예언자에게 떠오른 생각은 매우 자발적으로 그에게 다가온 것으로 비춰진다. 왜냐하면 첫 번째 화자가 말하고 있는 동안에 그것이 발생하기 때문이다. 그래서 이러한 예언은 미리 준비된 설교나 강의와는 다른 것처럼 보인다. 이것은 오히려 성령의 순간적인 인도하심에 의해서 이루어진다.

계시는 개인에게 온다

이 "계시"는 개인에게 오는("앉아 있는 다른 사람") 어떤 것이지 전체 회중에게 오는 것이 아니다. 그래서 예언은 첫 번째 화자가 밝혀낸 것에 대해서가 아니라 두 번째 화자의 마음에 사적으로 다가온 어떤 것에 의거한 새로운 사실에 대해서 말하는 것처럼 보인다. 이 때 나머지 청중은 두 번째 화자의 마음속에 다가온 것을 인식하지 못하고 있는 상태다.

계시는 하나님께로부터 근원한다

예언자에게 오는 "계시"는 바울에 의하면 신적인 기원에 의한 것이지 인간적인 기원에 의한 것이 아니라고 생각된다. 첫째, 다음과 같은 사실로 볼 때 이것은 분명하다. 바울이 사용하는 "계시하다"(헬라어로 '아포칼륍토')와 또 이 동사와 연관된 명사(헬라어로 '아포칼륍시스')는 합쳐서 신약성서에 44번 나오는데, 이 단어들은 인간의 행동이나 소통에 결코 사용된 적이 없다.⁵² 신약성서에서 "계시"라는 말을 사용할 때 이것은 언제나 하나님의 행위(마 11:25; 16:17; 갈 1:16; 빌 3:15), 그리스도의 행위(마 11:27; 갈 1:12), 성령의 행위(고전 2:10; 엡 3:5), 혹은 삼위 하나님에 의해서 직접 이루어진 사건의 결과다(특히 주님의 재림: 롬 2:5; 8:19; 고전 1:7; 벧전 1:7 등). 그래서 이 "계시"는 신적 기원에 의한 어떤 것이다.

둘째, 고린도전서 14:29-33에 나와 있는 바울의 논증 방법은 또한 그가 신적인 기원이 있는 "계시" 그리고 특히 성령으로부터 온 것을 염두에 두고 있음을 보여준다. 그러나 이것을 보여주기 위해 32절에 있는 "예언하는 자들의 영은 예언하는 자들에게 제재를 받나니"의 의미가 무엇인지 결정해야만 한다.

가장 가능성 있는 해석은 "영"을 여러 예언자들 속에 있는 성령의 역사에 대한 언급으로 이해하는 것이다. 비슷한 언급이 고린도전서 14:12에 발견된다. "너희도 영적인 것을 사모하는 자인즉"은 문자적으로 "너희는 영(헬라어로 '프뉴마타')을 사모하는 자인즉"이다.

또 하나의 병행되는 예는 요한일서 4:2에서 발견된다. "이로써 너희가 하나님의 영을 알지니 곧 예수 그리스도께서 육체로 오신 것을 시인하는 영마다 하나님께 속한 것이요."

그리고 또 하나의 연관된 표현이 계시록 3:1, 4:5, 5:6에 발견된다. 여기서 하나님의 "일곱 영"은 분명히 성령의 다양한 나타남과 역사를 가리킨다 (또한 요한계시록 1:4의 "그의 보좌 앞에 있는 일곱 영"과 비교하라).

게다가 고린도전서 14:32의 문맥에서 "예언의 영"은 "다양한 선지자들 가운데 나타나는 성령의 역사"를 의미함을 지적하는 이유들이 있다. 그것들은 다음과 같은 것들이다.

(a) 고린도전서 14:33, "하나님은 무질서의 하나님이 아니시요 오직 화평의 하나님이시라."는 바울이 31-32절의 근거와 지지를 제공하는 이유다. 이제 이 구절은 하나님의 성품을 말한다. 그렇게 만약 32절이 성령의 행적을 나타내고 있는 것이라면 이것은 말이 매우 잘 된다. 바울은 다음과 같이 추론했을 것이다. 성령이 그의 영감을 예언자 자신의 타이밍에 달려 있도록

한 것이고, 그래서 성령은 차례를 벗어나서 예언자에게 억지로 말하도록 하지 않을 것인데, 그 이유는 혼동을 영감하는 것은 하나님의 본질이 아니기 때문이다. 그렇게 되면 이것은 하나님 자신의 성품과 모순되는 것이 될 것이다.

반면, 32절이 인간의 영에 대한 언급이라면 33절에 있는 하나님의 성품에 대한 언급이 32절을 위한 근거로 어떻게 사용될 수 있을지 생각하기 어렵다. 하나님의 성품에 대한 언급은 바울로 하여금 사람의 실제 행위에 관해서 결론을 도출하도록 허용하지 않을 것이다.

(b) 바울이 여기에서 "성령" 대신에 왜 "영"이라는 표현을 사용했는지 이해할만 하다. 바울이 "성령이 예언자들에게 제재를 받나니"하고 했다면 오해를 불러일으킬 수도 있었을 것이다. 왜냐하면 그것은 일반적인 진술로 사실이 아니며 예언자가 말할 때를 결정하는 문제에 한해서만 사실이기 때문이다. "영"이라는 단어가 바울이 말하려고 하는 목적에 더 부합하는데 그 이유는 이것은 성령의 구체적인 역사에 대한 보다 제한적인 의미로 말하는 것이 되기 때문이다.

(c) 30절에 나타난 바울의 법칙에 대해서 두 가지 반대가 있을 수 있는데, 이렇게 이해하면 32절이 30절에 대한 효과적인 답변이 되기 때문이다. 첫째, 혹자는 예언자가 강제로 예언했을 수 있다고 주장할 수 있다. 성령이 그에게 계시를 가지고 임하면, 예언자는 자신을 제어할 수 없고 말할 수밖에 없었다는 것이다. 바울의 답변은 성령은 예언자들에게 제제를 받는다는 것이다. 그는 예언자에게 결코 강제로 예언하게 하지 않는다는 것이다. 둘째, 혹자는 예언자는 자신이 말할 차례를 기다릴 수 없을 것이라고 반박할 것이다. 만약 그렇게 하면 메시지가 회복되지 않고 잃어버리게 될 것이라는 것이다. 이에 대해서 32절은 성령이 너무도 즉흥적이그 제어할 수 없는 분이 아니라고 대답한다. 그는 예언자들의 현명한 타이밍과 감독을 받는다.

성령이 신자의 삶 속에서 역사할 때, 신자의 "제제를 받는다" 혹은 "성령이 자신을 신자에게 맡긴다"라고 말하는 것은 신약성서의 가르침에 위배되는 것이 아니다. 이 동일 동사(헬라어로 '후포스타소')는 열등한 힘의 필요한 결과가 아닌 자발적 복종으로 흔히 사용된다. 누가복음 2:51에서 이 단어는 예수의 부모에 대한 순종에 쓰이고, 고린도전서 15:28에서는 성자의 성부에 대한 순종에 쓰인다. 마찬가지로 이 구절에서도 바울은 성령이 예언자로 하여금 강제로 말하게 하는 것이 아니라 예언자 자신이 언제 말할지를 결정하도록 허용한다는 것을 보여주고 있다. 이것은 질서를 위해서 하나의 특정한 기능에 있어서 자발적인 순종이며 이것은 예언자가 성령보다 더 높은 존재라는 것에 대해서 말하는 신학적인 언술이 아니다.

그렇다면 최상의 해결책은 32절에서 "예언자의 영"은 "예언자들 속에서 역사하는 성령의 역사"를 의미한다는 것이다.

이제 우리는 이 부분을 다음과 같이 정리할 수 있다.

옆에 있는 다른 사람에게 계시가 있으면, 첫 번째 [예언자]는 침묵하라. 왜냐하면…예언자들 속에 있는 성령의 역사는 예언자들의 제재를 받는데, 그 이유는 하나님은 무질서의 하나님이 아니라 화평의 하나님이시기 때문이다.

그래서 첫 번째 예언자는 침묵해야 하는데 그 이유는 성령이 그에게 계속해서 말하도록 허용하지 않을 것이기 때문이라고 바울이 말하고 있는 것이다. 이것은 또한 그 예언자에게 임한 "계시"는 성령으로부터 온 것이며, 그것이 성령으로부터 직접적으로 와서 계시가 오는 방식이 하나님의 성품("하나님은 무질서의 하나님이 아니시오 오직 화평의 하나님이시라"[고전 14:33])과 성령의 인격적 의지("예언자들의 영은 예언하는 자들에게 제재를 받나니[고전 14:32]) 모두를 반영하는 것이다.

계시는 하나님의 관점에서 통찰력을 제공해 준다

예언자에게 오는 계시의 종류는 어떤 종류의 마술적 폭로나 신비한 통찰력이 아니라 어떤 문제를 하늘의 혹은 신적인 관점으로 보는 것이다. 이러한 사실은 다음의 두 가지 사실로 볼 때 분명하다. 즉 "계시"를 주는 분은 성령이라는 것과 "계시하다/계시"라는 단어 그룹의 의미가 한 분 진실하신 하나님의 활동에 제한되어 사용된다는 것이다(신약에서 이 용어들의 쓰임새를 볼 때) – 이방 의식에서는 다른 용어들이 쓰인다.

바울이 고린도전서 14:30에서 말한 예언자들은 단순히 미래를 점치거나 신접하거나 호기심이나 탐욕을 만족시키기 위한 상호 관계없는 감추어진 사실을 말하는 것과 이 세상의 관점으로부터만 아는 어떤 것과 관계된 일을 하는 것이 아니다. 오히려 그들에게 주어진 "계시"는 그들로 하여금 하나님의 목적과 관련하여 사실을 보게 하며, 교회가 세워지고 격려받으며 위로받는 방식으로 정보를 알려주는 것이다(고전 14:3).

이것은 신약의 예언을 이방인의 미래 점치기 혹은 복술과 구별하는 것에 있어서 중요하다. 이방인의 점치기에서는 감추어진 사실에 대한 특별한 지식이 개인의 이득을 위해서 혹은 가짜 종교에 봉사하기 위해서 사용된다(cf. 행 8:6ff.; 16:16ff.).

이를 적용한다면 신약의 예언은 초감각적 지각ESP이나 별점이나 다른 신비종교 행위와 같은 것들을 포함하지 않는다. 이러한 것들이 감추어진 혹은 미래의 사실들을 폭로한다고 주장하지만, 이것들은 유일하게 살아있고 진실한 하나님으로부터 주어진 관점으로 이러한 사실들을 보지 않으며 이러한 사실들을 그에게 복종하기 위해 사용하지 않는 한에서 그렇다.

계시는 예언자에게 인식된다

마지막 관찰은 "그 계시"가 예언자에게 오는 영향력과 관계된 것이다. 바울은 이 계시를 순간적이고 상당히 인식될 수 있는 사건으로 생각한 것 같다. 왜냐하면 이것은 자발적으로 일어나며 이것은 이미 말하고 있는 예언자의 말을 중단시키는 것을 정당화 할 정도로 영향력이 있기 때문이다(고전 14:30). 사실 이것은 때때로 영향력이 너무 강해 고린도교인들은 그들이 성령의 강권함을 거스를 수 없다고 생각하는 위험에 빠질 정도였다. 바울은 이 문제에 관계해서는 성령이 자신을 예언자들에게 복종시킨다고 그들을 설득해야만 했다(고전 14:32).

그러나 개인의 마음에 다가온 것이 성령으로부터 온 "계시"인 것을 어떻게 알 수 있는가? 이 점에 관해서 바울은 구체적인 지침은 주지 않았다. 그럼에도 불구하고 우리는 그러한 결정을 실제 하는데 있어서 객관적인 요소와 주관적인 요소 모두가 있다고 생각해 볼 수 있다. 객관적으로 보는 질문은 이런 것이다. 그 계시는 예언자들이 구약 성서에 대해 알고 있는 것과 또 사도적 가르침과 일치하지 않았겠는가?(Cf. 고전 12:3; 요일 4:2-3; 구약에서 신 13:1-5).

그러나 분명히 개인적인 판단을 해야하는 주관적인 요소가 있었다. 그 계시는 성령으로부 온 어떤 "것처럼 보이지 않았는가"? 이 계시는 그 예언자가 예배할 때 전에 알았던 다른 성령 경험과 비슷하지 않았는가?(Cf. 요 10:1-5, 27; 요일 4:5-6) 이것을 넘어서는 것은 더 구체화하기 어렵다. 다만 시간이 지날수록 회중은 예언을 평가하는데 아마도 더 숙련되어 갔을 것이고 개별 예언자들은 그러한 평가의 혜택을 받을 수 있었을 것이고, 성령으로부터 온 진짜 계시를 인식하고 이것과 자신의 생각에서 온 것을 구별하는데 보다 숙련되었을 것이라는 것을 말할 수 있을 것이다.

다른 한편 우리는 이러한 경험이 너무 강렬해서 어느 정도 "황홀경"이었다고는 말하지 말아야 한다. 바울은 예언자가 자신의 주위에서 무슨 일이 일어나고 있는지 알고 있었고 자신을 통제할 수 있었다고 가정한다(이 문제에 관해서 보다 자세한 논의를 위해서는 아래를 보라).

그러한 계시는 분명히 하나님이 마음에 주시는 말과 생각과 정신에 있어서 어떤 이미지로 왔을 수 있다. 하지만 위에서 다룬 제 3장과 제 4장은 예언자에게 바로 그 말씀들이 하나님의 말씀이라고 확실히 주장하는 것에 주의를 준다. (사실 하나님은 그가 우리로 하여금 자신의 말로 받아들이기 원치 않는 말들을 우리 마음속에 줄 수 있다. 예를 들어, 다른 사람이 우리에게 말하는 것을 우리가 기억하고 상상할 수 있는 말들을 우리의 마음속에 주실 수 있는 것이다.)

예언자는 얼마만큼 알 수 있는가?

✱

이것은 또 하나의 질문을 우리에게 던진다. "계시" 속에 있는 것에 관해서 예언자는 얼마만큼 알 수 있는가? 예언자의 지식은 분명한 것인가? 희미한 것인가? 혹은 넓은 것인가? 좁은 것인가? 고린도전서 13장의 두 구절이 이 질문에 답변하도록 우리를 도와준다.

고전 13:8-13: 우리는 거울로 보는 것 같이 희미하게 본다

고린도전서 13장에 바울은 사랑이 일시적인 은사인 예언이나 방언보다 우월함을 보여주려 하고 있다. 하지만 이것을 보여주기 위해 예언과 방언과 다른 은사들이 그칠 때를 넘어서 사랑은 영원하다는 것을 제시해야만 한다. 그래서 이 부분에서 그는 예언이 완전하지 않기 때문에 그칠 것임을 말한다(고전 13:8). 우리가 거울로 보는 것 같이 희미하게 보기 때문에 이것은 완전하지 않다(12절).

> 사랑은 언제까지나 떨어지지 아니하되 예언도 폐하고 방언도 그치고 지식도 폐하리라. 우리는 부분적으로 알고 부분적으로 예언하니 온전한 것이 올 때에는 부분적으로 하던 것이 폐하리라…우리가 지금은 거울로 보는 것 같이 희미하나 그 때에는 얼굴과 얼굴을 대하여 볼 것이요 지금은 내가 부분적으로 아나 그 때에는 주께서 나를 아신 것 같이 내가 온전히 알리라(고전 13:8-10, 12).

거울 이미지는 이 계시를 통해서 오는 지식에 있어 간접성과 완전하지 않음을 모두 암시한다(우리는 모든 것을 보지 못하고 거울의 테두리 안에 있는 것들만을 본다). 하지만 이것은 그 이미지가 왜곡되었다는 것을 의미하지 않는다 – 고대의 거울은 생각보다 고도의 선명성을 가지고 있을 수 있었다.

우리가 이것을 예언에 적용하면 예언자는 하나님을 얼굴과 얼굴로 대하여 보지 못하거나 하나님과 직접 말하지 못하지만 (정의되지 않은) 어떤 간접적 방식으로 하나님의 계시만을 받는다는 것을 의미한다. 또 이것은 예언자가 보거나 아는 것은 실제의 어렴풋한 모습이지 전체의 그림이 아니라는 것을 의미한다. "희미하고 불분명한 방식"이라는 표현은(고전 13:12) 예언자가 보거나 배운 것과 "계시"된 암시는 때로 이해하기 어렵다는 것을 지적해 준다(cf. 요 11:50; 벧전 1:11).

이것이 바울의 은유에 대한 올바른 이해라는 것은 고린도전서 13:9의 예에서 더욱 명확하다. "우리는 부분적으로 알고 부분적으로 예언하니." 이것이 논의되고 있는 예언의 제한성이 정확히 표현되어 있다. 그래서 이것이 바울이 강조하는 거울이 어떤 사람의 보는 것을 제한하는 방식이다.

9절에 있는 문장, 즉 "우리는 부분적으로 알고 부분적으로 예언하니"는 그 자체로 예언이 완전하지 않다는 방식을 묘사한다. "부분적으로"라는 어구는 우선적으로 양적인 불완전성을 의미한다. 예언은 취급하고 있는 주제에 대해서 부분적인 지식만을 제공한다. 아가보는 미래에 대해서 알게 되었을 수도 있으나(행 11:28; 21:11) 그는 그 전체를 볼 수는 없다. 두로의 예언자들은 바울의 고통에 대해서 어렴풋하게는 알게 되었으나(행 21:4) 그들은 그 모든 것을 내다보지는 못했다. 고린도의 예언자들은 그들에게 계시된 불신자들의 마음의 비밀을 얼마간 알 수 있었으나 불신자들의 마음을 완전히 알지는 못했다.

이것이 바로 예언이 "사라질 것이고" 혹은 "사용할 필요가 없게 될" 이유다(고전 13:8). 이것은 그리스도가 재림할 때 우리가 소유하게 될, 지식을 얻는 완전한 수단의 일시적이며 부분적인 대용품이다. 완전한 앎의 방식이 나타나면, 불완전한 것은 사라질 것이다(13:10).

이 구절을 요약하면 이렇다. 예언은 불완전하다. 첫째 그 이유는 이것이 다루는 주제에 대해서 대체적인 윤곽만을 보여주기 때문이다("부분적으로", 9절). 둘째, 그 이유는 예언자 자신은 일종의 간접적 계시만을 받으며 그래서 제한적인 것이다("우리는 거울로 본다", 12절). 셋째, 예언자가 받는 것을 예언자가 이해하거나 해석하기 어렵기 때문이다("희미하게", 12절).

이제 이러한 사실로부터 우리는 어떤 결론을 얻을 수 있는가? 분명히 예언자는 자신에게 계시된 것을 언제나 완전히 명료하게 이해할 수 있었던 것은 아니며 때때로 그가 계시로 받은 것에 대해서도 확신할 수 없었을 수 있다.

고린도전서 13:2: 비밀과 지식을 아는 것

바울은 이렇게 기록한다. "내가 예언하는 능이 있어 모든 비밀과 지식을 알고…사랑이 없으면 내가 아무 것도 아니요."(고전 13:2)

이 구절은 모든 예언자가 "모든 비밀과 지식"을 안다는 것을 의미하지 않는다. 왜냐하면 바울은 논의를 하면서 가상적으로 최상의 것을 사용하고 있기 때문이다. 그는 몇 가지 은사를 예로 들면서(예언, 믿음, 자신 희생) 이것들이 최고의 가능한 수준에 이른다고 해도 사랑이 없으면 이것들이 무용지물이 될 것이라고 한다. "산을 옮길만한 믿음이 있을지라도 … 내가 내게 있는 모든 것으로 구제하고 …내 몸을 불사르게 내줄지라도"(자신의 희생의 있어서 최고 수준).

그래서 바울은 예언의 궁극적인 결과는 그것이 가능한 최고의 수준으로 구현되었을 때 모든 비밀과 지식을 아는 것이라고 단순히 말하고 있는 것이다. 이것이 바울에 따르면 어떤 살아있는 예언자에게 해당되는 것이 아닌 것은 "우리는 부분적으로 예언하기"(고전 13:9) 때문이며, 그리스도의 재림 시에만 우리는 "그가 우리를 아는 것처럼"(12절) 우리도 온전히 알게 될 것이기 때문이다.

그럼에도 불구하고, 이 구절은 비록 부분적이기는 해도 "비밀"과 "지식"을 아는 것이 예언 은사의 일상적인 요소라고 아는 것을 암시적으로 분명히 해주고 있다. 그래서 예언의 은사를 가진 결과로 예언자에 주어지는 다음과 같은 혜택이 있다. 즉 예언자가 계시를 받을 때 그는 그렇지 않았을 때 알고 있는 것보다 더 많은 것을 이해하고 알 수 있다.

여기서 "비밀"은 "인간의 이성에는 감추어진 하나님의 비밀의 생각, 계획, 섭리다.…그래서 이것은 그 비밀이 알려지기로 의도된 사람들에게 계시되어야만 한다."(BAGD, 530) 그러므로 이 구절은 우리의 이전의 이해 즉 "계시"가 예언의 핵심 요소라는 것에 대해서 더 확증해 준다. 그러나 이 구절은 이것을 넘어서는 것을 우리에게 허용하지 않을 것이며 "비밀과 지식"의 정확한 내용을 확실히 정의해 주지 않을 것이다.

예언이 "황홀경적"ecstatic인가?

예언자에게 오는 계시에 관한 모든 논의는 예언자가 그러한 계시를 받을 때 그가 받는 자신에 대한 통제와 주위에서 일어나는 일에 대한 인식의 정도에 대한 물음 없이는 불완전하다. 예언자는 일종의 황홀경에 빠져 있었는가? 그는 자신의 통제력을 조금이라도 잃고 있었거나 혹은 그의 주위에서 일어나는 일들을 잠시라도 인식하지 못했는가? 이 모든 것들은 예언적 황홀경과 관련이 있는 질문이다.

"황홀경"의 의미

영어 단어 "엑스터시"ecstasy는 몇 가지 다른 의미로 사용될 수 있다. 본 연구에 있어서 우리에 목적에 부합하게 재정리하면 우리는 황홀경 경험의 일반적 영역에서 네 가지 구체적인 질문에 관계할 것이다.

(a) 예언자가 자신의 의지에 반해서 예언하도록 강제되었는가?
(b) 예언자가 자신에 대한 통제력을 잃고 격렬하게 소리지르거나 혹은 무질서하게 혹은 파괴적인 방식으로 행동했는가?
(c) 예언자가 자신에게 이해되지 않는 말을 했는가?
(d) 예언자가 자신의 주위에 있는 상황을 잠시라도 인식하지 못했는가?

본 연구의 목적에 맞게 예언자가 위 네 가지 조건 중 어느 하나도 해당되면 황홀경 상태에 있다고 간주할 수 있다. 반면 첫째, 흥분된 상태에서 예언하는 것, 둘째, 강한 감정 상태에서 말하는 것, 셋째, 자신이 말하고 있는 단어의 의미에 대해서 높은 수준의 집중 혹은 인식을 하고 있는 것, 넷째, 그의 마음 속에 하나님의 현존과 역사하심에 대해서 특별히 강하게 느끼는 것은 "황홀경적"이라는 용어가 정당하게 사용될 수 있을 정도로 충분히 비정상적인 상태가 아니다.

고린도전서 12:1-3: 기독교 예언은 이방인들의 예언과는 다르다

성령의 은사에 대해서 길게 논하는 고린도전서 12-14장 서두에서 바울은 기독교인의 성령의 은사 체험을 불신자가 경험하는 영적 영향의 종류와 구별한다. 그는 이렇게 쓴다.

> 형제들아 신령한 것에 대하여 나는 너희가 알지 못하기를 원하지 아니하노니 너희도 알거니와 너희가 이방인으로 있을 때에 말 못하는 우상에게로 끄는 그대로 끌려 갔느니라. 그러므로 내가 너희에게 말하노니 하나님의 영으로 말하는 자는 누구든지 예수를 저주할 자라 하지 아니하고 또 성령으로 아니하고는 누구든지 예수를 주시라 할 수 없느니라.(고전 12:1-3)

여기서 바울은 고린도교인들의 이방적 배경을 인식하고 그것 때문에 성령의 은사에 대해서 그들이 지침을 받아야 한다고 결론내린다. 그렇지 않으면 그들은 이것에 대해서 "모르거나" 혹은 "무지하게" 된다. 그들은 이전에 자신들의 추종자들을 통해, 또는 그들의 추종자들에게 교훈의 말을 줄 수 없는 "말 못하는 우상"을 따라갔었다.

고린도교인들은 이방인 예배에서 매우 이상한 것들을 경험했을 수도 있다(종교적 황홀경이 지속되는 동안 아마도 "저주하는" 외침을 포함해서). 그러나 바울은 순수한 기독교 예언에서는 이러한 것이 발생하지 않을 것이라고 말한다. 만약 어떤 사람이 어떤 종류의 영적 영향 하에 있는 것처럼 보이며 예수를 저주한다면 그것은 단순히 말해 성령으로부터 온 것이 아니다. 성령의 은사와 연관해서는 그러한 종류의 일은 발생할 수 없다.

우리의 연구 목적과 연관하여 우리는 바울이 이방인의 "영적" 경험과 기독교인의 경험을 분명히 구별하고 있다는 점을 주목해야 한다. 그러므로 비기독교에 의한 "황홀경적" 예언하기를 보여주는 어떠한 증거도 기독교 예언의 본질에 대해서 우리에게 사실 말해주는 것이 없게 되는 것이다. 대신에 그것에 대한 증거는 신약성서 자체에서 끌어와야 하는 것이다.

고린도전서 14:29-33: 질서 있고 이성적인 행동

이 본문 내에만 우리는 위에서 제시한 네 가지 황홀경의 기준 중 어떤 것도 기독교인 예언자에게 해당되지 않는다고 바울이 생각했다는 것을 지적해주는 몇 가지 생각을 발견한다.

(a) 예언자가 자신의 의지에 반해서 예언하지 않았다는 것은 다음에 나타난다. 다른 예언자가 말하게 하기 위해 예언자는 자신의 예언을 스스로 중단할 수 있었다(고전 14:30b). 두 번째 말하는 예언자는 분명히 예언이 터져 나온 것이 아니라 그가 예언하도록 준비되었다는 신호를 보냈으며 첫 번째 예언자가 예언하다 중단하기를 기다렸다(30a절). 모든 예언자는 순서에 따라 예언할 수 있었다. 성령은 이런 식으로 예언자에게 자신을 내어주셔서 예언자가 제한되고 질서 있는 방식으로 행동할 수 있게 했다(32절).

(b) 예언자가 자신의 대한 통제력을 잃거나 고함치기 시작하지 않았다는 것은 바울이 고린도전서 14:33에서 예언자 안에서 성령의 역사의 결과는 "무질서"(혹은 "격노한 소동", 헬라어로 아카타스타시아)가 아니라 평화라고 말할 때(33절)의 바울의 논증에서 분명하다. 뿐만 아니라 32절에서도 예언자 자신이 상황을 통제하고 있었다는 것이 분명히 나타나는데, 그 이유는 성령이 그에게 복종하기 때문이다.

(c) 비록 예언자가 자신이 말하고 있던 것을 이해하고 있다는 분명한 언급은 없을지라도 그의 청중은 그의 말을 이해하고 있었다는 것이 분명한데 그 이유는 그들이 말해진 것을 평가해야만 했기 때문이다(고전 14:29). 청중들은 모두 그 예언에 의해 배우고 격려받기를 원했다(31절). 만약 청중이 모두 그 예언으로부터 이해하고 배웠다면 분명히 예언자 자신은 자신이 말하고 있던 바를 이해하고 있었던 것이다.

(d) 첫 번째 예언자가 다른 예언자가 계시를 받았고 예언하도록 준비가 되었다는 것을 분명한 신호를 통해서 인식할 수 있었기 때문에 바울은 예언자가 그의 주위에서 일어나는 일들을 잘 인식하고 있었다고 생각했음에 틀림없다. 그 예언자는 실제 삶에서 벗어나지 않았던 것이다. 이러한 사항은 한 사람이 예언하는 동안에 뿐만 아니라 그가 계시를 받을 때도 그대로 적

용된다. 그 이유는 두 번째 예언자는 또 다른 사람이 말하고 있는 동안에 자신의 순서가 돌아올 때 까지 충분히 기다릴 수 있었그, 그 결과 그들 모두가 "한 사람 한 사람씩" 예언할 수 있었다(고전 14:30-31).

고린도전서 14:3-4

여기에 우리는 예언자의 말을 이해할 수 있다는 증거를 더 많이 발견하는데, 그 이유는 예언자가 "사람들"에게 말하고 그 결과는 사람들이 힘을 얻고 위로를 받고 안위를 받기 때문이다(3절). 여기에서 대조된 것은 이해할 수 없는 방언 말하기(2절)와 청자들이 이해할 수 있는 예언이다.

고린도전서 14:23-25

불신자 방문객이 모든 사람이 방언을 하고 있으면 청중에 대해서 미친 짓이라는 비난을 할 수 있었으나(23절), 이것은 예언에 관계해서는 적용할 수 없다. 모두가 다 예언을 할지라도(24절) – 몇 몇 황홀경에 빠진 자들의 외침에 대해서 기회를 줄 수도 있는 것으로 생각되는 상황 – 그 결과는 혼란이 아니라 잘 이해할 수 있는 말이어서 그 말이 방문자의 죄를 깨닫게 하는 것이었다(25절).

고린도전서 14:40

바울이 모든 것이(예언을 포함해서, 39절) "품위 있게 하고 질서 있게 하라"는 명령을 했을 때, 그는 예언자가 황홀경에서 행동할 것을 가정하고 있지 않으며 예언자들이 자신들을 매우 잘 통제하고 있는 사람임을 가정하고 있다.

반대: 아마도 바울은 고린도의 실제 예언적 엑스타시를 교정하려 하고 있을 것이다

✹

위와 같은 모든 증거에도 불구하고 어떤 이들은 바울이 우리가 위에서 보여준 대로 예언자들이 행동하기를 원했을지라도 사실 고린도 교회의 예언자들은 상당한 정도로 황홀경적 행위에 빠졌고 바울이 이 서신에서 그들의 무질서를 교정하려고 시도했다고 주장한다.

하지만 고린도전서 14:29-33에서 바울이 지침을 주기 전에 이미 그는 고린도 교회의 예언자들은 청자들에게 이해할 수 있는 말을 했고 그들에게 상당히 도움이 되는 사람들로(14:3-4. 23-25) 공통적으로 인식되었다고 생각했다. 문제는 - 우리가 이것을 어떤 확실성을 가지고 정의할 수 있다면 - 아마도 매우 단순한 것이었을 것이다. 즉 한 사람 이상의 예언자가 동시에 말하려고 했고(14:30-31), 그래서 아마도 몇몇이 자신들이 말하기를 억제할 수 없었다고 주장했을 것이다(32절).

바울의 반응은 고린도교인들은 자신들을 통제할 수 있었다는 것인데, 그 이유는 이것이 바로 성령이 언제나 행하시는 방식이기 때문이라는 것이다. 성령은 평화를 만들어내시지 혼란을 조장하지 않으며 성령은 예언자에게 순종하신다(32-33절). 그래서 어떤 예언자들은 자신을 통제할 수 없었다는 주장은 바울에 의하면 단순히 말해 사실이 아니었다. 그의 답은 고린도교인의 무질서를 교정하는 것과 기독교 예언은 본래 황홀경의 상태가 아니라는 것을 보여준다.

여타 신약성서 구절들

❋

매우 짧게 우리는 여기서 예언적 황홀경에 관련되었다고 보여지는 몇 몇 여타 신약 구절들을 살펴볼 수 있다.

(a) 사도행전 19:6: 여기에서 방언 말하기와 예언하기는 마치 그것들이 하나의 경험인 것처럼 매우 밀접하게 연결되어 있다. 하지만 여기서 본문 자체는 어떤 황홀경적 경험이 관계되어 있음에 대해서 나타내지 않는다. 방언이 그것에 의해 "황홀경적"이라는 용어로 규정될 수 있는 하나의 정확한 특징에 관련되어(내 기준[b]인 그 내용을 이해할 수 없음), 바울은 고린도전서에

서 그것에 대해서 자세히 논의하면서 방언을 예언과 분명히 구별하고 있다 (cf. 고전 14장). 그래서 우리는 예언의 문제에 관계되어 방언이 황홀경적이라는 어떤 증거를 어떤 의미로도 신약성서에서 발견할 수 없다.

(b) 고린도후서 12:1-4: 바울은 "셋째 하늘에 이끌려 갔다"가 "주님의 환상과 계시"를 보았다고 말한다(2절, 1절). 이 체험은 위의 분류 (d)의 의미로 "황홀경적"이다. 그는 잠시 동안 주위에서 일어나는 일을 인식하지 못해서 그가 몸 안에 있었는지 몸 밖에 있었는지를 몰랐다(2절). 이것이 신약의 예언적 황활경의 예가 아닐까?

이 구절은 신약의 예언의 은사의 연구와 사실 관련이 없다. 그 이유는 (a) 바울이 받은 "계시"는 그가 특별히 예언하라고(즉 그것을 다른 이에게 전하라고) 주어진 것이 아니었다. 그는 사람이 말하도록 허용되지 않은 것을 들었으며(4절), 그 경험에 대해서 언급하는 것에 관해서도 침묵을 지켜 그는 이것을 말하기 까지 14년이 걸렸고(2절) 그는 이것을 제 삼자적으로 말했다(2-5절). 또한 (b) 바울에게 있어서 그러한 경험은 극도로 특별한 것이었고 예언자들이나 어떤 다른 크리스천들의 일상적 경험이 아니었다. 그 이유는 그 계시는 일상적이지 않은 특징의 것이라고 말하며(7절), 그 경험을 가짜 사도보다 자신의 우월성을 보여주기 위한 최후의 방어수단으로만 말하고 있고 그래서 그것이 자랑이 "될 수" 있는 어떤 것(5-6절)이라고 말한다. 그래서 이 체험은 신약예언의 전형적인 특징이라고 간주할 수 없다.

예언적 황홀경에 대한 결론

고린도전서와 여타 신약 성서에 있는 자료를 조사한 결과 고린도교회와 아마도 신약의 다른 교회에서도 예언자는 예언하는 동안에 황홀경적 체험을 하지 않았다고 말할 수 있다.

예언은 기적적인 것인가?

성령이 주시는 "계시"가 예언의 원천이라는 이 논의와 관련하여 예언이 사실 "기적적인" 은사인가 하는 것을 질문하는 것은 적절하다. 그렇지 않으면 이것이 비기적적이나 혹은 보다 일상적인 은사인가? 이것이 성령의 계시에 기초를 두고 있다는 사실이 이것이 기적적일 수 밖에 없는 것인가?

고린도전서 12:8-11

여기에서 고린도전서 12:8-11에 나오는 은사 목록에 나와 있는 그대로 예언의 은사를 고찰하는 것은 도움이 될 것이다. 바울은 이렇게 기록한다.

어떤 사람에게는 성령으로 말미암아 지혜의 말씀을, 어떤 사람에게는 같은 성령을 따라 지식의 말씀을, 다른 사람에게는 같은 성령으로 믿음을, 어떤 사람에게는 한 성령으로 병 고치는 은사를, 어떤 사람에게는 능력 행함을, 어떤 사람에게는 예언함을, 어떤 사람에게는 영들 분별함을, 다른 사람에게는 각종 방언 말함을, 어떤 사람에게는 방언들 통역함을 주시나니 이 모든 일은 같은 한 성령이 행하사 그의 뜻대로 각 사람에게 나누어 주시는 것이니라(고전 12:8-11).

이 구절에서 예언(10절)은 성령이 능력을 주신(혹은 "영감을 주신") 능력 중 하나다(11절). 그러나 우리는 예언이 이런 의미에서 독특한 것은 아니라는 것 또한 인식해야 하는데, 그 이유는 바울이 열거하는 모든 은사는 11절에 언급된 성령의 능력을 주시는 역사에 포함되어 있기 때문이다. 예언이 성령으로부터 근원한다는 사실은 예언이 다른 은사들과 이 점에서 똑같다는 것이다.[53]

우리가 "기적"이라고 말하는 것의 의미는 무엇인가?

예언이 "기적적인" 것인가 하는 질문에는 "기적"이 어떤 의미로 사용되는가에 따라 다른 방식으로 대답할 수 있을 것이다.

(a) 만약 "기적"이 사람들이 때때로 이해하는 방식으로 정의되면, 즉 "역사 속의 하나님의 직접적인 개입"이라면, 그 대답은 예언은 이 방식에서 다른 은사들과 구별될 수 없다. 이것은 두 가지 이유 때문에 그렇다.

(i) 바울은 여러 은사들 가운데 성령의 역사의 종류(예를 들어, "직접적"과 "간접적")를 구별하지 않고 이 모든 것들은 성령의 역사에 의해서 이루어진 것이라고 강조한다(12:11). 고린도 교회에 문제를 만든 성령의 은사에 관한 교만과 질투가 나쁜 것이라고 바울은 주장하고 있다. 모든 은사가 성령으로부터 기원한 것이기 때문에 가치 있다는 것을 그는 보여주려 하고 있다. 만약 어떤 은사가 성령으로부터 "보다 직접적으로" 온 것이라고 하거나 혹은 어떤 은사는 다른 은사에 비해 보다 성령 자신의 행위의 결과라고 주장될 수 있다면, 이것은 그의 주장의 힘을 파괴하는 것이 될 것이다.

(ii) 바울은 여러 다른 시간에 여러 다른 방식으로 여러 은사와 직분을 열거하는데, 은사의 분류에 있어서 어떤 "기적 대 비기적"이라는 의식을 보여주지 않고 있다. 믿음, 지혜의 말씀, 지식의 말씀은 병 고치는 은사와 능력 행함의 은사와 나란히 열거되어 있다(고전 12:8-10). "돕는 것"과 "다스리는 것"은 병 고치는 은사와 각종 방언 말하는 것과 혼합되어 있다(고전 12:28). 찬송과 가르침과 계시와 방언과 방언 통역은 같은 종류로 언급될 수 있다(고전 14:26). 계시와 지식과 예언과 가르침은 도두 같이 등장한다(고전 14:6).

그래서 만약 어떤 사람이 예언이 이것이 성령의 직접적인 활동에 기인한 것이기 때문에 "기적적"이라고 주장하려면, 모든 은사가 이런 의미로 "기적적"이라는 것을 주장해야 할 것이다. 그러나 이러한 주장은 어떤 종류의 활동을 다른 종류의 활동과 구별하는 것이기 때문에 "기적"이라는 용어를 무용지물로 만들게 될 것이다.

(b) 하지만 "기적"에 대한 또 하나의 가능한 정의가 있다. "기적"이 "그것이 일상적 자연적 인간 혹은 물리적 행동의 법칙과 분명하게 거스르는 것이기 때문에 사람들 속에 경외심과 놀라움을 자아내는 어떤 것이라면," 예언은 고린도전서 14:22-25에 근거해서 기적의 은사로 간주될 수 있을 것이

다. 예언은 신자를 위한 "표적"이며 (22절) 신자들 가운데 하나님이 역사하시고 있는 분명한 현시이며 또한 불신자들로부터 놀라움을 불러일으키는 (25절) 놀라운 과정이다. 이것이 세상에서 하나님이 역사하시는 보다 일상적이지 않은 것이기 때문에, 이것이 하나님의 행위에 대한 표시임을 보다 분명하게 보여진다.

그래서 예언은 사람들로부터 그것이 가져다주는 반응이라는 측면에서 최소한 때때로 "기적적인" 은사이다. 하지만 이것을 여타 은사보다 하나님으로부터 "보다 직접적으로" 온 것으로 분류하는 어떤 시도도 성서 본문 자체의 관점에서 설득력이 없다.

요약

하나님의 "계시"를 받는 것이 예언의 원천이었다. 그러한 예언에 대한 바울의 용어들과 바울이 그것들을 말한 정황은 우리들로 하여금 그 계시가 상당히 자발적으로(하지만 사적으로) 개인에게 주어졌다는 것을 말할 수 있다. 또 이 계시는 하나님께 근원한 것이며, 하나님의 관점으로 보는 것이며, 이것들은 아마도 말과 생각 혹은 정신적 이미지의 형태를 가지고 있어 예언자의 마음 위에 강력하게 인상을 주는 것이다.

그러나 다른 은사들처럼 예언하는 것은 그 지식의 원천에 있어 "부분적"이고 "제한된" 것일 뿐이다. 예언자가 받은 계시와 그 결과로 나오는 예언 모두 그 주제에 관해서 부분적 정보를 줄 뿐이며 때때로 그것은 이해하거나 해석하기 어려울 것이다.

고린도전서에서 예언자는 그의 의지에 반하여 강제로 예언하지 않으며 자신에 대한 통제력을 잃지 않고 미친 듯이 소리치지 않으며 자신에게 이해되지 않는 말을 하지 않으며, 자신의 주위에 있는 상황을 모르지 않는다는 지적이 있기 때문에 예언의 은사는 "황홀경적"이라고 이름붙일 수 없으며 예언은 황홀경적 활동이 아니었다.

만약 "기적"이 하나님으로부터 "직접적으로" 오는 어떤 것을 의미한다면 예언은 다른 은사와 마찬가지로 더 이상 "기적적인" 것이 아니다. 하지만 "기적"이 이 세상에서 하나님이 하시는 보다 일상적이지 않은 것이기 때문에 경외심과 놀라움을 자아내게 하는 어떤 것을 의미한다면 고린도전서 14:22-25은 우리에게 예언을 "기적적"이라고 부르는 것을 허용해 줄 것이다.

| 오늘날에 적용하기 |

만약 우리가 오늘날 우리 교회에서 기능하고 있는 예언의 은사를 보려고 한다면 우리는 먼저 하나님이 때때로 그러한 "계시"를 우리에게 주는 것이 가능하다는 것을 믿고 우리 자신을 그러한 성령의 영향에 수용적이 되도록 내어주어야만 한다. 특히 기도와 예배할 때 그렇다.

실제로 말해서 이러한 이해는 우리가 정규적으로 하는 성경 읽기와 중보기도와 찬양 시에 혼합하여 혹은 더하여 하나님의 "말씀에 더 기울이고" 하나님의 음성 듣기를 "기다리는 것"에 더 많은 시간을 써야 하는 것을 의미하는 것인가? 그렇다면 또한 우리의 보다 덜 공식적인 시간에 하는 공동 예배가 조용함과 수용성의 시간을 허용해서 성령으로부터 온 그러한 촉구를 받아들에게 해야 것인가? 만약 이러한 시간들에 하나님이 마음 속에 어떤 것을 주시면 그러면 그러한 계시를 받은 자는 회중에게 자신이 받은 것을 말해야 할 것이다.

하지만 우리가 3장과 4장에서 본 대로, 그러한 보고는 "바로 하나님의 그 말씀"이라고 생각해서도 안 되고 그러한 인상을 주는 말로 자신의 말을 시작해서도 안 된다. 즉 화자는 "주님이 말씀하십니다" 혹은 "하나님의 말씀을 들으세요"라고 해서는 안 된다는 것이다 – 이러한 말들은 성경 말씀에, 그리고 성경말씀에만 쓰여야 한다. "주님이 저에게 이렇게 보여주는 것 같습니다" 혹은 "내 생각에는 주님이 이렇게 지시해 주는 것 같습니다" 혹은

"주님이 내 마음 속에 다음과 같은 것을 생각하도록 하신 것 같습니다"같은 것들이 보다 적절할 것이고 우리가 잘못된 길로 가지 않도록 도와 줄 것이다.

우리 중 많은 사람들은 이것과 비슷한 사건들에 대해서 경험하거나 들었다. 예를 들어, 일본에 있는 어떤 선교사들을 위해서 계획하지 않았지만 급박한 기도 요청이 주어진 것이다. 그런데 나중에 기도한 사람은 바로 그가 기도한 시간에 그 선교사들은 끔찍한 사고를 당했거나 극도의 영적 갈등 속에 있어서 그러한 기도가 필요했다는 것을 발견했다. 바울은 그러한 생각이나 직관 같은 것을 "계시"라고 불렀을 것이고 하나님으로부터 온 그러한 자극을 모여 있는 회중에게 말하는 것을 "예언"이라고 불렀을 것이다. 이것은 화자 자신의 이해와 해석의 요소가 그 예언 안에 들어 있을 수 있고 그래서 이것은 평가와 시험이 필요하다. 하지만 이것은 그럼에도 불구하고 교회에 유용한 기능을 내재하고 있다.

이것은 우리로 하여금 다음 문제로 인도한다. 그러한 하나님의 계시들이 가치 있는 것이라 할지라도 그것은 또한 제한되어 있는 것이다. 이것들은 우리가 부여하는 그 권위와 중요성에 있어서 성경과 경쟁해서는 안 되며 이것들은 교회에 의해서, 특히 지도자들에 의해 계속적인 평가가 없이는 기능하도록 허용해서는 안 된다. 모든 사람은 그 계시가 부분적이며 예언하는 자에게 분명하지 않을 수 있고 예언하는 자 편에서 오해된 이해나 해석의 요소를 포함하고 있을 수 있다는 것을 인식해야 한다.

예언하는 것이 황홀경적 행위가 아니기 때문에 질서 있는 행동을 위한 성경적 규율이 뒤따라야 하고, 아무도 예언하는 사람이 성령에 의해서 억지로 예언 한다거나 자신에 대한 통제력을 잃는다거나 혹은 주위 상황에 대해서 인식하지 못하는 일을 허용해서는 안 될 것이다. 예언은 고도로 하나님의 목적을 인식하는 것과 관련될 수 있지만, 이것이 일상적인 삶의 상황을 이해하는 것을 감소시키는 것과 관련되지 않는다.

6장

예언과 가르침:
서로 어떻게 다른 은사인가?

지금까지의 예언에 관한 연구결과 신약의 예언의 은사는 구약의 예언의 말씀과 신약의 사도들의 말보다 더 약한 권위가 있는 것임을 알았다(3장과 4장). 또한 본 연구는 예언의 원천이 하나님, 특별히 성령으로부터 온 "계시"였다는 결론에 이르렀다.

이제 연관된 질문이 나온다. 예언에 있어서 핵심 요소는 무엇인가? 다른 말로 하면, 어떤 것은 예언이 되고 다른 언어 행위는 예언이 되지 못하는가? 보다 구체적으로

(1) 예언이 되기 위해서 "계시"가 필요한가?
(2) "계시" 그것 자체가 예언이 될 수 있는가? 아니면 계시가 어떤 방법으로 보고될 필요도 있는가?

이런 질문은 다른 은사, 즉 가르치는 은사와의 관계 속에서 그리고 은사와 가르침의 비교를 통해서 답하는 것이 가장 좋을 것이다. 따라서 본장에서는 먼저 예언의 핵심 본질을 논의하고, 그 다음 비교를 통해서 가르침의 핵심 본질을 논의할 것이다.

예언의 핵심 본질

예언이 발생하기 위해서 무엇인 필요한가? 어떤 요소들이 어떤 것이 예언이냐 예언이 아니냐의 차이점을 만드는가? 신약성서는 예언이 되기 위해서 필수적인 두 가지 요소를 지적하는 것처럼 보인다.

(1) 성령으로부터의 계시(=예언의 원천)
(2) 그 계시를 공적으로 보고하기(=예언 자체)

본 단락에서 이 두 가지를 차례로 논의할 것이다.

예언에는 "계시"가 필요하다

❋

예언이 발생되기 위해서 성령으로부터 오는 "계시"가 필요하다는 것은 아래와 같은 사항들에서 볼 수 있다.

(a) 앞장에서 우리가 살펴보았던 것처럼 고전 14:24-33에서 바울은 예언하려고 하는 사람은 "계시"를 받은 사람이라고 생각한다(30절). 왜냐하면 첫 번째 예언자가 잠잠하고 두 번째 예언자가 말하는 것에 대해서 다른 어떤 유효한 이유도 제시되어 있지 않기 때문이다. 가능한 암시는 "계시" 이외에는 두 번째 화자가 예언자의 자격이 있다고 할 수 있는 요소가 없다는 것이다.

그런데 예언자들에게 역사하는 성령이 예언자 자신들에게 제제를 받는다고 바울이 말할 때(32절), 그는 "계시"를 부여하는 성령의 역사에 대해서 특별히 염두에 두고 있는 것이다(30절). 31절이 예언하는 모든 자들을 분명히 포함하듯이, 32절은 모든 예언자들에게 적용되는 일관적인 언명이다. 자신은 "계시"가 없이 정상적으로 예언을 하기 때문에 30-33절은 자기에게 적용되지 않는다고 주장하여 바울의 교훈을 피할 수 있는 고린도교회 예언자가 있다는 생각하는 것은 가능하지 않을 것이다. 오히려 바울은 그의 교훈은 모든 예언자들에게 적용된다고 가정하며 모든 예언은 성령이 예언자들에게 전가해 준 "계시"에 근거를 두고 있다고 생각한다.

(b) 비슷한 지적이 고린도전서 14:24-25에서 발견되는데, 여기서 바울은 회중 안에서 다음과 같은 상황을 그려내고 있다.

그러나 다 예언을 하면 믿지 아니하는 자들이나 이방인들이 들어와서 그는 모든 사람에게서 책망을 들으며 모든 사람에게 판단을 받고, 그 마음의 숨은 일이 드러나게 되므로 엎드리어 하나님께 경배하며 하나님이 참으로 너희 가운데 계신다 전파하리라(고전 14:24-25).

이런 경우 예언하는 자들은 방문자의 마음의 비밀을 공식적으로 폭로하게 된다(25a절). 그 방문자는 최소한 자신의 견해로는 하나님만이 그 예언자들에게 알게 하신 그 일들을 하실 수 있다는 것을 지적해 주는 방식으로 응답한다(25b절). 분명히 예언하는 모든 사람은 죄를 깨닫게 함과 판단의 행위에 공헌한다("모든 사람에게 판단을 받고", 24절). 그래서 다시 바울은 예언하는 모든 사람은 "계시"를 받았다고 여긴다.

(c) 여타 신약 성서 문헌에서 우리가 판단을 내릴 충분한 정보를 가지고 있는 기독교 예언의 모든 예들도 일종의 "계시"를 미리 받은 것을 암시한다. 사도행전 11:28과 다시 21:10-11에서 아가보의 예보豫報는 미래 사건에 대한 묘사이며 그래서 그것은 그에게 계시된 어떤 것에 근거하고 있다.

확실하지는 않지만 똑같은 것을 사도행전 19:6에 나오는 "제자들"에게 적용해 보는 것이 가능한데, 거기서 그들은 바울이 그들에게 안수하고 성령이 그들에게 임하자마자 방언과 예언을 하기 시작했다. 이 사건의 자발성과 기독교 가르침의 기초에 대해서도 무지했다는 것은 이 예언은 (어떤 형태를 띠었건) 사람들이 이해하는 기독교 가르침이 아니라 오히려 성령의 특별한 역사의 결과 그래서 아마도 "계시"의 결과였음을 보여준다.

마지막으로, 에베소서 3:5에서 사도적 예언에 대해서 언급하는 것에서 똑 같은 필수사항이 적용된다. 즉 이방인을 포함하는 계시는 성령이 특별히 사도들과 예언자들에게 준 것이라고 말한다.

신약 여러 곳에서 오순절 이전의 예언에 대해서도 언급되고 있다. 이 자료들은 보다 주의를 해서 다룰 필요가 있는데, 그 이유는 이것은 특별히 오순절 이후의 교회에 있는 기독교 예언과 모든 측면에서 같지 않을 수 있기 때문이다. 그러나 이것은 "예언자들"이라고 명명될 수 있는 사람들을 특징 지웠다고 하는 능력의 종류에 대한 생각을 우리에게 제공해 준다. 몇 몇 경우에 예언자의 구별된 특징은 "계시"를 통해서만 올 수 있는 정보를 소유한 것이다.

예를 들어, 누가복음 7:39에서 바리새인들은 예언자가 바로 만난 사람의 삶에 관해서 알 수 있다고 가정한다 – 아마도 "계시" 받은 것에 의해서. 요한복음 4:19에서 예수는 우물가에서 만난 여인의 이전 삶을 알고 있다고 말하여 그녀를 깜짝 놀라게 하는데, 그녀는 이에 대해서 이렇게 말한다. "주여 내가 보니 선지자로소이다." 누가복음 22:63f.에서 지키는 자들이 예수의 눈을 가리고 때리며 잔혹하게 그에게 요구하며 "선지자 노릇하라. 너를 친 자가 누구냐"라고 말한다. 이것은 분명히 "계시"를 통해서 사실을 알 수 있고 정보를 획득하는데 있어 일반적인 수단에 의지하지 않는 예언자에 대한 대중적 개념을 도입하고 있다. 사도행전 2:30f.에서 다윗은 부활을 미리 보고 그에 대해서 말했다고 되어 있는데, 그는 특히 예언자로 불려졌다. 요한복음 11:51에서 가야바는 예수 죽음의 사실과 의미를 예언한다고 말해지고 있다. "이 말은 스스로 말함이 아니요.…미리 말함이러라[개역개정판 52절. 역주: 헬라어 본문에서는 이 구절이 51절이고, '미리 말하다'는 '프로페테오' 동사이다. 즉 예언하다이다]." 여기서 예언하는 것은 자신의 지식으로 "스스로 말함이라"는 말과 특별히 대조되어 있다.

위의 예들에 추가하여, 우리는 부정적인 고려를 할 수 있다. 즉 신약성서에는 일종의 "계시"에 근거해서가 아니라 단순히 자신의 지식에 근거하는 예언자의 예를 우리는 발견할 수 없다는 것이다.

하지만, 혹자는 이 시점에서 사람들이 예언으로부터 "배운다"는 사실은 예언이 가르침 혹은 "성경 가르침"과 같은 것이라고 하여 우리의 주장을 반대할 수 있다. 하지만 이러한 결론은 옳지 않은데, 그 이유는 사람들은 많은 것들로부터 배울 수 있기 때문이다. 어떤 사람의 기도와 또 어떤 사람의 친절한 행동 혹은 타인의 격려하는 미소로부터 우리는 무엇인가 배운다. 이러한 활동들은 넓은 의미로 "가르침"이라고 부를 수 있지만, 성경 구절을 교회에 설명하고 적용한다는 의미로 바울이 신약성경에서 그 단어의 의미를 사용하는 그 의미에서는 이것은 "가르침"이 아니다.

(d) 비록 바로 앞 장은 신약의 예언과 병행점을 제시하기 위해 구약의 예언의 현상에 항상 의지하는 것은 아니라는 것을 보여주었을지라도, 이 시점에 있어서 어떤 유사성이 있다. 하나님으로부터 오는 계시를 소유한 것이 구약에 있어서 참 예언과 거짓 예언을 구별하는 것이었던 것이다. 거짓 예언자는 하나님이 주신 것이 없는데(신 18:20), 자신의 생각으로 말하거나(렘 23:16ff.; 겔 13:3) 혹은 거짓말하는 영에 의해서 말하는 자(왕상 22:23)이었다. 하지만 참 예언자는 그에게 하나님이 그의 비밀을 계시해 준 사람이었다(암 3:7).

이와 연관하여 요한일서 4:1-6에서 참 선지자와 거짓 선지자를 구별하는 방법을 주목하는 것은 흥미로운 일이다. 즉 여기서 거짓 선지자는 하나님께로부터 오진 않은 영, 즉 적그리스도의 영에 의해서 말하는 자다(3절). 그래서 거짓 선지자조차도 일종의 "계시"에 의해서 말하지만 이것은 악한 영으로부터 온 것이며 "하나님의 영"으로부터 온 것이 아니다(2절).

그래서 우리의 첫 번째 질문에 대한 답변은 분명히 그렇다고 해야 한다. 즉 성령으로부터 오는 "계시"는 예언이 발생하는 필수 조건이다. 만약 그러한 계시가 없다면 예언은 없다.

계시에 대한 보도는 예언에 필수요소다

만약 어떤 사람이 일종의 계시를 성령으로부터 받지만 어떤 다른 사람에게도 그 계시가 있다는 것을 알리지 않으면 어찌되는가? 그 계시를 받은 것 그것 자체로 예언으로 충분히 간주될 수 있는가? 이 질문에 대한 대답은 아니라고 해야 한다.

신약성서에는 개인 수용자의 사적 이익을 위해 주어진 "계시"가 있었으나 그가 이어서 그것을 공적 선언의 형태로 말하지 않은 예가 많다. 예수가 그의 가르침은 "지혜롭고 슬기 있는 자에게는 숨기시고…" "어린아이에게는 나타내심"(마 11:25, 27)이라고 말했을 때, 예수의 가르침을 이해하는 사람은 누구나 예언자라는 것은 아니었다. 하나님이 빌립보 신자들 중 하나에게 그 사람의 삶에서 신자의 성숙이 결여되었다는 것을 계시했을 때, 이것은 곧 그 신자가 예언자라는 것을 의미하지는 않았다. 에베소와 이웃 도시들의 신자들이 그리스도의 아는 지식 안에서 "계시의 영"을 받았을 때(엡 1:17), 이들은 자동적으로 예언자가 되는 것이 아니었다(cf. 요 12:38; 롬 1:17, 18; 갈 2:2; 엡 1:17).

여기에 추가하여, 사람들이 일종의 특별 계시를 받았지만 그것으로 그들이 예언자라거나 혹은 예언한다고 말해지지 않은 다른 예들을 열거할 수 있다. 그 "계시"는 꿈의 형태일 수도 있고(마 1:20; 2:12-13, 19, 22; 27:19), 환상 형태일 수도 있고(마 17:9; 눅 1:22; 행 7:31; 9:10, 12; 10:3, 17, 19; 16:9; 26:19; 고후 12:1) 혹은 황홀경(행 10:10; 22:17)의 형태를 가질 수도 있다.

이것은 "계시"를 받은 것만으로 어떤 사람이 예언자가 되는 요소가 다 충족된 것은 아니라는 의미다. 고린도전서 14:29-33에서처럼 혹은 아바가보나 두로의 예언자들처럼 계시가 다른 사람들에게 선포되었을 때에만 예언이 발생되었다고 말할 수 있다. 사실 계시를 말하는 것 그 자체가 "예언"이라고 불리는 것이다.

가르침의 핵심 본질

그렇다면 가르침의 은사는 무엇인가? 그것은 예언과 언제나 다른가 아니면 어떤 예언은 "가르침"이라고도 지칭될 수 있는가? 자발적이고 개인적인 "계시"를 말하는 어떤 언어 행위든 이것은 예언이 아니라 "가르침"이라고 지칭될 수 없는가?

"가르침"에 대한 신약성서의 자료를 분석한 것은 가르침이 예언과 분명히 구별됨을 보여줄 것이다. "가르침"은 "계시"에 근거하지 않고 성경에 근거하며 일반적으로 의식적인 숙고와 준비에 의해서 결과물이 나오는 것이다.

가르침은 성경에 근거하지 자발적인 계시에 의하지 않는다

예언의 은사와는 대비되게, "가르침"(헬라어로 '디다스칼리아' 혹은 '디다케')이라고 지칭되거나 혹은 "선생"('디다스칼로스')에 의해서 행해진 일, 혹은 "가르치다"('디다스코')라는 동사에 의해서 묘사된 어떤 인간의 언어 행위도 신약성서에서는 "계시"에 근거되어 말해진다고 하는 것은 없다. 오히려 "가르침"은 매우 자주 단순히 성경에 대한 설명 혹은 적용이다.

이것은 사도행전 15:35에 분명한데, 거기서 바울과 바나바와 "수다한 다른 사람들"은 안디옥에서 "주의 말씀을 가르치며 전파하"는 자들이다. 또 고린도에서 바울은 "그들 가운데서 하나님의 말씀을 가르치며" 일 년 반을 머물렀다(행 18:11). 히브리서 독자들은 그들이 선생들이었음에 틀림없지만 그들이 다시 "하나님의 말씀의 초보"(히 5:12)를 배울 필요가 있었다. 바울은 로마교회 교인들에게 구약 성경의 말씀은 "우리의 교훈[가르침; 헬라어로 '디다스칼리아']을 위하여 기록된 것이니"(롬 15:4)라고 말고 디모데에게 "모든 성경"은 "교육하기에 유익하니"라고 쓴다(딤후 3:16).

물론 초기 교회에서 "가르침"이 매우 자주 성경에 근거하고 있었다면, 사도적 가르침이 때때로 성서와 같은 권위를 가진 것에 근거할 수 있다는 것은 놀랄 일이 아니다. 그래서 디모데는 바울로부터 얻은 가르침을 받아 다른 사람들을 "가르칠만한" 신실한 자들에게 맡겼던 것이다(딤후 2:2). 또 데살로니가교인들은 바울이 "가르친" "전통을 지키라"고 명령받는다(살후 2:15).

교회의 예배 시간에 (예언처럼) 발생하는 자발적인 계시에 근거하지 않는 이러한 종류의 "가르침"은 본래 사도적 가르침에 대한 반복과 설명이었다. 바울의 교훈과 다르게 가르치는 것은 다른 혹은 이단 교리(헬라어로 '헤테로디다스칼로')를 가르치는 것이며 "우리 주 예수 그리스도의 말씀과 경건에 관한 교훈"을 따르지 않는 것이다(딤전 6:3). 사실 바울은 디모데에게 바울이 고린도교인들에게 한 방식, 즉 "내가 각 처 각 교회에서 가르친 대로."(고전 4:17)라는 말을 상기시켜주고 있는 것이다. 이와 유사하게 디모데는 에베소교회에 대한 바울의 가르침을 "명하고 가르치라"(딤전 4:11)는 명령을 받으며 또 "가르치고 권하라"(딤전 6:2)는 명령을 받는다.

예언과의 차이점은 여기서 분명하다. 즉 디모데는 바울의 가르침을 예언하라고 명령받지 않았다. 그는 바울의 교훈을 가르치라고 명령받은 것이다. 바울은 모든 교회에서 자신의 방식을 예언하지 않고 가르쳤다. 데살로니가 교인들은 그들에게 "예언된" 전통을 확고하게 지키라고 명령받은 것이 아니라 그들이 "가르침을 받은" 전통을 지키라고 명령받았다.

그래서 교회가 그것에 의해 규정되는 교리적 윤리적 규준을 가장 근본적인 의미로 (사도들로부터) 처음으로 제공하는 것은 예언이 아니라 가르침이었다. 또 사도들로부터 배운 사람들이 또한 가르치는 것처럼, 그들의 가르침은 지역 교회들을 인도하고 방향을 지시했다.

그래서 장로들 가운데, "말씀과 가르침에 수고하는 이들"(딤전 5:17)이 있었고, 장로는 "가르침에 능한" 사람이어야 했다(딤전 3:2; cf. 딛 1:9). 하지만 장로들의 과업이 예언하는 것이었다고 하는 것에 대해서는 어떤 말도 없으며 장로는 "예언에 능한" 사람이어야 한다거나 장로들이 "건전한 예언을 확고해 지켜야만 한다"는 말은 한 번도 말해진 것이 없다. 지도력의 기능에 있어서 디모데는 자신과 자신의 "가르침"을 살피라고 명령을 받았다(딤전 4:16). 하지만 그는 결코 그의 예언을 살피라고 명령받지 않았다. 야고보는 예언하는 자들이 아니라 가르치는 자들이 더 큰 심판을 받을 것이라고 경고한다(약 3:1).

가르침은 언제나 예언과 별도의 은사로 명명된다

또 하나의 고찰은 또한 가르침이 예언과 다르다고 우리가 기대해야만 한다는 것을 지적해 준다. 신약성서가 여러 다른 성령의 은사를 언급할 때마다 이 둘은 서로 구별되고 다른 은사로 열거된다(엡 4:11; 롬 12:6; 고전 12:28). 이러한 고찰은 이 둘을 같은 활동으로 간주하는 어떤 정의도 이러한 것을 신약성서의 의미로 이해하지 않았다는 것을 말해준다.

예언과 가르침의 차이점

✱

　결론적으로, 신약성서 서선서의 의미로 "가르침"은 성서의 말씀(혹은 같은 권위를 가진 예수님과 사도의 가르침)에 대한 반복과 설명이며 청중들에게 그것을 적용하는 것이다. 신약 서신에서 "가르침"은 오늘날 우리가 "성경 공부"라는 말로 묘사하는 것과 매우 유사한 것이다.

　이와 대조적으로, 신약 성서 교회에 나타난 어떤 예언도 구약성서 본문의 해석과 적용으로 구성된다고 한 번도 이야기 된 적이 없다. 비록 몇 몇 사람들이 신약 교회의 예언자들은 구약 성서에 타난 "은사적으로 영감된" 해석을 제공한다고 주장했지만,[54] 그러한 주장은 설득력이 없다. 주된 이유는 신약 성서에서 "예언자" 단어 그룹이 이러한 종류의 일을 하는 사람을 가리키는데 사용된 어떤 설득력 있는 예를 발견하기 어렵기 때문이다.

　오히려 예언은 성령으로부터 오는 자발적인 계시를 말하는 것이다. 그래서 차이는 분명하다. 메시지가 성경 본문에 대한 의식적인 숙고의 결과요, 본문에 대한 해석과 삶을 위한 적용이 있다면, 그것은 (신약성서의 용어로) 가르침이다. 하지만 메시지가 하나님이 갑자기 마음에 주시는 어떤 것을 말하는 것이라면, 그것은 예언이다. 물론 준비된 설교조차도 성서 교사가 갑자기 하나님이 그의 마음에 가져다주고 있다고 느끼는 계획되지 않은 추가된 자료에 의해서 중단될 수 있다면, 그런 경우에 이것은 어떤 예언적 요소가 혼합된 "가르침"이 될 것이다.

예언과 설교의 차이

✱

　현대 영어에서 "설교"라는 단어는 일반적으로 신약성서에서 "가르침"이라고 부르는 것과 같은 의미로 사용된다. 그러므로 이것을 별도의 주제로 다룰 필요가 없다. 바로 앞부분에서 "가르침"에 대해서 말해진 모든 것들은 "설교"에도 그대로 적용된다.

하지만 이 시점에서 예언과 가르침(혹은 "설교")의 차이를 우리가 신약성서에서 발견한 것과 매우 유사하게 보는 두 은사주의 지도자들을 언급하는 것은 도움이 될 수 있다.

영국 성공회 은사주의자 마이클 하퍼Michael Harper는 다음과 같이 쓴다.

> 설교자는 대개 하나님의 말씀으로부터 준비하고, 말하고 설명한다. 하지만 예언자는 성령의 기름부음 하에서 직접적으로 말한다. 두 가지 모두는 교회가 세워지는데 역할이 있다. 하지만 양자가 혼동되어서는 안 된다.[55]

또 미국 성공회 은사주의자인 베넷 부부Dennis and Rita Benett는 다음과 같이 말한다.

> 예언은 "영감 받은 설교"가 아니다.… 설교는 지성과 훈련과 기술과 배경과 교육이 관련되어 있고, 이것은 성령에 의해서 영감 받는다. 설교는 미리 기록될 수 있고 혹은 현장에서 주어질 수도 있지만 이것은 영감 받은 지성에서 근원한다. 반면, 예언은 그 사람이 주님이 주신 그 말씀을 직접적으로 가지고 있다는 것을 의미한다. 이것의 출처는 영이지 지성이 아니다.[56]

왜 바울은 여성에게 예언을 허용하지만 가르침은 허용하지 않는가?

모임에서의 권위에 관점에서 본 예언과 가르침의 차이

우리가 "예언"과 "가르침"의 차이를 어떤 20세기 영어의 정의에 의해서가 아니라 신약성서 자체에서 말해진 방식대로 이해했다면, 신약교회들의 공적인 모임에서 여성에게 예언은 허용하지만(고전 11:5) 가르침은 허용하지 않는다(딤전 2:12)는 것이 바울에게 있어서 얼마나 철저하게 일관성이 있는지 이해하는 것이 가능하다.

가르침은 정상적인 교리적, 윤리적 지침을 교회에게 준다. 교회에서 공적으로 가르치는 사람들은 성경 자체와 같은 권위로 말하는 것은 아니지만 실제적인 용어로 성서의 가르침의 교리적, 윤리적 요약과 그것에 의해 방향이 설정되는 성서의 실제적 적용을 제공해 주는 권위로 가르친다. 성서는 최종 권위이지만, 가르치는 자들 - 예언자들이나 복음전하는 자들이나 다른 어떤 은사를 가진 자들보다도 - 은 교회의 절대 권위인 성서가 각 지역 교회에서 어떻게 해석되고 적용되어야 하는 지를 정규적으로 보여주는 책임이 있는 사람들이었다. 교회에서 가르치는 것은 최소한 사실상의 지도력과 권위를 행사하는 것인데(그리고 흔히 공적으로 인식되고 인정되는 지도력과 권위) 그것은 교회의 교리적, 윤리적 신념에 강하게 영향력을 미쳤다.

많은 혹은 대부분의 가르치는 자들이 또한 장로였는지 혹은 모든 가르치는 자들이 장로였는지 확실성 있게 결정하기는 어렵다. 하지만 장로의 역할과 가르치는 자의 역할 사이에는 매우 밀접한 관계가 있다는 것은 분명한데, 사실 그것은 교사들이 모임에서 행사한 지도력에 의해서 적절하게 된 것이다.[57]

그러나 신약교회의 예언은 그러한 권위를 가지고 있지 않다. 예언하는 자는 성서를 어떻게 해석하고 이것을 어떻게 삶에 적용할 것인지를 교회에 말하지 않았다.

신약 교회에서의 예언자는 하나님이 마음속에 강력하게 주는 것이라고 자신들이 느끼는 것을 자신들의 말로 말했다. 그래서 기록된 하나님의 말씀에 근거하고 있는 가르침은 화자가 하나님으로부터 왔다고 생각하는 것을 말하는 비정규적인 예언보다 더 큰 권위를 가지고 있었다. 예언은 성경에 대한 권위 있는 가르침의 권위 아래 있었고 또 그것이 수용되려면 교회가 수용하는 가르침과 일치해야만 했다. 하지만 그 역은 적용되지 않았다. 가르침은 교회에서 말해진 예언에 대한 어떤 기억이나 요약과 일치할 필요는 없었다.

고린도전서 12:28에서 예언자가 가르치는 자 보다 앞에 나오는 것은 어떻게 설명해야 하나?

이 점에 있어서 혹자는 고린도전서 12:28에 있는 은사의 순서, 즉 "첫째는 사도요 둘째는 선지자요 셋째는 교사요"에서 교회에서 선지자(예언자)가 교사보다 더 큰 권위가 있는 것을 지칭하는 것이라고 하여(cf. 엡 4:11도 보라), 내 견해를 반대할지 모른다. 하지만, 고린도전서 12:28의 목록은 권위에 따른 순서가 아니다. 나중에 "다스리는 자들"은 마지막에서 두 번째에 나와 있고 "돕는 자"는 "다스리는 자들"보다 앞에 나와 있는 것을 주목하라.

3장의 논의에서 지적한(58-60쪽을 보라), 이 구절에서 순서는 권위의 순서가 아니라. 오히려 바울은 다음 절에서 "첫째…둘째…셋째…그 다음에…그 다음에"라고 계속해서 설명한다. 목록의 마지막에 그는 고린도교인들에게 "더 큰 은사를 사모하라"(고전 12:31)고 하며 13장에서 사랑이 매우 중요함을 설명한 후 그는 고린도전서 14:1-5에서 "더 큰" 은사라는 개념으로 돌아와서 예언이 통역되지 않은 방언보다 더 크다(헬라어로 '메이존'. 동일한 단어가 고전 12:31에 쓰인다)고 하는데(고전 14:5) 그 이유는 예언 안에서 교회의 "덕이 세워지기" 때문이다. 그러므로 이 문맥에서 "더 큰"이라는 것은 "교회의 덕을 세움을 위해 보다 공헌하는 것"을 의미하며 고린도전서 12:28의 목록은 교회를 세우는 가치에 따른 목록으로(최소한 언급된 첫 네 개의 종류는) 이해되어야만 한다. 이러한 이해는 고린도전서 12-14장에서 바울의 전반적인 관심사 즉, "모든 것을 덕을 세우기 위해서 하라"(고전 14:26)는 것과 일치한다.

바울의 가르침은 일관성이 있는가?

오늘날 교회의 활동 가운데 여성의 적절한 역할에 대해서 크리스천들 안에서 서로 다른 견해가 있다. 하지만 이 질문을 현대 상황에 적용할 때 이 질문에 대해서 어떤 사람이 어떻게 생각하든지 간에, 바울의 교훈 안에서는 모순이 아니라 일치를 보는 것은 여전히 가능하다. 디모데전서 2장은 바울이 교회 안에서 남성 지도력과 수위권과 치리 권위를 유지하는 데 관심을 쓰고 있다는 것을 보여준다. 그래서 그는 여성이 가르치는 것과 남성에 대한 권위를 갖는 것을 금한다.[58] 하지만 교회에서 기도하고 예언하는 것은 지도력 혹은 통치 권위의 기능을 차지하는 데 있어 화자와 관계없다 – 남성이건 여성이건. 그러므로 이들의 활동을 금할 이유가 없다. 오히려 이런 것들은 하라고 격려된다.

요약

고린도전서에서 뿐만 아니라 전체 신약성서에서 예언은 두 가지 독특한 특징이 있다. 첫째, 이것은 "계시"에 근거해야만 한다. 계시가 없는 곳에는 예언은 없다. 둘째, 이것은 공적인 선포가 있어야 한다. 계시를 받은 것만으로는 예언이 성립되지 않는다. 이것이 공적으로 선포되어야 예언이다.

이에 반해서 가르침은 언제나 성서에 대한 설명과/혹은 적용 혹은 인정된 사도적 교리에 근거한다. 이것은 계시에 근거한다고 한 바가 없다. 이것이 왜 가르침이 회중을 통치하는데 있어 더 중요한 권위를 가지고 있는가 하는 이유가 된다. 이것은 또한 왜 바울이 모인 모임에서 권위 있는 가르침의 기능은 남성들에게만 한정하고 남성뿐만 아니라 여성이 예언하도록 완전히 기꺼이 원했는가도 설명한다.

| 오늘날에 적용하기 |

만약 예언의 은사를 지금까지 제안한 대로 이해하는 것이 옳다면, 현대 교회에 있어서 "구경꾼 기독교"의 문제를 극복하는데 이것이 큰 공헌을 할 것이다. 이러한 현상이 생기는 이유는 회중 모임에서 성경을 가르치는 행위는 일반적으로 하나 혹은 몇 명의 인정된 교회 지도자들에게 한정되어 있기 때문이다. 예배에 참여하는 것이 회집된 회중에게 성경을 가르칠 수 있는 사람에 주로 결정된다면, 여성과 아이들과 대부분의 (가르치지 않는) 남성들조차도 제한적으로 참여하게 될 것이다.

그러나 예언의 은사는 매우 다르며 그러한 제한적으로 사용하는 요소가 없다. 대신에 하나님이 인도하시면 모든 신자가 교회에서 예언하는 것은 허용된다(cf. 고전 14:31). 그래서 우리는 그러한 예언하는 것이 주어지면 우리의 예배는 남성과 여성 모두에 의한 더 넓은 참여를 포함하는 것이 될 것이다. 그 목적은 "모든 사람으로 배우게 하고 모든 사람으로 권면을 받게 하기 위해서"(고전 14:31)다.

마지막으로 격려의 한 마디를 하겠다. 오늘날 많은 교회에서 예언이 없는 것은 주로 성령으로부터 오는 계시가 없어서가 아니라 신자들이 자신들에게 오는 그러한 계시를 인식하지 못하는 것에서 발생한 것 같다. 또 이것이 전체 회중의 유익을 위해 주어진 것이라는 것을 이해하지 못한데서 오는 것 같다. 계시는 다른 사람들에게 알려지기 전까지는 그 목적을 이루지 못한 것이다. 아마도 오늘날의 지도자들은 주님으로부터 오는 촉구가 발생했을 때 그러한 것을 말하도록 신자들을 더 많이 격려할 수 있을 것이다. 처음에는 분명히 주저하고 불확실한 방식으로 할 것이다. 하지만 그럼에도 불구하고 이러한 방식으로 회중을 돕고 세우는 것을 추구하는 태도로 하면 된다. 성령이 그것을 원하시면 말이다.

혹자는 이러한 말에 불편할 수도 있을 것이다. 무슨 일이 일어날 지 누가 알겠는가? 하지만 회중 모임 가운데 성숙하고 성서적으로 건전한 지도자들이 있고 그들이 그 필요성을 느껴 그 예언에 대해서 공적으로 평가할 준비가 되어 있다면, 어떤 해도 없을 것이다. 사실 회중 모임에서 몇 몇 다른 사람들에게 똑 같은 주제나 똑 같은 생각을 동시에 계시해 줌으로써 자신의 역사에 대해서 특별한 확증을 성령이 주시는 때가 시작될 수 있다. 어떤 때는 몇 마디의 말이 냉담한 마음을 쳐서 회개의 눈물을 흘리게 하거나 혹은 마음 속에서 우러나오는 소망과 찬양의 노래를 부르게 하는 예언일 수도 있다. 사실 전반적인 결과는 그의 백성들 가운데 주님의 살아 있는 현존을 느끼게 하는 것이 매우 증가할 가능성이 높다. 또 모든 참석한 사람들이 "하나님께 경배하며 하나님이 참으로 너희 가운데 계신다."(고전 14:25)고 하는 새로운 깊은 고양된 인식이 있을 것이다.

7장

예언의 내용:
예언자들이 무엇을 말했나?

신약성서는 예언의 은사에 대해서 많은 자료를 포함하고 있지만 실제 예언의 내용이 기록된 것은 매우 적다. 그렇다면 우리가 이러한 예언의 내용을 찾아낼 수 있는 어떤 방법이 있는 것인가? 예언자들이 실제로 말했던 것은 무엇이었는가? 어떤 종류의 언술을 이 예언들이 담고 있었는가? 어떤 주제들에 관해서 예언자들이 말했는가?

사실, 실제 예언을 조사하거나 혹은 심지어 그 중 몇 예언들을 인용하는 것보다 회중 예언의 내용을 찾아내는 훨씬 더 좋은 방법이 있다. 예언이 무엇을 하기로 의도하고 있고, 그것이 무엇을 성취하려고 하는 것인가? 예언 용례들 그 자체가 예언의 은사의 사용을 전체로 대표한다는 것을 아는 것이 불가능할 때, 우리가 몇 몇 예를 고찰하는 것보다 예언 은사에 대한 이러한 일반적인 진술은 예언의 내용에 대한 보다 정확한 이해를 제공해 줄 것임에 틀림없다.

그래서 본 장의 우선적인 목적은 예언의 기능과 목적을 찾아내는 것이다. 신약성서는 어떻게 이것을 교회에 유익을 주는 것으로 보는가? 다시 한 번 우리는 우선 고린도전서에 있는 관련 구절들을 연구할 것이고 다음에 여타 신약성서에 나오는 관련 구절들을 고찰할 것이다.

고린도전서 14:3: 덕을 세우며 권면하며 위로하는 어떤 것

여기서 핵심 본문은 고린도전서 14:3이다. "그러나 예언하는 자는 사람에게 말하여 덕을 세우며 권면하며 위로하는 것이요." 이런 정황에서 바울은 성령의 은사를 추구함에 있어 고린도교인들은 예언을 하려고 해야 한다고 주장하고 있는 것이다(고전 14:1). 이 점을 증명하기 위해 2-5절에서 그는 방언과 예언을 대조시킨다. 방언을 하고 있는 자는 아무도 이해하지 못하기 때문에 그는 사람에게 말하는 것이 아니라 하나님께 말하고 있는 것이다(2절). 하지만 이와는 대조적으로 예언을 말하는 자는 사람에게 말하여 사람들이 그것을 이해할 수 있으며 예언자의 말을 통해 그것을 듣는 이는 건덕과 권면과 위로를 받는 것이다(3절). 방언을 말하는 사람은 자신에게 덕을 주지만, 예언자는 교회에게 덕을 준다(4절). 이것이 바로 방언이 예언보다 더 나은 은사인 이유이다. 예언은 교회에 더 많은 유익을 준다(5절).

이 정황은 예언이 다른 사람들을 위해 사용되었다는 것을 암시한다

이 정황은 바울이 예언을 본질적으로 공적 은사로 보고 있다는 것을 보여준다. 예언자가 자신의 개인적 유익을 위해 사적으르 예언할 수 있다는 표시는 없다. 만약 예언자가 사적 예언을 했다면 그의 예언은 고린도전서 14:4의 방언과 같은 수준이 될 것이며("방언을 말하는 자는 자기의 덕을 세우고") 이것은 고린도교인들이 특별히 추구한 예언의 종류가 아닐 것이다(1절). 그래서 예언이 교회의 회합에서 기능하지 않으면(혹은 아마도 교회의 더 작은 모임들에서 기능하지 않으면), 예언은 은사들 중의 뛰어남을 잃게 된다.

고린도전서 14:3의 정황이 예언의 은사가 공적으로 사용될 필요성을 보여주는 반면, 이 구절에 있는 바울에 의해 사용된 세 개의 구체적인 용어는 예언이 가지고 있다고 생각되는 넓은 기능들에 대해서 보다 정확히 정의한다. 바울을 이렇게 말한다. "그러나 예언하는 자는 사람에게 말하여 덕을 세우며 권면하며 위로하는 것이요(고전 13:3).

사용된 용어들은 "건덕"의 기능이 넓음을 보여준다

"덕을 세우는 것"(혹은 건덕, 헬라어로 '오이코도메')이라는 용어는 예언하기의 결과만이 아니라 많은 다른 인간 활동의 결과라고 언급된다. 교회의 훈육은 건덕을 가져오며(고후 10:8, 13:9), 우리가 먹는 것으로 다른 사람을 기분 상하게 하지 않는 것은 건덕을 가져오고(롬 14:19), 이웃을 위해서 자신을 부정하는 것은 건덕을 가져올 것이며(롬 15:2), 사랑의 실천은 다른 사람을 "세워주거나" 혹은 덕을 끼칠 것이다(고전 8:1).

교회가 모일 때 어떤 정당한 연설 행위도 건덕을 미칠 수 있을 것이다. 찬송시, 가르침, 계시, 방언, 통역 – 이 모든 것들은 "건덕"을 준다(고전 14:26). 사실, 에베소서 4:29에 의하면("무릇 더러운 말은 너희 입 밖에도 내지 말고 오직 덕을 세우는 데 소용되는 대로 선한 말을 하여"), 모든 크리스천의 말은 일반적인 대화의 말조차도 이러한 종류의 덕을 세우는 데 공헌한다. 이 용어는 신자의 성숙에 있어서 성장을 위한 어떤 종류의 도움을 의미하는 일반적인 말이다. 그래서 예언은 교회에서 신자의 건덕에 공헌하는 활동 중 하나이다.

두 번째 용어, 권면(헬라어로 '파라클레시스')은 "위로"를 의미할 수 있고(슬픔으로부터, 눅 2:25; 6:24; 고후 1:3-7) 혹은 "권면"을 의미할 수 있고(용기를 잃은 자들에게, 롬 15:4, 5; 고후 7:4, 13), 혹은 "권유 혹은 호소"를 의미할 수 있다(다시 말해 어떤 사람에게 무언가를 하라고 촉구하는 것, 고후 8:17; 살전 2:4; 히 12:5; 13:12). 하지만 이것은 "명령"보다 약한 뜻을 가지고 있다. 왜냐하면 바울은 "호소하다 혹은 권유하다"라는 동사를 "명령하다"라는 동사와 대조시키고 있기 때문이다. "이러므로 내가 그리스도 안에서 아주 담대하게 네게 마땅한 일로 명할 수 있으나 도리어 사랑으로써 간구하노라…"(몬 8-9)

"위로-격려-권고"의 의미 영역은 바울의 독자들에게 명확하게 구분되지 않아서, 문맥에서 계속해서 정의되지 않은 고린도전서 14:3에서의 용례와 같이 어떤 신약의 용례도 그 의미가 제한적이지 않아 청자들에게 때로는 "위로" 때로는 "격려" 때로는 "권고"를 가져다주는 다양한 종류의 언술을 예언이 포함할 정도라고 생각하는 것이 가능하다.

마지막 용어인 "위로"(헬라어로 '파라무씨아')와 관계해서 두 번째 용어인 "권면"과 그 의미에 있어 많은 다른 점을 발견하기는 어렵다. "어떤 확고한 구별을 그것에 의해 찾아내는 평가기준은 찾아내기 어렵다. 두 단어 모두 그 의미에 있어 충고와 격려의 이중성을 갖는 특성이 있다."[59]

같이 고려하면 위의 세 용어는 예언을 다른 언어 행위들과 단순히 기능에 의해서 구별될 수 없음을 지적해준다. 왜냐하면 이것에 독특한 특징을 이루는 한 가지 기능이 없기 때문이다. 예언의 각 기능(건덕, 위로, 권고, 위로)은 또한 가르침과 설교와 "시와 찬송과 신령한 노래를 부르는 것"(골 3:16)과 일상적인 크리스천 대화에 관계하는 것(엡 4:29)과 같은 몇 가지 행위들의 기능이기도 하기 때문이다.

미래를 예견하는 일반적인 예언자의 개념은 본 시점까지는 바울의 예언에 대한 정의에 있어 어떤 역할도 없다는 것을 인식하는 것은 흥미로운 일이다. 우리가 나중에 고찰할 바와 같이 예견은 예언으로부터 제외되는 것은 아니지만 그 예견은 그 차제가 목적이 아니다. 이것은 고린도전서 14:3에 정리되어 있는 대로의 목적에 부합하게 기능할 때만 가치가 있는 것이다. 즉 그 목적은 "덕을 세우며 권면하며 위로하는 것"이다.

그렇다면 왜 예언이 그렇게 중요한 은사인가?

그러면 신약 교회에서 예언이 다른 언어 행위들과 어떻게 다른가? 예언이 얼마나 소중한 것이기에 바울이 다른 모든 은사 보다 뛰어난 것으로 추구되기를 원한다고 말했는가? 그 대답은 예언의 기능에서 발견될 수 있는 것이 아니라 예언이 신적 "계시"(위의 5장을 보라)에 기반하고 있기 때문이다.

이 계시 때문에 예언자는 회중이 회집했을 때 그 순간의 구체적인 필요에 대해서 말할 수 있었을 것이다. 교사나 설교자는 관찰이나 대화를 통해 사람들의 구체적인 영적 관심사에 관한 정보를 얻을 수 있다면, 예언자는 거기에다 "계시"를 통해서 구체적인 필요에 대해서 아는 능력을 갖게 된다. 많은 경우에 계시된 것들은 사람들의 마음의 비밀(cf 고전 14:25), 그들의 근심이나 걱정(이것들은 위로나 격려의 적절한 말이 필요한 것인데), 혹은 하나님의 뜻을 행하기를 거절하거나 혹은 주저하는 것(이것은 적절한 권면의 말이 필요하다)을 포함할 수 있었을 것이다.

때때로 예언자는 자신에게 계시된 필요만을 가지고 있을 수 있고, 때로는 권면이나 위로의 말만을 가지고 있을 수 있다. 그 이유는 바울은 계시의 내용을 매우 협소하게 제한하지 않아서 두 가지 가능성의 어느 하나라도 고린도전서 14:3에 정의된 목적을 성취하게 할 수 있기 때문이다. 또한 우리는 예언자가 모임에서 어떤 사람에게 자신의 말이 적용되는 지를 항상 알 수 있는 것은 아니라고 말할 수 있다. 때때로 이것은 자신에게 계시될 수 있고, 반면에 다른 경우에는 예언자는 설교자처럼 구체적인 권고와 권면의 예언의 말에 의해 도움을 받는 이가 누구인지를 모를 수 있다. 실로, 많은 경우에 예언자의 말은 몇 몇 사람에게 즉시 덕을 끼칠 수 있거나 혹은 아마도 참석한 모든 사람에게 그러한 영향을 미칠 수 있을 것이다.

그렇다면 예언이 다른 모든 은사보다 나은데 그 이유는 그 예언이 의존하는 계시가 예언을 그 순간의 구체적인 필요, 즉 하나님께만 알려진 필요(cf. 고전 14:25; 롬 8:26-27)에 적합하도록 만들기 때문이다. 이러한 방식으로 예언은 덕을 세우는데 있어 최고로 적합한 말이다. 그 말은 "선한 말을 하여 듣는 자들에게 은혜를 끼치게 하"(엡 4:29)는 말이다.

고린도전서 14:31: 사람들이 예언으로부터 "배움"을 얻을 수 있기 때문에 이것은 가르침을 포함할 수 있을까?

✶

바울은 만약 옆에 있는 사람에게 계시가 임하면 첫 번째(예언자) 말하는 자는 침묵해야 한다. "너희는 다 모든 사람으로 배우게 하고 모든 사람으로 권면을 받게 하기 위하여 하나씩 하나씩 예언할 수 있느니라."(고전 14:31)

여기서 "배우다"라는 단어는 예언이 가르침의 기능을 갖고 있다는 것을 암시하는 것인가? 이것은 아마도 표준적인 교리적 가르침의 종류를 포함한 기능 아닌가?

이것은 반드시 그런 것은 아니다. 왜냐하면 사람들은 공적인 성경 공부 혹은 교리 강좌에 추가하여 많은 것들로부터 "배울" 수 있기 때문이다. "배우다"라는 용어(헬라어로 '만다노')는 종종 "어떻게 행동할 지 배우는 것, 어떤 사람의 삶의 방식에 영향을 미칠 지식을 배우는 것"(마 11:29; 롬 16:17; 고전 4:6; 엡 4:20; 빌 4:9; 딤전 5:4; 딛 3:14; 히 5:8)을 의미할 수 있다.

그래서 바울이 고린도전서 14:31에서 "배우다"라는 용어를 사용하는 것은 청자가 덕을 세움 받고 권면을 받고 권고 혹은 위로를 받는 어떤 예언에도 전적으로 부합한다. 모든 경우에 청자는 "배우려" 할 것이고, 이러한 과정이 교리적 자료의 개념을 포함했을지라도 이것은 영적 성장 혹은 "건덕"을 가져올 목적으로 이것이 항상 상용되었을 것이다. 예언의 강조는 청자의 삶에 즉각적인 실제적 적용에 대한 것이었을 것이다. 그래서 고린도전서 14:31은 예언이 교사와 같은 기능을 수행했다는 것을 의미하는 것이 아니라 사람들은 두 활동 모두를 통하여 "배울" 수 있었다는 것을 의미한다.

고린도전서 13:2: 사랑 있는 예언하기와 사랑 없는 예언하기—중요한 차이점

✳

바울은 고린도교인들에게 그들이 놀랍고 높은 수준의 성령의 은사를 가지고 있지만 이러한 은사들을 사랑 안에서 사용하지 않으면 그들은 "아무 것도 아닌 것"이 될 것이라고 경고한다. 특별히 예언과 관련하여 그는 다음과 같이 말한다. "내가 예언하는 능력이 있어 모든 비밀과 모든 지식을 알고 또 산을 옮길 만한 모든 믿음이 있을지라도 사랑이 없으면 내가 아무 것도 아니요."(고전 13:2)

어떤 사람이 사랑 없이 예언하는 것이 아무것도 아니라는 것은 다른 사람에게 유익을 주거나 혹은 자신에게 유익을 주는 것 각각을 의미할 수 있다. 이것이 타인에게 유익을 주는 것을 의미한다면, 바울은 사랑 없는 예언자는 좋은 결과를 내지 못할 것이라고 말하는 것일 것이다(13:1에서 소리 나는 구리와 울리는 꽹과리와 비슷하게 이것은 무의미하고 사람들에게 방해가 되는 것이다). 이것이 아마도 이랬을 것은 말하는 사람이 성령이 "계시"를 통해서 주신 어떤 것을 예언할지라도 그 사람은 이 말이 친절(고전 13:4)과 무례히 행치 않고 성내지 않게 하는 것(고전 13:5)을 중요하게 여기지 않기 때문이다.

그렇다면 이것은 신약 예언자들에 의해 향유된 높은 정도의 자유가 있었다는 것을 다시 한 번 지적해 주는 것이다. 분명히 그들 자신의 단어와 어조와 태도에 대한 선택이 그들의 예언의 효과를 결정할 것이다. 예언은 예언자가 받은 "계시"의 결과임과 동시에 예언자가 그것을 보도하기 위해 선택한 단어들의 결과이다.

그러나 어떤 사람이 사랑 없이 예언할 때의 "아무 것도 아님"이 되는 것이 자신에게 유익을 주는 것이 아니라면 바울은 사랑 없는 예언은 하나님의 눈앞에서 어떤 신용을 주지 못한다는 것을 말하고 있는 것이다. 비록 이것이 다른 사람들에게 어느 정도 도움을 줄지라도(고전 13:3에서 자신의 재산을 내어 주는 것과 비슷하게) 말이다.

이 두 가지 해석 사이에 무엇을 취할지에 대해서 문맥은 우리에게 충분한 정보를 제공하해 주지 않는 것 같다(그리고 사실 그것이 필요치도 않은 것 같은데, 그 이유는 두 가지 모두가 또한 의도되어 있을 수 있기 때문이다-예언자에게 혹은 다른 사람들에게 "아무 것도 아니다."). 여기서 핵심 주장은 분명하다. 사랑을 가지고 예언하는 것이 중요하다.

이 시점에 고린도전서 13장의 이 부분과 고린도전서 14장에서 바울이 예언에 대해서 말하는 매우 실제적인 적용을 같이 묶는 것은 적절하다. 바울은 이것에서 주요 결과를 본다. 사랑을 실천하는 예언자는 그의 말이 언제나 청자에게 덕을 준다는 것을 중요하게 생각할 것이다. 그래서 사랑으로 예언하는 자는

(a) 자신의 순서를 기다릴 것이다(고전 14:31, "하나씩 하나씩 예언할 수 있으니라."; 비교하라. "무례히 행하지 아니하며"-13:5)

(b) 다른 사람에게 유익이 되게 말할 것이고 다른 사람의 유익을 구할 것이다(고전 14:3, "예언하는 자는 사람에게 말하여 덕을 세우며 권면하며 위로하는 것이요."; 비교하라. "자기의 유익을 구하지 아니하며."-13:5)

(c) 다른 사람이 자신의 예언을 평가하고 조사하는 것에 기꺼이 자신을 내어줄 것이다(고전 14:29, "다른 이들은 분별할 것이요."; 비교하라. "자랑하지 아니하며."-고전 13:4)

(d) 기꺼이 양보하고 자신 대신에 다른 사람이 예언하도록 허용할 것이다(고전 14:30, "먼저 하던 자는 잠잠할 지니라."; 비교하라. "시기하지 아니하며…자기의 유익을 구하지 아니하며."-고전 13:4-5)

(e) 다른 사람의 죄를 말할 때조차도 아마도 승리자적인 교만한 방식의 종류로 행하지 않을 것인데 만약 그렇게 하면 외부 사람들이 소외를 느끼고 이 모임에 참여하지 않을 것이다. 하지만 자비와 같은 것으로는 하나님을 예배하게 할 것이다(고전 14:24, "모든 사람에게 책망을 들으며 모든 사람에게 판단을 받고 그 마음속에 숨은 일이 드러나게 됨으로" ; 비교하라. "성내지 아니하며 …불의를 기뻐하지 아니하며."-13:5-6)

한 마디로 말해, 사랑으로 예언하는 예언자는 다른 사람에게 유익이 되지 자신에게 유익이 되지 않게 그의 은사를 사용할 것을 계속해서 추구할 것이다. 이것은 기계적으로 되는 것이 아니라 회중에서 다른 사람에 대한 내적인 사랑의 태도의 결과임에 틀림없다. 그럴 때에만 예언은 "가장 좋은 길"에 의해 교회에 최상의 유익을 주게 될 것이다.

고린도전서 이외에 언급된 예언의 기능들

사도행전 15:32: 예언자들이 유다와 실라

사도행전 15장에서 예루살렘 공의회의 결정이후로 예루살렘 교회에서 두 사람인 유다와 실라는 "형제 중에 인도자"였는데 그들은 바울과 바나바와 함께 안디옥 교회에게 그 결정의 결과를 담지하고 가는 자로 보내졌다. 그들이 예루살렘에서 보낸 편지를 전달했을 때 유다와 실라는, 그들 자신이 선지자들이었는데, "여러 말로 형제를 권면하고 굳게" 했다(행 15:32).

이 구절은 우리가 고린도전서 14:3-5로부터 신약 예언의 기능에 대해서 배운 것을 확증해 주지만 새로운 것을 더해주지는 않는다. 왜냐하면 "권면했다"는 말은 헬라어로 '파라칼레오'인데 고린도전서 14:3에 있는 "권면"(헬라어로 '파라칼레시스')과 동족어 동사이기 때문이다. 다른 단어인 "굳게하다"는 사도행전에만 나타나는 일반 용어이지만 고린도전서 14:3에 나오는 "덕을 세움"(헬라어로 '오이코도메')이라는 명사와 그 의미가 매유 유사한 것이다.

사도행전 11:27-30; 21:11: 아가보의 두 예언

이 두 경우에 모두 누가는 아가보가 어떤 미래 사건을 예견하는 것을 보여준다. 미래에 대한 예견이 예언의 한 기능임을 이것은 보여주지만, 고린도전서와 사도행전 모두에 나오는 우리가 조사한 다른 본문들은 예견이 예언의 유일한 기능으로 간주되어서는 안 되며 실로 이것은 예언의 주요 기능조차도 아니라는 것이다.

사도행전의 이 두 구절에서 누가는 그 예견들이 교회를 권면하고 권고하고 굳게하는데 사용되었다는 것을 조심스럽게 보여준다. 사도행전 11장에서 예언은 기근이 시작되기 전에 그것을 준비하고 아마도 헌금을 모으는 데까지 인도한 것처럼 보인다. 그 결과로 안디옥 교회는 특별한 "사전 정보"가 없었다면 그들이 처했을 것보다 훨씬 더 유용하게 되는 능력을 예언을 통해 얻게 되었다. 사도행전 21장에서 예언은 안디옥 교회에게 바울에게 무슨 일이 일어날지를 대체적으로 알게 해 주었다. 그것을 통해 그들은 고난과 아마도 죽음에 직면했을 때조차도 예수의 발자취를 기꺼이 따를 것을 결심하는 바울의 결심의 능력을 볼 기회를 갖게 되었을 것이다. 이것을 보면서 그 교회는 의심할 바 없이 용기를 얻었고 바울의 용기와 복종을 본받을 힘을 얻었다.

각 경우에 예언의 은사는 특정한 목적을 위해 필요했다. 다른 어떤 은사로도 충분하지 않았는데, 그 이유는 각 경우에 필요했던 것은 미래의 사건에 대한 특별히 지식이었기 때문에 성령의 계시에 근거한(위의 5, 6장을 보라) 예언만이 이 지식을 제공해 줄 수 있었다.

하지만 어떤 경우에도 예견이 그 자체로 목적은 아니었다. 신약성서는 언제나 예견이 단순히 더 큰 목적 – 교회에 대한 권면과 건덕 – 을 위한 몇 가지 수단 중 하나라는 것을 보여준다.

디모데전서 1:18: 예언이 디모데의 은사와 효과적인 사역의 영역임을 지시해줌

디모데전서 1:18에는 이렇게 기록되어 있다. "아들 디모데야 내가 네게 이 교훈으로 명하노니 전에 너를 지도한 예언을 따라 그것으로 선한 싸움을 싸우며."

여기에 디모데는 어떤 식으로 그에 관한 이전의 예언과 부합하는 명령을 받는다. 바울은 "[이전에] 너를 지도한 예언에 따라" 명령한다. 하지만 바울은 그 예언과 명령이 부합하는 정확한 방법은 구체적으로 말하지 않는다.

이 때 바울이 행한 명령 혹은 "부담"은 "어떤 사람을 명하여 다른 교훈을 가르치지 말"도록(딤전 1:3) "에베소에 머물라"는 것이었다. 하지만 이것은 아마도 디모데전서 2:1과 그 이후에서 발견되는 교회 운영에 대한 지침도 포함할 것이다. 한 마디로 말해, 바울은 교회를 가르치고 치리하는데 있어 바울에게 "사도의 조수"로서 계속해서 지도력의 역할을 수행하라고 디모데에게 명령하고 있는 것이다.

분명히 이러한 치리와 가르침의 역할은 예언이 디모데와 관계하여 언급된 정확하게 그러한 종류의 은사들을 필수로 하는 과업을 포함했을 것이다 – 예를 들어, 건전한 판단력, 성경에 대한 성숙한 이해, 혹은 사람들의 능력과 동기에 대한 통찰력, 혹은 효과적인 기도 등. 이러한 예언들을 기억하는 것은 그에게 용기를 북돋아주었을 것이다. "…그것으로[그들에게 용기를 받음으로] 선한 싸움을 싸우며."

이 경우에 그렇다면 예언은 분명히 미래 형태의 사역에 대한 지식 혹은 디모데나 다른 이들이 이전에 인식하지 못했던 능력에 대한 지식(이것은 상당히 비슷한데)을 제공해 주었다. 그것으로 예언은 디모데에게 용기를 주어 명시된 목표를 향하여 부지런히 노력하게 하거나 아마도 그의 관심을 그가 이전에 인식하지 못했던 혹은 그의 연소함과 경험 부족으로 자신이 그것들을 가치 없다고 생각했던 은사들에 두도록 인도했다. 이것을 하면서 그렇다면 예언은 그에게 그렇지 않았을 땐 잠자고 있을 은사를 발전시키고 사용하도록 해 주었을 것이다.

그래서 다시 한 번, 예언의 독특성은 예언이 "계시"에 의존해 있음(알려지지 않은 사실에 대해서나 혹은 미래 사건에 대해서)에서 찾게 된다. 또 예언의 목적은 구체적인 방식으로 교회의 사역을 굳게하는 것이다.

디모데전서 4:14: 예언을 통해서 주어진 영적 은사

디모데에게 일련의 교훈을 하는 한 가운데(딤전 4:6-5:12) 바울은 이렇게 쓴다. "네 속에 있는 은사 곧 장로의 회에서 안수 받을 때에 예언을 통하여 받은 것을 가볍게 여기지 말며."(딤전 4:14)

문맥에서 이 은사가 무엇인지를 결정할 수 있는 충분한 증거가 없으며 "은사"(헬라어로 '카리스마')라는 단어는 신약성서에서 매우 넓은 의미 영역을 갖고 있다. 그러나 "예언을 통하여"라는 문구는 이 구절이 디모데전서 1:18에 언급된 "전에 너를 지도한 예언"과 같은 상황에 대해서 말라고 있다는 것을 암시한다. 그런 경우에 여기에 언급된 은사는 교회 행정이나 교회법, 혹은 건전한 가르침 혹은 교회 분쟁 해결과 거짓 교사들을 잠재우는 특별한 능력이라고 하는 것이 가능하다. 다른 말로 하면, 이것은 디모데가 이 서신에 요약된 종류의 일을 하도록 구비시켜주는 은사다.

여기에 나오는 "예언을 통하여"라는 어구는 그것에 의해 이 은사가 주어진 수단 혹은 도구임을 보여준다. 이것은 은사들이 하나님에 의해 주어진다는 생각과 다르지 않다. 왜냐하면 헬라어 구문('디아' + 속격)은 은사의 동기에 있어 인간적 혹은 "자연적"인 것임을 지적해 줄 때 종종 사용되는데, 그것은 동시에 신적으로 주어진 것에 대해서 말할 때도 사용된다(사도행전 두 구절을 주목하라. 7:25-하나님은 모세의 손을 "통하여" 구원을 주셨다. 8:18-성령이 사도들의 손으로 안수함을 "통하여" 주어졌다.). 사실 바울은 "내가 나의 안수함으로" 디모데에게 주어진 은사를 언급하기 위해 디모데전서 1:6에서 같은 구문을 사용한다.

그래서 이 구절은 예언적 말씀 자체가 놀라운 능력이 있어서 그것이 디모데 속에서 어떤 은사를 창조해 내거나 혹은 그 자체로 그에게 능력을 수여한 것을 의미하는 것이 아니다. 또한 사도행전 8:18은 그들에게 성령을 수여할 사도들의 손에 있는 어떤 마술적 능력을 의미하지도 않는다(시몬이 사도행전 8:19에서 잘 못 생각했듯이). 오히려 이 구절은 보다 느슨한 연결점을 보여준다. 아마도 이것은 예언은 이 은사가 디모데에게 주어진 동시에 말해졌고 또 예언은 하나님이 그에게 주고 있는 선물이 어떤 종류인지를 지적해 주었다는 것을 암시할 것이다.

이러한 방식으로 예언은 디모데를 비롯해서 참석한 모든 사람에게 무엇을 알려주는 기능이 있을 것이다. 그 내용은 그 예언의 은사가 실제로 보여지기 전까지 다른 방식으로는 완전히 알려지지 않았던 것이었을 것이다. 이러한 방식으로 기능하는 예언은 분명히 교회에게 유익을 주는데, 그 이유는 이것이 디모데에게 그의 새로운 능력을 사용하기 시작하고 발전시키도록 북돋아주며 다른 청자들에게 그가 그렇게 할 수 있는 곳에서 그에게 기회를 제공해 주도록 격려할 것이기 때문이다.

계시록: 계시록은 일반적인 회중 예언의 내용에 대해서 무언가를 보여주는가?

요한계시록 전체는 "속히 일어날 일들"(계 1:1; 4:1; 22:6)에 대한 계시를 포함하고 있으며 그래서 일반적인 수단에 의해서 획득될 수 없는 지식에 근거하고 있음에 틀림없다고 주장한다. 미래에 대한 알림이 주 내용이 아닌 일곱 교회에게 보내는 편지에서 조차도 요한은 교회들의 내적인 영적 상태(계 2:4, 23; 3:1, 9, 17) 혹은 신적인 계시를 필요로 하는 최소한 권위가 있는 교회에 대한 평가에 대해서 특별한 정보를 가지고 있다. 그러나 다른 신약의 예언에서처럼 미래에 대해서 혹은 감추어진 사실들에 대한 이러한 특별한 지식은 그 자체가 목적이 아니다. 이것은 독자들에 대한 직접적인 권고의 기초로 계속해서 사용된다(계 2:5, 10, 16, 25; 3:2-5, 11, 18; 13:10; 14:7, 12; cf. 계 1:3; 22:7).

거기에다, 요한계시록은 어려움과 박해를 경험하고 있는 신자들에게 위로하는 기회를 빈번히 제공하는데, 역사 속에서 하나님의 위엄 있는 통치와 악에 대한 그의 최후의 승리의 확실성과 그와 함께 하나님의 백성의 보존과 궁극적 승리에 대해서 선언함으로써 그렇게 한다(계 1:5; 2:26-27; 5:10; 6:10, 15-17; 11:15-18; 14:13; 17:14; 19:20-21; 20:6, 9-14; 20-22장). 그래서 그 기능이 그것을 읽는 자들을 격려하고, 위로하고, 권고하는 것이 바로 예언이다. 비록 이것이 여기에서 독특하게 권위가 있는 "사도적 예언"일지라도 이것은 우리가 여러 곳에서 예언과 함께 발견하는 비슷한 기능이다.

다른 가능한 기능들

예언에 대한 몇 가지 다른 기능들이 제안될 수 있지만 각 경우에 그 증거가 너무 희박해서 오직 임시적인 결론만을 말할 수 있을 뿐이다.

(a) 예언은 구약 성서 해석에 영감된 해석을 주었는가? 6장에 간단히 언급된 대로 엘리스E. Earle Ellis는 사도행전에서 기독교 예언자의 기능이 성경 주석과 해석이라고 주장한다. 하지만 성경을 주해하는 사람이 교사의 역할 혹은 사도나 전도자의 역할이 아니라 특별히 예언자의 역할로 그렇게 하고 있는 예를 보여줄 수 없다. 사도행전에서 성경을 주해하는 사람은 누구나 위의 다른 역할들 중의 하나를 가지고 있다. 그래서 그의 주장은 실제로 설득력이 부족하다.

물론 이러한 부정적인 결론은 예언이 성경 인용과 적용을 결코 포함하지 않는다는 것을 의미하지 않는다. 이러한 일들은 예언의 일부분이 충분히 될 수 있고 아마도 매우 자주 그렇게 될 것이다. 그러나 그러한 주해가 자발적인 계시에 의해서가 아니라 준비와 숙고에 근거하는 곳에서 신약성서 저자들은 그것을 예언이 아니라 "가르침"이라고 부르려 했다는 것을 강조하는 것이 중요하다.

(b) 예언이 기도와 찬양을 포함했는가? 이전의 연구는 예언이 하나님이 주신 계시에 근거해야만 하기 때문에 예언은 하나님이 사람에게 주는 소통이라고 일반적으로 생각할 수 있다는 것을 보여주었다. 하지만 예언이 때때로 사람의 하나님에 대한 기도와 찬양의 행위를 포함할 수 있는가를 질문할 수 있을 것이다.

이러한 제안에 대한 유일한 가능한 직접적인 지지는 누가복음 1:67에서 사가랴가 그의 찬양의 노래를 "예언했다"는 것에서 발견할 수 있을 것이다. 비록 이러한 오순절 이전의 예언이 신약의 예언의 은사보다는 구약의 예언의 패턴에 더 적합할지라도 이것은 많은 찬양을 포함하고 있는데, 그 내용은 그가 "성령의 충만함을 받"(눅 1:67)았을 때 스가랴에게 계시된 것이었다.

현대 관점에서 보면 요캄Bruce Yocum의 "예언의 형태"에 대한 흥미로운 논의는 기도의 형태를 띠고 있는 예언뿐만 아니라 "노래 속의 예언"도 언급하고 있다.[60]

또 존 맥아더John MacArthur은 비록 오늘날 예언이 계속된다고 생각하지 않음에도 불구하고, 빌과 글로리아 가이써Bill and Gloria Gaither의 "왕이 오시고 있다"The King is Coming 혹은 조지 마쎄슨George Matheson의 "나를 내버려 두지 않는 사랑"O Love That Will Not Let Me Go과 같은 노래들은 성령이 말들을 그의 생각에 갑자기 가져다 준 것의 특별한 영향으로 지각하게 된 것이라고 주장한다.[61]

기도와 예언이 예언적 기능이 있다는 생각의 주요 어려움은 고린도전서 14:3이다. "예언하는 자는 사람에게 말하여…" 엄격하게 해석하면 이 말은 "예언하는 자는 사람에게만 말한다"이다. 하지만 여기에서 바울의 관심은 예언이 사람들에게 이해될 수 있다는 것을 혹은 우선적으로 사람들에게 유익을 주는 것을 단순히 강조하는 것일 수 있다. 그 경우에 기도와 찬양이 계시에 의해 발동되었다면 또 그것이 청자들에게 덕을 세우는데 공헌한다면 (왜냐하면 그들은 말없이 그것에 참여하기 때문에-고전 14:16과 비교하라), 이것이 "예언"이라고 불릴 수 없는 이유가 없을 것이다. 아마도 이것은 "예언 찬양" 혹은 "예언 기도"라고 부를 수 있을 것이다. 핵심 요소는 이것이 계시에 근거한다는 것이고, 이것이 공적으로 말해진다는 것이고, 또 이것이 덕을 세우는 결과를 낳는다는 것이다.

(c) 예언자들은 복음서들에 새로운 "예수님의 말씀"을 추가했는가? 금세기 신약학에서 공통적인 생각은 신약의 예언자들은 성령의 영향 하에서 부활하신 주 예수로부터 실제 말씀들을 받았는데, 그것들을 그들은 모임에서 발설했다는 것이다. 이러한 말씀들은 기억되고 아마도 권위 있는 예수의 말씀들로 기록되기까지 하여 시간이 흘러 그 중 몇 몇은 지상의 예수의 삶에 관해서 회자된 복음서 이야기로 그들의 길을 찾아들어갔을 것이라는 것이다.

그러므로 이 견해에 따르면 초기 교회에서 예언자들이 말한 이 말씀들 중 일부는 실제대로 예언 말씀으로서가 아니라 기록된 복음서들 속에 제시되었다. 이 입장을 가진 사람들은 그러한 새로운 "예수님의 말씀"이 복음서들에 포함된 것은 심각한 오류가 아닌데 왜냐하면 비록 그것이 예수의 지상의 삶 동안 말해진 것은 아닐지라도 어쨌든 이것이 예수의 말씀이기 때문이라고 말한다.

하지만 이 이론은 강한 비판을 받았고 많은 신약성서 학자들이 이것이 설득력이 없다는 것을 발견했다. 가장 현저한 반대 의견들에는 다음과 같은 것들이 있다.[62]

(i) "예수의 말씀"으로 생각될 수 있기 전에 이 예언들이 발생해야 하기 때문에 성경의 예언들은 결코 익명으로 되지 않는다. 오히려 성경에서 예언들은 항상 그들을 통해서 말해진 예언자들에게 돌려진다.

(ii) 만약 그 말씀들이 점차적으로만 역사적 전통의 일부로 되었다면, 우선 교회는 최근의 "은사적" 선지자들의 말씀들과 예수가 지상에 있을 때 실제로 말한 "본래의" 역사적 말씀들을 분명히 구별했다. 그러나 만약 이러한 구별이 처음에 유지되었다면, 복음서들이 마지막 형태가 되기까지 교회의 초기를 통틀어 이것이 유지되지 않았다고 하는 이유가 없다.

(iii) 만약 예언자들을 통해서 부활하신 주님이 하신 말씀들이 역사적 예수의 말씀들과 같은 가치를 가졌다고 생각되었다면, 그 말씀들을 예수의 지상 사역의 정황으로 투사할 이유가 없었을 것이다.

(iv) 이 이론은 예수에 관한 전승을 지키고 부당한 변조를 막기 위해 초기 교회, 특별히 사도들의 관심을 무시하는 것이다(cf. 고전 7:10, 12, 25).

(v) 초기 교회에서 예언자들에 의해 그러한 활동을 보여주기 위해 주장된 실제 근거는 매우 부족하고 설득력이 없다. 이 생각은 몇 몇 학자들이 제안하고 다른 학자들이 그렇다고 생각했지만 이것은 결코 증명되지 않은 것이다.

부활하신 그리스도의 말씀들이 기록되어 있는 요한계시록과 관계하여 말하면, 요한은 분명히 전형적인 다른 신약의 예언자들의 전형이 아니라는 것을 아는 것이 중요하며(위의 제 4장을 보라), 또한 각 예언 말씀은 말씀들이 부활하신 주님으로부터 왔으며 분명히 누구인지 알 수 있는 특별한 예언자를 통해서 왔다는 것을 분명히 하기 위한 정황에서 잘 보존된 것이라는 것을 주목하는 것 또한 중요하다. 요약해서 말하면 이 이론을 분명히 지지하는 증거는 실로 발견되지 않았다. 예언자의 말씀이 역사적 예수의 이야기 속의 일부가 되었다는 증명된 예는 없다.

위와 같은 다른 반대 이론 이외에, 신약 교회의 예언 은사에 대한 우리의 분석에 근거하여 또 다른 관찰을 제공하는 것이 이제 가능하다. 고린도와 다른 지역 회중 모임에서 예언자들의 사명은 실제 "부활하신 예수님의 말씀"을 만들어 내는 것이 아니라는 것을 우리는 발견했다. 공동체가 따라야 했던 역사적 예수의 말씀들과 결코 상호 교환적이지 않은 이러한 예언들은 그 자체가 공동체의 권위 아래 있었다(고전 14:29; 살전 5:20-21). 그래서 복음서들에 대한 예언적 공헌에 대한 이러한 견해는 이것이 초기 교회의 회합에서 기능했던 예언 은사의 본질을 근본적으로 오해한 것이다.

그러므로 복음서에 대한 예언의 공헌 이론은 분명히 설득적인 증거도 없고 초기 교회 예언자들과 그 예언들이 기능한 교회들에 관해서 우리가 아는 많은 것과 모순되는 것이다.

**예언의 "형식": 예언들이 전형적인 단어들과 구문들
혹은 독특한 언어 패턴들을 지니고 있었는가?**

❋

몇 몇 사람들은 예언적인 말씀들은 어떤 정해진 "형식"forms이나 말의 패턴이 있었을 것이라고 생각했다. 예를 들어, 똑같은 말로 시작하고 마친다거나 혹은 시적으로 종종 말한다거나 혹은 하나님의 심판의 경고를 포함한다든가 하는 것 등이다.

하지만 우리가 신약 예언들에서 발견한 이 주제의 놀라운 다양성, 거기에다 예언자가 자신의 말로 예언을 말한다는 것은 어떤 한 항목 혹은 어떤 표현의 패턴이 교회 예언들에서 특별한 빈도로 자체를 반복했다는 것은 있을

법하지 않다.

하지만 예언자들이 택했을 표현의 형태에 대해서 한 가지는 말할 수 있다. 그들은 청자들이 알아들을 수 있는 언어로 말했을 것이다. 그렇지 않았다면 그들은 "덕을 세우고" 혹은 교회를 "세우는" 그들의 기능을 성취할 수 없었을 것이다.

게다가, 사용된 단어들과 말은 화자가 선택했을 것이다. 신약성서에서 우리가 가진 일치하는 사실은 계시의 보도는 순수한 인간의 말이라는 것을 보여주는 것이다. 요캄은 한 이중 언어 오순절 그룹에 대해서 언급하는데, 거기에서는 어떤 사람도 그 모임의 지도자들로부터 요청, 즉 모든 사람은 스페인어가 아니라 영어로 예언해 달라고 하는 것에 문제를 느끼지 않는다.[63] 요캄은 이렇게 말한다.

> 우리가 예언에서 사용하는 언어는 우리의 통제 하에 있다. 예언은 구체적인 인간을 통해서 오며 그 사람의 언어로 표현되어질 것이다…우리가 예언에서 사용하는 언어에 우리가 책임이 있는 것이다.[64]

고린도전서 14장을 읽기 전에, 혹자는 하나님께 행해진 방언과 같이 회중이 이해하지 못한 기도일지라도 그것이 교회에 "덕을 세우고" "굳게 할" 수 있다고 생각할 수 있다. 특히 이것이 교회를 위한 기도라면 말이다. 그러나 바울은 다르게 생각한다. "방언을 말하는 자는 가기의 덕을 세우고"(고전 14:4), 그리고 이와는 대조된 것이 "예언하는" 자인데 그 예언을 통해 "교회의 덕을 세"운다. 교회가 공적 모임에서 덕을 입기 위해서는 교인들은 말해진 어떤 것을 듣고 이해해야 하는 것이다.

다시 고린도전서 14:16-17에서 바울은 만약 어떤 사람이 기도한 것을 "알지 못하면" 그 사람은 그 기도에 의해 덕을 입지 못하는 것이다(17절). 그래서 예언은 신비하고 분간하기 어려운 방식으로 교회에 유익을 끼칠 수 없다. 오히려 사람들은 예언자가 말한 것을 통해 새로운 이해와 격려를 얻을 때 특별히 예언자들에게 도움을 받는다.

그래서 고린도에서의 신약의 예언은 예를 들어, 델피의 신탁에서 피씨아("영감 받은 여성 화자")와 같은 이방 그리스 종교에서의 열광적인 이해할 수 없는 "영감 받는 언어" 말하기와는 전혀 다른 것이다. 게다가, 신약의 예언은 델피에서 피씨아의 반응을 "해석했던" "예언자들"의 악명 높게 불분명한 어법에 빠지지 않았을 것이다.

요약
✻

바울은 고린도전서 14:3에서 예언의 기능을 매우 넓게 정의한다. 예언의 기능에는 "건덕, 권면과 위로"가 있다. 이러한 것들은 예언에 의해서뿐만 아니라 매우 다양한 언어활동들을 통해서도 성취될 수 있는 결과들이다. 이러한 목적들을 성취하기 위해 예언은 사적으로 기능하지 않고 타자에게 유익을 주는 기능을 할 것이다. 예언의 큰 중요성은 이것이 성령이 주신 계시에 의한 어떤 것에 근거하고 있다는 것이며, 그래서 이러한 사실은 종종 예언이 회중 모임에서 순간의 필요들에 대해서 강력하게 말하는 것을 허용한다.

예언들은 미래에 대한 예견을 포함할 수 있다. 비록 이것이 예언의 핵심적 요소도 아니며 아마도 자주 일어나는 것도 아니지만 말이다. 예언들은 또한 어떤 개인의 영적 은사들이나 혹은 효과적인 사역의 영역임을 표시해 줄 수 있으며, 예언 속에 언급된 은사를 주는 것과 관련하여 그렇게 할 수도 있다. 예언들이 일반적으로 하나님이 사람에게 하는 소통으로 보이지만 예언들이 "예언 찬양"과 "예언 기도"를 포함할 수 있다는 것을 부인할 이유가 없다. 여기서 찬양과 기도의 내용은 성령에 의해 자발적으로 계시된 어떤 것에 근거한 것이다.

사람들은 예언으로부터 무엇인가를 "배울지라도" 그 내용은 신약성서가 "가르침"(혹은 성경 공부)이라고 부르는 것을 일반적으로 포함하지 않을 것이다. 또한 구약 성서의 "영감 받은 해석"을 제공해 주는 것도 예언의 기능이 아니었다. 몇 몇 학자들은 신약의 예언자들이 부활하신 그리스도로부터 새로운 메시지를 받아서 이것이 결국 복음서들에 포함되게 되었고 그가 지상에 있는 동안에의 "예수의 말씀들"에 기록되었다고 주장했다.

하지만 이러한 이론은 그것을 지지하는 설득력 있는 역사적 증거가 부족하며 초기 기독교 모임에서 있은 예언의 은사의 본질에 대해서 우리가 발견한 것과 반대된다.

다른 사람들에 대한 사랑의 태도가 동반되는 것이 예언 사용에 있어서 필수적이었고 예언이 어떻게 기능해야 하는 가에 대한 바울의 많은 지침에 배어 있는 것을 볼 수 있다.

신약은 예언에 있어 어떤 독특한 말의 형태를 우리가 기대하도록 하지 않으며 예언은 알아들을 수 있는 방식으로 말해지는 것을 필수로 하며 청자들을 헷갈리게 하고 덕을 세우지 못하게 하는 일관성 없고 신비한 언어로 말하는 것이 아니었다.

| 오늘날에 적용하기 |
예언에 어떤 종류의 내용이 있을 수 있는가?

본 연구가 신약성서에 제시된 가이드라인을 따른다면 이제 우리는 예언의 내용에 대해서 약간은 넓지만 그럼에도 불구하고 유용한 묘사를 할 수 있는 시점에 도달했다. 우리는 또한 이제 예언자가 말했을 종류의 것들에 대한 보다 많은 예들도 제시할 수 있다. 3-7장의 결과는 이러한 묘사의 여러 부분에 공헌할 것이다.

하나님의 말씀이라고 하는 주장을 할 수 없음

이러한 제한은 3-4장에서의 논의에서 뽑아왔는데, 거기에서 신약의 자료는 예언은 하나님이 마음속에 어떤 것을 주신 것을 보도할 때 인간의 말로만 말하는 것이라고 지적하는 것이 제시되었다.

실제적인 말로, 이 말은 예언이 윤리적 교훈의 말들("너는 런던을 가서는 안 된다" 혹은 "너는 네 직업을 버리고 모든 너의 시간을 설교하는데 헌신해야 한다" 혹은 "너는 필립과 결론해야 한다")을 포함하고 있을지라도 이러한 교훈들은 신적인 의무사항이라고 생각해서는 안 된다는 것이다(즉, 이러한 말에 불순종하는 것은 하나님께 불순종하는 것과 같은 것이라고 생각해서는 안 된다는 것이다). 하지만 이 말들은 예언자 자신이 생각하기에(비록 절대적인 확실성은 아닐지라도) 하나님이 자신에게 계시하신 어떤 것에 대한 상당히 정확한(하지만 오류가 없지 않은) 보도라고 보아야 한다. 예언이 향해진 사람 혹은 사람들은 그들이 설교 혹은 개인적 충고(왜냐하면 설교와 충고 둘 다 종종 그들 생각에 그들의 말이 일반적으로 하나님의 뜻 또한 반영한다고 생각하기 때문에)에 반응하는 것과 똑같이 반응해야 할 것이다. 이 모든 세 경우에 청자(들)는 예언과 설교와 충고를 성경과 인정된 가르침과 그들이 진실하다고 믿는 사실들에 일치하게 평가해야 할 것이다(cf. 고전 14:29).

신약의 예언자들은 하나님의 말씀 자체를 말하는 것이 아니기 때문에, 예언의 내용은 "주님이 이렇게 말씀하신다"와 같은 서두를 포함해서는 안 될 것이다. 그러한 말을 하면 청자들에게 그 예언은 성서에 있는 하나님의 말씀들과 동등한 권위를 가지고 있고 가지고 있다고 주장하는 것으로 잘 못 생각하게 만들 수 있기 때문이다. 물론 예언에 있어서 어떤 말들은 하나님에 의해서 계시될 수 있을 것이지만 오늘날의 어떤 예언자도 이것이 그렇다고 확실히 주장을 하는 것은 현명하지 못하고 또 오해하기 쉬운 것이 될 것이다. 그래서 하나님이 마음속에 어떤 구체적인 말씀들을 주셨을지라도 신약성서는 하나님이 그 자신의 완전한 권위를 가지고 있는 이 말씀들을 그 자신의 말씀들과 같은 것으로 듣도록 우리에게 원하신다는 말을 보장하지 않는다. 만약 예언이 하나님으로부터 온 것이라면 청자들의 마음속에서 이것이 "급소를 찌르도록" 할 것이다.

계시를 통해서 온 자료

일반적으로 이러한 계시된 자료는 일반적인 수단에 의해서 알려질 수 없는 사실들로 구성될 것이다. 이것은 미래에 대한 예견(행 11:27-30; 21:11), 혹은 개인의 마음속에 숨겨진 비밀스런 죄들 혹은 불안 혹은 문제들을 드러냄(고전 14:24-25), 혹은 회중 모임에서 어떤 사람에 의해서 소유된 사역에 대한 어떤 은사들을 드러냄(딤전 1:18; 4:14)을 포함할 수 있다. 그러나 그러한 예언은 알려진 사실 혹은 성서의 구절에 대해서 단순히 말하는 것을 포함할 수 있을 것이다.

예를 들어, 어떤 사람은 이렇게 말할 수 있을 것이다. "하나님이 내 마음속에 성경 구절을 생각나게 하셨고 나는 이것을 마땅히 말해야 함을 느낍니다. '너의 부모를 공경하라!'" 그런데 다른 사람이 그 예언은 그 자신의 삶과 관계하여 특정한 결정을 하는데 있어 그를 격려하는 성서적 원칙을 생각하도록 요청했다고 고백할 수 있을 것이다. 혹은 다시 어떤 사람은 이렇게 말할 수 있을 것이다. "주님은 저의 마음에 필리핀의 크리스천들에 대해서 놀라운 관심을 갖도록 하셨습니다. 저는 우리가 지금 그들을 위해서 기도해야 한다고 생각합니다." 그런데 나중에 바로 그 날에 새로운 박해의 살인이 필리핀의 어느 곳에서 신자들을 향해 시작되었다는 것을 알게 될 수 있다.

두 경우 모두에서 예언에 있어서 정보는 계시에 의해서만 알 수 있는 완전히 숨겨진 정보는 아니었다. 회중의 구성원들은 부모를 공경하고 다른 도시들에 있는 크리스천들을 위해 기도하는 것이 좋다는 것에 동의했을 것이다. 이 경우들에 있어 그 예언자에 대한 계시는 꼭 필요했는데 그 이유는 이것이 그 특정한 정보(다른 것들보다도)가 그러한 특정한 시간에(다른 시간이 아니라)있는 회중의 관심을 불러일으키는 것을 허용했기 때문이다. 그래서 이러한 생각들이 자발적이고 강력하게 그의 마음속에 들어왔다는 사실은 그 예언자로 하여금 이것들이 하나님께로부터 왔으며 처해있는 상황에 대한 그 자신의 평가의 산물이 아니라고 생각하게 했다(그런 경우에 이것은 "가르침" 혹은 아마도 단순히 "권면"이었을 것이다).

다른 사람들에게 덕을 끼치는 내용

여기서 나는 "덕을 세우다"라는 말을 매우 넓은 의미로 사용하는데, 참석한 어떤 사람에 영적 성장에 공헌하는 어떤 것을 포함하거나 혹은 고린도전서 14:3에 있는 "덕을 세우며 권면하며 위로하는" 것에 의해 암시된 어떤 것도 포함한다. 이 말은 예언이 청자가 그 자신의 삶에 적용할 수 없는 추상적인 교리적 말들 혹은 청자들의 삶에 전혀 유익하지 않은 "계시된" 사실적 정보(비록 그것이 진정한 정보일지라도, 고전 8:1)를 포함하지 않을 것이다. 오히려 그 예언은 청자들의 삶에 긍정적인 영향을 미쳐야 한다. 덕을 받기 위해서는 예언은 그 순간의 필요들에 적합해야만 한다.

그래서 예언은 다음과 같은 단순하게 다시금 생각나게 하는 것을 포함할 수 있다. "주님은 우리의 찬양을 기뻐하십니다." 혹은 "주 예수 그리스도는 우리와 함께 계십니다." 혹은 "하나님은 우리를 보호하시기 위해서 천사들을 보내주셨습니다." 그렇지 않으면 예언은 다음과 같은 권고를 포함할 수 있을 것이다. "우리는 주님 앞에서 잠시 동안 조용할 필요가 있습니다." 혹은 "우리의 시간을 사용하는데 있어 우리는 실로 주님의 우선권을 두고 있습니까?" 혹은 "일을 촉진시키려는 욕망 때문에 자신의 가족을 소홀히 하는 사람이 여기에 있을 것입니다." 혹은 "여기에 용기를 얻기 위한 기도가 필요하지만 그것을 요구하는데 있어 주저하는 사람이 있습니까?" 이러한 것들은 특별하거나 심오한 언술들이 아니지만 그럼에도 불구하고 이러한 것들은 성령이 교회 안에 있는 개인들에게 많은 필요한 축복을 가져다주는데 사용할 수 있는 종류의 것이다.

한 번은 내가 최근에 만난 한 사람과 이야기 하고 있었다. 나는 그 보다 많이 젊었고 그는 어떤 것에 어려움을 겪고 있다는 것을 느낄 수 있었다. 그는 가족 안에서의 어려움에 대해서 언급했지만 나는 성령에 의해서 대화주제를 바꾸어야 할 것을 알았고 그 이유를 정말로 알지 못한 채 이렇게 말했다. "당신의 일이 잘 되어 갑니까?" 성령은 이 단순한 질문과 함께 그의 마음에 분명히 말씀하셨다. 왜냐하면 즉각적으로 그는 다음과 같이 소리치며 울기 시작했다. "그것이 바로 문제입니다. 그것이 바로 문제입니다. …" 그래서 우리는 그 어려움의 실제 원천이 해결되도록 기도할 수 있었다.

아마도 대부분의 크리스천들은 한 두 번 이와 비슷한 것을 경험했을 것이다. 주님이 어떤 것을 마음속에 불어 넣어주고, 어떤 사람에게 이것이 말해졌을 때 그것은 놀라운 동의나 위로나 혹은 회개나 격려의 즉각적인 반응을 불러 일으켰다. 신약의 저자들은 이것을 "예언"이라고 부를 것이다. 우리가 그러한 촉구들에 수용적이라면 또 주님이 우리에게 그러한 것들을 주시기를 기뻐하신다면, 그것은 효과적인 사역과 건덕과 용기를 주는 것과 권고와 위로를 하나님의 백성에게 주는 데 있어 보다 많은 기회를 위한 문을 열게 될 것임에 틀림없다. 위에서 언급된 제한들 안에서 그러한 예언은 어떤 주제에 대해서도 말할 수 있고 그 목적에 공헌하는 어떤 종류의 자료도 포함할 수 있다.

8장

교회에서 하나님의 축복의 표적으로써의 예언
(고전 14:20-25)

서론

교회 안에서의 예언과 방언의 사용에 대해서 바울이 교훈하는 중간에 그는 고린도교인들에게 여섯 절의 훈계를 하는데(고전 14:20-25), 거기에서 그는 그들이 유치한 방식의 생각을 하지 말고 성숙하게 되어야 한다고 말하며, 불신자들이 방언(통역되지 않은 방언)을 하면 사람들이 도망가는 반면, 예언을 하면 죄를 깨닫게 되기 때문에 그들이 예언을 추구해야만 한다는 말로 결론을 내린다. 이런 면에서 그 구절은 그 의미가 분명하다.

문제는 바울이 구약 구절을 인용하는 그 구절의 중간에 있다(사 28:11-132). 그런 후에 그는 방언은 불신자들을 위한 "표적"이지만 예언은 신자들을 위한 (표적) 것이라고 말한다. 하지만 왜 그는 불신자들이 있는 상황에서 그들이 방언이 아니라 예언을 사용해야 한다고 계속해서 말하는가?(고전 14:23-25를 보라)

이 구절은 다음과 같이 시작한다.

형제들아 지혜에는 아이가 되지 말고 악에는 어린 아이가 되라. 지혜에는 장성한 사람이 되라. 율법에 기록된 바 주께서 이르시되 내가 다른 방언을 말하는 자와 다른 입술로 이 백성에게 말할지라도 그들이 여전히 듣지 아니하리라 하였으니 그러므로 방언은 믿는 자들을 위하지 아니하고 믿지 아니하는 자들을 위하는 표적이나 예언은 믿지 아니하는 자들을 위하지 않고 믿는 자들을 위함이니라(고전 14:20-22).

인용된 구약 구절의 의미(사 28:11-12)

✳

바울이 이사야서 28:11-12을 인용한 정황은 이스라엘에서 불신자들에 대한 심판의 하나다. 주님은 그의 백성에게 계속해서 경고하지만 그들은 그의 말을 듣지 않았다. 그래서 그는 이제 그들에게 그 백성들이 이해할 수 없는 이방인 침입자들(앗시리아인들)의 말로 그들에게 말하겠다고 계속해서 경고했다.

> 그러므로 더듬는 입술과 다른 방언으로 그가 이 백성에게 말씀하시리라. 전에 그들에게 이르기를 이것이 너희 안식이요 이것이 너희의 상쾌함이니 너희는 곤비한 자에게 안식을 주라 하셨으나 그들이 듣지 아니하였으므로

과거에는 주님이 그의 백성들에게 분명하고 위로하는 말들을 말씀하셨다. 그러나 그들이 완고하게 그의 말씀에 저항했다. 그래서 그 결과로 이사야는 앞으로는 마음을 굳게한 것에 대한 벌로 주님이 "더듬는 입술과 다른 방언으로" 불분명한 말로 말씀하실 것이라고 말한다. "더듬는 입술"과 "다른 방언"은 그 백성이 이해할 수 없는 외국(앗시리아) 침입자들의 입술과 방언이다.

이사야서 28:11-12에 대한 바울의 해석

✳

바울은 이 구절을 문자에 많이 억매이지 않게 인용하지만 문맥에서 보면 그것은 이상한 것은 아니다. "주께서 이르시되 내가 다른 방언을 말하는 자와 다른 입술로 이 백성에게 말할지라도 그들이 여전히 듣지 아니하리라." 하나님이 백성들이 이해할 수 없는 언어로 백성에게 말하실 때 이것은 불신앙에 대한 일종의 벌이라는 것을 바울은 매우 잘 이해하고 있다. 이해할 수 없는 말은 인도하지 않고 헛갈리게 하며 파멸로 이끌 것이다. 그래서 이것

은 일련의 하나님의 꾸짖음 가운데 마지막 것의 하나이며, 그 중 어떤 것도 의도된 회개와 복종을 생산해내지 못했다("그들이 듣지 아니하였으므로"). 그래서 키드너Derek Kidner는 이사야서 28장을 주석하면서 이렇게 말할 수 있었다. "이러한 상황에 부합하게 고린도전서 14:21에서 바울의 11절의 인용은 그래서 알려지지 않는 방언은 믿는 무리를 향한 하나님의 환영 인사가 아니라 불신 회중에 대한 그의 꾸짖음을 되새겨 주는 것이다."[65]

예언과 방언이 모두 "표적"이라고 지칭될 수 있는가?

✳

바울은 이러한 인용을 함으로 어떤 결론을 얻는가? 그는 이렇게 말한다. "그러므로 방언은 믿는 자들을 위하지 아니하고 믿지 아니하는 자들을 위한 표적이나."(고전 14:22) 이 구절을 다음과 같이 번역할 때 여기서 이것은 문법적으로 구문에 대해서 단순히 오해한 것이다. "방언은 표적을 위한 것이다"(KJV와 NASB), 혹은 방언조차도 "표적으로 의도된 것이다"(NEB). 왜냐하면 이 구문(헬라어 '에이스' + "be" 동사와 함께 쓰인 목적격)은 종종 의미를 전혀 바꾸지 않고 술어 주격으로 교체할 수 있기 때문이다.[66] 바울은 "방언은 표적이다"라고 단순히 말한다.

그러나 그는 예언에 대해서 무엇을 말하고 있는가? 매우 문자적으로 번역하면 그는 이렇게 말한다. "예언은 믿지 아니하는 자들을 위하지 않고 믿는 자들을 위함." 문장의 반인 이곳에 동사는 없고 독자는 그 생각을 제공해 넣어야만 한다.

몇 몇 번역들은 이것을 이렇게 기록한다. "그러나 예언은 믿지 아니하는 자들을 위한 것이 아니라 믿는 자들을 위한 것이다."

이것은 분명히 문법적으로 올바른 선택인데, 그 이유는 헬라어 문장은 자주 "be" 동사를 생략하고 독자가 이것 없이 문장을 이해하기를 기대하기 때문이다. 하지만 단순히 "이다"라는 동사를 이 문장에 넣는 것은 문장의 첫 번째 반 부분에서 바울의 관심으로부터 초점을 약간 변화시키는 것이다. 이것은 문장의 두 번째 반 부분의 목적을 유익에 대한 것으로 만든다. 즉 예언은 신자들에게 유익을 주거나 혹은 신자들을 위해 사용되도록 의도되었다는 것이다.

하지만 그 절의 첫 번째 반 부분에서 어떤 유익에 대해서 말하는 것이 아니라 그는 무엇이 "표적"인가에 대해서 말하고 있는 것이다. 만약 정황이 이것을 허용한다면 문장의 두 번째 반 부분에 앞과 같은 주어를 그대로 유지하는 것이 훨씬 좋다. 이렇게 하는 것은 보다 만족스런 대조를 보여주고 새로운 생각(즉, 누가 예언으로부터 유익을 얻느냐고 하는 생각)을 도입하지 않는다. 만약 두 번째 반 부분에 "표적"이라는 생각을 유지하면 바울의 문장은 이런 의미가 된다. "그러므로 방언은 신자들에 대한 것이 아니라 불신자들에 대한 표적이다.… 그러나 예언은 불신자들에 대한 것이 아니라 신자들에 대한 표적이다."

이러한 번역은 같은 주어가 그 문장을 통하여 계속 유지되는 것을 허용하는 사실에 추가하여, 이러한 의미가 최상이라고 하는 또 다른 이유가 있다. 예언이 불신자들을 위해서가 아니라 신자들을 위해 의도된 것이라고 말하는 것(KJV와 NEB 번역본들과 함께)은 바울이 그것으로 23-25절을 시작하는 "그러므로"라는 말을 적절히 설명하지 못한다. 이 구절들에서 바울은 예언이 실로 불신자들에게 긍정적인 기능을 가지고 있다고 특별히 주장한다. 하지만 예언이 불신자들에 대한 것이 아니라고 말하는 번역에 근거하여서는 우리는 다음과 같은 이상한 추론을 하게 된다. (a) 예언은 불신자들을 위해서가 아니라 신자들을 위해서 의도된 것이다. (b) 그러므로 당신은 불신자들에게 예언해야 한다. 이러한 추론은 단순히 말해서 말도 안 되며 보다 좋은 해결책이 요청된다.

이러한 번역에 대해서 적절한 의미가 발견되려면, 22절을 다음과 같이 번역해야 할 것이라고 결론내릴 수 있다. "그러므로 방언은 신자들에 대한 것이 아니라 불신자들에 대한 표적이다…그러나 예언은 불신자들에 대한 것이 아니라 신자들에 대한 표적이다."

이 구절을 이해하기 위한 열쇠:
"표적"은 긍정적 혹은 부정적 의미를 모두 가질 수 있음

✵

이 구절에 대한 많은 혼란은 성경에서 "표적"은 언제나 똑같은 방식으로, 하나님의 인정을 보여주는 어떤 것으로써 대개 긍정적인 방식으로, 기능해야만 한다고 하는 가정에서 기원한다.

하지만 이 문제는 성서에서 "표적"은 긍정적이거나 부정적일 수 있고 때때로 둘 다일 수 있다는 것을 깨닫는 것에 의해 해결될 수 있다. "표적"(헬라어로 '세메이온')에 사용된 헬라어 용어를 구약성서의 헬라어 번역(칠십인 역)까지 거꾸로 추적하면, 우리는 이러한 것을 보여주는 예들을 많이 발견한다.

칠십인 역에서 "표적"('세메이온')은 "하나님의 입장에 대해서 나타냄"을 종종 의미한다. 그 나타냄은 긍정적인 것일 수도 부정적인 것일 수도 있다. 하나님을 믿고 순종하는 자들에게는 긍정적이지만 하나님을 불신하고 불순종하는 자들에게는 부정적이다. 다음과 같은 많은 표적들은 전적으로 긍정적이다.

- 무지개(창 9:12-14)
- 문설주의 피(출 12:13)
- 블레셋 사람들이 요나단을 초대함(삼상 14:10)
- 이마의 표(겔 9:4, 6)
- 하나님으로부터 버림받았다고 느끼는 백성이 구하는 다른 표적들(시 74:9; 86:17)

다른 표적들은 전적으로 부정적인데, 왜냐하면 이것들은 회개가 곧바로 뒤따르지 아니하면 하나님의 거부와 심판의 경고를 의미하기 때문이다.

- 고라, 다단, 아비람(민 26:10[9])

- 위 사람들의 철판(민 16:38; cf. 40절)
- 아론의 지팡이(민 17:10)
- 성취된 저주들(신 28:46)
- 바로 호브라의 패퇴(렘 44:29)
- 에스겔의 철 벽(겔 4:3; cf. 시 65:8; 사 20:3; 마카비하 15:35)

하지만 이 용어는 긍정적인 것과 부정적인 것을 모두 의미하는데 사용될 수 있는데, 자신의 백성에 대한 하나님의 인정과 축복을 나타내기도 하고 그에게 순종하지 않는 자들을 향하여 불인정과 심판의 경고를 나타내기도 한다. 이러한 의미는 출애굽 사건들에 특별히 적용된다. 하나님이 파리 역병을 애굽인들에게 보냈지만 고센 땅에는 파리가 근접하지 못하게 했는데 이것은 이스라엘에게는 축복의 표적이었고 애굽인들에게는 불인정과 경고였다(출 8:23). 똑 같은 표적들과 기사들이 바로에게는 부정적인 표적들일 수 있지만(출 10:1-2; 11:9-10; 신 6:22, 11:3; 느 9:10) 이스라엘에게는 긍정적인 표적일 수 있다(신 4:34-35; 6:22; 7:19; 26:3).**67**

또한 신약성서에서 "표적"(세메이온)은 "하나님의 인정과 축복"(행 2:22, 43; 4:30; 5:12; 6:8; 15:12; 눅 2:34; 요 2:11; 4:54; 9:16; 이 단어는 신약성서이외의 문서에서도 이러한 방식으로 사용된다—바나나서 4:14; 클레멘트 1서 51:5과 비교하라)을 의미할 수 있다. 이것은 또한 "하나님의 불인정과 심판의 경고"를 의미할 수도 있다(눅 11:30; 21:11, 25; 행 2:19; 아마도 마 12:39[cf. 12:41]; 16:4; A.D. 95년에 쓰인 클레멘트 1서 11:2과 용례를 비교하라).

바울이 말하고자 하는 것의 요약

✳

앞의 정보는 바울이 "방언은 신자들을 위하지 않고 불신자들을 위한 표적이다"(고전 14:22)라고 말할 때 그는 "표적"을 친숙하고 잘 확립된 의미로 사용하고 있다는 것을 보여준다. 믿지 않는 자들에 대해서는 표적은 구약에서 하나님의 태도를 나타내는 것으로서의 표적은 항상 부정적이다. 이것은 하나님의 불인정과 심판의 경고를 지니고 있다는 것을 보여준다. 이것이 정확하게 바로 이사야 28:11에 있는 "다른 방언"의 기능이며 바울은 "표적"이라는 용어를 이것에 자연스럽게 적용한다.

그러나 구약에서 하나님을 신뢰하고 순종하는 자들에 대한 "표적"은 일반적으로 긍정적이다. 이것은 하나님이 그의 백성을 축복하기 위해서 하나님의 현존과 능력을 보여주는 것이다. 그래서 바울은 이 용어를 매우 긍정적인 의미로 예언에 매우 쉽게 적용할 수 있다. 예언은 회중에 대한 하나님의 인정과 축복을 나타내 주는 것인데, 그 이유는 이것이 하나님이 회합된 교회 가운데 활발하게 현존한다는 것을 보여주기 때문이다.[68]

이것은 고린도전서 14:23에서 "그러므로"라는 단어는 매우 자연스럽다는 것을 의미한다. 우리는 바울의 사상을 다음과 같이 쉬운 말로 바꾸어 말할 수 있다.

하나님이 백성에게 그들이 이해할 수 없는 말을 할 때, 이것은 하나님의 분노를 의미하고 그 결과로 그들은 하나님으로부터 더 멀리 돌아서게 된다. 그러므로(23절) 외부인들이나 불신자들이 들어와서 너희들이 그들이 이해하지 못하는 언어로 말하면 너희는 그들을 단순히 밖으로 내 모는 것이다—이것은 이해할 수 없는 말하기의 어쩔 수 없는 결과이다. 게다가, 너희의 유치한 행동 방식에서(20절) 너희는 불신자들에게 "표적"을 주고 있는 것이며, 그것은 전적으로 옳지 않은 것인데, 왜냐하면 그들의 마음의 완고함이 그 혹독한 심판의 표적을 그들이 받기에 적합한 데까지 이르지 않았기 때문이다. 그래서 너희가 모일 때(26절), 만약 어떤 사람이 방언으로 말하면 어떤 사람이 통역하게 하라(27절). 그렇지 않으면 방언을 말하는 자는 교회에서 잠잠하라(29절).

예언에 대해서도 이와 비슷하게 24-25절은 22절에서의 언술로부터 매우 쉽게 예언이 신자들에 대한 표적이라는 것을 따르고 있다. 다시 한 번 우리는 바울의 사상을 다음과 같이 쉬운 말로 표현할 수 있을 것이다.

예언은 회중을 축복하기 위해 회중 가운데 하나님의 임재를 나타내 준다(22절). 그러므로(23절), 외부인이 들어와 모든 사람이 예언을 하면(24절), 그의 마음에 아무도 모르는 외부인의 마음의 비밀들에 관해서 너희는 말하게 될 것이다. 이러한 예언은 하나님이 일하시는 결과임이 틀림없음을 그는 깨닫게 될 것이며 그는 그의 머리를 숙여 이렇게 선언할 것이다. "실로 하나님이 너희 가운데 계시다"(25절). 이러한 방식으로 예언은 하나님이 너희 가운데 일하시고 계시다는 분명한 표적이 될 것이다.

방언의 은사에 대한 암시

❋

이 구절과 연관하여 다음과 같은 것을 주목해야 할 것이다. 방언의 표적 기능에 대한 이러한 인식에 관한 바울의 반응은 공적 예배에서 방언을 금지하는 것이 아니라 방언의 사용을 조절하여 방언이 공적으로 말해질 때는 언제나 통역되도록 하는 것이다(고전 14:27-28). 이것은 매우 적절한 반응이라고 보이는데, 그 이유는 이사야서 28:11과 고린도전서 14:23 공히 불신자들에 대한 이러한 부정적인 기능을 가진 것은 오직 이해되지 않는 방언뿐이기 때문이다. 그러나 방언이 통역되면 이것은 더 이상 이해하지 못하게 되지 않고 이것은 더 이상 이렇게 불길한 표적 기능을 유지하지 않는다.

그러므로 고린도전서 14:20-23에서 바울은 일반적인 방언의 기능에 대해서 말하고 있는 것이 아니라 특정하게 방언의 오용의 부정적인 결과에 대해서 말하고 있는데, 다시 말해 그것은 통역이 없이 공적으로 말하는 오용인데 (또한 아마도 한 번에 한 명 이상 말하는 것[cf. 고전 14:23, 27]), 그 결과로 이 모든 것이 덕을 끼치지 못하는 혼란의 상황이 된다는 것이다.

방언과 통역의 적절한 공적 기능과 혹은 적절한 개인적 방언의 기능에 대해서 바울은 다른 곳에서 매우 긍정적이다(고전 12:10-11, 21-22; 14:4, 5, 18, 26-28, 39). 그래서 모든 다른 (수용 가능한) 방언의 사용을 위한 토대로서 14:20-23에서 바울이 방언의 오용에 대한 논의에서 사용한 것은, 고린도전서 12-14장 전 문맥에서 말한 것과 상당히 반대된다.

여기서 바울이 말하고자 하는 의미를 이해하는 데 있어 필수적인 이러한 중요한 문제가 이 구절을 해석하는 몇 몇 개혁주의자들과 세대주의자들에 의해 완전히 간과되어 있다. 예를 들어, 바울이 통역이 있는 방언에 대해서 말하는 것이 아니라 통역되지 않은 방언(그것은 청자들이 이해할 수 없었다)에 대해서 말하고 있다는 사실은 로벗슨O. Palmer Robertson[69]과 또한 핫지스 Zane Hodges[70]에 의해 간과되고 있다. 로벗슨과 핫지스 모두 고린도에서 유대인이든 헬라인이든 예배에 참가한 불신자는 방언으로 말하고 있는 것을 이해하지 못했다는 사실을 적절히 고려하지 않는다. 통역되지 않은 방언은 고린도에 있는 청자들이 이해할 수 없었다고 바울은 반복적으로 말하고 있다(고전 14:2, 9, 11, 14, 16, 19, 23, 18을 보라). 사실 고린도전서 14장에서 바울의 주요 관심사는 알아들을 수 있는 말과 알아들을 수 없는 말을 대조시키는 것이다.

이러한 관계에 대해서 로벗슨은 방언은 하나님의 이스라엘을 다루심과 모든 이방나라들을 다스리심 사이의 과도기의 "표적"이었다고 주장한다.[71] 그러한 주장은 아마도 어떤 정황에서는 사실일 수 있지만(행 2장과 같이) 이것은 고린도전서 12-14장의 문맥에서는 완전히 낯선 것인데, 여기에서 바울은 이방인들이 포함되는 것이나 유대인들의 심판에 대해서 어떤 언급도 하지 않고 있다. 그는 "유대인들"과 "이방인들"을 비교하는 것이 아니라 "신자들"과 "불신자들"을 비교하고 있다. 또 고린도에서 분명이 이방인 불신자들이 교회를 방문하고 있는 상황에서 그가 유대인 불신자들을 구체적으로 지정하지 않기 때문에, 우리는 여기서 "불신자"를 불신자들에 대해서 일반적으로 언급하고 있는 것으로 이해해야 한다(즉, 유대인 불신자들과 이방인 불신자들 모두를). 바울은 이사야서 28:11-12을 유대인 불신자들에 관한 예언으로 사용하는 것이 아니라 (일반적으로 불신자들에 대한 언급하면서) 예와 예증으로 사용하고 있다. 이것을 깨달은 카슨이 바울은 여기서 불신 유대인들에 대한 언약적 저주의 표적으로써 방언을 말할 수 없는 것이라고 올바로 결론내리고 있다.[72]

게다가, 로벗슨과 개핀이나 맥아더MacArthur, 이 모든 사람들은 이 "언약적 저주" 해석을 오늘날의 방언을 반대하는데 사용하는데, 이 구절에서 바울의 해결책은 방언을 절대로 사용하지 말라는 것이 아니라 방언은 통역과 함께 사용되어야 한다는 것을 지시하는 것이라는 것을(고전 14:27-28) 충분히 고려하지 않고 있다. 바울이 통역이 따르는 방언을 인정하고 있기 때문에 방언은 불신 유대인들에 대한 심판의 표적일 수 없다.

결론: 예언이 어떻게 하나님의 축복의 표적인가?

✳

이제 예언에 대한 고찰로 돌아가서 우리는 고린도전서 14:24-25을 보다 명확히 이해할 위치에 있다. 24절에서 "다 예언을 하면"은 아마도 바울이 그것이 실제로 발생할 것이라고 생각할 필요가 없는 가정적인 상황으로 이해되어야만 할 것이다(고전 12:29을 보라. "다 선지자이겠느냐").

그럼에도 불구하고 몇 몇 사람이 예언을 한다면, 아마도 다른 방식으로 혹은 다른 문제들과 관련하여 외부인은 죄를 "입증 받고" 몇 몇 다른 사람들에 의해서 "판단을 받을 것이다"(고전 14:24). 이러한 방식으로 그의 마음의 비밀스런 죄들은 "드러나게" 된다(고전 14:25).

그러나 이 구절은 개인의 구체적인 죄가 이 예언 속에서 언급된다는 것을 의미하는 것인가? 이것은 죄에 대해서 일반적인 설교가 있는데 성령이 이것을 한 개인의 마음속에 특별히 적용해 주고 죄에 대해서 깨닫는 느낌을 준 것이 아닐까?

비록 24절은 외부인이 어떤 일반적인 예언이나 설교를 듣고 내적으로 죄를 깨달은 것이라는 것을 단순히 의미할 수 있을지라도, 이것이 25절에는 적용될 수 없다. 25절은 하나 혹은 그 이상의 그의 특별하고 개인적인 죄에 대한 구체적인 언급이 예언 속에서 이루어졌다는 것을 의미함에 틀림없다.[73]

이것이 사실인 것은 여기에 사용된 단어의 의미 때문이고 또한 그것이 사용된 문맥 때문이다. "드러나다" 혹은 "나타나다"에 해당하는 단어는 헬라어 '파네로스'이다. 이 단어(신약에 18번 나타남)와 이와 연관된 동사인 '파네로오'(신약에서 49번 나옴)는 항상 공적이고 외적인 현시를 의미하며 사적이고 비밀스런 정보의 소통이나 개인의 생각이나 마음속에서의 하나님의 내적인 사역에 대해서 결코 쓰인 적이 없다.

문맥과 연관하여 외부자의 반응 – "엎드리어 하나님께 경배하여 '하나님이 참으로 너희 가운데 계시다' 하리라" – 는 좋은 설교도 일반적으로 동반하지 못하는 것이지만 바울은 이러한 일이 발생할 것을 확신한 듯하다. 이제 바울은 이러한 일이 일반적인 종류의 죄를 언급함으로 때때로 발생할 수 있다고 생각했을 수도 있지만 이러한 것과 같은 모든 상황에 그것이 적용되는 말은 그 예언들이 방문자의 죄에 대해서 구체적인 언급을 하는 것과 같은 매우 놀랍고 특별한 것을 포함하고 있다고 그가 생각했다고 보는 것이 보다 말이 되는 것이다. 이 방문자는 이 크리스천들이 하나님에 의해서만 그들에게 계시될 수 있는 것들을 알고 있다고 생각했을 것이다. 아 그들은 그의 마음의 비밀을 알고 있구나! 이것은 "초자연적" 수단에 의해서 얻어진 사실적 지식인 것 같다. 외부인에게 하나님의 현존을 효과적으로 확신시켜 주는 것은 단순히 죄에 대한 깨달음만은 아니었다.

나는 미국에 있는 분명히 비 은사주의적 침례교회에서 이러한 일이 발생했다는 보도를 들은 적이 있다. 한 선교사 연사가 그의 메시지 중간에 잠시 멈추더니 이렇게 어떤 것을 말했다. "저는 이 말을 계획하지 않았는데 주님이 저에게 이렇게 지적하는 것 같습니다. 이 교회에 어떤 사람이 그의 아내와 가족을 떠나온 사람이 있습니다. 만약 그렇다면 하나님은 당신이 그들에게 돌아가는 것을 원하시며 가정생활에서 하나님의 방식을 따르는 것을 배우기를 원하십니다." 그 선교사는 이 사실을 알지 못했다. 그러나 불빛이 없는 발코니에서 어떤 한 사람이 그의 생애에 처음으로 교회에 들어가기 직전에 앉아있었다. 그 말은 그의 상황을 정확히 묘사하고 있었고 그는 앞으로 나와 그의 죄를 인정하고 하나님을 구하기 시작했다.

이것이 바울이 "신자들에 대한 표적"이 왜 (다른 은사가 아니라) 예언이라고 하는 이유다. 예언의 독특성은 이것은 계시에 근거해야 하며 예언에서 계시가 기능하는 대로의 계시는 항상 바울이 생각하기에 자발적으로 발생하며 하나님께로만 근원한다는 것이다(위의 5장을 보라). 그렇다면 예언이 있는 곳에서 예언은 하나님의 현존에 대한 분명한 표즈 혹은 나타냄이고 회중에게 축복이며 – 이것은 "신자들에 대한 표적"이다 – 방문하는 외부인조차도 이것을 인식할 수 있다.

우리는 고린도전서 14:20-25에 나타난 예언의 기능을 다음과 같이 요약할 수 있다.

(i) 예언은 전도할 때 불신자의 마음속의 비밀을 드러내게 하는 기능을 하여 그것으로 하나님의 능력으로 그를 놀라게 하는 기능을 하며 그에게 그의 죄를 깨닫게 하는 기능을 한다.

(ii) 이렇게 하면서 예언은 또한 하나님이 공동체를 축복하시고 공동체를 자라게 하기 위해 공동체에 현존하시고 일하고 계신다는 어떤 표시(표적)로 봉사한다.

외부인이라는 바울의 예로부터 암시를 받아 우리는 예언은 때때로 어떤 신자의 마음속의 비밀을 드러내어 그에게 죄를 깨닫게 하고 그가 회개하게 하는 기능을 할 것이라고 결론내릴 수 있다. 비록 바울은 이것을 예언의 기능으로 분명하게 말하지는 않을지라도 이것은 우리가 이 구절들에게 발견한 예언의 모습과 확실히 일치하며 건덕과 권고를 결과로 가져오는 것으로서의 바울의 예언에 대한 견해(고전 14:3-5)와 완벽하게 부합하는 것이 될 것이다. 거기에다 이것은 외부인이 들어올 때만이 아니라 언제든지 예언이 이런 방식으로 신자들을 위한 표적으로 기능하는 것을 허용할 것이다. 그래서 "예언은 믿는자들을 위한 표적"이라는 바울의 언명은 보다 일반적인 언명으로 이해될 수 있을 것이며 바울이 고린도전서 14:24-25에 그것을 언급한 구체적인 적용에 제한되지 않는 것이다.

| 오늘날에 적용하기 |

우리는 고린도교인들을 향한 바울의 경고와 우리가 회중 예배를 생각할 때에 유치하거나 미성숙해서는 안 된다는 것에 주의를 기울여야 할 것이다. 특별히 우리는 통역없이는 방언을 해서는 안 된다. 왜냐하면 이것은 불신자에 대한 하나님의 심판이라는 적절하지 않은 "표적"을 주는 것이 될 수 있어 불신자를 쫓아내 보내는 것이 이 될 수 있기 때문이다. (방언을 허용하는 교회들은 고전 14:27에 묘사된 대로 질서대로 해야 할 것이며 28절에 있는 것 같이 항상 통역이 따라야 할 것이다.)

불신자들이 함께 있는 때조차도 예언에 대한 성숙한 생각은 이것을 회중 모임에서 격려를 받는 어떤 것이라고 생각하는 것이다. 만약 예언을 하는 것이 격려되고 그것이 기능하는 것이 허용되면 이것은 신자들과 불신자들 모두에게 죄를 깨닫게 하고 회중에게 하나님이 실로 그들 가운데 있다는 것을 보다 생생한 의미로 알게 할 것이다. 이것은 그의 백성에 대한 하나님의 인정과 그의 현존과 그의 축복에 대한 "표적"이 될 것이다. 우리는 예언을 이렇게 보아야 하며 그것 때문에 감사해야 할 것이다.

9장

예언자들과 교회 치리: 예언자들은 초기 교회의 "카리스마적 지도자들"이었는가?

서론: 이 제안의 근거

❋

우리는 신약의 예언자들이 '성령의 영향 하에서' 초기 교회에 지도력을 제공하고 방향을 제시했으며 예언자들의 그 같은 '카리스마적 지도력'에 기인해 초기 교회를 치리하는 자들이 주로 그들로부터 나왔다는 주장을 꽤 자주 듣는다. 이 견해에 의하면 교회를 치리하기 위한 보다 공식적이고 경직된 구조가 수립된 것은 훨씬 후이며, '장로'나 '집사' 같은 직책들은 아마 주후 100년 이후에나, 아니면 적어도 주후 64-68년에 바울이 죽은 후에나 설립되었다고 한다.[74]

예언자들이 '카리스마적 지도력'을 제공했다는 이 주장은 장로나 집사 같은 교회 직책들이 특히 바울의 교회들에서는 나중에 세워졌다는 가정에 의지한다는 것을 인식하는 것이 중요하다. 만일 장로와 집사가 새 교회에 처음부터 있었다면 예언자들이 아니라 그들이 치리자의 역할을 행사했을 것이기 때문이다.

초기 예언자들의 카리스마적 지도자 역할에 대한 증거의 판별

❋

이 주장을 분석하기 위해 다음의 두 가지의 질문을 다룰 필요가 있다.

(1) 공식적 교회 직책들은 즉시 발전 되었는가 아니면 10~20년 후에 아니면 그보다 더 오랜 후에 생겨났는가?
(2) 예언자들이 초기 교회에서 치리의 기능을 행사하였는가?

장로와 집사의 직책은 언제 발전되었는가?

우리가 사도행전에서 초기 교회의 기록을 다시 살펴보면 아주 일찍부터 장로들이 있었다는 것이 분명하다. 사도행전 14:23은 바울과 바나바가 "각 교회에서 장로들을 택하여 금식 기도하며" 임명했다고 전한다. 이는 바울의 첫 번째 선교여행에서 세운 더베와 루스드라와 이고니온과 비시디아 안디옥의 교회들에 관한 말이다. 바울이 다른 교회들에서도 이와 같이 교회가 세워진지 얼마 안 되어 장로들을 임명하는 패턴을 따르지 않았으리라고 생각할 이유가 없다.

에베소에 있는 교회에도 장로들이 있었는데 바울의 세 번째 선교여행이 끝날 무렵 그는 밀레도에 머물러서 "사람을 에베소로 보내어 교회 장로들을 청"하였다(행 20:17). 또한 그는 에베소에 있는 디모데(딤전 1:3)에게 교회가 장로들을 어떻게 대우해야 하는지에 대한 가르침(딤전 5:17-21; 딤전 3:1-7에 나오는 '감독'[장로의 또 다른 명칭]에 관한 지침과 비교하라)을 담은 서신을 보낸다. 예루살렘 교회에도 역시 장로들이 있었다(행 15:2, 4, 6, 22, 23을 주목하라).

초기 교회에서 예언자들이 '카리스마적 지도력'을 제공했다는 견해를 가진 사람들은 교회 역사의 초기에 나오는 '장로'에 대한 이 구절들은 단지 나중에 사도행전에 첨가된 것이며 실제로 역사적 상황을 반영하는 것이 아니라고 대응할 것이다. 그러나 여기에서 이 논증이 우려스럽게도 순환론으로 들린다.

(a) 바울의 교회에는 바울 생전에 공식적 장로 직책을 가진 자들이 없었다.
(b) 이에 대한 증거: 사도행전에서 장로들에 대한 언급은 모두 나중에 첨가한 것이다.
(c) 이 언급들이 나중에 첨가되었다는 증거: 바울의 교회에는 바울 생전에 공식적 장로 직책을 가진 자들이 없었다.

이것은 가장 확신을 주는 형식의 논증이 아니다.

예언자들을 '카리스마적 지도자들'로 보는 이 견해를 지지해주는 이유가 두 가지 더 있다. 첫째, 이들 교회에서는 모든 사람이 각각 '카리스마적' 은사를 가졌으므로 장로들과 같이 특별한 권위를 가진 집단이 있을 수 없다.

그러나 초기 교회에서 모든 그리스도인들이 은사를 가졌다는 사실이 모든 사람이 다스리는 은사를 가졌다는 것을 의미하지는 않는다. 바울은 여러 가지 은사들을 구분하는데 그 중에는 다스리는 은사와 가르치는 은사, 그리고 지혜롭게 판단하는 은사(고전 6:5)가 있다. 그런 은사들을 가진 사람들은 분명 각 교회의 역사에서 매우 일찍 지도자의 역할을 맡게 되었을 것이다. 그리고 그런 은사들이 장로나 집사의 공식적 직책이라는 개념과 모순된다고 볼 아무런 이유가 없다. 그런 은사들을 가진 그리스도인들은 그런 직책에 아주 잘 어울렸을 것이다.

이 점에 관해서는 리처드 개핀Richard Gaffin의 코멘트가 매우 적절하다.

> 은사(성령)와 직책 사이의 긴장이나 대립은 신약성서에는 완전히 생소한 것이다. 구조화되지 않은 자유와 형식화되지 않은 즉흥성의 원리로서의 성령이, 확립된 질서와 안정된 구조를 고려하는 것과 충돌하도록 (논리를) 구성하는 것은 신약성서의 가르침에 근거한 것이 아니다. ... 같은 한 성령은 동시에 열정ardor과 질서order의 성령이시다.[75]

두 번째 주장은 어떤 교회들, 예를 들어, 고린도 교회에서는 장로에 관한 어떠한 언급도 없다는 것을 주목한다.[76] 이 주장은 만일 고린도 교회에 장로들이 있었다면 분명 바울은 장로들을 향하여 문제를 해결하라고 명령했을 것이라는 것이다.

그러나 이에 대해 바울이 전체 회중을 향해 말했다는 사실은 전체 회중에게 가르침과 꾸짖음이 필요했다는 것을 – 그리고 장로들이 문제를 해결할 능력이 없었다는 것을 보여준다고 말하지 않을 수 없다. 사실 장로들이 문제를 해결하지 못했기 때문에 그들 자신이 문제의 일부분이었음이 틀림없다. 바울이 때로는 장로들이나 감독들을 언급하지 않는다는 것을 보여주는 것만으로는 충분하지 않다. 그가 교회의 지도자들과 관련된 문맥에서 그들을 언급하지 않았다는 것과 그런 언급이 필요하거나 적어도 기대되는 곳에서 그렇게 하지 않았다는 것을 보여주어야 할 것이다.

그뿐만 아니라 바울이 고린도에 장로들을 임명했다는 초기의 증거가 있다. 고린도전서 16:16에서 그는 교회에게 아가야 지역의 '첫 열매' 또는 '첫 개종자'(헬라어로 '아파르케')인 스데바나의 집을 포함하여 "수고하는 모든 사람에게 순종하라"고 촉구한다. 이 말에 호응하듯이 클레멘트일서(주후 95년에 로마에서 고린도에 보낸 서신)는 고린도 사람들에게 사도들이 "구역에서 구역으로 그리고 도시에서 도시로 다니면서 전도하였고, 그들은 첫 개종자들('아파르케')을 성령에 의해 검증하여 후일의 신자들을 위한 감독과 집사로 임명하였다"(클레멘트일서 42:4; 44:1-3과 비교하라)고 상기시켰다.

끝으로 장로의 직책을 초기에 확립했다는 증거는 신약성서에 아주 광범하다는 점을 주목하지 않을 수 없다. 이는 아래에 장로(혹은 같은 직책을 의미하는 또 다른 용어로 '감독')와 관련된 절들을 요약한 것을 보면 알 수 있다.

- 사도행전 14:23: 각 교회에 (첫 번째 선교여행)
- 사도행전 15:2ff.: 예루살렘에
- 사도행전 20:17: 에베소에
- 빌립보서 1:1: 빌립보의 '감독'들과 집사들
- 데살로니가전서 5:12: "주 안에서 너희를 다스리며 권하는 자들"
- 디모데전서 5:17: "잘 다스리는 장로들은 배나 존경할 자로 알되"
- 디도서 1:5: "내가 명한 대로 각 성에 장로들을 세우게 하려 함이니"[그레데에 있는 디도에게]
- 히브리서 13:17: "너희를 인도하는 자들에게 순종하고 복종하라. 그들은 너희 영혼을 위하여 경성하기를 자신들이 청산할 자인 것 같이 하느니라."
- 야고보서 5:14: "너희 중에 병든 자가 있느냐? 그는 교회의 장로들을 청할 것이요"
- 베드로전서 5:1: "너희 중 장로들에게 권하노니"

이렇게 광범하게 나타나는 증거를 교회가 '반드시' 어떤 식으로 발전되었을 것이라고 생각하는 이론에 유리하게 하기 위하여 가볍게 제쳐버리면 안 된다. 특별히 중요한 것은 베드로전서의 진술인데, 그것은 아마 소아시아의 4개 지방에 있는 20여 개의 크고 작은 교회들을 대상으로 한 것이었다. 베드로는 주후 62-64년경에 이 글을 쓰면서 교회 치리의 정상적 형태가 장로들에 의한 치리라고 생각하고 있었다.

이 모든 증거들 외에도 신약성서 어디에도 사도들(혹은 디모데나 디도와 같은 '사도의 조력자들')과 장로들 외에 다른 아무도 교회에서 다스리는 기능을 행사했다는 증거가 없다는 부정의 논리도 있다.

예언자들이 치리의 역할을 수행했는가?

앞에서 보여준바 초기 교회에서 장로들이 다스리는 권위를 행사했다는 증거 외에도 신약성서에는 예언자들의 실질적 기능에 관한 모든 증거가 있다. 우리가 앞 장章들에서 도달한 결론은 예언자들은 권면하거나 덕을 세우거나 혹은 위로하는 말을 할 수 있다는 것이었다. 그러나 그들이 교회를 다스리는 기능도 수행했다는 증거는 신약성서 자체에는 없다. 물론 장로들 중에 예언의 은사를(그리고 다른 은사들도) 가진 자들이 있었을 것이다. 그러나 그렇다고 해도 초기 교회에서 신약성서의 예언자들이 예언자로 기능하면서 '카리스마적 지도자'로 기능했다는 분명한 증거는 없다.

사도행전 15:32는 유다와 실라가 예루살렘 회의에서 바울과 바나바와 함께 안디옥에 가서 예루살렘 회의의 결정을 안디옥 교회에 전한 다음 "유다와 실라도 선지자라. 여러 말로 형제를 권면하여 굳게"(행 15:32) 하였다고 전한다.

그러나 이 본문은 예언자의 카리스마적 치리에 반대되는 증거이다. 왜냐하면 유다와 실라의 치리 기능은 예루살렘에서 사도들과 장로들(예언자들이 아니라!)이 내린 결정을 안디옥에 전하는 것이었기 때문이다. 그리고 사도들과 장로들의 치리적 결정은 분명히 비카리스마적 방식으로 이루어졌다. ("많은 변론이 있은 후에 … "[행 15:7]을 주목하라.) 유다와 실라는 안디옥에 예언자로서의 역할을 하러 온 것이 아니라 예루살렘의 형제 중에 '인도자'(leading men: 지도자들)로서의 역할을 하러 온 것이다(행 15:22). (사실 안디옥의 예언자들[행 13:1]이 '카리스마적'으로 그곳의 공동체를 상대로 다스리는 문제에 관한 해결책을 관철시키지 못했음이 명백하다.) 누가가 유다와 실라도 또한 예언자였다고 언급한 것은 권면하고 굳게 하는 비치리적 기능을 언급하고자 했을 때였다. 신약성경 어디에서도 치리하거나 인도하거나 다스리는 기능과 관련된 용어가 누군가에게 단지 그가 예언의 능력이 있다하여 적용되지는 않았다.

은사주의 운동의 경험에 대한 브루스 요컴Bruce Yocum의 회고는 이 결론과 일치한다.

> 한 집단에서 예언자들이 최고의 권위를 갖는 것은 보통 잘못된 것이다. 상당수의 이단적 교파나 집단이 '예언자'의 지도하에 있었는데 그들의 '영감된' 말이 사람들을 미혹했다. … 예언자들이 설 곳은 예언하는 자리이다. 그러나 공동체의 지도자들이 설 곳은 예언을 판단하는 자리이다.[77]

요약

*

신약성서의 증거가 반복적으로 보여주는 것은 신약 교회들이 설립된 초기부터 장로와 때로는 집사와 같은 직책들이 있었다는 것이다. 또 우리에게 증거가 있는 지역 교회들에서 치리의 기능을 수행한 것은 예언자들이 아니라 장로들이라는 생각이 널리 수용되었다는 것을 보여준다.

이와 반대로 신약의 예언자들이 예언자로서의 기능 안에서 교회가 취할 방향에 관해 예언자적 선언을 함으로써 '카리스마적 리더십'을 통해 초기 교회를 다스렸다는 신뢰할 만한 증거는 없다. 이 이론은 일부 사람들이 교회가 어떤 식으로 발전 '해야만' 한다거나, 발전 '했을 것'이라는 생각에 근거한 것이지만 신약 자체 내에 있는 사실들이 지지해주지 않는다.

| 오늘날에 적용하기 |

우리는 오늘날의 교회를 다스리고 관리하는 일은 다스리는 은사가 있어서 교회의 공식적 치리자의 직책에, 특히 (신약성경의 용어를 사용하자면) '장로'의 직책에 세워진 사람들에 의해 수행될 것이라고 기대해야 한다. 우리는 교회가 예언자의 선언에서 인도와 지침을 찾기 시작하면 보다 '영적'인 교회가 되고 '초기 교회에 충실한' 교회가 될 것이라고 생각하면 안 된다. 사실 그리하면 더 신약 교회답지 않게 될 것이다!

그보다 치리는 바르게 선출된 교회의 직책 담당자들이 일반적으로 전체 교회의 집단적 지혜를 고려하고 교회 전체의 동의와 지지를 얻어 행동하면서 그들의 성숙한 판단을 통해 이루어져야 한다. 어떤 교회 지도자들은 다른 은사들과 함께 예언의 은사도 가졌을 수 있다. 그러나 예언의 은사 그 자체가 그들에게 교회를 지도할 자격을 주는 것은 아니다. 그것은 디모데전서 3:1-3과 디도서 1:5-9와 같은 본문들에 요약되어 있는 바와 같이 교회 직책에 합당한 은사와 성격을 통해 얻어진다.

10장

모든 신자가 예언할 수 있는가?

이제 우리는 예언의 은사 자체에 관해 ? 이 은사가 무슨 권위를 가졌는지(제 1-4장), 그 원천이 무엇인지(제 5장), 가르치는 은사와 어떻게 다른지(제 6장), 예언에는 어떠한 내용들이 포함되어 있는지(제 7장), 어떻게 이 은사가 교회에 대한 하나님의 축복의 표시가 되는지(제 8장), 그리고 교회의 초기에 예언의 은사 자체가 예언자들로 하여금 교회를 다스릴 수 있도록 해주었는지(제 9장) 우리의 분석을 끝냈다.

그러나 예언의 은사를 누가 사용할 수 있는지에 대해 두 개의 질문이 남아 있다. 첫째, 모든 신자들이 예언할 수 있는가, 아니면 이 은사가 회중 내의 특정 인사들에게 제한된 것인가? 우리는 이 문제를 이 장에서 검토할 것이다. 둘째, 여자들은 지역 회중 내에서 자유롭게 예언할 수 있었는가, 아니면 고린도전서 14:33b-35가 여자들이 예언의 은사를 사용하는 데 어떤 제약을 가한 것인가? 우리는 이 문제를 제 11장에서 검토할 것이다.

"예언자"는 교회 내의 직책인가, 아니면 비공식적 명칭인가?

지역 교회에서 누가 예언할 수 있는가를 결정하는 첫 단계는 '예언자'라는 단어가 교회 내의 특별한 직책을 지칭하는 것인지를 알아내는 것이다. 만일 '예언자'라고 불리는 공식적 교회 직책이 있었다면 우리의 질문에 대한 답은 매우 간단하다. 즉 예언자의 직책을 가진 사람들이 예언할 수 있다는 것이다.

직책은 무엇을 의미하는가? 그것은 누군가가 교회 내에서 특정한 행위를 할 권리와 책임을 가졌다고 공식적으로 인정되는 것이다. 예를 들어, 누군가가 '장로'의 직책을 가졌다면 그 사람은 그 교회를 다스리는 권한을 가졌으며 또한 그렇게 할 책임이 있다는 것을 교회 전체가 인정할 것이다. 아마 교회 내의 모든 사람이 누가 장로인지 알고 있으며 다른 사람들은 장로가 아니라는 것도 알고 있을 것이다. 바울이 디모데전서 3:1-7과 디도서 1:5-9에서 장로(또는 '감독')의 자격을 열거할 때, 그리고 그가 각 교회에 장로들을 세울(행 14:23) 때, 또는 디도에게 각 성에 장로들을 세우라고(딛 1:5) 명령할 때 '장로'는 인정받는 교회 직책임이 분명하다.

'집사'의 직책도 이와 비슷하다. 누가 집사들인지는 공적으로 알려졌으며 그들은 교회 내에서 일정한 관리의 임무를 수행할 것이라고 기대되고 있기 때문에 집사들은 교회의 직책을 가진 자들이다. 디모데전서 3:8-13(행 6:3도 참조하라)에 열거된 집사의 자격들과 이 직책을 위해 사람들을 안수하는(또는 공식적으로 구별하는) 의식을 치렀다는(행 6:6. 딤전 3:10과 비교하라) 사실은 집사가 초기 교회에서 구별되는 '직책'이었음을 보여준다.

이제 질문은 신약성서의 예언자들이 그같이 분명하게 규정되었고 공적으로 인정된 집단인가 아닌가이다. 사람들이 지역 교회에서 '예언자들'이라고 불리기 전에 교회가 일종의 공식적 인정(예를 들어, 공개적 발표 또는 회중의 인준 투표, 혹은 안수 의식)을 요구하였는가? 다시 말해 신약 교회에서 '예언자'라는 어떤 의미의 '직책'이 있었는가?

다른 대안은 '예언자'라는 용어가 직책에 대해 사용된 것이 아니라 다만 서술적 또는 기능적 의미로 사용되어서 예언을 하는 사람은 누구든지 '예언자'라고 불릴 수 있었다는 것이다.

이 두 번째 상황은 신약성서에서 다른 여러 은사들에 관해서도 타당하다. 예를 들어, 다른 사람들을 상시적으로 돕는 사람들은 '돕는 자'helper, 자주 가르치는 사람(전체 교회에 의해 공적으로 인정받지 않고)은 '교사'teacher, 방언 말하는 것을 자주 통역하는 사람은 '통역자'interpreter 등으로 불렸을 것이다. 이러한 경우에 어떤 종류의 공식적 인정을 받지 않은 사람일지라도 서술적 명사가 그에게 적용되었을 것이다.

'돕는 자', '관리자', '치유하는 자', '방언 말하는 자', '통역자' 등과 같은 명사들이 단순히 서술적으로 사용될 때 그것을 명사의 기능적 사용이라고(명사가 단순히 사람들이 수행하는 기능을 묘사하기 때문에) 지칭하여 어떤 교회 직책이나 보다 공식적 인준이 요구되는 어떤 지위를 묘사하는 기술적 용어로 사용되는 명사와 구별하는 것이 유용하다.

'예언자'라는 용어와 관련해서는 고린도전서와 신약성서의 나머지 부분에서 회중의 예언자들을 언급하는 경우 이 용어가 그 같은 기능적 의미로 사용되었다고 할 수 있는 여러 가지 이유가 있다.

첫째, 누군가가 고린도 교회에 '예언자'의 직책이 있었다고 주장한다 할지라도 그는 그 직책을 갖지 않으면서도 때때로 예언을 한 사람들이 있었다는 것을 인정하지 않을 수 없을 것이다. 그것은 모든 사람이 예언하기를 권면 받은(고전 12:31; 14:1, 5, 39) 교회에서 불가피한 일일 것이다. 어떤 사람들은 주저하는 마음으로 이 은사를 처음으로 사용하려 하는 반면에 다른 사람들은 아주 간헐적으로 계시를 받을 것이다. 어느 한 회중에서든지 다양한 정도의 예언 능력을 가진 모든 종류의 사람들이 있을 것이다.

그런데 바울은 간헐적으로 예언하는 사람들도 '예언자'라고 부른다. 왜냐하면 그는 고린도전서 14:32에서 "예언을 하는 자들의 영은 예언하는 자들에게 제재를 받나니"라고 말하기 때문이다. 이 말이 공식적으로 예언자로 인정된 자들만이 예언을 할 때 자신을 통제할 수 있다는 것을 의미할 수는 없다. 만일 그렇다면 이 지침은 초보자들(분명 누구보다도 가르침이 필요한 사람들)에게는 아무 상관이 없게 될 것이기 때문이다. 여기에서 '예언자'는 간헐적으로라도 예언하는 모든 사람들을 지칭할 수밖에 없으며, 따라서 교회 내의 특별한 직책으로 제한될 수 없다.

그리고 고린도전서 14:29의 "예언하는 자는 둘이나 셋이나 말하고 다른 이들은 분별할 것이요"에서 바울이 공식적으로 인정되는 특별한 집단에 관한 가르침을 주는 것일 수는 없다. 만일 그렇다면 예언의 은사는 있으나 공식적으로 인정받지 않은 사람들의 참여를 배제하는 것이 되는데 그것은 은사를 가진 모든 사람은 전체의 유익을 위하여 은사를 사용할 수 있기를 바란다는(고전 12:7, 21, 26; 14:5, 12. 롬 12:6과 비교하라) 바울의 공개된 여망과 모순 될 것이다. 따라서 여기에서도 바울은 '예언자'라는 용어에서 누구든 예언하는 능력을 가진 자, 또는 누구든 계시를 받아 예언을 하는 사람을 의미한다.

고린도전서 14:37의 "만일 누구든지 자기를 선지자나 혹은 신령한 자로 생각하거든"에서 바울은 주관적 평가의 요소가 있다는 것을 암시한다. 어떤 사람은 자기가 예언자라고 '스스로 생각'할 수 있는 반면에 다른 사람은 그 의견에 동의하지 않을 수도 있다. 만일 '예언자'가 공식적 직책이었다면 그 같은 견해 차이는 일어날 수 없다. 왜냐하면 누가 예언자이고 누가 아닌지를 모든 사람이 알 것이기 때문이다. 예를 들어, 바울은 "만일 누구든지 자기를 장로라고 생각하거든"이라고 말할 수 없을 것이다. 장로이거나 아닐 뿐이다! 따라서 여기에서 '예언자'는 직책일 수 없으며 단순히 예언하는 능력을 가진 자 또는 자주 예언하는 자를 지칭하는 것일 수밖에 없다.

이렇게 보면 고린도전서 12:28만 남게 되는데, 여기에서는 그 용어가 애매하게 사용되었다고 하지 않을 수 없다. '사도'와 연계된 것을 보면 여기에서 교회의 직책들이 열거된 것인 듯하지만 그게 분명하지 않다. '교사'는 단순히 가르치는 사람들을 기능적으로 서술한 것(딤전 2:7; 딤후 1:11; 히 5:12; 그리고 아마 약 3:1에서처럼. 딛2:3과 롬 12:7의 '가르치는 자'라는 일반적 표현과 비교하라)일 수도 있다. 그뿐만 아니라 고린도전서 12:31에서 바울이 "너희는 더욱 큰 은사를 사모하라"고 말할 때 그는 고린도 교회의 모든 사람들이 고린도전서 12:28이 의미하는 예언자가 되려고 노력하기를 원하는 것으로 보이는데, 만일 그가 말하는 예언자가 공식적으로 인정된 기능이나 직책을 의미한다면 이 소원은 이상한 것이 될 것이다.

신약성서의 다른 곳에서는 일반적으로 '예언자'가 어떤 종류의 직책이나 공식적으로 인정된 지위를 말하는지 결정할 수 없을 정도로 애매한 경우에 사용되고 있다. 아가보는 '예언자'라고 불리지만(행 11:27; 21:10) 직책을 말하는지 단순히 기능을 말하는지 문맥에 나타나는 것은 아무것도 없다. 사도행전 13:1에서 안디옥 교회에 '예언자들과 교사들이' 있다고 할 때에도 마찬가지이다.

사도행전 15:32에서 누가는 유다와 실라에 대해 '그들도 예언자'라고 말한다. 그러나 이것이 직책을 지칭하는 것일 수가 없음은 이전에 예루살렘 회의에 관한 설명에서 사도와 장로의 직책만 언급되었고(행 15:2, 4, 6, 22) 예언자는 언급되지 않았기 때문이다. 누가는 여기에서 공식적 임무와 관련하여 예언자라는 말을 하는 것이 아니라 단지 유다와 실라가 "여러 말로 형제를 권면하여 굳세게" 하였다는(행 15:32) 보고를 하면서 예언자를 언급한 것이다.

가이사랴에 빌립에게 "딸 넷이 있으니 처녀로 예언하는 자라"(행 21:9)라는 구절은 명사를 사용하지도 않고 그들의 예언 행위를 지칭하기 위하여 동사를 사용하였으며 분명히 공식적 직책보다는 기능을 암시하고 있다.

에베소서 4:11도 애매하다. 바울은 이렇게 썼다: "그가 어떤 사람을 사도로, 어떤 사람은 선지자로, 어떤 사람은 복음 전하는 자로, 어떤 사람은 목사-교사로 삼으셨으니 …"(그루뎀이 '목사와 교사' 대신 '목사-교사'로 번역한 것에 대해서는 〈부록 6〉에 자세히 설명되어 있음-옮긴이). 이 목록에서 '사도'는 분명 특별히 인정된 직책을 지칭한다. 그러나 '복음 전하는 자'는 분명하지 않다. 우리에게는 신약성서에서 사람들을 복음 전하는 자들로 선정하거나 안수했다는 기록이 없고 단지 전도자라고 불린 사람들에 대한 약간의 기록이 있을 뿐인데 이는 아마 전도 활동 또는 전도의 기능이 교회의 주된 사역 분야이기 때문일 것이다. (이 밖에 '전도자'라는 용어를 사용한 것은 행 21:8에서 전도자 빌립을 지칭한 것과 딤후 4:5에서 바울이 디모데에게 전도자의 일을 하라고 명령한 것 두 번뿐이다.) 그뿐만 아니라 사도나 장로나 집사와 달리 복음 전하는 일에는 본질적으로 전체 교회의 공적 인정을 받아야만 할 이유가 전혀 없다. 교회의 인정을 받았든지 안 받았든지 누구나 전도할 수 있다. 그러나 전체 교회 앞에서 공적 인정을 받지 않고서는 아무도 교회를 다스릴 수 없다.

목사-교사에 관해서는 비록 이것이 신약성서에서 결합된 용어로 나타난 유일한 경우이긴 하지만 아마도 장로의 직책처럼 초기 교회에서 인정된 직책이었을 것이다. 그러나 바울이 '장로'라는 용어를 사용하지 않는다는(에베소 교회에 장로들이 있었음에도 불구하고-행 20:17) 사실은 그가 아마 직책보다는 기능에 – 사도의 역할을 하는 자들, 예언하는 역할을 하는 자들, 전도하는 역할을 하는 자들, 목사와 교사의 일을 하는 자들 – 초점을 맞추고 있음을 암시한다. 만일 바울이 "그가 어떤 사람에게는 사도 직책을, 어떤 사람에게는 예언자 직책을, 어떤 사람에게는 장로 직책을, 어떤 사람에게는 집사 직책을 …"라고 썼다면 그것은 교회의 직책 목록임이 분명할 것이다. 그러나 그는 그렇게 쓰지 않았으며 신약성서에 그런 목록도 없다. '사도, 예언자, 복음 전하는 자, 목사-교사'는 가능성을 최대로 보아도 직책과 기능이 혼합된 목록이며 '예언자'가 신약 교회에서 공식적 직책이었다는 분명한 증거가 되지는 못한다.

예언자를 구체적으로 언급하는 본문들에 관한 이상의 분석 외에 '예언자'가 인정된 직책이었다는 견해에 반대하여 몇 가지 고려할 사안들이 있다. 첫째, 신약성서에 누군가에게 예언자의 직책이나 특정한 예언자의 임무를 부여하거나 인정해주는 의식(행 1:23-26; 6:6; 14:23; 딤전 4:14; 5:22; 딛 1:5 등에서 사도나 장로나 집사에게 한 것처럼)에 관한 어떠한 힌트도 없다. 둘째, 누구든 계시를 받은 사람은 예언할 수 있기 때문에(고전 14:31) 예언하는 자들을 공식적으로 인정해줄 필요가 없었던 것으로 보인다.

따라서 신약성서에서 '예언자'는 직책이 아니라 기능을 지칭하는 것으로 보인다. 자주 예언을 하는 사람들 또는 예언의 은사를 가진 것으로 보이는 사람들을 '예언자'라고 불렀다.

영국의 은사주의 지도자 마이클 하퍼Michael Harper는 여러모로 매우 유익하고 균형 잡힌 소책자에서 내가 보기에 이점에 있어서는 신약성서의 증거들을 평가하는 데 오류를 범한다. 그는 소수의 사람들만 가졌던 '예언자의 직책'과 잠재적으로 누구나 가능했던 '예언의 행위' 사이의 구별(다른 은사주의자들도 자주 언급하는)이 있다고 본다. 그리고 그는 고린도전서 14:29는 예언자의 '직책'을 가진 '둘이나 셋이' 예언하는 것만 허용하지만 고린도전서 14:31은 (그 밖의 모든 사람들을 지칭하며) '다' 예언할 수 있다고 말한다는 주장을 한다.[78] 그러나 이는 고린도전서 14:31을 오해한 것이다. 그것은 교회 예배에 참석한 사람들이 다 예언할 수 있다는 뜻이 아니라 예언을 하는 사람들은 다 '하나씩 하나씩' 질서 있게 예언할 수 있다는 뜻이다(아래 "모든 사람이 실제로 예언하는 능력을 가졌는가?"라는 단원에서 논의한 것을 보라).

내가 보기에 보다 정확한 것은 하나님의 성회 저술가 도널드 지Donald Gee의 다음과 같은 결론이다.

> 공식적 예언자와 예언하는 사람들 사이에 구별이 있는 것으로 보이지만 예언자들이 검증된 예언의 은사를 자주 사용하는 사람 그 이상이라고 주장하는 것은 독단적이다.[79]

그러나 이렇게 말하기는 해도 우리는 또한 예언자라는 용어가 사용된 문맥에 따라 더 넓은 의미 또는 더 좁은 의미를 가질 수도 있음을 인정해야 할 것이다. 예를 들어, 고린도전서 14:32의 "예언하는 자들의 영은 예언하는 자들에게 제재를 받나니"(원문대로 직역하면 "예언자들의 영은 예언자들에게 제재를 받나니"-옮긴이)에서 '예언자'는 단 한 번이라도 예언하는 사람이면 누구든 해당된다고 해야 할 것이다. 이는 매우 넓은 의미인데 문맥이 그것을 독자에게 분명하게 해준다.

그러나 고린도전서 14:37의 "만일 누구든지 자기를 선지자나 혹은 신령한 자로 생각하거든"에서는 이 용어의 보다 좁은 의미가 요구된다. 여기에서는 개인의 주관적 평가라는 요소가 개입된다. 어떤 사람들은 어느 특정 인물을 예언자라고 여기고 다른 사람들은 그렇지 않을 수 있다. 그런 경우에는 그 특정인에게 '예언자'라는 용어를 사용할 것인지는 적어도 세 가지 변수에 달려 있다.

(a) 그 사람의 예언 행위의 빈도와 범위: 전체 회중 앞에서 자주 그리고 매우 오래 예언하는 사람은 분명 '예언자'로 불릴 것이지만 덜 자주 그리고 보다 간단히 (그리고 아마 보다 작은 집단 앞에서) 예언하는 사람은 그렇게 불리지 않을 것이다.

(b) 그 회중이 처해 있는 상황: 여러 달 또는 여러 해 동안 아무도 예언한 적이 없는 교회에서는 예언 행위의 초보자일지라도 예언자라고 불릴 수 있지

만 많은 예언자들이 활발하게 예언하고 있는 교회에서는 초보자가 보다 자주 예언할 때까지는 예언자라고 부르지는 않을 것이다.

(c) 회중 내 신자들의 개별적 발언 습관: 어떤 사람들은 어떤 초보자라도 예언자라는 명칭을 붙이는 데 적극적이고 다른 사람들은 그 용어를 사용하는 데 보다 제약적일 것이다.

여기에 묘사된 넓은 의미와 좁은 의미가 공히 어떤 사람들은(적어도 현재로서는) 예언자이고 다른 사람들은 아니라는 비공식적으로 인정한다. 누가 예언자라고 불릴 것인지를 결정하가 위한 회중의 투표 같은 것은 없었던 것 같으며 지정된 특정인들이 예언자로 불릴 수 있다는 공적 선언 같은 것이 있었다는 증거도 찾아볼 수 없다. 그보다는 아마 '예언자'는 일반적으로 단순히 '예언하는 사람'을 의미한다고 신자들이 이해했던 것으로 보인다. 그 같은 비전문적non-technical 정의가 모든 신약성서 자료와 잘 맞아 떨어진다.

모든 신자가 예언할 수 있는가?

✷

신약성서에서 '예언자'는 공식적 직책이 아니었다는 것을 확립했으므로 이제 우리는 이 장*章*의 주제인 모든 신자는 예언할 수 있는가의 문제를 검토할 수 있다. 이 문제에 대한 답을 찾기 위해서 우리는 이 문제의 몇 가지 구체적 의미들을 구분하여 하나씩 답할 필요가 있다.

모든 신자가 예언하는 것이 허용되는가?
모든 신자가 예언할 수 있는 잠재적 능력이 있는가?
모든 신자가 실제로 예언할 능력이 있는가?
모든 신자가 자유자재로 예언할 능력이 있는가?

우리는 이상의 질문들을 하나씩 검토할 것이다.

모든 신자가 예언하는 것이 허용되는가?

바울은 예언을 허용하는 데에 일정한 제약을 가한다. 다른 사람이 발언하고 있을 때에는 아무도 예언할 수 없으며(고전 14:30-31), 시간의 제약으로 회중에 속한 모든 사람이 한 모임에서 다 말할 수 있게 할 수 없는 것으로 보인다(고전 14:29). 그러나 이 밖에는 신약성서에 예언을 허용하는 데에 아무런 제약이 없다.[80] 특별한 예언자의 직책이 있어서 교회 내에서 그 직책을 가진 자만이 예언할 수 있는 것이 아니었으며, 회중에서 나이 들고 성숙한 자나 보다 존경 받는 자들만이 예언할 수 있었다는 증거도 없다. 그러기보다는 누구든지 계시를 받아서 발언할 차례를 기다린 사람은 예언이 허용되었다.

모든 신자가 예언할 수 있는 잠재적 능력이 있는가?

이 말은 모든 신자가 언젠가 예언하게 될 것인지, 역으로 무슨 이유에서이든지 평생 예언할 자격이 없게 되는 사람이 있는 것인지를 묻는 것이다. 이에 대한 대답은 누구든 그 안에서 성령이 역사하는 자면 그런 잠재적 능력을 보유하고 있다고 하지 않을 수 없다. 바울은 말하기를 성령이 각 사람에게 은사를 주신다고(고전 12:7, 11) 했으며 누가 어떤 은사를 받는가를 결정하는 것은 성령의 자유 의지("그의 뜻대로", 고전 12:11)이다. 어느 그리스도인이든 예언의 은사를 받을 가능성이 있다. 그뿐만 아니라 바울은 모든 그리스도인에게 예언하기를 구하라고(고전 14:1, 39) 권면함으로써 각 사람마다 적어도 이 예언 은사를 받을 가능성이 있음을 암시한다.

모든 신자가 실제로 예언할 능력이 있는가?

이 경우에 우리가 묻는 것은 모든 신자가 실제로 예언의 능력을 받았는가이다. 이에 대한 답은 부정적일 수밖에 없다. 비록 바울은 고린도의 모든 그리스도인들이 예언과 그리고 다른 유용한 은사들을 추구할 것을 바라지만 그는 모든 신자가 다 같이 어느 한 은사를 보유할 수 없음을(고전 12:8-10, 12, 14, 17, 19-20, 29-30) 분명히 하고 있으며 예언은 모든 사람이 보유할 수 없는 기능으로 특정하기까지 한다(고전 12:29의 "다 선지자이겠느냐"를 주목하라).

바울이 모두가 다 예언할 수 없을 것이라고 말하면서 동시에 그들 모두에게 예언하기를 추구하라고 말하는 것은 모순이 아니다. 바울은 고린도 교회의 누가 예언의 은사를 받을지 알 수 없었다. 그는 어느 한 집단, 예를 들어, 성인들, 또는 지도자들, 혹은 성숙한 그리스도인들을 가려내어 이 사람들만 예언하기를 구하라고 할 수 없었다. 그리하면 일부의 잠재적 예언자들을 임의로 배제하는 것이 될 것이기 때문이었다. 그에게 유일한 대안은 그가 한 바로 그것을 하는 것이었다. 즉 모두가 다 예언의 은사를 구하라고 권장하면서 동시에 그것을 얻지 못하는 자들에게는 만족하는 가운데 교회의 유익을 위한 하나님의 지혜를 신뢰하라고 호소하는 것이었다(고전 12:11, 15-16, 18, 28; 31절과 함께).

또 하나의 반론은 사도행전 19:6에서 비롯될 수 있는데, 거기에는 열두 명의 에베소 사람들이 "방언도 하고 예언도 하였다"고 기록되어 있다. 비록 이 예언이 여러 면에서 고린도전서에서 볼 수 있는 예언과 아마 같은 종류의 예언이겠지만 그들이 다 한꺼번에 방언도 하고 예언도 했다는 사실은 고린도전서에서 말하는 회중 내의 질서 있는 발언과는 매우 다르다. 그것은 이방인들에게 성령 주심을 확인해주는 극적이고 독특한 사건으로서 사도행전 2:4와 10:46의 사건들과 비슷한 것으로 보이며, 이 사건은 다른 교회를 설립하는 경우나 에베소의 이 열두 사람들이 그 후에 회중의 모임에서 질서 있는 예배 생활을 하는 과정에서 그대로 반복될 필요는 없었을 것이다.

마지막 반론은 고린도전서 14:31에서 야기될 수 있는데, 거기에서 바울은 "너희는 다 모든 사람으로 배우게 하고 모든 사람으로 권면을 받게 하기 위하여 하나씩 하나씩 예언할 수 있느니라"고 말한다. 이 절은 모두가 예언할 수 있다고 하지 않는가?

사실은 이 절이 정확히 그렇게 말하는 것은 아니다. 오히려 모두가 하나씩 하나씩 예언할 수 있다고 - 다시 말해서 모두가 질서 있게 자신을 통제할 수 있다고 말하는 것이다. 헬라어 본문에서는 '하나씩 하나씩'이 앞부분에 '너희는 할 수 있다'와 '예언하는 것' 사이에 끼어 있어서 단순히 예언하는 능력이 아니라 하나씩 하나씩 예언하는 능력을 말하고 있다는 것을 독자가 확실히 이해하도록 보장해준다.

그렇다면 이 본문은 모두가 실제로 예언할 수 있다는 것을 의미하는 것이 아니라 회중의 누구든 예언을 하게 된다면 다 자신을 통제할 수 있다는 것을 의미한다.

고린도전서 14:31의 "모든 사람으로 배우게 하고 모든 사람으로 권면을 받게 하기 위하여"라는 마지막 구절(이 부사절이 우리말 번역에는 문장의 앞부분에 위치하지만 헬라어 원문과 영역본에서는 뒷부분에 위치한다 - 옮긴이)은 하나씩 하나씩 예언한 결과를 보여준다. 회중의 모든 사람이 배우거나 권면을 받게 되는데 그 이유는 그들이 다 듣고 이해할 수 있기 때문이다. 그와 다른 상황, 즉 여러 사람이 동시에 예언하는 경우에는 아무도 발언 내용을 듣거나 이해할 수 없기 때문에 아무도 배우거나 권면을 받을 수 없을 것이다. 그러나 예언하는 사람들이 모두 하나씩 하나씩 예언하면 모든 사람들이 그 말을 듣고 이해할 수 있게 되고 따라서 모두가 권면 받고 배우게 된다.

그러므로 고린도전서 12-14장의 여러 섹션들이 모든 사람들이 실제로 다 예언할 능력을 가진 것은 아니라는 것을 아주 분명하게 보여준다.

사람들이 원할 때마다 예언할 수 있는가?

앞(제 5장)에서 고린도전서 14:30의 분석에서 우리는 '계시'는 예언자에게 아주 순간적으로 오는 것이며, 그것은 하나님께로부터 오며, '계시'가 없으면 예언도 할 수 없다는 것을 알게 되었다. 따라서 어떤 예언자도 자기 자신에 의한 계시를 조작해내서 예언을 하기 시작할 수 없다. 그 사람은 성령에 의해 무엇인가 계시를 받을 때까지 기다려야 한다.

이 점에서 예언과 바울이 말하는 다른 은사들과 차이가 있다. 다스리는 것, 가르치는 것, 구제하는 것, 긍휼 베푸는 것, 그리고 (아마) 방언 말하는 것(고전 14:15, 18, 28)과 같은 은사들은 마음대로 사용될 수 있다. 이 은사들 중의 하나를 받은 신자는 아무 때나 그것을 사용할 수 있다. 그러나 예언은 보다 즉흥적이고 예언자가 계시를 받았을 때에만 사용될 수 있다. 아무도 자유자재로 예언하는 능력을 가진 것으로는 보이지 않는다.

초신자에게도 예언하는 것을 허용해야 하는가(고전 12:1-3)?

초신자들, 특히 분명히 비그리스도교적 또는 이교도적 배경에서 온 사람들에 대해서는 어찌 해야 하는가? 교회는 그들이 예언 하는 것을 허용하기 전에 그들의 기독교 신앙고백이 진실인지 그리고 그들이 교리를 충분히 이해하였는지 보기 위해 일정 기간 – 예를 들어, 일 년 내지 이 년 – 기다려야 하는가?

고린도 교회에서 예언뿐만 아니라 성령의 은사 전반에 관련하여 이 문제가 제기된 것으로 보인다. 고린도는 우상숭배적 헬라 종교의 영향을 강하게 받고 있었으며 바울은 심지어 고린도의 우상숭배는 사실 귀신을 섬기는 것이라고 말한다.

> 무릇 이방인이 제사하는 것은 귀신에게 하는 것이요 하나님께 제사하는 것이 아니니 나는 너희가 귀신과 교제하는 자가 되기를 원하지 아니하노라. 너희가 주의 잔과 귀신의 잔을 겸하여 마시지 못하고 주의 식탁과 귀신의 식탁에 겸하여 참여하지 못하리라(고전 10:20-21).

이 지침이 초신자들, 특히 귀신 제사의 배경을 지닌 초신자들이 영적 은사를 사용하는 문제에 영향을 미칠 것이다. 바울은 이 문제를 인식하고 있었던 것으로 보이며 고린도전서 12-14장의 성령 은사들에 대한 논의의 도입부에서 이에 대한 답을 제시한다. 그는 이렇게 말한다.

> 형제들아, 신령한 것에 대하여 나는 너희가 알지 못하기를 원하지 아니하노니, 너희도 알거니와 너희가 이방인으로 있을 때에 말 못하는 우상에게로 끄는 그대로 끌려갔느니라. 그러므로 내가 너희에게 알리노니 하나님의 영으로 말하는 자는 누구든지 예수를 저주할 자라 하지 아니하고, 또 성령으로 아니하고는 누구든지 예수를 주시라 할 수 없느니라(고전 12:1-3).

바울은 사실상 이렇게 말하는 셈이다. "나는 너희가 이전에 말 못하는 신들을 섬긴 것을 안다. 너희는 그런 신들로부터 아무것도 배울 수가 없었다. 그래서 너희들은 영적 은사들에 대해 무지하다. 그러므로 나는 하나님의 영으로 말하는 자는 아무도 '예수는 저주를 받을지어다'고 말할 수 없으며, 성령에 의하지 않고는 아무도 '예수는 주님이시다'고 말할 수 없다는 것을 너희에게 알려준다." 이렇게 이해하면 이 본문은 12-14장에 대한 알맞은 도입부를 제공한다. 왜냐하면 여기에서 바울은 모든 그리스도인은 그 안에 하나님의 영이 있어 그 같은 고백을 할 수 있도록 해주신다는 사실을 강조하는 것으로 보이기 때문이다.

이는 고린도의 많은 그리스도인들의 배경에 관해서 우리가 말할 수 있는 것과 잘 맞아떨어진다. 어쩌면 고린도 사람들이 바울에게 우상숭배와 기독교가 혼합되는 것을 우려하는 말을 했을지도 모른다. 교회 안에 이전에 우상숭배 하던 자들이 상당 수 있었으며(고전 6:9-11; 8:7과 비교하라), 그들 중 가장 많은 의심을 불러일으킨 자들은 대략 다음의 두 가지 범주로 분류될 수 있다.

(a) 한 편으로는 영감을 받았다고 주장하는 사람들이 예배에 와서 매우 인상적인 행위를 보여주고 어쩌면 많은 감동으로 예언을 하기도 할 것이다. 그러나 그들은 가끔 매우 염려스러운 말을 하고 때로는 심지어 그리스도를 모독하기도 한다. 그럼에도 불구하고 그들이 신성모독을 할 때는 아니라 해도 적어도 그들이 다른 것들을 말할 때에는 성령이 그들에게 능력을 주신 것이 아니었을까?

바울은 대답한다. "아니다. 이 사람들은 하나님의 영으로 말하는 것이 아니다. 만일 성령이 그들 안에서 역사하신다면 그들은 그런 말을 할 수가 없다."

(b) 다른 한 편으로 만일 고린도 사람들이 이 사람들을 신뢰하지 말아야 한다면 누구를 신뢰해야 할지 알기 매우 어려울 것이다. 교회에서 적지 않은 무리가 회심한 우상숭배자들로 구성되어 있으며, 그들 중 일부는 그리스도에 대한 이해가 아주 초보적이었을 것이다. 이전에 우상숭배 하던 자가

진실을 말하는지 어떻게 알 수 있는가? 혹은 예언이건, 가르치는 것이건, 병 고치는 것이건, 방언이건, 다스리는 것이건, 무엇이건 그의 은사가 교회에서 신뢰받아야 할 것인지 어떻게 알 것인가?

이에 대해 바울은 이렇게 대답한다. "너희는 의심이 지나쳐 교회의 사역에서 참 신자들을 배제하면 안 된다. 누구든 진실되고 성실하게 그리스도인의 신앙 고백을 한자는 성령의 능력으로 한 것이니 고회에 전적으로 받아들여져야 한다."

물론 우리는 고린도전서 12:3이 어떤 마술적 주문을 단순히 반복하는 것을 지칭하는 것으로 이해하면 안 된다(마 7:21-23과 15:8의 거짓 고백과 비교하라). 그보다는 바울이 말하는 '예수는 주님이시다'라는 고백은 개인의 믿음을 표현한 것으로 보아야 하며, 이 믿음은 그에 따르는 진정성과 이해를 나타내는 적당한 표시에 의해 신뢰성이 확보된 믿음일 것이다. 마찬가지로 '예수는 저주 받을지어다'라는 말 자체가 반드시 불신앙을 나타내는 것은 아니다. 왜냐하면 고린도 교회에서 누구든 바울의 이 서신을 소리 내서 읽는 자는 이 말을 하게 될 것이기 때문이다. 그러나 그 말이 말하는 자 자신의 감정을 나타내는 것으로 보인다면 바울은 그것을 불신앙의 표시로 간주할 것이다.

물론 바울이 백 퍼센트 완벽한 방법을 제안하는 것은 아니었다. 왜냐하면 고린도 사람들이 어떤 사람이 진실한지, 특히 신앙 고백에 있어서 그러한지를 모든 경우에 알 수는 없었을 것이기 때문이다. 그러나 대부분의 경우에 유용한 일반적 기준으로 바울은 이렇게 말한 것이다. (1) 신성모독은 불신앙을 나타내며, (2) 신앙고백은 믿음을 나타낸다.

고린도전서 12:3에 대해 이 같이 이해한다면 우리는 바울이 이 단원에서 말하는 은사에 대해서만 주목하고 있는 것이 아님을 알 수 있다. 비록 신앙고백과 신성모독은 말하는 행위이지만 그것은 그 사람의 삶에 성령의 역사가 있는지 없는지를 나타내는 기능을 한다. 만일 누군가가 '예수는 주님이시다'라고 고백한다면 그것은 그 사람 안에 성령이 역사하신다는 것과(고전 12:3), 한 몸을 이룬 그리스도의 지체라는 것과(고전 12:13), 그 몸의 유익을 위해 사용할 은사를 받았다는 것을(고전 12:7, 11, 12-31) 나타낸다. 만일 어떤 사람이 신성모독을 하면 그것은 성령이 그 사람 안에서 역사하시지 않는다는 것과(고전 12:3), 따라서 그는 그리스도의 지체가 아니라는 것과, 그 때에 그에게는 교회에 유익이 되는 은사가 없다는 것을 나타낸다(요일 4:1-6도 비슷한 가르침을 준다).

결론적으로 우상숭배로 가득한 도시에서 고린도전서 12:1-3은 성령의 은사를 가진 자들(신자들)과 그렇지 않은 자들(불신자들)을 가려낸다. 신빙성 있는 신앙고백으로 참 신자임을 드러낸 사람들에게는 그들 안에 성령이 있다. 그리고 그들 안에 성령이 있다면 그들은 또한 그리스도의 몸을 유익하게 하는데 사용할 은사나 은사들을 받았다. 그렇다면 초신자에게도 때로는 예언의 은사가 주어질 것이다. 회중의 적절한 제재 하에서(특히 고전 14:29-33a와 아래의 제13장을 보라) 초신자에게도 이 은사를 사용하는 것을, 그리고 그가 받은 다른 은사들이 있다면 그것들도 그리스도의 몸의 유익을 위해 사용하는 것을 허용해야 할 것이다.

예언은 한시적 은사인가, 아니면 지속적 은사인가?

두 가지 가벼운 의미에서 예언은 한시적 은사라고 생각할 수 있다. 첫째, 어떤 예언자도 자유자재로 예언할 수는 없다(앞의 204-205쪽에서 논의한 것을 보라). 누구든 계시를 받았을 때에만 예언할 수 있다. 비록 그 사람이 매우 자주 예언한다 할지라도 그가 진정으로 그 은사를 '보유'하고 있다고 말할 수 없는 것은 성령이 그에게 계시를 주시는 그 순간까지 그는 기다려야만 하기 때문이다.

둘째, 바울은 은사의 배분에 있어서 성령의 절대적 주권을 분명하게 인정한다. 모든 은사는 "같은 한 성령이 행하사 그의 뜻대로 각 사람에게 나누어 주시는 것"(고전 12:11)이다. 따라서 성령이 어떤 사람에게 특별한 능력을 - 예를 들어, 병 고치는 능력 또는 예언하는 능력을 - 잠시 동안만 주시고 다시는 그 사람에게 그 능력을 안 주시는 것은 진정 가능한 일이다.

그러나 이 두 가지 합당한 이유에도 불구하고 일탄적으로 예언은 지속적permanent 은사 혹은 적어도 준지속적semi-permanent 은사라고 말할 수 있다. 어떤 예언자도 자유자재로 예언할 수 없다는 것을 인정하면서도 우리는 고린도전서 12-14장에서 빈번하게 그리고 장시간 동안 예언하는 사람들이 있었다는 암시를 발견할 수 있다. 이 사실은 은사의 배분에 있어서 성령의 주권에 대한 바울의 주장과 모순되는 것이 아니다. 그것은 단지 성령이 완전히 아무렇게나 예측할 수 없게 역사하시는 것이 아니라 질서정연하게 역사하신다는 것을 바울이 인정한 것일 따름이다.

고린도전서 14:37에서 "만일 누구든지 자기를 선지자나 혹은 신령한 자로 생각하거든"은 그 사람이 예언을 할 때를 지칭하는 것이 아니라 바울의 편지를 읽고 있는 때를 가리킨다. 이 말은 어떤 사람들은 예언을 자주 하기 때문에 그들이 예언할 때만이 아니라 항상 예언자로 여겨진다는 것을 의미한다. 마찬가지로 고린도전서 13:2의 "내가 예언하는 능력이 있어"는 이 은사의 지속적 보유를 의미한다. 그리고 고린도전서 12:29에서 "다 선지자이겠느냐?"는 어떤 사람들은 규칙적이라 할 만큼 자주 예언하기 때문에 예언자로 여겨진다는 것을 암시한다.

다른 은사들에 관해서도 같은 말을 할 수 있을 것 같다. 어떤 사람이 방언을 통역하는 능력이 있다면 분명히 그 사실은 전체 회중에 알려져 있다. 왜냐하면 방언 말하는 사람이 통역하는 자가 있는지 알아야 했고 없다면 교회에서 방언 말하는 것을 자제해야 했기 때문이다(고전 14:28).

고린도전서 12:12-26에 있는 몸에 관한 비유에서도 비슷한 결론을 도출할 수 있다. 교회의 구성원들이 몸의 지체들로 생각될 수 있다면 지체의 기능이 일정 기간 유지된다는 것을 묘사하고 있다(손은 계속해서 손이고 발은 계속해서 발이기 때문이다). 그러나 이 비유를 지나치게 확장하면 안 된다. 그리하면 아무도 다른 은사를 받을 수 없다는 것, 또는 은사를 상실할 수 없다는 것, 혹은 한 가지 이상의 은사를 가질 수 없다는 것 등을 의미할 것이기 때문이다.[81]

따라서 비록 아무도 자유자재로 예언할 수 없었으며 어떤 사람은 단 한 번 예언하고 다시는 예언을 하지 않은 경우도 있음에도 불구하고 예언은 보통 지속적 혹은 적어도 준지속적 은사였다는 것이 정상적 패턴이었던 것 같다.

그러나 이 모든 논의에서 비록 어느 한 은사나 다른 은사의 '보유'에 관해 말하는 것이 잘못된 것은 아니지만(바울은 고전 12:30과 13:2의 헬라어 본문에서 이런 식으로 말한다) 그래도 대체적으로 영적 은사의 보유라는 문제에 관한 리처드 개핀의 성숙한 관점을 기억하는 것이 좋을 것이다.

아마 가장 중요하면서도 분명히 우리가 배우기 가장 어려운 교훈은 은사들은 궁극적으로 우리의 힘이나 능력이라고 생각할 수 있는 것이 아니며 우리가 '가진' 것도 아니고(또는 주어진 것도 아니고) 우리 자신의 부족함과 연약함에도 불구하고 하나님이 우리를 통하여 역사하시는 것이다. "내 은혜가 네게 족하도다. 이는 내 능력이 약한 데서 온전하여짐이라"(고후 12:9).[82]

예언의 은사에는 능력의 차이가 있을 수 있다

바울의 여러 은사 목록과 함께 분명한 것은 다양한 사람들이 어느 특정한 은사를 가졌으나 그 능력의 강도가 각각 달랐다는 것이다. 예를 들어, 가르치는 것과 다스리는 것 같은 은사에 있어서는 교사나 관리자로 인정받은 사람들 사이에도 능력의 절대적 균등은 없었다. 어떤 사람들은 다른 사람들보다 나은 교사였으며, 어떤 사람들은 보다 큰 책임을 질 수 있었다.

반면에 가르치는 은사나 다스리는 은사가 없어서 공적으로 가르치는 일이나 다스리는 일을 하지 않는 사람들도 있었다. 그러나 이런 사람들에게 있어서도 미약한 정도의 가르치는 능력이나 다스리는 능력이 – 비록 그런 능력이 자신들의 가정에서 또는 자신들의 자녀들에게 행사되고 일반적으로 교회에서는 행사되지 않았지만 – 있었다. 그들은 가르치는 은사가 없었으나 어떤 의미에서 그들은 '가르쳤다.' 그래서 그들은 가르치는 은사 같은 것을 아주 낮은 발전 단계에서 갖고 있다고 말할 수 있다.

이 두 가지 요소를 – 은사를 가진 자들의 능력의 차이와 은사를 갖지 않은 자들이 가진 작은 능력, 즉 은사 같은 것을 – 함께 고려하면 신약교회에서 이 은사들을 절대적 보유와 절대적 비보유의 관점에서 생각하는 것은 부정확한 것이라는 결론에 도달하게 된다. 보다 정확한 것은 능력의 강도의 등급을 따라 진행하는 것으로 보는 것이다.

바울이 "다 교사이겠느냐"(고전 12:29)고 말할 때 그는 모든 사람이 다 교회에서 교사로 기능하기에 충분할 정도로 가르치는 은사를 가진 것은 아니라는 것을 의미한다. 그러나 이것조차도 상대적 비교이다. 약간의 가르치는 은사만을 가진 사람도 다른 모든 사람이 그보다도 더 작은 능력을 가진 새 교회에서는 교사로 인정받을 수 있다.

바울은 또한 방언과 관련하여 "내가 너희 모든 사람보다 방언을 더 말하므로"(고전 14:18)라고 하여 능력(또는 사용의 빈도)의 차이를 인정한다. 그리고 다른 은사들, 예를 들어, 믿음이나 지식의 말씀이나 지혜의 말씀과 같은 은사들은 자연히 능력에 차이가 있을 것이다.

목회서신에는 개인이 적어도 자신의 능력의 일부를 목회를 위해 증가시키거나 감소시킬 수 있다는 암시가 있다. 디모데는 자기 속에 있는 은사를 소홀히 하지 말고(딤전 4:14) 사용하도록 하라는 명령을 받았기 때문이다. 15절의 "이 모든 일에 전심전력하여"에서 이 모든 일은 13절에서 말한 성서 읽는 것과 권하는 것과 가르치는 것과, 14절에 언급된 은사뿐만 아니라 12절에 언급된 "말과 행실과 사랑과 믿음과 정절"을 지칭한다. 디모데는 또한 이 은사를 "다시 불 일듯 하게"(딤후 1:6) 하라는 명령을 받는데 이는 디모데가 이 은사를 사용하지 않아서 바울이 이 글을 쓸 때에는 약하게 작동하고 있었다는 것을 암시한다. 그러나 그 은사를 "다시 불 일듯 하게" 함으로써 디모데는 그것이 그의 삶에서 보다 강하고 능력 있게 작동하도록 회복시킬 수 있을 것이다.

이 본문들을 다 예언이 아닌 다른 은사들을 다루고 있기 때문에 우리는 더 고찰하고 연구하지 않고서는 예언의 은사도 이러한 패턴을 따를지 확신할 수는 없으나 그럴 것 같이 보인다.

이에 대한 한 가지 힌트를 로마서 12:6의 "… 혹 예언이면 믿음의 분수대로"에서 찾을 수 있다. 이 말은 예언의 은사를 가진 사람은 더 큰 분량의 믿음(즉, 성령이 예언의 근거가 되는 계시를 가져오기 위해 그들 안에서 역사하실 것이라는 혹은 역사하시고 있다는 기대나 확신)을 가졌다는 것을 의미하는 것으로 보인다.[83] 하나님께 이 같은 특별한 종류의 믿음을 더 많이 받은 사람들은 더 많이 예언할 것이다. 그러나 이것은 자랑할 근거가 되지 않을 것이다. 바울은 동일한 문맥에서 하나님이 서로 다른 분량의 믿음을 주셨으며(롬 12:3: "하나님께서 각 사람에게 나누어 주신 믿음의 분량대로") 각 개인에게는 "우리에게 주신 은혜대로 받은 은사가 각각 다르니"(롬 12:6)라고 주장한다.

만일 예언이 위에 언급된 다른 신약 은사들과 같다면, 그리고 로마서 12장에 언급된 '믿음의 분수'패턴을 따른다면 어느 한 회중 내에서 크고 작은 예언의 능력이 광범하게 분포되어 있을 것이다. 예언자들 사이에서도 예언의 능력이 서로 다르고 그들 자신의 예언 능력도 시간이 흐름에 따라 변하는 것을 보게 될 것이다. 고도의 예언 능력을 가진 자들은 예언을 더 자주, 더 오래, 보다 명확하고 강력한 계시로부터, 보다 중요한 주제에 관해, 그리고 보다 폭넓은 사안들에 관해 하게 될 것이다.

예언의 은사를 추구하는 것이 옳은 일인가?

✺

바울의 진술 가운데 은사를 수여하는 데 있어서 성령의 주권을 아주 분명하게 강조하기 때문에 그 진술 자체만 고려하면 우리로 하여금 예언의 은사를 얻는 것에 대해 숙명론적 태도를 취하도록 할 수도 있다. 성령이 "그의 뜻대로 각 사람에게 나누어 주시는 것이니라"(고전 12:11). "하나님이 그 원하시는 대로 지체를 각각 몸에" 두셨다(고전 12:18). "하나님이 교회 중에" 여러 은사를 가진 사람들을 세우셨다(고전 12:28), 등등. 이 구절들만 읽는 신자는 자신이 예언의 은사를 얻기 위하여 할 수 있는 것이라곤 성령이 언젠가 이 은사를 주시기에 합당하다고 여길 것을 기대하면서 앉아서 기다리는 것 외에 절대로 아무것도 없다고 결정할지도 모른다.

그러나 바울의 글 중에는 그가 고린도 사람들이 자신들을 위해 예언의 은사를 구하는 데 적극적인 태도를 취할 것을 기대했음을 보여주는 구절들도 있다. "너희는 더욱 큰 은사를 사모하라"(고전 12:31). "신령한 것들을 사모하되 특별히 예언을 하려고 하라"(고전 14:1). "예언하기를 사모하며"(고전 14:29). 바울은 분명히 이를 위해 어떻게 해야 할지를 알 것이라고 생각했다. 왜냐하면 바울은 이 사모하는 것이 무엇을 요구하는지 결코 명확한 설명을 해주지 않기 때문이다. 그럼에도 불구하고 본문에는 바울이 고린도사람들이 취하기를 기대했던 몇 가지 단계가 있다는 것을 알려주는 여러 가지 힌트가 있다. 우리는 예언의 은사 및 다른 은사들과 관련하여 그 힌트들을 살펴보고 영적 은사들을, 특히 예언의 은사를 추구하는 것과 관련된 것들을 요약할 것이다.

기도

신자는 방언을 통역하는 능력을 받기 위해 기도할 수 있다(고전 14:13). 따라서 의심의 여지없이 예언의 은사를 위해 기도할 수 있다.

현재의 은사에 만족하라

신자는 교만으로 부풀어 올라(고전 12:20-24) 또는 자기가 갖지 않은 은사에 대한 시기심에 가득 차서(고전 12:14-19) 자기가 가진 은사를 그릇 평가하면 안 된다. 그는 현재의 은사 배분이 하나님에 의해 이루어진 것이며 옳고 선한 것이기 때문에(고전 12:18, 27-30) 만족해야 한다. 그러므로 그가 구한 은사를 받지 못하였다면 그는 만족하기로 마음을 먹어야 한다.

그리스도인의 성숙을 향해 성장하라

바울은 고린도전서 14:37에서 예언을 그리스도인의 일반적인 성숙과 연결한다("만일 누구든 자기를 예언자나 영적으로 성숙한 자로 생각하거든 …"). 고린도전서 2:6에서 바울은 지혜를 온전한(성숙한) 자들에게 말해주고, 고린도전서 2:14에서 성숙하지 않은 사람immature man은 하나님의 성령의 일들을 받지(그리고 이해하지) 못한다고 한다. 지혜와 이해가 그러한 것처럼 예언도 충분히 그럴 것이다. 예언은 성숙한 사람들에게 더 자주 주어진다.

올바른 동기를 가져라

고린도전서 14:1에서 바울은 (예언)은사를 구하는 것을 올바른 동기(사랑)를 유지하는 것과 결합한다. 그는 고린도 사람들에게 교회의 덕을 세우는데 풍성하기를 구하라고(고전 14:12) 상기시키고, 고린도전서 12:31에서 그들에게 '더 큰' 은사, 즉 교회에 가장 유익이 되는 것들을 사모하라고 말한다. 그리하여 바울은 은사를 사모하는 가장 중요한 동기는 개인의 영광이 아니라 교회의 덕을 세우는 것임을 암시한다.

현재의 은사를 사용하라

만일 고린도 사람들이 예언을 사모하는데 있어서 바른 동기를 가졌고 진정으로 그 은사를 교회의 유익을 위해 갖기를 원한다면 바울은 당연히 그 고귀한 동기가 현재 보유하고 있는 은사를 교회의 유익을 위해 사용하는 것으로 실현되기를 기대할 것이다(고전 14:12, 26). 누군가가 현재 보유하고 있는 은사를 모두의 유익을 위해 사용하지 않는다면 또는 그릇 사용하여 교회에는 아무 유익도 없이 자기 자신에게로 관심을 끌었다면(고전 14:17) 그가 예언을 사모한 동기가 옳지 않았다는 것이 분명할 것이다.

그리고 우리가 현재 어떤 은사를 가졌는지 알아내는 방법에 관해 또 하나의 주석을 추가할 필요가 있다. 리처드 개핀이 그것을 잘 설명한다.

우리의 영적 은사를 확정하는 방법은 "무엇이 영적으로 '내 것'이며, 나의 영적 특기는 무엇이며, 나를 다른 신자들과 구별하여 교회 내에서 나에게 눈에 띄는 틈새를 주는 것은 무엇인가?"라고 묻는 것이 아니다. 오히려 신약성서는 전반적으로 훨씬 더 기능적 혹은 상황적 접근법을 취한다. 물어야 할 질문은 이렇다. "하나님께서 나에게 처하도록 하신 상황에서 내가 다른 신자들을 말과 행동으로 섬기는 기회는 무엇인가(벧전 4:10f.)?" "나를 직면하고 있어 나의 섬김을 요구하고 있는 특정한 필요 상황은 무엇인가?"이런 질문을 제기하고 효과적으로 반응하는 것은 우리들의 영적 은사들을 발견하는 것만이 아니라 실제로 그것들을 활용하는 데에 크게 기여할 것이다.[84]

예언을 시도하라?

바울은 잠재적 예언자에게 그냥 예언을 시도하라고, 아마 그의 입을 열고 무엇이든지 마음에 생각나는 대로 말을 하라고 권면했을까? 거짓 예언을 하나님으로부터의 계시가 없이 '자기 마음으로 말미암은' 것을 말하는(렘 23:16, 21-22; 요 11:51과 비교하라) 것으로 정의하는 구약의 배경 때문에 바울은 매우 신중했으리라고 생각된다. 누군가 자신이 계시를 받았다고(고전 14:30) 생각하지 않는 한 그렇게 하는 것은 예언의 은사를 받지 않았는데 예언하는 것, 따라서 그 사람이 자기 마음속에서 만들어 낸 것을 예언하는 것이 될 것이기 때문에 분명히 억제되었을 것이다. 그렇게 하는 것은 예언을 은사들 중에서도 독특하고도 소중하게 만드는 현상, 즉 그것은 성령으로부터 받은 계시를 근거한다는 사실을 부정하는 것이 될 것이기 때문이다.

다른 한 편으로 바울은 아마 계시를 받았다고 생각하지만 확실하지 않다면서 주저하는 사람을 격려했을 것이다. 그런 경우 회중 내에 성숙하고 건전한 청중이 있다면, 그리고 그 사람의 예언 중 거짓된 부분이 있다면 그것을 지적해 낼(고전 14:29; 살전 5:19-20과 비교하라) 것이기 때문에 회중의 복지와 안정을 충분히 지킬 수 있을 것이다.

요약

✳

'예언자'라는 단어는 신약성서에서 공식적으로 인정된 직책이나 지위를 묘사하는 것으로 보이지 않는다. 그보다 그것은 기능적인 용어다. 자주 예언하는 사람들은 예언자라고 불리었다. 그러나 자주 예언하지 않는 사람들도 간헐적으로 예언할 수 있다.

모든 신자는 예언하는 것이 허용되고 있으며(그들이 성령으로부터 계시를 받는다면), 모든 신자는 예언을 할 잠재적 능력이 있다. 그러나 일부의 사람들만 실제로 예언하는 능력이 주어졌고 아무도 자유자재로 예언할 수는 없다.

영적 은사들의 배분에 있어서 성령이 주권자이긴 하지만 통상적으로 그가 이 은사들을 배분하는데 있어서 질서 있고 규칙적인 방식이 있다. 비록 아무도 자유자재로 예언할 수 없지만 특히 예언은 지속적 은사 또는 거의 지속적인 은사인 것으로 보인다. 예언의 능력은 사람에 따라 큰 차이가 있으며, 바울은 신자가 예언의 능력을 향상시키도록 하기 위한 방법에 대한 암시를 제공한다.

| 오늘날에 적용하기 |

예언의 은사가 누구에게나 주어질 수 있다는 사실은 오늘날의 모든 그리스도인들에게 성령에 의한 자극에 민감할 것을 권면한다. 왜냐하면 그것은 회중의 유익이 되는 예언으로 인도할 수도 있기 때문이다. 모든 그리스도인에게 허용되는 이 예언의 능력은 또한 교회들로 하여금, 누구나 기여할 수 있으며 다른 은사들과 함께 예언의 은사를 사용하는 것이 허용되는 공동 예배의 시간을(주일 아침이 아니라면 다른 때라도) 가질 것을 권장한다. 고린도전서 14장의 안전장치를 따른다면 젊은 그리스도인들도 (예언을) 금지할 필요가 없다.

그러나 성령은 은사들을 '그의 뜻대로' 나누어 주시기 때문에 누구도 자기가 예언의 은사를 못 받았다고, 혹은 간헐적 예언조차도 받지 못했다고 실망해서는 안 된다. 과거에 예언을 한 사람들은 이 은사를 소홀히 하면 안되며, 이 은사가 지속적으로 주어진 것이라고 생각하고 회중의 모임에서 때때로 예언하는 것을 계속할 수 있을 것이라고 기대해야 한다. 그러나 누구도 성령이 계시를 주시는 것을 자기가 통제할 수 있다고, 그리하여 그가 결심하거나 원하기만 하면 아무 때나 예언할 수 있다고 하는 생각은 시작하지도 말아야 한다.

예언의 은사는 대부분의 다른 영적 은사들과 같이 능력에 차이가 있으므로 교회는 이 은사를 처음으로 시도하는 사람들에게(가르침이나 전도나 긍휼을 베푸는 것과 같은 다른 은사를 가진 사람들에게도 그리 하듯이) 인내심을 갖고 격려해야 한다. 이 은사를 받은 사람은 그것을 사용함에 따라 능력과 강도가 증가할 것을 – 무엇이 계시이고 무엇이 아닌지를 구별하는 능력을 더 많이, 이 은사가 교회의 덕을 세운다는 증거를 더 많이, 계시를 교회에 도움이 되는 방식으로 보고하는 능력을 더 많이 받을 것을 – 그리고 아마 보다 자주 또한 보다 광범위한 계시를 받을 것을 기대해야 한다.

바울이 고린도 사람들에게 명령한 바와 같이 예언의 은사를 사모하는 사람들은 이런 질문을 해야 한다.

1. 나는 이 은사를 위해 진지하게 기도하고 하나님께 구했는가?
2. 나는 지금 내가 가진 은사를 진실로 만족해하고 있는가?
3. 나는 그리스도인의 성숙을 향해 성장하고 있는가?
4. 나는 이 은사를 나 자신의 영광이나 지위나 명성을 위해서가 아니라 교회의 유익을 위해 원하는가?
5. 나는 내가 지금 가지고 있는 은사를 교회에 최대의 유익이 되도록 사용하고 있는가?

이러한 것들을 하고나면 하나님은 이 은사를 주실 지도 모른다. 그리 하신다면 하나님께 찬양과 감사를 드려야 할 것이다.

11장

여성과 예언:
예언은 권장되지만
예언에 대한 판단은 권장되지 않음

교회에서 누가 예언할 수 있는가하는 일반적 문제에 관해 한 가지 구체적 질문이 제기된다. "여자는 교회에서 잠잠하라"(고전 14:34)는 고린도전서의 명령은 여자는 교회에서 예언할 수 없다는 것을 의미하는가? 그리고 만일 이 명령이 그것을 의미하는 것이 아니라면, 무엇을 의미하는 것인가?

고린도전서 14:33b-35의 본문을 분석하기에 앞서 우리는 신약 교회에서 여성들이 예언할 수 있었고 실제로 예언했음을 알려주는 또 다른 두 본문을 주목해야 한다.

사도행전 21:9: 빌립의 딸들

바울과 그의 동역자들이 3차 선교 여행의 막바지에 가이사랴에 왔을 때에 대해 누가는 이렇게 기록했다. "… 일곱 집사 중 하나인 전도자 빌립의 집에 들어가서 머무르니라. 그에게 딸 넷이 있으니 처녀로 예언하는 자라." (행 21:8-9)

이 기록은 분명히 그리스도인들 무리의 모임에서 예언했던 여자들에 대한 기록이다. 누가가 이것을 기록했다는 사실은 빌립의 딸들이 예언할 때 바울과 그의 동행자들이 거기에 있었다는 것을 암시하기 때문이다. 현재분사로 사용된 동사는 예언하는 것이 이들에게 일상적으로 또는 계속적으로 일어났다는 것을 의미한다. 문자적으로 본문은 다음과 같이 말한다. "그 사람[빌립]에게는 예언하는 네 명의 처녀 딸들이 있었다." 이렇게 교회에서 자유롭게 예언의 은사를 사용한 것으로 보이는 여자들(처녀들 - 그들의 나이에 관해서는 알려주는 것이 없다)에 관한 사례가 여기에 하나 있다.

고린도전서 11:5: 머리에 너울을 쓰고 예언하는 여성들

바울은 고린도전서 11장에서 고린도 사람들에게 예배에 대해 지시하면서 다음과 같이 썼다.

> 무릇 남자로서 머리에 무엇을 쓰고 기도나 예언을 하는 자는 그 머리를 욕되게 하는 것이요, 무릇 여자로서 머리에 쓴 것을 벗고 기도나 예언을 하는 자는 그 머리를 욕되게 함이니, 이는 머리를 민 것과 다름이 없음이라(고전 11:4-5).

이 본문이 공적 예배에 관하여 다루고 있다는 것은 명확하다. 우리는 이미 본서 제 7장에서 신약성서는 예언의 은사가 공적으로 사용하기 위한 것이라고 여긴다는 것과 기도에 대한 지침들이 개인적인 기도에는 적용될 수 없다는 사실을 살펴보았다. 남자가 추운 날씨에서 야외에 혼자 있을 때에도 머리에 무언가를 쓰고 기도하면 결코 안 되는가? 여자가 집에 혼자 있을 때에도 머리에 너울을 쓰지 않고서는 결코 기도할 수 없는 것인가? 우리에게 "쉬지 말고"(살전 5:17) "항상 기도하라"(엡 6:18)고 권면하는 신약성서에 이런 제약은 제정될 수 없을 것이다.

어떤 사람들은 고린도전서 11장에서 바울이 말하는 여성의 기도는 소리 없는 기도, 회중에게 들리지 않는 기도였다고 주장한다. 하지만 예언은 분명히 사람들이 들을 수 있는 것이었다. 만일 다른 사람들이 예언을 들을(이해할) 수 없었다면 그 예언은 그 목적을 달성할 수 없었을 것이다. 만일 예언이 들을 수 있는 것이었다면, 기도도 회중이 들을 수 있었다는 것을 의심할 이유가 없다. 그뿐만 아니라 바울이 교회에게 들리지 않는 발언을 규제하도록 지시했다고는 생각할 수 없다. 그것이 언제 행해지고 있는지 어떻게 알 수 있겠는가?

우리는 고린도전서 11:5가 여성이 공적 예배에서 기도와 예언을 하는 방식에 대한 지침을 제시하며, 그리 함으로써 공적 예배에서의 기도와 예언은 여성의 정당한 행위였다고 결론지을 수밖에 없다.

고린도전서 11장에서 바울이 남자와 여자의 차이(역할의 차이)를 한 가지 시대적 표현(머리를 가리는 것)으로 나타내는 것을 인정한다고 말하는 것 외에 여성이 예배에서 머리에 너울을 쓰는 것에 관해 자세히 논의하는 것은 우리의 목적이 아니다. 바울은 너울을 남자와 여자 사이의 차이의 외적인 표현으로 - 당시 사회에 널리 알려졌던 외적 표현으로 이해한다. 그러나 머리를 덮는 스타일(또는 일반적 의상 스타일)과 같은 외적 표현이 모든 사회에서 언제나 적용되는 것으로 의도되었다고 생각할만한 좋은 이유는 없다. 그러므로 다른 사회와 다른 문화(오늘날 우리의 사회·문화와 같은 곳)에서 남녀 간의 차이가 머리를 덮는 것으로 나타나지 않는다면 물론 바울이 말하는 것과 같은 그런 시대적 표현은 오늘날 적절하지도 않고 요구되는 것도 아니다. 남아 있게 되는 것은 남자와 여자 사이의 영원한 관계이며, 바울은 시대적 표현으로서 머리에 너울을 쓰는 것에 대한 자신의 가르침은 이에 근거한다.

고린도전서 14:33b-35: 여성이 어떤 식으로 교회에서 "잠잠해야"하는가?

예언과 예언의 규제에 관한 논의에 몇 절(고전 14:29-33a)을 할애한 후에 바울은 계속해서 회중 안의 여성들에 대한 지침을 제시한다.

모든 성도가 교회에서 함과 같이, 여자는 교회에서 잠잠하라. 그들에게는 말하는 것을 허락함이 없나니, 율법에 이른 것과 같이 오직 복종할 것이요, 만일 무엇을 배우려거든 집에서 자기 남편에게 물을지니, 여자가 교회에서 말하는 것은 부끄러운 것이라. 하나님의 말씀이 너희로부터 난 것이냐? 또는 너희에게만 임한 것이냐?(고전 14:33b-36)

이 본문은 오랫동안 주석가들을 당황시켰다. 그러나 보다 큰 문맥의 구조를 자세히 살펴보면 그 의미를 알 수 있다. 그러나 이 본문에 대한 해답을 제시하기 전에 나는 두 가지 견해를 검토하고자 하는데, 이 견해들을 분석해보면 설득력이 없다는 것이 드러날 것이다.

이 본문이 소란스러운 여자들의 발언을 금지하는가?

어떤 사람들은 무질서한 여자들이 고린도 교회에서의 예배를 방해했다는 주장으로 이 본문을 설명한다. 아마 여자들이 방 저쪽에 앉아 있는 남편들에게 무례하게 큰 소리로 질문하거나, 황홀경에 가까운 예배의 특징인 소리지르기를 했을 것이라는 주장이다. 이 주장을 지지하는 사람들은 바울이 이같은 무질서를 끝장내고 예배의 질서를 회복시키려 했다고 말한다.

그러나 우리는 여자들의 무질서가 고린도 교회의 특별한 문제였다는 것을 보여주는 근거가 33b-35절에도, 서신의 다른 부분에도, 성서와 그 외의 어떤 문헌에도 없다는 것을 기억해야 한다. 어떤 사람들은 교회에 시끄러운 여자들이 있었을 것이라고 추측하지만, 이를 증명할 분명한 증거가 나타난 적이 없기 때문에 이는 단지 가정에 머무를 뿐이다.

물론 우리는 당시의 이방 종교의식에서 여자들이 소란스러운 행동을 한 증거를 발견할 수 있다. 그러나 남자들도 그리했다는 증거가 있다. 그러므로 이런 증거를 일방적으로 사용하여 시끄러운 여자들이 고린도 교회의 특수한 문제였다고 주장하는 것은 부당하다. 이 해석에는 확고한 역사적 증거가 없다.

어떤 사람들은 이 주장의 근거로 여기에서 '말하다'로 번역된 동사 랄레오*laleō*를 제시한다. 이 단어는 혼란스럽게 중얼거림을 의미하며, 바울은 여자들이 바로 이 같이 알아들을 수 없는 말을 중얼거리는 것을 금지하고 있다는 주장이다.

그러나 이 주장은 설득력이 없다. 왜냐하면 랄레오는 '말하다'를 뜻하는 매우 일반적인 단어였으며(바울은 60번 사용했으며 신약성서에서는 298번이나 사용되었다), 바울은 이 단어를 일반적인, 알아들을 수 있는 말을 가리키는 데 자주 사용한다. "우리가 온전한 자들 중에서는 지혜를 말하노니"(고전 2:6); "예언하는 자는 사람에게 말하여 덕을 세우며"(고전 14:3); "예언하는 자는 둘이나 셋이나 말하고"(고전 14:29), "내가 너희를 부끄럽게 하기 위하여 말하노라"(고전 15:34) 등등.

물론 바울은 고린도전서 14장에서 이 단어를 '방언을 말하는 것'과 관련하여 사용한다 – 그것은 '말하는' 행위를 지칭하는데 있어서 그가 사용할 수 있는 가장 평범한 단어다. 그러나 그렇다고 '랄레오' 자체가 '방언으로 말하다'를 의미한다는 것은 아니다. 이는 '방언을 말하다'라는 구절에 '말하다'라는 단어가 사용되었으므로 '말하다'라는 단어가 단독으로 사용될 때에도 '방언을 말하다'를 의미한다고 할 수 없는 것과 마찬가지이다. 이 주장은 그 단어가 다른 문맥에서 취하는 의미들의 범위에 관심을 기울이지 않고 한 가지 특정한 용례로부터 지나치게 일반화시킨 것이다.

그러므로 바울이 소란스럽고 무질서한 여자들이 발언하는 것을 금지하고 있다는 주장은 역사적 증거도 없고 본문 자체의 단어들에도 증거가 없다. 이 해석은 침묵의 규칙을 고린도에 있는 교회만이 아니라 바울 시대의 모든 교회에 적용하도록 하는 33b절을 설명하지 못한다. 바울은 이렇게 말한다. "모든 성도가 교회에서 함과 같이 여자는 교회에서 잠잠하라"(고전 14:33b-34a). 그러나 분명 "소란스러운 여자들"의 문제는 결코 그 당시 모든 성도의 모든 교회에서 일어났던 일이 아니었다![85]

이 사실은 매우 중요하다. 그것은 이 본문을 고린도의 특정 상황에만 국한시켜 적용하려는 어떤 해석도 설득력이 없다는 것을 의미한다. 그러나 그것이 바로 이 '소란스런 고린도의 여자들'이라는 해석이 우리에게 믿도록 하려는 것 – 고린도의 소란스런 여자들이 바울의 지침을 유발했다는 것이다. 그와 반대로 바울은 1세기의 그리스도인들(유대인 출신자들과 이방인 출신자들 모두)의 모든 회중에서 여자들은 여기에서 명령한 형태의 침묵을 유지한다는 것을 고린도 사람들에게 확실하게 말한다. 그는 고린도 사람들에게 초기 교회에서 보편적이었던 관례를 따르도록 지시한다.[86]

이 "소란스러운 여성"의 견해는 또 한 가지 이유로 설득력이 없다. 이 해석은 바울의 해결책과 맞지 않는다. 무질서의 문제가 있는 곳에서는 사도(바울)는 단순히 질서를 명령했다(고전 14:27, 29, 31에서 방언과 예언에 관해 그리 했듯이, 그리고 고전 11:31-34에서 성만찬에 대해 그리 했듯이). 만약 고린도에서 소란이 문제였다면 바울은 모든 발언이 아니라 무질서한 발언만을 금지했을 것이다.

그러면 이 관점은 또한 우리가 바울의 해결책을 불공정한 것으로 볼 수밖에 없도록 할 것이다. 이는 그가 일부의 행위 때문에 모든 여자들을 처벌하는 것이 되기 때문이다. 그는 "무질서한 여자는 교회에서 잠잠하라"고 말하지 않는다. 이런 종류의 불공정한 규칙을 제정하는 것은 바울이나 다른 어떤 신약성서 저자들답지 않다.

결론적으로, 이 첫 번째 견해는 설득력이 없고 받아들이면 안 된다.

이 본문은 여자들이 방언 말하는 것을 금지하는가?

최근에 어느 정도의 지지를 확보한 또 한 가지의 입장은 고린도전서 14:33b-35가 여자들이 예배 중에 방언 말하는 것을 금지한다는 견해다. 이 입장을 지지하는 주된 논거는 고린도전서 12-14장(또는 적어도 14장)의 핵심 주제가 방언이라는 주장이다.

그러나 바울은 28절에서 이미 방언에 관한 논의를 끝내고 예언의 주제로 넘어갔다. 그는 바로 앞의 4-5절에서 예언에 관한 논의를 하고 있었다. 어떤 고린도인 독자도 바울이 33b절에서 이 주제를 다시 꺼내지 않는 한 그가 방언에 대해 말하고 있다고는 생각하지는 않을 것이다.

그뿐만 아니라 고린도전서 12-14장에서 예언에 대한 바울의 관심은 결코 방언보다 적지 않다. 12-14장 전체에서 바울이 예언을 언급한 것은 열여덟 절이고 방언을 언급한 것도 열여덟 절이다. 14장에서만 예언에 관련된 절의 수가 열둘이고 방언에 관련된 절의 수는 열셋이다. 또한 문맥상 여자들의 침묵과 가장 가까운 단락인 29-33a절은 방언에 대해서는 언급하지 않지만 예언에 관한 논의는 들어 있다.

그러므로 이 두 번째 해석은 문맥과 맞지 않고, 따라서 거부되어야 한다.

이 본문은 여자들이 예배에서 예언을 분별하는 것을 금지하는가?

위와 같은 비판들을 피하는 또 다른 해석이 있는데 이 본문을 고린도전서

14:29의 앞부분("예언하는 자는 둘이나 셋이나 말하고")이 아닌 뒷부분("다른 이들은 분별할 것이요")과 관련된 것으로 보는 견해다. 이 관점에서 볼 때 바울은 다음과 같이 말하는 셈이 된다. "다른 이들[즉 회중의 다른 모든 사람들]은 [예언자의 말을] 분별할 것이요 … [그러나] 여자는 교회에서 잠잠하라."[87]

다시 말해서 여자들은 예배 중에 행해진 예언을 구두로 비판할 수 없었다는 것이다. 이 규칙은 자신들의 마음속으로 소리 없이 평가하는 것을 금하지는 않지만(사실, 29절은 그렇게 해야 한다는 것을 의미한다), 그러나 회중이 모인 데서 그들의 평가를 소리 내서 말할 수는 없다는 것을 의미한다.

구조적으로는 이 해석이 존재하는 해결책 중 가장 매력이 있다. 그것은 바울이 매우 논리적인 절차를 따랐다는 것을 의미한다. 먼저 그는 일반적인 지시를 내린다. "예언하는 자는 둘이나 셋이나 말하고 다른 이들은 분별할 것이요."(고전 14:29) 그리고 나서 그는 이 절(29절)의 전반부에 대한 명령(30-33a절)을 내리고 난 후 이 절의 후반부에 대하여 추가적인 지시(33a-35절)를 내린다. 이는 아래의 도표에서 분명히 볼 수 있다.

29절: 예언하는 자는 둘이나 셋이나 말하고	다른 이들은 분별할 것이요
30절: 한 명씩	33b절: 모든 교회에서처럼,
31절: 너희는 이렇게 할 수 있다.	34절: 여자들은 소리를 내서 예언을 평가하면 안 된다: 그들은 복종해야 한다.
32절: 성령이 강요하지 않을 것이다.	
33절: 하나님은 혼란이 아니라 화평을 만드시기 때문이다.	35절: 그들은 예언자에게 질문을 해도 안 된다: 그들은 집에서 질문할 수 있다.

이 본문 구조는 얼핏 보기에는 분명하지 않다. 그것은 바울이 편지를 쓰면서 30-33a절의 (29절 전반부에 대한) 주석이 꽤 길어졌기 때문이다. 그러나 29a절에 대한 주석은 통일된 한 단위이므로 어느 한 부분도 제거할 수 없다. 그러므로 바울에게는 여자들에 관한 부분을 더 일찍(33b 이전에) 시작할 기회가 없었다. 만약 이 해석이 올바르다면, 바울과 그의 독자들에게 "여자는 교회에서 잠잠하라"는 말은 "예언을 분별할 때 여자는 교회에서 잠잠하라"는 것을 뜻했다.

이 해석이 본문에 순차적이고 합리적인 구조를 제공한다는 점에 외에도, 본문에 관한 두 가지 또 다른 사실이 이 견해를 지지해준다.

첫째로, 이 해석은 34절("그들에게는 말하는 것을 허락함이 없나니 … [그러나] 오직 복종할 것이요"[고전 14:34])의 강한 대조와 일치한다. 헬라어 알라^{alla}는 '그러나'라는 뜻으로(이 단어는 "오직 복종할 것이요" 앞에 나오는데 한글 번역본에는 생략되었다-옮긴이) 말하는 것과 복종하는 것 사이의 강한 대조를 나타낸다. 그러므로 바울이 여기에서 염두에 두고 있는 '말하는 것'이란 구체적으로 불순종과 관련된 발언이다. 모든 종류의 발언이 이 묘사에 들어맞지는 않지만, 예언을 큰소리로 분별하는 것은 분명히 들어맞는다. 그것이 특히 예언의 비판을 포함한다면 교리나 도덕적 가르침과 관련된 문제에 있어서 우월한 권위를 가졌다는 가정이 개입된다.

만약 이것이 34절의 올바른 의미라면, 35절도 이해할 수 있게 된다. 가령 고린도 교회의 일부 여자들이 바울의 지시의 위력을 회피하려 한다고 가정하자. 쉬운 방법은 이렇게 말하는 것이다. "우리는 바울이 명령하는 대로 하겠다. 우리는 예언에 대해 구두로 비판하지 않겠다. 그러나 분명 우리가 몇 가지 질문을 하는 것까지 반대할 사람은 없을 것이다! 우리는 이 예언자들이 말하는 것에 대해 더 배우기를 원할 뿐이다." 그리하면 그런 질문들은 살짝 위장된 형태로 바울이 금지하는 비판을 표현하기 위해 사용될 수 있을 것이다. 바울은 이런 식으로 회피할 가능성을 예상하고 이렇게 쓴다. "만일 무엇을 배우려거든 집에서 자기 남편에게 물을지니 여자가 교회에서 말하는 것은 부끄러운 일이라"(고전 14:35).

물론 어떤 여자들은 미혼이어서 집에서 물어볼 남편이 없을 것이다. 그러나 그들은 친척이나 교회 구성원 중의 다른 남자들과 예언의 내용에 대해 논의할 수 있을 것이다. 비록 바울은 모든 구체적 경우를 다루기 위하여 조건에 따라 현학적 수정안을 제시하진 않았으나, 그의 일반적 지침은 분명하다.

둘째로, 이 해석은 바울이 인용하는 구약성서와도 일관성이 있다. 바울은 34절에서 "율법에 이른 것 같이"(고전 14:34)라고 첨언한다. 아마도 바울은 이것을 창세기 2장에서 가져왔을 것이다(왜냐하면 구약성서 본문에서 직접적으로 인용한 것은 아니기 때문이다). 거기에서 아담은 하나님께서 아담을 위하여 적합한 도우미로 만드신 하와에게 이름을 지어 줄 수 있는 권위를 가진 '초태생'(그리고 그에 따라 그 지위가 의미하는 家長)이었다.

이 해석에 반대해서 어떤 사람들은 바울이 이것을 구약성서에서 인용한 것이 아니라 1세기의 랍비들의 법이나 로마법에서 인용했다고 주장한다. 그러나 바울은 '율법'(law: 헬라어로 '노모스'[nomos])이라는 말을 116번 사용했지만, 한 번도 확실하게 랍비들의 법이나 로마법을 지칭하여 사용한 적이 없다. 바울이 어떤 주장을 뒷받침하기 위하여 '율법'이라는 단어를 사용할 때에는 일반적으로 구약성서(예를 들어, 지금 우리가 논의하는 본문에 몇 절 앞선 고전 14:21에서와 같이)를 지칭했다.

바울은 다른 곳에서도 남자의 머리됨과 남자의 지배에 대한 여자의 복종이라는 개념을 확립하기 위하여 구약성서를 인용한다(고전 11:8-9와 딤전 2:13을 보라). 그러므로 예언을 판단하는 데 있어서도 권위의 차별을 뒷받침하기 위해 바울이 구약성서를 인용하는 것으로 보는 것은 충분히 가능한 일이다. 그러나 구약성서에서 여자들이 교회에서 소란스럽게 발언하는 것이나 방언 말하는 것을 금지하는 규칙을 도출해내는 것은 쉽지 않을 것이다.

그러나 이 해석에 우호적인 다양한 이유에도 불구하고 마지막으로 한 가지 반론을 제기할 수 있다. 바울이 그런 생각을 표현하려 했다면 그는 왜 "여자는 예언을 분별하는 동안에 교회에서 잠잠하라"고 더 분명하게 말하지 않았는가?

그에 대한 답은 다음과 같다. 신약성서 저자들은 흔히 조건의 제약을 달지 않고 일반적 침묵에 대해 말하면서 어떤 종류의 침묵에 대해 말하는지를 독자들이 문맥에서 유추해 내도록 한다. 불과 몇 절 떨어진 고린도전서 14:28이 좋은 예이다. 바울은 방언 말하는 자들에 대해 이렇게 말한다. "만일 통역하는 자가 없으면 교회에서는 잠잠하고 자기와 하나님께 말할 것이요"(고전 14:28). 이 말은 방언을 말하는 자가 예배의 시작부터 끝까지 완전히 침묵을 지켜야 된다는 의미가 아니다. 의심의 여지없이 그는 찬송하고, 기도하고, 성서를 읽는 일에, 그리고 기도드려야 할 문제를 논의하는 일과 감사드리는 일에 참여할 수 있을 것이다. 잠잠하라는 명령은 논의의 대상이 되고 있는 특정한 형태의 발언, 즉 방언 말하는 것에 대해 잠잠하라는 뜻이었다.

그 외에도 신약성서 저자가 '침묵'에 대해 말할 때 흔히 어떤 종류의 침묵을 의도하는지가 보다 큰 문맥에 의해서 분명해질 것이라고 가정하고 있음을 보여주는 다른 사례들이 여럿 있다.[88]

그러므로 고린도전서 14:33b-35에서 일단 논의의 대상이 예언이라는 사실, 보다 구체적으로는 교회 내에서 예언의 분별이라는 사실을 주목하면 "여자는 교회에서 잠잠하라"가 "예언을 분별하는 동안에 여자는 교회에서 잠잠하라"를 뜻하는 것이라고 이해하는 것이 자연스럽다.[89]

그러면 이 본문이 남자와 여자에 대해 신약성서의 다른 곳에서 가르친 것과 일관성이 있는가? 그러한 것으로 보인다. 비록 이 본문이 교회 예배에서 예언의 분별에 구체적으로 적용하고 있지만, 바울은 그리스도인들의 교회에서 남자의 역할과 여자의 역할 사이에 변함없이 계속되는 차이에 대한 더 큰 신념에서 논의하고 있는 것이다. 디모데전서 2:11-15에서와 같이, 이 차이는 여자들이 교리적으로 또는 도덕적으로 가끔씩이라도 회중을 다스리는 것을 금지하는 것에서 드러난다. 그러므로 고린도전서 14:33b-35는 교회의 회중에 여자들이 다스리는 권한은 없지만 교회의 집회에 참여할 수 있다는 바울의 일관된 주장과 잘 맞아 떨어진다.

요약

✳

　신약성서는 교회 회중의 예배에서 여자들이 예언을 하는 일에 온전히 참여하기를 분명하게 권장한다(행 21:9; 고전11:5). 예언에 대한 논의와 관련하여 바울은 당시 모든 교회의 관례를 따라야 한다고 규정하고, 이에 따라 "여자는 교회에서 잠잠하라"(고전 14:34)고 말한다. 그러나 이것은 완전한 침묵을 의미하는 것이 아니라, 바울이 바로 앞의 본문(고전 14:29)에서 말한 주제, 즉 소리 내어 예언을 분별하는 것에 대한 침묵을 의미한다.

| 오늘날에 적용하기 |

　오늘날 오순절교회나 은사주의 교회를 제외하고 큰 문제 중 하나는 '방관자 그리스도인'의 문제, 즉 많은 교회 구성원들이 적극적으로 참여하지 않는다는 문제이다. 또 다른 문제들 중 하나는 교회의 사역에 여자들을 개입시키지 않는다는 것이다. 그리고 많은 여자들이 은사를 가지고 있으나, 교회에서 그것을 사용하고 있지 않다는 느낌이 자주 들었으며, 이는 남자들이나 여자들 모두에게 다 같이 손실이다.

　그러나 만일 오늘날 교회들이 예언의 은사를 사용하는 데 여자들이 – 그리고 남자들도 – 온전히 참여할 수 있다는 것을 인식한다면, 이 두 가지 문제는 대부분 극복될 것이며 바울이 교회에 가장 소중한 은사로 여긴 이 은사가 사용되는 것이 크게 늘어날 것이다. 이 은사는 남자들과 여자들이 다 활용할 수 있으며 그들 중 상당수는 이전에 회중의 모임에 별로 기여하지 않았던 사람들일 것이다. 예언이 사용되는 것이 늘어남에 따라, 분명히 "모든 사람으로 배우게 하고 모든 사람으로 권면을 받게"(고전 14:31) 하는 것을 볼 수 있을 것이다.

　나아가 만약 신약성서가 예배에서 여성의 온전한 참여를 요구함과 동시에 회중을 다스리는 권한이 – 간헐적으로 예언을 분별하는 경우에서조차도

- 남자들에게만 허용될 것을 요구한다는 것을 인식한다면 교회는 성서적 남성성과 성서적 여성성 사이의 변함없고 본질적인 차이를 – 오늘날 재확인할 필요가 절실한 이 차이를 – 규칙적으로 따르고 구현하는 추가적 이득을 거둘 것이다.

12장

예언의 지속 기간:
예언은 교회에서 언제까지 사용될 것인가?

서론

이 책의 독자들 중 많은 사람들이 자기들의 교회에서 예언 은사가 기능하는 것을 본 일이 없다. 사실 은사 운동과 전통적으로 특정 오순절 교단들 외에는 이 은사는 사용되지 않고 있으며 최근의 역사에서 사용되었던 일도 없고 많은 교회들에서는 그들의 교단 역사에서 한 번도 사용된 적이 없었다.

왜 그런가?

이 은사를 사용하지 않는 것이 교회에 대한 하나님의 계획인가? 이 은사는 신약성서 시기에만 사용되고 그 후에는 사라져야 했던 것인가? 아니면 이 은사를 오늘날에 사용하는 것이 여전히 타당한 것이고, 교회에 여전히 소중한 은사이며, 교회가 하나님이 의도하신 방식으로 기능하려면 필요하기까지 한 은사가 아닌가?

이것은 예언의 존속 기간에 관한 문제이다. 우리는 신약성서를 검토함으로써 이 문제를 해결할 수 있을까? 신약성서 그 자체 내에 하나님이 교회 내에서 예언이 얼마나 오래 기능하도록 의도하였다는 근거들이 있는가?

이 질문의 한 편에는 이 은사를 계속해서 사용하고 있으며 이 은사가 교회의 모든 시대에 걸쳐 유효하다고 말하는 은사주의자들과 오순절 기독교인들이 있다.

그 반대편에는 일부 개혁주의와 세대주의 dispensational 기독교인들이 있다. 그들은 예언은 사도 시대에 교회의 창설과 관련된 특별은사들 중의 하나였으며 아주 이른 시기 즉 마지막 사도들이 사망한 무렵 또는 신약성서의 저술이 완성되었을 때 기능을 중지하도록 되어 있었다고 주장한다. 그들의 견해를 통상적으로 중지론자들의 견해라고 부른다.

아마도 그 중간에 대부분의 현대 복음주의자들 – 은사주의자들도 아니고 중지론자들도 아니며 이 질문에 대해 입장을 정하지 못하면서 분명하게 결정될 수 있는 것인지 의심하는 사람들이 있다.

이 질문에 관한 논의는 두 개의 주요 논점을 토대로 전개될 것이다. (1) 고린도전서 13:8-13의 의미, (2) 예언의 은사와 신약성서에 기록된 본문들과의 관계라는 신학적 문제. 우리는 이 두 논점들을 차례로 검토할 것이다.

고린도전서 13:8-13의 해석

✱

이 구절이 중요한 이유는 여기에서 바울이 예언의 은사를 '온전하지 않은 것'(부분적으로 하던 것)이라고 말하고 나서 '온전하지 않은 것'이 '없어질'(폐할) 것이라고(고전 13:10) 말하기 때문이다. 그는 이것이 언제 일어날지에 대해서도 말한다. 그것은 '온전한 것이 올 때에' 일어날 것이다. 그러나 그 때가 언제인가? 그리고 우리가 그 때가 언제인지 확정할 수 있다 해도 그것이 바울이 오늘날의 교회를 위해 '은사중지' 문제에 대한 해답을 생각하고 있었다는 의미인가?

우리는 본문 전체를 다시 읽는 것으로부터 (논의를) 시작할 수 있을 것이다.

(8) 사랑은 언제까지나 떨어지지 아니하되 예언도 폐하고 방언도 그치고 지식도 폐하리라. (9) 우리는 부분적으로 알고 부분적으로 예언하니 (10) 온전한 것이 올 때에는 부분적으로 하던 것이 폐하리라. (11) 내가 어렸을 때에는 말하는 것이 어린아이와 같고 깨닫는 것이 어린아이와 같고 생각하는 것이 어린아이와 같다가 장성한 사람이 되어서는 어린아이의 일을 버렸노라. (12) 지금은 우리가 거울로 보는 것 같이 희미하나 그 때에는 얼굴과 얼굴을 대하여 볼 것이요 지금은 내가 부분적으로 아나 그 때에는 주께서 나를 아신 것 같이 내가 온전히 알리라. (13) 그런즉 믿음, 소망, 사랑, 이 세 가지는 항상 있을 것인데 그 중의 제일은 사랑이라(고전 13:8-13).

고린도전서 13:8-13의 목적

앞에서 우리는 고린도전서 12-14장의 구조 분석을 통해 바울이 성령의 은사들에 관한 그의 논의를 고린도전서 13장에서 중단하고 은사들에 관한 모든 논의를 적절한 시각 아래 놓으려 한다는 것을 보았다. 단지 '더욱 큰 은사를 사모'(고전 12:31a)하는 것만으로 충분하지 않다. '사랑을 추구'(고전 14:1)하여 올바른 목표를 올바른 동기와 결합시켜야 한다. 사랑이 없으면 은사들은 가치가 없다(고전 13:1-3). 사실 사랑은 모든 은사들보다 더 고귀한 것이어서 어떤 은사들을 갖는 것보다 사랑으로 행동하는 것이 더 중요하다고 바울은 주장한다.

사랑의 우월성을 보여주기 위해 사랑은 영원히 계속되지만 은사들은 다 한시적이라고 바울은 주장한다(고전 13:8). 9-12절은 은사들이 왜 한시적인지 부연해서 설명한다. 우리의 현재 지식과 예언은 부분적이고 불완전하지만(9절), 언젠가 온전한 것이 와서 그것들을 대체할 것이다(10절). 이는 어린아이가 어린아이와 같은 생각과 말을 버리고 장성한 사람의 생각과 말로 바꾸는 비유로 설명된다(11절). 그리고 바울은 9-10절을 부연해서 우리의 현재 지각과 지식은 간접적이고 불완전하지만 언젠가 그것들이 직접적이고 완전하게 될 것이라고 설명한다(12절).

이 논의에서 바울은 예언의 기능을 그것이 폐(중단)하는 시기와 연결한다. 그것은 지금 어떠한 필요를 충족시켜주지만 불완전하게 충족시킬 따름이다. "온전한 것"이 오면 그 기능은 다른 어떤 것에 의해 더 잘 충족될 것이며 예언은 중지될 것인데, 이는 예언이 시대에 뒤떨어졌거나 쓸모없게(이것이 아마 8절과 10절에서 '폐하다'의 뜻으로 사용된 헬라어 '카탈게오' *katargeō*의 뉘앙스일 것이다) 될 것이기 때문이다.

그래서 고린도전서 13:8-13의 전체적 기능은 예언과 같은 은사들은 폐(중단)할 것이나 사랑은 폐하지 않을 것이기 때문에 사랑이 그런 은사들보다 더 고귀하다는 것을 밝히려는 것이다.

고린도전서 13:10: 그리스도 재림 시 예언의 중지

바울은 10절에서 "온전한 것이 올 때에는 부분적으로 하던 것이 폐하리라"고 했다(고전 13:10). '부분적으로 하던 것'(헬라어 '에크 메루스' *ek merous* 부분적인, 불완전한)이라는 구절은 분명히 9절에서 부분적으로, 불완전하게 한다고 말한 두 가지 행위(두 경우 모두 같은 헬라어 표현 에크 메루스 *ek merous*를 썼다). 즉 아는 것과 예언하는 것을 가리킨다. 이 연결성을 드러내기 위하여 우리는 이렇게 번역할 수 있다:

(8) 사랑은 언제까지나 폐하지 아니한다. 예언이든 아니든 그것들은 폐할(없어질) 것이다. 방언이든 아니든 그것들은 그칠 것이다. 지식이든 아니든 그것들도 폐할(없어질) 것이다. (9) 이는 우리가 불완전하게 알고 불완전하게 예언하기 때문이다. 그러나 (10) 완전한 것이 올 때에는 불완전하게 하던 것이 폐할(없어질) 것이다.

이 같이 두 개의 핵심 단어, '폐하다'(없어지다)와 '부분적'(불완전한)을 반복함으로써 구절들 사이의 강한 연결성이 분명해진다.

바울은 9절이 의미하는 '부분적인' 행위들에 방언을 포함하려고 했으나 문장 스타일을 위해 세세한 것들을 지나치게 반복하는 것을 생략했음이 틀림없다. 그러나 방언이 9절이 의미하는 것들의 일부분이라고 이해되어야 하는 것은 '왜냐하면'(헬라어 가르 *gar*: 9절을 시작하는 이 단어가 한글 번역본에서는 생략되었음-옮긴이)이라는 단어가 보여주는 바와 같이 9절은 8절의 이유가 되기 때문이다. 따라서 9절은 지식과 예언뿐만 아니라 방언도 폐하게 되는 이유를 제공해야 한다. 사실 8절에서 반복되는 '~이든 아니든'(영어로 whether에 해당하는 헬라어 에이테 *eite*가 한글 번역본에서는 반영되지 않았음-옮긴이) 하는 표현은 바울이 원했다면 여기에 더 많은 은사들(지혜, 신유, 통역?)을 포함시킬 수도 있었음을 암시한다. 그러나 우리의 독적을 위해서는 10절의 '부분적인 것들'이 예언의 은사를 포함하는 것으로 충분하다. (제 5장에서 본 바와 같이 예언자가 받는 계시는 간접적이고 제한적이며, 또한 계시가 종종 이해하거나 해석하기 어렵기 때문에 예언은 그 다루는 주제에 관해 부분적인 지식만 전달하므로 바울은 예언을 부분적인 것$^{ek\ merous}$으로 여긴다.)

따라서 고린도전서 13:10은 "온전한 것이 올 때에는 예언이 없어질 것이다"라는 뜻이다. 이제 단 한 가지 남아 있는 문제는 '때'라는 말이 언제를 의미하는 것인지를 확정하는 것이다. 문맥상의 몇 가지 요소들이 주님이 돌아오시는 때가 바울이 생각하는 그 때임을 논증한다.

(a) 첫째, 12절의 '그 때'(헬라어 토테^{tote})라는 단어는 10절의 '온전한 것이 올 때'를 말한다. 이것은 이 절을 보면 분명해진다. "우리가 지금은 거울로 보는 것 같이 희미하나 그 때에는 얼굴과 얼굴을 대하여 볼 것이요 지금은 내가 부분적으로 아나 그 때에는 주께서 나를 아신 것 같이 내가 온전히 알리라."(고전 13:12)

우리가 언제 '얼굴과 얼굴을 대하여' 볼 것인가? 언제 '주께서 우리를 (온전히) 아신 것 같이' 우리도 알게 될 것인가? 이러한 일들은 주님이 돌아오실 때에만 일어날 수 있다.

'얼굴과 얼굴을 대하여'라는 구절은 구약성서에서 하나님을 인격적으로 만나는 것을 말하기 위해 여러 번 사용되었다. 예를 들어, 창세기 32:30과 사사기 6:22(고전 13:12와 정확하게 똑같은 단어 사용); 신명기 5:4; 34:10; 에스겔 20:35(매우 비슷한 단어 사용); 출애굽기 33:11(앞에 열거된 구절들과 동일한 개념으로 히브리어로는 동일한 단어를 사용하였으나 헬라어 70인역에는 다른 단어들이 사용되었음)을 보라. 이렇게 구약성서에서 하나님을 인격적으로 만나는 – 온전히 또는 남김없이 만나는 것은 유한한 피조물은 누구도 결코 할 수 없지만 그럼에도 불구하고 인격적으로 그리고 진정으로 만나는 – 것에 대해 말하기 위해 '면대면面對面'이라는 구절이 사용되었다. 그래서 바울이 "그 때에는 얼굴과 얼굴을 대하여 [우리가 볼 것이다]"고 말할 때 그는 분명히 "그 때에는 우리가 하나님을 얼굴과 얼굴을 대하여 볼 것이다"라는 뜻으로 했을 것이다. 진정 그것은 하늘의 가장 큰 축복이며 영원무궁토록 우리의 가장 큰 기쁨일 것이다(계 22:4; "그의 얼굴을 볼 터이요").

고린도전서 13:12의 후반부는 "지금은 내가 부분적으로 아나 그 때에는 주께서 나를 아신 것 같이 내가 온전히 알리라"라고 말한다. '안다'는 뜻의 두 번째와 세 번째 – "그 때에는 주께서 나를 아신 것 같이 내가 온전히 알리라"에 나오는 – 단어는 아는 것을 의미하는 단어로서는 다소 강한 단어(헬라어 '에피기노스코' epiginōskō)이나 분명 무한한 지식이나 전지전능을 뜻하지는 않는다. 바울은 모든 것을 알게 될 것을 기대하는 것이 아니며 "그 때에는 내가 모든 것을 알리라"라고 말하지 않는데, 헬라어로 그렇게 말하는 것은 어렵지 않았을 것이다.[90] 오히려 바울이 의미하는 것은 주님이 다시 오실 때에 그는 자신의 현재 삶의 한 부분인 오해와 이해할 수 없음(특히 하나님과 그의 사역을)으로부터 자유롭게 될 것을 기대한다는 것이다. 그가 알게 되는 것은 하나님이 자신을 지금 아시는 것과 비슷할 것인데, 이는 그것이 그릇된 이해를 포함하지 않으며 이 시대에 깨달을 수 있는 것에 국한되지 않을 것이기 때문이다. 그러나 그런 지식은 주님의 재림 시에만 일어날 것이다.

결론적으로 바울은 12절에서 사실상 이렇게 말한다.

왜냐하면 우리가 지금은 거울로 보는 것 같이 희미하게 보나 그리스도께서 다시 오시는 그 때에는 우리가 하나님을 얼굴과 얼굴을 대하여 볼 것이며 지금은 내가 부분적으로 알지만 그리스도께서 돌아오시는 그 때에는 (그분이 나를) 아신 것 같이 내가 알게 될 것이기 때문이다.

'그 때'라는 그의 말은 그가 설명하고 있던 선행 절들에 있는 어떤 것을 다시 언급하는 것일 수밖에 없다. 먼저 11절을 살펴보면 11절에는 바울이 '그 때'라고 말하는 미래의 시기가 될 수 있는 것이 아무 것도 없다. "내가 어렸을 때에는 말하는 것이 어린아이와 같고 깨닫는 것이 어린아이와 같고 생각하는 것이 어린아이와 같다가 장성한 사람이 되어서는 어린아이의 일을 버렸노라."(고전 13:11) 이 모든 것이 미래가 아니라 과거를 말하고 있다. 그것은 바울이 10절에서 말한 것에 대해 자연스런 인간적 예증을 제공하기 위하여 자기 삶의 과거 일들에 관해 말하고 있다. 그러나 이 절에서 어떤 일이 일어날 미래의 어느 시기에 대해서는 아무것도 말하고 있지 않다.

그래서 우리는 10절을 되돌아본다. "온전한 것이 올 때에는 부분적으로 하던 것이 폐하리라"(고전 13:10). 여기에 미래에 관한 언급이 있다. 바울은 미래 어느 시점에 '온전한 것'이 올 것이며 '부분적인 것'이 폐하고 '쓸모없게 될 것'이라고 말한다.

언제 이 일이 일어날 것인가? 12절이 설명하는 것이 이것이다. 그 때에, 즉 온전한 것이 올 때에 우리는 '얼굴과 얼굴을 대하여' 볼 것이며 '(주께서) 우리를 아신 것 같이' 우리도 알게 될 것이다.

이는 '온전한 것'이 올 때가 그리스도께서 재림하시는 때임이 분명하다는 것을 의미한다.[91]

그러므로 우리는 10절을 이렇게 말을 바꿔서 설명할 수 있다. "그러나 그리스도께서 다시 오실 때에 부분적인 것이 폐하리라."[92]

또는 '부분적인 것'이 분명히 예언을 포함한다는 앞의 결론을 이용해서 이렇게 말을 바꿔 설명할 수도 있다. "그러나 그리스도께서 다시 오실 때에 예언이 폐하리라."

그러면 여기에서 우리는 예언과 같은 부분적인 은사들이 중지되는 때에 관한 확실한 결론을 찾을 수 있다. 그것들은 그리스도께서 다시 오실 때에 '쓸모없게' 또는 '폐하게 될' 것이다. 그리고 이는 그것(은사)들이 오늘을 포함하여 그리스도께서 재림하시는 바로 그날까지 교회시대를 통틀어 계속해서 존재할 것이며 교회를 위해 유익할 것임을 의미할 것이다.

(b) '온전한 것'이 올 때가 그리스도께서 돌아오실 때라는 또 하나의 이유는 이 구절의 목적으로부터 분명해진다. 바울은 사랑의 위대함을 증명하려 하고 있는데, 그리하는 과정에서 그는 "사랑은 언제까지나 떨어지지 아니"(고전 13:8) 한다는 것을 확립하고자 한다. 그리하기 위해 그는 현재의 영적 은사들과 달리 사랑은 주님이 다시 오시는 때를 지나서도 계속될 것이라고 주장한다. 이는 설득력 있는 논증이다. 사랑은 우주에 대한 하나님의 계획에서 아주 근본적인 것이어서 이 시대에서 다가오는 시대로의 전환을 지나서 - 영원히 지속될 것이다.

(c) 이 구절이 주님의 재림의 때를 말한다는 세 번째 이유는 바울이 신약 시대의 성령 은사들의 목적에 관해 말한 보다 일반적인 발언에서 찾을 수 있다. 고린도전서 1:7에서 바울은 성령 은사들(헬라어 카리스마타 *charismata*)의 소유를 주님의 재림을 기다리는 행위와 연계시킨다. "너희가 모든 은사에 부족함이 없이 우리 주 예수 그리스도의 나타나심을 기다림이라."

이 말은 은사들이 신자들로 하여금 주님이 재림하실 때까지 사역을 할 수 있도록 한시적으로 제공된 것이라고 바울이 생각하였음을 암시한다. 따라서 이 절은 고린도전서 13:8-13과 매우 비슷한 생각을 보여주고 있는데, 거기에서도 마찬가지로 예언과 지식이 (그리고 의심의 여지없이 방언도) 주님의 재림 시까지 필요하지만 그 때를 넘어서는 불필요한 것으로 여겨지고 있다.

그러므로 고린도전서 13:10은 그리스도 재림의 시기를 말하며 예언은 신자들 중에 그 때까지 계속될 것임을 말하고 있다. 이것이 의미하는 바는 바울이 예언의 은사가 모든 교회 시대를 통틀어 계속될 것이며 주님이 돌아오시는 날까지 교회의 유익을 위해 기능할 것으로 기대했다는 분명한 성서의 진술이 있다는 것이다.

이 해석에 대한 반론

✱

이 결론에 대해 흔히 예언의 은사는 중지되었으며 더 이상 사용되어서는 안 된다고 주장하는 사람들에 의해서 여러 가지 반론들이 제기되었다. 여기에서 우리는 그 같은 반론들을 하나씩 검토할 것이다. 그 중의 몇은 특별히 고린도전서 13:8-13을 다루고 있고 다른 반론들은 보다 넓은 문제들을 다루고 있다.

1. "이 본문은 은사들이 중지되는 시기를 특정하지 않는다"

앞에서 우리가 내린 결론에 대한 첫 번째 반론은 리처드 개핀의 사려 깊은 연구서 *Perspectives on Pentecost*(『성령은사론』, 권성수 역, 서울: 기독교문서 선교회, 1999)에서 나왔다. 개핀은 '온전한 것이 올 때'가 그리스도 재림의 때를 말한다고 동의하면서도 이 구절이 특정한 은사들이 중지되는 시기를 확정한다고는 생각하지 않는다. 도리어 그는 바울이 "그리스도의 재림 때까지의 기간 전체를 개관하고 있었으며 그 기간 동안에 중단이 개입될 지 않을지에 대하여는 고려하지 않았다"고 생각한다.[93]

개핀의 주장에 의하면 사실 바울의 전체적 목적은 믿음, 소망, 사랑의 영속성을, 특별히 사랑의 영속성을 강조하려는 것이지 특정한 은사가 그치는 시기를 확정하려는 것이 아니었다는 것이다. 그는 이렇게 말한다.

> 바울은 어느 특정한 계시의 방법이 끝날 시기를 구체적으로 보여주려는 의도는 없었다. 그가 단언한 것은 '온전한 것'이 올 때에는 … 신자의 현재의 파편적 지식이 끝난다는 것이다. 예언과 방언의 중지 시기는 이 본문과 관련되어서는 열려 있는(답하지 않은) 문제이고 다른 본문들과 다른 고찰들에 근거하여 결정되어야 할 것이다.[94]

그리고 이에 더해 개핀은 예언과 방언과 지식 외에도 바울이 '성서화' inscripturation도 추가할 수 있었을 것이며, 그리했다면 이 목록이 그리스도의 재림보다 오래 전에 중지된 것을 포함했을 것이라고 말한다. (성서화는 성서를 쓰는 과정을 말한다.) 따라서 이 목록에 포함된 다른 은사들 중 일부도 그럴(재림 전에 중지될) 수 있을 것이라고 개핀은 결론짓는다.

이 반론에 대해서 그것은 본문에 실제 사용된 단어들에 대해 공정하지 않다고 말하지 않을 수 없다. 복음주의자들이 올바르게 주장해온 바에 의하면 (그리고 내가 알기로 개핀도 이에 동의하는데) 성서 본문들은 각 본문의 요점에 있어서만이 아니라 거기에 확인되는 세부 사항들에 있어서도 진실하다는 것이다. 이 본문의 요점은 사랑이 언제까지나 계속된다는 것이겠지만 또 다른, 그리고 분명 중요한 점은 10절이 확인하는 것이 단지 이들 불완전한 은사들이 언젠가 그칠 것이라는 점이 아니라 '온전한 것이 올 때에' 그것들이 그칠 것이라는 점이다. 바울은 어느 시기를 특정한다. "온전한 것이 올 때에는 부분적으로 하던 것이 폐하리라"(고전 13:10). 그러나 개핀은 바울이 실제로 이렇게 말하지 않고 있다고 주장하는 것처럼 보인다. 그러나 보다 넓은 문맥의 전체적 주제를 확인하는 것으로 단어들의 위력을 비켜갈 수는 없다.

그뿐만 아니라 개핀의 주장은 본문의 논리와도 맞지 않는 것으로 보인다. 바울의 주장은 예언과 방언과 지식을 폐하는 것은 바로 '온전한 것'의 도래인데 그 이유는 그 때에는 '(주께서) 나를 아신 것 같이' 배우고 알게 되는 새롭고 훨씬 우월한 방식이 있기 때문이다. 그러나 그 때까지는 새롭고 우월하게 아는 방식은 오지 않았으며, 따라서 이들 불온전한 은사들은 여전히 유효하고 유용하다 – 이것들을 시대에 뒤떨어지게 하는 것(그리스도 재림 시의 상황)은 아직 오지 않았다.

끝으로, 바울이 말했을지도 모르는, 그러나 사실 말하지 않은 어떤 것에 큰 비중을 두는 것은 위험스럽다. 바울이 은사 목록에 '성서화'를 포함시킬 수도 있었을 것이라고 말하는 것은 바울이 "그리스도께서 돌아오실 때에는 성서화가 그칠 것이다"라고 썼을지도 모른다는 것을 의미한다. 그러나 나는 바울이 그런 말을 쓸 수도 있었다고는 도저히 믿을 수 없다. 왜냐하면 그것은 틀렸기 때문이다. 성서의 말대로 '거짓 예언'이기 때문이다. 왜냐하면 오래 전에, 사도 요한에 의해 요한계시록이 쓰였을 때에 '성서화'가 그쳤기 때문이다.

따라서 개핀의 반론은 고린도전서 13:10에 대한 우리의 결론의 효력을 제거하지는 못할 것 같다. 만일 '온전한 것'이 그리스도 재림의 때를 말한다면 바울의 말은 예언과 방언 같은 은사들이 그 때에 그칠 것이라는 것이며 따라서 이 은사들은 교회 시대를 통틀어 계속된다는 것을 의미한다.

2. "신약성서가 완성되었을 때에 예언이 그쳤다"

두 번째의 반론을 제기하는 사람들은 '온전한 것이 올 때'가 '교회가 성숙한 때' 또는 '정경이 완성된 때' 혹은 '이방인들이 교회에 포함된 때' 등 여러 가지 중의 하나를 의미한다고 주장한다.

아마도 이 견해의 가장 신중한 발언은 로버트 레이몬드(Robert L. Reymond

의 저서 『오늘날 장로교회에서 계시와 기적이 계속됨에 관해서 어떻게 생각하는가?』*What About Continuing Revelations and Miracles in the Presbyterian Church Today?*에서 찾을 수 있으나,[95] 비슷한 입장을 분명하게 밝힌 또 다른 진술은 월터 챈트리Walter Chantry의 책 『사도의 표적』*Signs of the Apostles*에서 발견된다.[96]

챈트리의 논지는 여기에서 '온전한'으로 번역된 단어가 신약성서의 다른 곳에서는 인간의 성숙(고전 14:20) 또는 그리스도인 삶의 성숙(고전 2:6)을 지칭하는 데에 사용되었다는 사실에 입각한다. 그러나 여기에서도 우리는 한 단어가 성서에서 사용될 때마다 똑같은 것을 지칭하는 것은 아니라는 사실을 유념하지 않으면 안 된다. 어떤 경우에 그것은 '성숙한' 또는 '온전한' 인성을 지칭할 수 있고 다른 경우에는 다른 종류의 '완전' 또는 '완벽'을 지칭할 수도 있다. 예를 들어, 히브리서 9:11에서 이 단어는 '온전한 장막'을 지칭하는 데 사용되는데, 그렇다고 우리는 고린도전서 13:10이 분명 온전한 장막을 지칭한다고 결론을 내리지는 않을 것이다. 단어의 정확한 의미는 각각의 문맥에 의해 결정되어야 하며, 고린도전서 13장의 문맥은 우리가 살펴본 바와 같이 '온전한 것이 올 때'가 그리스도 재림의 때를 지칭한다는 것을 적시한다.

레이몬드의 논지는 약간 다르다. 그는 다음과 같이 추론한다(34쪽).

(a) 9-10절에 언급된 '부분적인' 것들, 즉 예언, 방언, 그리고 지식은 불완전한 계시 수단들로서 "모두 하나님이 자신의 뜻을 교회에 알리는 것과 관련되어 있다."

(b) 이 문맥에서 '온전한 것'은 '부분적인 것'과 같은 범주에 있는 무엇을 지칭할 수밖에 없다.

(c) 따라서 이 문맥에서 '온전한 것'은 틀림없이 계시의 수단을 지칭하는데 그것은 완성된 것이어야 한다. 그리고 하나님이 자신의 뜻을 교회에 알리는 완성된 수단은 성서다.

(d) 결론: '온전한 것이 올 때'는 성서의 정경이 완성될 때를 지칭한다.

레이몬드는 '온전한 것'이 정확히 성서의 정경을 지칭하는 것이 아니라 성서가 그 결과물인 '완성된 계시 과정'을 지칭한다고 말한다(32쪽). 그리고 12절의 "그 때에는 얼굴과 얼굴을 대하여 볼 것이요"가 하나님을 대면하여 본다는 것을 말한다는 반론에 대해 그것은 단지 '희미하게' 보는 것에 반해 '분명하게' 본다는 것을 의미할 것이라고 대답한다(32쪽).

이에 대해서 이 주장이 신중하고 자체적으로 일관성 있기는 하지만 여전히 하나의 선험적 가정假定에 의지하고 있다고 할 수 있다. 그 가정은 전체 논의에서 참으로 논란의 핵심이 되는 것으로 신약의 예언 및 그와 연관된 은사들의 권위에 대한 것이다. 레이몬드가 일단 예언이 (그리고 방언과 여기에서 언급된 종류의 '지식'이) 성서와 동급의 계시라고 가정하고 나면 전체 논증이 맞아 떨어진다. 그 논증은 다음과 같이 개조할 수 있을 것이다.

(a) 예언과 방언은 성서와 동급의 계시다.
(b) 따라서 전체 본문은 성서와 동급의 계시에 관한 것이다.
(c) 그러므로 '온전한 것'은 성서와 동급의 계시의 완결 또는 완성, 즉 성서의 완성을 지칭한다.

그러나 이 같은 논증에서는 첫 번째 가정이 결론을 결정해버린다. 이러한 가정을 할 수 있기 위해서는 내가 이 책에서 한 것처럼 예언에 관한 신약의 본문들을 귀납적으로 분석하여 그 타당성을 보여주어야 할 것이다. 그러나 내가 알기로는 신약 교회 회중 예언의 권위가 성서와 동급임을 귀납적으로 보여주는 시도는 없었다.

그뿐만 아니라 고린도전서 13:8-13의 본문에는 그런 입장과 합치시키기 어려운 다른 요소들이 있다. 구약성서에서 '대면하여' 본다는 말이 단지 분명하게 보는 것을 표현하는 것이 아니라 일관되게 하나님을 인격적으로 만나는 것을 표현하기 위해 사용되고 있다는 점이 설명되지 않는다. 그리고 바울이 "그 때에는 내가 얼굴과 얼굴을 대하여 볼 것이요"와 "그 때에는 주께서 나를 아신 것 같이 내가 온전히 알리라"에서 자기 자신을 포함한다는 사실은 이 본문이 성서 완성의 때를 지칭한다고 보기 어렵게 한다. 진정 바울은 다른 사도들이 신약성서에 대한 그들의 마지막 기여를 마쳤을 때에 그의 지식이 갑자기 놀랍게 변하여 주께서 그를 아신 것 같이 자기도 알게 되고 거울로 희미하게 보는 것에서 얼굴을 맞대고 보는 상태로 들어갈 것이라고 생각했는가?

레이몬드와 챈트리의 견해 외에도 '온전한 것이 올 때'를 그리스도의 재림 이전의 시기로 보려는 다른 시도들이 있으나 여기에서 자세히 다루지는 않을 것이다. 그런 견해들은 다 고린도전서 13:12에서 무너지는 것으로 보이는데, 거기에서 바울은 '온전한 것이 올 때에는' 신자들이 '얼굴과 얼굴을 대하여' 하나님을 볼 것이라고 말한다. 이 말은 다른 견해들 중 어느 것이 말하는 시기에도 해당될 수 없다.

신약성서 정경(신약성서에 포함하게 된 기록들)의 완성에 관한 제안은 또한 문맥상 바울의 목적에 부합하지 않는다. 만일 우리가 주후 90년을 신약성서의 마지막 책이 쓰인 대략적 시기로 택한다면 성서 저술의 끝은 바울이 고린도전서를 쓴(주후 55년 경) 해로부터 약 35년 후에 일어났다.

그러나 다음과 같이 주장하는 것이 과연 설득력 있겠는가? – "우리는 사랑이 35년 이상 계속될 것이기 때문에 언제까지나 계속된다고 확신할 수 있다!" 이는 도저히 설득력 있는 주장이 될 수 없을 것이다. 오히려 문맥에 따르면 바울은 이 시대와 앞으로 올 시대를 대조시키면서 사랑은 영원에 이르도록 지속될 것이라고 말해야 되는 것이다.[97]

사실 고린도전서의 다른 곳에서도 비슷한 논증 과정을 볼 수 있다. 바울이 어떤 것의 영원성을 증명하고자 할 때 그는 그것이 주님의 재림 이후까지 계속될 것이라고 주장한다(고전 3:13-15; 15:51-58 참조). 이에 반해 예언과 다른 은사들은 재림의 날 이후까지 계속되지 않을 것이다.

끝으로, 이 같은 반론들은 전후 문맥에서도 아무 근거를 찾을 수 없다. 그리스도의 재림은 고린도전서 13:12에 분명하게 언급되어 있는 데 반해 이 섹션의 어느 절도 성서 또는 신약 일부분의 완성이나 이방인들이 교회에 포용되는 것이나 교회의 성숙(그게 무엇을 의미하든지 – 교회가 지금이라도 진정으로 성숙한가?) 등에 관해 아무 말도 하지 않고 있다. 이 모든 반론들은 문맥에 없는 새로운 것을 끌어들여 문맥에 이미 확실하게 들어 있는 것, 즉 그리스도의 재림을 대체하려고 한다.

그래서 예언의 은사가 오늘날에는 유효하지 않다고 주장하는 리처드 개핀 자신도 고린도전서 13:10의 '온전한 것'과 12절의 '그 때'가 의심할 여지없이 그리스도의 재림을 지칭한다고 말한다. 이것들이 신약의 정경이 완성된 시점을 말하는 것이라는 견해를 주석적으로 신빙성 있게 만들 수는 없다.[98]

고린도전서 13:10에 대한 이 같은 대안적 설명들은 주로 신약의 예언이 성서와 동등한 권위를 가진 말들로 이루어졌다는 선행적 확신에 의해 유발된 것처럼 보인다는 점을 말해야 할 것 같다. 나는 성서의 다른 본문들이 분명하게 가르쳐 준 것을 가져다가 어느 한 구절에 적용하는 것을 반대하지 않는다. 왜냐하면 나는 성서 전체는 하나님의 감동으로 된 것이므로 자체적으로 일관성이 있다고 확신하기 때문이다. 그러나 신약 교회의 회중 예언이 성서와 동등한 권위를 가졌다는 견해 그 자체가 상당한 의심의 여지가 있다면 (제2, 3, 4장을 보라) 그 견해를 고린도전서 13:10을 매우 의심스럽게 해석하도록 작용하는 명시적 또는 암묵적 요인으로 사용하기를 매우 주저해야만 할 것이다. 성서의 다른 곳에서 분명하게 가르치는 것은 성서의 어느 한 구절을 해석하는 데 당연히 영향을 끼쳐야 하겠으나 성서의 다른 곳에서 가르치는 것에 대한 의심스러운 혹은 잠정적인 결론이 만일 성서의 어느 한 본문을 해석하는데 영향을 끼치도록 한다면 그 영향은 아주 미미한 정도에 그쳐야 한다.

마틴 로이드-존스는 '온전한 것이 올 때'를 신약의 완성 시기와 같다고 하는 견해는 또 하나의 난관에 봉착한다는 점을 발견한다.

그 견해는 우리 앞에 성서를 펼쳐놓고 있는 당신과 내가 사도 바울보다 하나님의 진리에 대해 훨씬 더 많이 안다는 것을 의미한다. 그것은 우리 모두가 … 사도 바울을 포함한 사도들보다 더 우월하다는 것을 의미한다. 그것은 우리는 이

제 … '하나님께서 우리를 아신 것 같이 우리가 안다'고 하는 위치에 있다는 것을 의미한다. … 진실로 그 같은 견해를 묘사하는 단어가 단 한 개 있는데 그것은 난센스라는 단어다."[99]

고린도전서 13:8-13에 대해 말하면서 존 칼빈은 "이 논의 전체를 중간기(저자 시대와 성서기록 시대 사이)에 낀 시기에 적용하려는 사람은 어리석다"고 했다.[100]

3. "고린도전서 13장은 성서에 포함된 예언들에 대해서만 말한다"[101]

이 세 번째의 반론도 고린도전서 13장의 문맥을 무시한다. 바울은 성령의 은사들에 대해 말하고 있으며 사랑이 어떻게 그것들보다 더 좋은가를 보여주고 있다. 고린도전서에서 '예언'은 분명 '기록된 성서'가 아니라 신적인 권위를 갖지 않은 예언의 은사를 지칭한다. 그게 바로 바울이 고린도 사람들에게 어떻게 사용할지에 관해 말하고 있는 대상이다.

4. "예언은 사도들과 관련된 기적적 표적-은사이며 따라서 그것은 사도들의 죽음과 함께 그쳤다"

기적적 은사들이 사도들과 밀접하게 관련되어 있으며 기적이 사도들의 메시지의 진실성을 확인해주었다는 데에 의심의 여지가 없다. 사실 사도행전에 나오는 대부분의 주목할 만한 기적들은 사도들에 의해 또는 그들을 통해 행해졌다.

그러나 다른 몇 가지 요소들도 염두에 두어야 한다.

(a) 사도행전의 거의 모든 사건이(예를 들어, 복음 전도와 교회 설립을 포함하여) 사도들과 긴밀하게 연관되어 있다. 그러나 이 사실이 다른 그리스도인들이 선포하는 복음의 진실성을 확인하는 것과 관련하여, 또는 교회의 역사를 통틀어 다른 목적을 위하여(신자들의 덕을 세우기 위해, 병자들에게 긍휼을 베풀기 위해, 등등) 기적이 일어날 수 있는지 아닌지에 대해 아무 것도 말해주지 않는다. 기적들이 대부분 사도들을 통하여 행해졌다는 사실은 그것들이 다

른 사람들을 통해서는 행해질 수 없다는 것을 뜻하는 것은 아니다.

(b) 분명히 신약성서에 나오는 기적들이 전부 사도들에 의해 행해진 것은 아니다. 야고보서 5:14-15은 야고보가 어떤 신유의 사례들은 사도들을 통해서가 아니라 '교회의 장로들'을 통해서 일어날 것을 기대했다는 것을 보여주고 있다. 갈라디아서 3:5은 갈라디아 교회에서 사도 바울이 없는 동안 기적을 행하시는 이가 그리스도이심을 의미한다. 그리고 사도가 아닌 빌립과 스데반을 통해서 또는 그들에 의해 기적들이 행해졌다(행 6:8, 15; 7:55-56, 8:7, 13, 39).

(c) 일부 '기적' 은사와 '표적' 은사를 사도들에게만 제한하는 것에 대해 우리가 어떻게 생각하든 간에 예언의 은사는 그런 범주에 둘 수가 없다. 신약성서는 예언의 은사가 분명히 사도들에게 국한되지 않았으며 평범한 신자들도 사용하였다는 증거를 보여주는데, 그들은 고린도(고전 12-14장)와, 안디옥(행 11:28; 13:1; 15:32)과, 두로(행 21:4)와, 가이사랴(행 21:9, 10-11)와, 예루살렘(행 11:28; 21:10)과, 데살로니가(살전 5:19-21)와, 아마 에베소(행 19:6과 엡 4:11을 보라)와 다른 여러 도시들(행 20:23; 그리그 엡 4:11과 행 2:17-18은 어느 지역 교회에 대해 말하는 것이 아니라 보편적 교회를 지칭함을 주목하라)의 평범한 신자들이었다.

따라서 예언은 사도들에게만 제한되거나 국한되지 않았으며 사도들만 사용해야 하는 일종의 독특한 '표적 은사'로 여겨져서는 안 된다. 그것은 교회 전체가 교회의 유익을 위해 사용하라고 주어졌다.

5. "예언이 교회 역사의 초기에 중지되었다는 것은 역사적 사실이다"

(a) 첫째로 이 선언의 전제前提가 역사적 근거로 보아 매우 의심스럽다고 반박하지 않을 수 없다.[102] 초대교회 역사를 통틀어 예언자라고 주장하거나 예언을 한다고 주장하는 사람들이 있었는데 문제는 흔히 그들이 자신들의 은사를 잘못 이해했거나 다른 사람들이 잘못 이해하여 그들의 말을 실제로 하나님의 말씀인 것으로 잘못 다루어졌다는 것이다. 때로는 그들이 용납되었으나 때로는 그들이 교회의 확립된 리더십에 대한 큰 도전이 되어 몇몇

추종자들과 함께 분파를 시작하였는데 불행히도 그들은 더 이상 확립된 교회가 제재하거나 평가를 하는 권위 아래 있지 않게 되었다.

그러나 다른 사람들 또한 계시를 받았지만 표현하지 않았거나 또는 성령의 계시임을 밝히지 않고 말없이 기도나 설교나 권면의 말이나 찬송가나 경건 문헌에 포함시켰을 수도 있다.

위의 첫 번째 관찰에 대해 한 마디 더 할 필요가 있다. 신약의 회중 예언이 성령의 '계시'에 근거한 것이지만 하나님 자신의 말씀과 같은 권위를 갖지 않았다는 이 책의 주장이 옳다 해도, 예언에 대한 이런 조심스러운 이해는 쉽게 흐려지거나 잊혀 질 수 있다는 점을 인정하지 않을 수 없을 것이다. 그렇다면 결국 갈수록 더 많은 그리스도인 예언자들이 좋은 동기에서건 나쁜 동기에서건 그들이 하나님 또는 그리스도께로부터 '계시'를 받았다고 주장할 뿐만 아니라 그들의 말에 절대적인 신적 권위를 갖고 말한다고 주장하기 시작하는 것이 어렵지 않을 것이다. 이것이 적어도 몬타니즘에서 실제로 있었던 일로 보이며 아마 다른 여러 경우도 그랬을 것이다. 물론 이 예언자들이 이단적 사상을 퍼뜨리기 시작한다면 그들을 제외한 교회의 반응은 궁극적으로 그들을 다 쫓아내는 것일 것이다. 절대적인 신적 권위를 주장하는 사람은 궁극적으로 인정되거나 배척될 것이다 - 단순히 용납되는 것은 불가능하다.

그러나 자신의 지위를 잘못 이해한 예언자들의 배척과 함께 어쩌면 예언의 은사도 다함께 배척되었는지 모른다. 그리하여 교회 자체가 예언 은사의 성격을 이해하지 못한 것이 적어도 교회 내에서 예언 은사의 공적 표현을 완전히 억압한 원인이 되었는지도 모른다. 이 설명은 하나의 제안일 뿐이고 내가 이것을 역사적 증거를 조사한 결과로서 확인하거나 부인할 필요가 있다고 여기에 제시하는 것은 아니다.

(b) 둘째로 나는 고린도전서 13장에서 바울이 교회의 역사 상 예언의 상대적 빈도에 대한 견해를 피력하고 있다고 주장하는 것이 아니라는 점을 분명히 할 필요가 있다. 그것(빈도)은 다양한 시기에 교회의 영적 성숙과 활력에 따라 적지 않은 변화가 있었을 것이고, 또는 예언이 축복으로 추구되거

나 이단으로 배척된 정도에 따라서, 혹은 공적 예배가 이 은사를 정규적으로 활용하도록 규정하는 빈도에 따라서, 그리고 신약 예언의 성격을 바르게 이해하는 정도에 따라서 많은 변화가 있었을 것이다.

도리어 바울이 말하는 것은 예언의 완전하고 전면적인 폐기인데 그것은 그리스도의 재림 시에 하나님의 주도에 의해 이루어질 것이다. 그리고 바울은 그리스도 재림 때까지는 예언의 은사는 적어도 어느 정도 사용할 수 있으며 하나님은 사람들에게 예언을 가능하게 하는 지시를 계속해서 주실 것이라고 생각한다는 것을 말하고 있는 것이다.

칼빈(*Commentary on 1 Corinthians*, 305)은 특별히 예언에 관해서 바울의 시기에 성령 은사가 풍부했음을 주목하며 (고전 14:32에 대해) 이렇게 말한다.

> 오늘날 우리는 우리 자원의 빈약과 사실의 결핍을 본다. 그러나 이는 의심할 여지없이 우리의 감사하지 않음에 대한 대가로서 우리가 받아야 마땅한 벌이다. 왜냐하면 하나님의 부요는 소진되지 않았으며 그의 너그러움이 줄어들지도 않았으나 우리는 그가 아낌없이 주시는 것을 받을 자격이 없고 그가 넉넉하게 주시는 모든 것을 받을 줄도 모르기 때문이다.

예언의 은사와 성서의 관계

✳

예언이 오늘날 교회에서 계속해서 사용되어야 하는가의 문제와 관련하여 고린도전서 13:8-13의 해석 외에도 또 하나의 우려되는 분야가 있다. 그것은 신약 회중 예언 New Testament congregational prophecy과 성서의 관계이다.

예언의 지속이 성서의 충분성 또는 완성된 정경 closed canon을 도전하는가?

예언에 대해 중지론의 견해를 취하는 사람들은 신약성서의 마지막 책이 (아마 주후 90년경에 요한계시록이) 기록된 후에는 교회 내에서 더 이상 '하나님의 말씀'을 기록하거나 말할 필요가 없어졌다고 주장한다. 성서는 하나님이 자기 백성에게 주시는 말씀의 완전하고 충분한 원천이다. 그리고 계속해서 예언적 발언을 추가하는 것은 사실상 성서에 무엇을 더하거나 성서와 경쟁하는 것이 된다. 이 두 가지 경우 모두 성서의 충분성sufficiency과 우리의 삶에서 유일한 권위에 도전하는 것이 된다.

만일 신약 회중 예언이 그 권위에 있어서 구약의 예언 또는 신약의 사도들의 말과 같다면 중지론자들의 이 같은 반론은 진정 옳을 것이다. 예를 들어, 만일 오늘날 신약 예언자들이, 우리가 하나님의 말씀 그대로라고 이해하는 그런 말을 했다면 이 말은 성서와 같은 권위를 가질 것이며 우리는 그런 말을 들을 때마다 그것을 기록하여 성서에 첨가해야 할 것이다. 그러나 만일 요한계시록이 완성되었을 때에 하나님이 성서가 기록되는 것을 멈추도록 하셨다고 확신한다면 하나님의 말씀 그대로를 말한다는 것은 오늘날 있을 수 없을 것이다. 그리고 새로운 성서나 하나님의 새로운 말씀을 받았다고 주장하는 것은 거짓으로 배격되어야 할 것이다.

이는 매우 중요한 문제인데 그 이유는 신약의 예언이 성서와 동등한 권위를 가졌다는 주장이 오늘날 저술된 모든 중지론적 논증의 근거이기 때문이다. 그러나 은사주의자 자신들은 예언을 그런 식으로 보지 않는다는 점을 주목할 필요가 있다. 조지 말론George Mallone은 "내가 아는 한 기독교 주류 내에서 어떤 비중지론자도 오늘날의 계시가 성서와 동등하다고 주장하지 않는다."고 했다.[103]

어쩌면 예언이 오늘날도 계속된다는 주장에 반론을 펴는 사람(중지론자)들은 은사주의자들이 믿는 것이라고 또는 믿어야 하는 것이라고 자기들이 말하는 것에 대응하는 대신 은사주의자들이 실제로 믿는 것(비록 항상 신학적으로 정확한 형식으로 표현되지는 않았을지라도)에 대응하기 위해서라도 은사주의의 가장 신뢰할만한 대변자들의 말에 좀 더 긍정적으로 귀를 기울여야 할 것이다.

나아가 우리는 현재의 믿음과 실천의 문제와는 별도로 신약 교회의 일반적 회중 예언이 성서와 같은 권위를 갖지 않았음을 제 3장과 제 4장에서 살펴보았다. 그것은 하나님의 말씀 그대로 말해진 것이 아니라 단지 인간의 언어로 말해진 것이었다. 그리고 그러한 성격을 가졌기 때문에 예언이 교회에서 그리스도의 재림까지 계속되지 않을 것이라고 생각할 이유가 없다. 예언은 성서의 권위를 위협하거나 성서와 경쟁하는 것이 아니라 성서의 권위뿐만 아니라 회중의 성숙한 판단에도 따라야 한다.

그뿐만 아니라 사도들의 가르침과 회중의 예언은 그 기능이 달랐다. 중지론자들의 견해는 사도들의 저술 묶음에서 하나님의 권위를 지닌 지침을 도출해낼 수 있게 될 때까지 교회에 그런 지침을 제공하는 것이 예언의 기능이라는 가정假定에 의지하고 있다. 그러나 우리가 제 5-8장에서 살펴본 신약 예언의 사례들에서는 회중 예언의 기능이 흔히 교회의 덕을 세우는 데 필요한 매우 구체적이고 지역에 맞춘, 그리고 오직 성령의 계시를 통해서만 얻을 수 있는 정보를 제공하는 것이었음이 분명했다. 사도들의 저술에 포함되어 있는 주요 교리에 관한 가르침에 접근할 수 있다는 사실이 이런 종류의 예언을 시대에 뒤떨어지게 또는 불필요하게 만들지는 않을 것이다.

지침guidance의 문제

다시 또 하나의 우려가 제기된다. 오늘날 예언의 은사를 사용하는 사람들이 예언의 권위가 성서와 같지 않다고 말한다 할지라도 사실상 예언이 그들의 삶에서 하나님의 뜻에 관한 지침을 제공하는 데 있어서 성서와 경쟁하거나 성서를 대체하는 기능을 한다고 주장할 수도 있다. 따라서 오늘날의 예언은 우리의 삶에 지침을 주는 데 있어서 성서의 충분성 원칙에 도전하는 것이라고 말한다.

교회의 역사에서 많은 잘못이 있었음을 여기에서 인정해야만 할 것이다. 존 맥아더John MacArthur는 계시가 계속된다는 생각이 어떻게 교회 내에서 많은 이단적 운동들을 생성시켰는가를 보여준다.[104]

그러나 예언의 은사가 기능하는 데에는 남용이 필연적인가라고 질문해야 할 것이다. 만일 우리가 어느 은사나 기능의 잘못이나 남용이 그 은사나 기능 자체를 무효화 한다고 주장해야 한다면 우리는 (많은 성서 교사들이 그릇 가르치고 사이비 종교를 창시했기 때문에) 성서 교육을 배격해야 할 것이며 (많은 교회 직분자들이 사람들을 길 잃게 했거나 직분의 특권을 남용했기 때문에) 교회 행정과 직분들도 없애야 할 것이다. 어떤 은사의 바른 사용이 불가능하다고, 즉 그 은사의 사용은 다 남용이 될 수밖에 없다고 증명할 수 없는 한, 은사의 남용은 그 은사의 바른 사용을 금지해야 한다는 것을 의미하지는 않는다.

그뿐만 아니라 특히 지침과 관련해서는 은사주의 운동에 속한 많은 사람들이 특정한 지침을 주기 위해 예언을 사용하는 것에 관해 얼마나 신중한지 주목하는 것이 좋겠다. 몇 개의 인용문들이 이 점을 보여줄 것이다.

돈 버샴Don Basham:

개인적으로 나에게는 미래를 말하거나 방향을 제시하지 않는 예언이 가장 편안하다. 왜냐하면 그런 메시지들에 내재한 엄청난 위험성을 알고 있기 때문이다. … 나는 하나님이 그런 예언을 아주 드물게 사용하신다고 믿는다. 나의 개인적 경험은 내가 미래를 옳게 예측하는 예언들보다 틀리게 예측하는 예언들을 여덟 배 내지 열 배나 더 많이 들었다는 것이다. …

어떤 사람이 우리에 대해 예언을 할 때 우리의 반응은 어떠해야 하는가? 만일 그 예언이 예측이나 지시를 포함하고 있다면 우리는 수용하지도 말고 배격하지도 말아야 한다. 우리는 그것을 '보류' 파일에 놓아둔 후 기도하고 그 예언이 주님의 계시라면 그분이 적어도 다른 두 사람의 증언을 통해 확인해주실 것을 신뢰해야 한다. 예언이 얼마나 감동적으로 들릴지라도 우리는 확인되지 않은 예측이나 지시를 포함하는 예언을 근거로 경솔하게 행동하면 결코 안 된다.[105]

마이클 하퍼Michael Harper:

다른 사람들에게 무엇을 하라고 지시하는 예언은 매우 의심스럽게 여겨져야 한다.[106]

데니스와 리타 베넷Dennis and Rita Bennett:

우리는 또한 개인적이고 지시적인 예언을 조심해야 하는데, 특히 성숙하고 순종적인 하나님의 사람에 의한 목회에서 하는 것이 아니라면 더욱 그렇다. 무절제한 '개인적 예언'은 세기의 전환기(19세기 말~20세기 초)에 시작된 성령운동을 많이 훼손시켰다. … 그리스도인들은 분명 '주 안에서' 서로를 위한 말씀을 계시 받는다. … 그리고 그런 말씀은 매우 신선하고 유용하다. 그러나 그 말씀을 받는 편에서는 성령의 증언이 있어야만 하고 지시를 하거나 예측을 한다고 주장하는 예언을 받는 데는 극도로 신중할 필요가 있다. 단지 예언적 발언이나 방언의 통역이라고 여겨지는 것, 또는 지혜나 지식의 말씀이라고 여겨지는 것이 그렇게 하라고 했다 하여 어떤 일을 시작하면 결코 안 된다. 그리고 단순히 친구가 당신에게 와서 "주님이 나에게 말씀하시기를 당신에게 이러이러한 일을 하라고 말하라고 하셨다"고 말한다고 하여 어떤 일을 해서도 결코 안 된다. 만일 주님이 당신에게 지시하실 것이 있으시다면 주님이 당신의 마음에 증거를 주실 것이며, 그러한 경우에 친구로부터 오는 말씀은 하나님이 이미 계시해주신 것을 확인하는 것이 된다. 그리고 당신의 지침이 또한 성서와 일치해야 한다. …[107]

도널드 기Donald Gee:

성령의 은사를 통해 개인적인 지침의 '메시지'를 주고받는 습관에 의해 심각한 문제들이 야기되고 있다. 성서에는 성령으로부터 그런 지도를 받을 수 있는 여지를 보여준다. 그러나 지나치면 안 된다. 성서를 살펴보면 사실 초기 그리스도인들은 하늘로부터 그런 음성을 계속해서 듣지는 않았다는 것을 보여줄 것이다. 대부분의 경우 그들은 우리가 흔히 '성스러운 상식'sanctified common-sense이라 부르는 것을 이용하여 결정을 내렸으며 매우 정상적인 삶을 살았다. 성령의 은사와 관련하여 우리의 많은 수고는 비정상적이고 예외적인 것들이 자주 일어나고 습관적인 것들이 되기를 우리가 원할 때에 야기된다. 은사를 통해 '메시지'를 받기를 지나치게 갈망하는 사람들은 현재 세대들만이 아니라 지난 세대들의 실패로부터도 경고를 받아야 한다. … 성서는 우리 발의 등이요 우리 길의 빛이다.[108]

도널드 브릿지Donald Bridge:

'조명주의'illuminism는 전혀 새로운 것이 아닌 어떤 것을 묘사하는 매우 오래된 용어다. 그것은 절제된 기도와 성서 학습에서 얻는 정상적 경험들을 초월하여 하나님으로부터 개인적으로 직접 계시를 받는다는 주장이다. 조명주의자는 끊임없이 그에게 무엇을 하라고 '하나님이 말씀 하신다'고 한다. 조명주의자들은 보통 아주 진지하고 헌신적이며 하나님께 순종하겠다는 결의를 가진 자들이어서 보다 신중한 그리스도인들을 부끄럽게 할 정도다. 그럼에도 불구하고 그들은 위험한 길을 걷고 있다. 그들의 조상들도 전에 그 길을 걸었는데 장기적으로는 항상 재앙적인 결과를 초래했다. 내면의 느낌이나 특별한 암시 같은 것은 그 성격상 주관적일 수밖에 없다. 성서는 우리에게 객관적 지침을 제공해 준다.[109]

도널드 브릿지와 데이비드 파이퍼스Donald Bridge and David Phypers:

집단이나 그 집단에 속한 개인들에게 예언을 가장하여 매우 구체적인 지시를 하려는 어떠한 시도도 그 모임의 지도자가 강력히 제지해야 한다. 그 이유는 그 결과 거의 예외 없이 야기되는 문제 때문이다. … 우리의 경험에 의하면 예언이 때로는 개인에게 필요한 것을 매우 직접적으로 말하기도 하지만 그런 예언을 전하는 그리스도인들은 언제나 그러한 필요에 대해 알지 못하고 있었고, 각각의 예언은 항상 전체 모임이 완전히 받아들일 수 있는 일반적 언어로 표현된다. 후일 그 예언이 특별히 지향했던 그리스도인이 그것이 도움이 되었다고 증언할 때에야 그 예언의 구체적 유용성을 깨닫게 된다.[110]

이상의 인용문들은 예언을 통해 지침을 받는 것에 대한 조심스럽고 매우 신중한 견해를 보여준다. 이 인용문들은 은사주의 운동 내의 많은 사람들이 예언의 주된 기능이 지침을 주거나 장래 일을 예견하는 것이 아니라, "덕을 세우며, 권면하며, 위로하는 것"(고전 14:3)(앞의 제 7장을 보라)임을 알고 있었다는 것을 보여준다. 이 기능은, 매우 일상적이며 특이하지도 않고 극적이지도 않은 것을 성령이 일깨워주심으로써 회중에서 당장의 필요를 충족시켜 주고 같은 성령이 그것을 하나님 백성의 마음에서 "활기 있게" 해주거나 매우 효과 있게 만들어 줌으로써 행해진다.

반면에 매우 개혁주의적인 중지론자들 중에서도 신자들의 삶에서 성령에 의한 일종의 지속적 '조명'illumination을 인정하려는 의지가 있다. 예를 들어, 리처드 개핀은 이렇게 말한다:

> 또한 흔히 예언으로 보이는 것이 사실은 즉흥적이며 성령의 감동에 의한 성서의 적용, 즉 성서의 가르침이 특정한 상황이나 문제에 관련하여 뜻하는 바를 갑자기 깨달은 것이다. 모든 그리스도인들은 성령의 이러한 즉흥적 역사에 마음을 열어둘 필요가 있다.[111]

그리고 로버트 레이몬드Robert Reymond는 '조명'을 '성령이 그리스도인들로 하여금 그들이 공부한 성서를 일반적으로 이해하고 기억해내고 적용할 수 있도록 돕는 것'이라고 정의한다.[112]

그러나 그리스도인들로 하여금 성서의 가르침을 이해하고, 기억해내고, 적용하고, 납득할 수 있게 해주는 성령의 현재 사역을 위에 인용된 저자들이 인정한다면 원칙적으로 그들이 말하는 것과 은사주의 운동에서 많은 사람들이 하는 것 사이에 그렇게 큰 차이가 있는 것 같지는 않다(비록 지침이 기능하는 정확한 방식에 대해서는 아마 어느 정도 차이가 남아 있을 것이기는 하지만 - 그러나 이것은 예언에 대한 차이라기보다는 일반적으로 지침에 대한 차이, 그리고 특별히 성서로부터의 지침이 충고나 조언이나 양심이나 상황이나 설교 등으로부터 오는 지침에 대한 차이이다.) 더 중요한 점은 개핀과 레이몬드가 여기에서 '조명'이라고 부르는 것은 신약성서가 '계시'라고 부르는 것으로 보이고, 그들이 '그런 조명의 구두 보고'라고 부르는 것이 신약성서가 '예언'이라고 부르는 것으로 보인다는 것이다.

그래서 나는 이 영역에 대해서 공동으로 신학적 고찰을 더 할 여지가 있지 않을까 생각한다. 은사주의자들은 중지론자들이 그 같은 '조명'의 범위와 빈도에 대해, 그리고 그것을 신약 예언이라고 부르는 것이 옳은지, 교회에 가치가 있는 것인지, 그리고 우리가 그것을 추구하는 것이 옳은지에 의심스러워하고 있다는 것을 알아야 할 것이다. 그리고 중지론자들은 그들이 고도로 발전시키고 신중하게 구성한 성서 충분성의 원리를 은사주의 운동에 속한 사람들을 포함한 다수의 복음주의자들이 공유하지 않고 있으며 이해하지도 못하고 있다는 사실을 알아야 할 것이다. 그럼에도 불구하고 어쩌면 '조명'이라는 개혁주의적 아이디어는 오늘날 일어나고 있는 것과 크게 다르지 않으며 성서의 충분성을 도전하는 것으로 보이지 않는 범주를 제공할 수도 있다.

비교를 위한 또 하나의 모델로서 아래와 같은 도널드 브릿지의 결론을 들어보는 것이 도움이 될 것이다.

예언은 어떤 권위를 갖는가? 교회 내에서 그리스도인들의 다른 행위, 예를 들어, 다스림, 상담, 가르침 등과 같다. … 만일 그것이 사실이라면 사실로 판명될 것이다. 신령한 사람들은 이에 호의적으로 반응할 것이다. 지혜롭고 검증된 지도자들은 그것을 인정하고 확인할 것이다. 계명된 양심은 그것을 포용할 것이다.[113]

예언이 주는 지침에 관한 이 같은 관점을, 우리가 신약 예언에서 신적 권위가 아닌 예언의 성격에 관해 살펴본 많은 성서적 증거들과 결합한다면 오늘날 예언을 계속해서 사용하는 것에 반대할 아무런 이유가 없는 것으로 보인다.

따라서 예언의 은사와 성서 사이의 관계라는 보다 넓은 영역에서 우리는 예언이 중지되어야 한다고 생각할 어떤 이유도 찾을 수 없다. 살아 있는 사도들이 실제로 존재하는 가운데 예언이 동시에 기능했지만 사도들만의 다스리는 권위와 경쟁하거나 그 권위에 도전하지 않았던 것처럼 오늘날도 우리들의 교회 내에서 예언이 우리의 삶에서 완성되그 기록된 성서만이 가진 권위에 도전하거나 경쟁하지 않으면서 그 성서와 동시에 존재하고 기능할 수 있다.

새 언약 시대 New Covenant Age의 특징으로서의 성령의 은사들

여기에서 한 가지 더 검토해보는 것이 마땅하다. 신약성서는 새 언약 시대(오순절로부터 그리스도의 재림까지의 시기로 '교회 시대'라고 불리기도 함)의 한 가지 차별되는 특색은 모든 하나님의 백성이 성령의 은사를 갖게 되는 것임을 여러 번 보여준다.

따라서 오순절에 새 언약 시대가 시작되자 성령이 교회에 권능으로 부어졌으며, 그 한 가지 결과는 하나님의 백성들이 예언이나 방언 말하는 것이나 환상을 보는 것과 같은 은사들을 받았다는 것이다(행 2:1-21). 또 한 가지 결과는 복음 선포를 위한 특별한 권능이다(행 1:8; 2:37, 47; 4:4 등과 비교하라).

성령의 은사들은 신약성서에 나오는 다른 사람들, 예를 들어, 고넬료 집안사람들(행 10:46)과 에베소의 제자들(행 19:6)이 성령을 받은 특징으로 나타나기도 한다. 고린도 사람들도 복음을 믿었을 때 특징적인 성령의 '새 언약' 경험을 한 후 그들이 "모든 일, 곧 모든 언변과 모든 지식에 풍족"하게 되어(고전 1:5) 그 결과 바울이 "너희가 모든 은사에 부족함이 없이 우리 주 예수 그리스도의 나타나심을 기다림이라"고 말할 수 있었다(고전 1:7). 사실 바울이 그리스도인들을 총체적으로 공동의 유익을 위해 각각 다른 은사가 수여된 '그리스도의 몸'이 되는 것으로 말할 때(고전 12:12-31) 우리는 그 말이 고린도 교회에 대해서만 그러한 것이 아니라 오늘날의 모든 교회와 모든 그리스도인들에 대해서도 그렇다고 이해하는 것이 옳다. 즉 새 언약의 그리스도인이 된다는 것은 영적 은사를 받은 그리스도인이 된다는 것이다.

바울이 에베소서에서 그리스도께서 위로 올라가실 때에 "사람들에게 선물을 주셨다"(엡 4:8)고 말할 때에 동일한 진리를 확인하는데, 그 선물은 온 몸이 함께 기능하도록 함으로써 "각 지체의 분량대로 역사하여 그 몸을 자라게 하며 사랑 안에서 스스로 세운다"(엡 4:16). 다시 한 번 전체 교회의 유익을 위해 여러 가지 영적 은사들을 갖는 것이 신약성서 시대의 특징으로 나타난다.

만일 사도들이 교회의 기초가 되었고 모든 시대의 교회를 위하여 성서를 쓰는 독특한 권한을 가졌다면 사도의 직분은 마지막 사도가 사망한 1세기 이후까지 계속되지 않으리라는 것이 이해가 된다. 사실 바울은 자기가 마지막으로 사도로 임명될 사람이라는 점을 암시한다(고전 15:8, 부활하신 주님이 사도들에게 나타나심에 관한 본문을 보라). 그리하여 우리는 교회에 사도의 직분이 더 이상 존재하지 않는다고 말하거나, 아니면 (보다 더 정확하게) 이제는 교회 내에서 사도의 직분이 사도들의 글(신약성서)로 교체되었다고 말할 수 있다.

그러나 우리는 다른 어떤 은사들이 이 같이 교체되었다고 말할 근거가 없다. 사실 성령의 은사들이 새 언약 시대의 특징이라면 정상적으로 기능하는 새 언약 교회가 신약성서에 언급된 모든 은사들을 계속해서 경험할 것이며, 이 은사들은 교회 시대의 특징으로서 주님의 재림 시까지 교회 내에서 계속될 것이라고 기대할 수 있을 것이다. 성령이 새 언약의 권능 안에서 역사하실 때에 성령의 모든 은사들이 존재하고 기능하는 것을 우리가 볼 수 있으리라고 기대하는 것이 옳지 않은가?

요약

✽

고린도전서 12:8-13에서 바울은 고린도 사람들에게 예언은 계속되지만 그리스도의 재림 이후까지는 아니라고 말한다. 따라서 고린도전서 13:10을 "그리스도께서 돌아오시는 때에 예언의 은사는 그칠 것이다"라고 바꿔 말해도 된다. 예언이 성서와 같은 권위를 가진 것이 아니지만 교회의 덕을 세우는 데 소중한 것이라는 예언의 성격과 함께 이 본문이 도출해내는 결론은 예언의 은사가 주님이 돌아오실 때까지 계속해서 유효하고 그리스도인들이 사용할 수 있다는 것이다.

| **오늘날에 적용하기** |

예언이 교회시대 전체에(오순절부터 그리스도의 재림까지) 적절한 은사임을 알게 되었다면 우리는 우리의 삶과 교회 내에서 어떻게 이 은사의 사용을 장려할 것인가를 생각하려고 해야 한다. 만일 이 은사가 교회 내에서 계속적으로 사용되는 것이 하나님이 의도하신 것이라면 그 사용을 허용하지 않거나 장려하지 않는 것은 우리의 영적 손상이라는 결과를 가져올 뿐이며, 우리가 영적 지침들을 따르고 남용을 삼가 한다면 이 은사를 다시 사용하는 것이 우리들의 교회에 영적 축복과 활기를 더해줄 것이라고 기대할 수 있을 것이다.

13장

지역 교회에서 예언의 장려와 규제

예언의 은사에 대한 이 연구가 이를 읽어본 사람들에게 설득력이 있었다면, 그리고 이 연구의 결론이 대체적으로 예언의 은사에 대해 성서 자체가 가르치는 것과 같다는 데 합의가 이루어졌다면 자연스럽게 다음과 같은 질문이 제기된다. 즉 예언에 대해 무엇을 해야 하는가? 우리들의 지역교회에서 예언 은사의 사용을 장려하는 적절한 방도가 있는가? 그리고 만일 이 은사가 장려된다면 우리는 이 은사가 남용되는 것을 피하기 위해 어떻게 규제해야 하는가?

이 질문에는 두 개의 상이한 집단에 대해 각각 다르게 답할 수 있는데, 두 집단은 (1) 예언의 은사가 사용되지 않고 있으나 담임목사 또는 교회의 다른 지도자들이 그 사용을 장려하고자 하는 교회의 그리스도인들과 (2) 예언의 은사가 이미 사용되고 있는 교회의 그리스도인들이다.

예언의 은사를 사용하지 않고 있으나 사용하고자 하는 교회들을 위해
✳

여기에 교회들에게 도움이 될 수 있는 내 자신의 제안 몇 가지를 열거한다.

(a) 기도하라. 교회에서 이 주제를 언제 어떻게 접근해야 할지에 대한 하나님의 인도와 지혜를 구하기 위해 진지하게 기도하라. 교회에서 제기되는 어떤 새로운 제안이나 발의에 대해서 다 그런 것처럼 주님의 타이밍에 민감하게 행하는 일에 그분의 축복을 받는 것이 매우 중요하다. 타이밍이 적절하고 기도가 선행되었다면 하나님이 이미 이 부분에 대해 다른 사람들의 마음을 준비시키고 계셨을 것이다.

(b) 가르치라. 담임목사나 교회의 다른 지도자들은 교회에서 제공하는 정

기적 성경 공부 시간에 이 주제에 관해 가르칠 수 있을 것이다. 그것은 주일 아침이나 저녁, 또는 주중의 성서 공부나 기도 모임 또는 성인 성경 공부 시간이 될 수도 있다. 가르침은 물론 철저하게 성서에 근거해야 하며, "성결하고 … 화평하고 관용하고 양순하며 긍휼과 선한 열매가 가득하고 편견과 거짓이 없어야 한다."(약 3:17)

이 교육 기간이 끝난 후 대개 몇 주 또는 몇 달 동안 그 가르침이 '젖어들도록' 기다려서 회중의 다수 또는 대다수의 마음에 동의를 하는지 알아볼 기회를 주는 것이 중요하다. (만일 가르침이 성서에 충실하다면 아마 만장일치는 아닐지라도 특별히 말씀에 성숙한 사람들 중에서 분명 유의미한 다수가 동의하게 될 것이다.)

(c) **서두르지 말고 인내심을 가져라.** 베드로는 교회의 장로들에게 '군림하는' 자세를 하지 말라고 하는데(벧전 5:3), 이 지침은 교회 지도자들에게 정치적 또는 심리적 압박이나 강한 개성을 내세워 그들이 원하는 것을 교회에 밀어붙이거나 강요하지 말 것을 상기시킨다. 그리고 예수님은 우리에게 말씀하시기를 "온유한 자는 복이 있나니 그들이 땅을 기업으로 받을 것임이요"(마 5:5)라고 하셨는데, 이 가르침 또한 성령이 사람들의 마음속에서 역사하시는 것과 별도로 우리의 방식을 밀어붙이거나 강요하지 말 것을 우리에게 상기시킨다.

많은 사람들에게 새로운 사안임을 인정하지 않을 수 없는 이 문제(예언의 사용)에 있어서 온유하고 참을성 있고 진정으로 목자적인 접근은 사람들로 하여금 두려워 떨어져나가게 하거나 불필요하게 소외시키지 않을 것이기 때문에 결국에는 주님이 원하시는 결과를 가져올 수 있을 것이다.

(d) **예언의 은사를 그것이 이미 교회에서 기능하고 있는 방식으로 사용하라.** 이 제안은 교역자들과 교회 지도자들뿐만 아니라 예언의 은사에 관심이 있는 모든 그리스도인들에게 해당한다. 이 제안은 이상하게 들릴 수 있겠지만 내 생각에는 크게 도움이 될 수 있다.

아마 활기 있고 적극적인 교회의 일상적 삶에서 예언의 은사는 부분적으로 또는 한시적으로 이미 기능하고 있다는 것이 맞을 것이다. 예를 들어, 교회의 기도모임에서 언젠가 어떤 사람이 특정한 사안에 대해 – 최근에 그의 마음에 있지 않았던 일, 적어도 그 정도로 마음에 두지 않았던 일에 대해 기도하라는 성령의 비상한 인도하심이나 자극을 받았을 수 있다. 그리고 그 기도가 그 모임에 참석한 다른 사람들의 마음에 생소한 반응을 가져왔을 수도 있다. 나는 주저하지 않고 이것이 성령의 계시로 보인다고 말할 것이다. 이 계시에 의해 기도해야 할 특정 제목과 그리고 아마 어떻게 기도할 것인가에 대한 구체적 방향이 그 사람이 기도하기 직전에 또는 기도 중에 마음에 떠올랐을 것이다. 그리고 아마 같은 제목이 성령에 의해 다른 여러 사람들에게도 '계시'되어 그들도 그러한 기도를 할 필요성을 깊이 느꼈을 것이다. 이것이 바로 우리가 예언의 은사라고 말하지 않으며 또 무슨 일이 일어나고 있는지 알지 못하는 가운데 예언의 은사가 우리의 교회에서 이미 기능하고 있는 사례라고 말할 수 있을 것이다.

그러므로 만일 예언의 은사를 더 많이 사용하도록 권장하려 한다면 그렇게 하는 한 가지 방법은 많은 사람들이 함께 기도할 때에 올 수 있는 성령의 인도에 민감해지고 그러한 감동을 주님께 드리는 기도(또는 '예언적 기도')의 형식으로 표현하는 것이다.

또 한 가지 사례는 교회의 모임이 사전에 공식적으로 계획되지 않은 방향으로 나아가는 데서 찾을 수 있다. 최근에 나는 과거에 기도하기 위해 함께 모인 적이 없던 한 무리의 그리스도인들과 함께 기도할 때에 특정한 성서 구절을 내용으로 하는 성가를 부르고 싶다는 생각이 계속 떠올랐다. 그러나 내가 아무 말도 하기 전에 그 모임에 속한 한 여성이 그 성가를 부르기 시작하자 우리 모두가 함께 불렀다. 그 후에 그 모임의 다른 남성이 같은 시간에 그 성가가 자기 마음에 떠올랐었다고 말했다. 우리들은 서로 다른 상황에 있다 왔으며 적어도 나 자신은 그 성가를 최근에 들어본 적이 없었다. 나는 이것이 성령이 우리가 찬양하는 방향으로 우리를 이끌어 준 것이었음을 알았다.

이런 일은 그리스도인들이 주일 저녁이나 다른 날에든지 보다 비공식적으로, 예를 들어, 찬양을 부르기 위해 또는 성서를 읽기 위해 혹은 주님께 기도와 찬양을 표현하기 위해 모일 때에 일어날 수 있다. 아마 우리들의 최근의 기억 속에 성령이 여러 사람들의 마음에 똑같은 찬송을 선택하도록 하거나, 같은 주제를 다루는 성서의 여러 구절들을 읽도록 하거나, 성령이 그 모임에 동일한 예배 방향과 색깔을 – 때로는 주님 앞에 경외와 침묵의 태도를, 때로는 깨진 마음과 죄에 대한 회개의 심정을, 때로는 특정한 필요를 위해 진심어린 중보의 마음을, 때로는 참을 수 없는 기쁨과 감사와 찬양의 마음을 부여했던 적이 이미 있을 것이다. 성령의 인도에 대한 이런 종류의 민감성이 예를 들어, 플리머스 형제들Plymouth Brethren의 구조화되지 않은 예배에 크게 활기를 불어넣어주어 참석한 각 사람으로 하여금 성령이 그의 백성 가운데서 감지할 수 있는 방식으로 역사하신다는 것을 느끼게 된다.

다시 말하건대 지역교회에서 예언의 은사가 증가하는 것을 보기 원하는 사람들은 신자들로 하여금 성령이 구조화되지 않은 예배의 방향으로 인도할 때에 보다 열린 마음으로 민감해질 것을 권장할 수 있을 것이다. 비록 그 같은 성령의 인도에 반응하는 것이 '예언'이라고 불리지 않을지라도 교회에 유익을 주는 결과는 매우 비슷하고 긍정적일 수 있다.

어쩌면 예언의 은사가 많은 교회에서 이미 기능하고 있을 수 있는 방식은 주일 아침 설교이다. 담임목사가 준비된 설교 구상에서 벗어나 설교하기 직전에 또는 설교하는 동안에 주님이 그의 마음에 강하게 작용하여 어떤 사안에 대해 몇 분 동안의 설교를 할애한 적이 있다면 사도 바울은 기꺼이 그것을 성령의 '계시'라고 불렀을 것이라고 생각되며, 비록 담임목사가 그것을 예언이라고 생각하지 않거나 그렇게 부르지 않을지라도 실제로 그것은 교회의 회중 모임에서 예언의 은사가 기능한 것이다. 이런 일을 경험했던 많은 목사들이 사전에 준비한 메시지에 그렇게 즉흥적으로 더한 것이 때로는 분명한 회중의 필요에, 흔히 전에 알려지지 않았던 필요에 정확하게 부합해서 말하였다고 증언할 수 있을 것이다.

자기 교회에서 예언의 은사가 더 효과적으로 기능하는 것을 보고자하는 담임목사는 기도를 많이 하는 습관을 기르고 그가 설교하기 전과 설교하는 동안에 의식적으로 주님에게 의지하는(물론 그것은 어쨌든 좋은 일이다!) 태도를 배양해야 하며, 만일 성령이 교리적으로 성서와 일치하며 자기가 판단하기에 회중의 덕을 세우는 어떤 것을 때때로 상기시켜줄 때 그는 주저하지 말고 그것을 자기의 설교에 추가해야 한다.

그러나 여기에 한 가지 위험이 있다. 담임목사가 통상적으로 주일 아침에 해야 할 일은 예언하는 것이 아니라(왜냐하면 성령이 언제 무엇을 계시할지 미리 알 수 없으므로) 가르치는 것이다. 회중이 기대하는 것도 그가 가르칠 것이라는 것이며 신약성서는 그런 가르침이 성서로부터 가르치는 것임을 알려준다. 그런데 성서를 가르치는 것은 거의 예외 없이 준비가 되었을 때 더 잘, 더 효과적으로 할 수 있다. 성서를 가르칠 시간을 위해(준비할 기회가 있을 때 또는 준비할 기회를 만들 수 있을 때) 준비를 하지 않는 것은 더 영적인 것이 아니라 단순히 게으른 것이다. 그것은 담임목사가 시간을 내서 준비했다면 절반의 시간에 두 배의 효과로 가르칠 수 있었을 터인데 신자들에게 빈약하게 구성되고 두서없는 생각들을 강요하는 것이 된다.

따라서 목사가 성경 공부를 위해 준비를 하지 않고 주님이 무언가 생각나게 해주실 것이라면서 '주님을 신뢰한다'고 말한다면 내 생각으로는 그가 주님에게 무언가 계시해 달라고 강요하는 것이다. 그러나 그것은 '주 너의 하나님에게 시험을 강요하는' 또 하나의 사례인데, 그것은 예수님이 누가복음 4:12에서 분명하게 금지하신 것이다. "주 너의 하나님을 시험하지 말라." 당신이 성전 꼭대기에 있다면 내려오기 위해 계단을 이용하는 것이 하나님이 주신 정상적 수단이다. 뛰어내리면서 하나님이 당신을 구하기 위해 기적을 베푸실 것을 기대하는 것은 '주님에게 시험을 강요하는 것'이다. 마찬가지로 담임목사가 성서를 가르치려면 시간을 내어 준비하는 것이 하나님이 주신 정상적 수단을 사용하는 것이다. 그러나 준비 없이 강단에 오르는 것은 성전 꼭대기에서 뛰어내리는 것과 같다. 그것은 하나님이 사용할 수 있도록 마련해주신 정상적 수단을 사용하기를 거부하고 당신을 딜레마에서 구해주기 위해 그분에게 일종의 비상한 계시를 달라고 요구하는 것이 된다.

따라서 만일 주님으로부터 감동이 온다면 그런 자극에 민감하게 반응하는 것이 옳기는 하지만 그것이 결코 회중에게 성서를 가르치는 엄숙한 책임을 다하기 위해 적절한 준비를 하는 것을 대체하도록 해서는 안 될 것이다.

예언의 은사를 실제로 '예언'이라고 부르지 않으면서 사용할 수 있는 네 번째 방법은 때때로 개인적 대화나 상담을 할 때 주님이 어떤 생각을 분명하게 또는 강하게 상기시키는 경우이다. 만일 그런 분명한 계시가 성서와 일치한다면, 그리고 그것이 대화나 상담에 적절한 것으로 보인다면 그것은 정상적 대화가 진행되는 동안에 대화 내용에 포함시킬 수 있을 것이며, 그것이 진실로 주님으로부터 온 것이라면 주님이 그것을 주님 보시기에 적절한 방식으로 사용하실 것이다.

(e) 교회의 예배 모임에서도 예언을 사용할 수 있도록 하라. 끝으로 앞의 네 단계를 실행하여 예언이 교회에서 수용되었다면, 그리고 만일 회중과 그 지도자들이 받아들일 의사가 있다면 교회의 비공식적인 예배 모임에서도 예언을 사용할 수 있도록 하라.

예언의 은사를 바울이 고린도전서 14장에서 지시한대로 사용하기 위해서는 통상 주일 아침에 행하는 예배보다 덜 공식적으로 구조화된 모임을 가질 때가 필요하다. 대부분의 주일 아침 예배는 어떤 종류든 즉흥적이고 개별적인 기여를 할 기회를 제공하지 않는다. 따라서 이러한 설정에 예언의 은사를 집어넣는 것은 (교회가 주일 아침 예배의 형식 전체를 바꾸기로 결정하지 않는다면) 적절하지 않은 것으로 보인다. 아마 교회는 보다 공식적인 주일 아침 예배를 유지하기로 결정하여 방문자들이 시작과 끝을 예측할 수 있고 예배 형식을 예측할 수 있도록 할 것이다. 나는 그런 사안에 대한 결정은 각각의 회중에 맡기는 것이 최선이라고 생각한다. 그리고 그 결정은 회중의 수와 그 회중이 처해 있는 문화적 환경 등에 따라 다를 수 있을 것이다.

그러나 그 회중의 신자들이 보다 덜 공식적인 방식으로 모여서 예배를 드릴 때가 있을 것이다. 그것은 주일 저녁이나 주중의 기도 모임이 될 수도 있고 집에서 소규모로 모이는 예배일 수도 있다. 이러한 상황에서 앞에서 설명한 단계들을 거쳐 교회에서 예언의 은사를 사용하는 것에 대해 분명하게 가르쳤다면 모임의 인도자들은 그러한 예배에서 예언의 은사를 사용할 기회를 허용하는 것이 적절하다고 생각할 수 있을 것이다.

그렇다면 예배 시간이 시작될 때 간략하게 설명하는 것이 도움이 될 것이다. 인도자는 예배시간에 즉흥적이고 개별적인 기여, 즉 성경 본문 읽기나 찬양하기를 요청하거나 기도를 요청하거나 간증을 하는 등의 기여를 할 기회를 허용할 것이라고 말해야 할 것이다. 이러한 기여 중의 한 가지는 '예언' 즉 예배 중에 주님이 즉흥적으로 마음에 상기시켜주신 것을 보고하는 것이 될 수도 있다. 만일 성령이 예배에 참석한 어떤 사람에게 그 같은 인도 또는 '계시'를 주도록 역사한다면 그것은 분명 모든 참석자들의 덕을 세우기 위해 모임 전체를 대상으로 말하도록 하는 것이 좋을 것이다.

물론 예배 시간을 담당하고 있는 사람은 반드시 모든 것이 질서 있게, 그리고 덕을 세우는 방식으로 진행되고 예언이 행해졌다면 회중의 분별을 받도록 해야 할 것이다. 사실 인도자는 모든 참석자에게 '예언자가 말한 것을 분별하고'(고전 14:29) '범사에 헤아려 좋은 것을 취하도록'(살전 5:21) 권장해야 할 것이다. 그리고 회중의 참석자들 중에 예언이 행해진 다음에 그것을 구두로 분별하고자 하는 사람이 있다면 그렇게 하도록 해야 할 것이다.

어떤 경우라도 인도자는 불필요한 긴장감이나 경직성을 피하고 형식에 구애되지 않도록 하여 예배가 이상하거나 유별난 것처럼 보이지 않도록 해야 할 것이다. 그것은 사람들이 주님께 예배드리기 위해 모였을 때 주님이 그들 가운데서 정상적이고 평범한 방식으로 역사하시는 예배가 되어야 할 것이다.

교회에서 예언을 말하는 사람들은 지나치게 극적이지 않도록(그리하여 주님보다 자신들에게 지나친 관심을 끌지 않도록) 권해야 하며, 그 반대로 무례하거나 경박하지 않도록(그리하여 '예언을 멸시하지 말도록' – 살전 5:20) 해야 할 것이다. 그리고 예언을 구약성서의 예언과 유사하게 생각하는 것은 적절하지 않으며, 따라서 그들이 예언에 앞서 '주께서 이같이 말씀 하신다'와 같은 선언으로 시작하는 것은 옳지 않다는 것을 그들에게 사전에 말해주어야 한다.

오히려 그들은 '내 생각에 주님이 이러이러한 생각을 주시는 것 같습니다' 또는 '주님이 이러이러한 것을 보여주시는 것 같습니다' 혹은 그와 비슷한 말로 시작해야 할 것이다. 그 내용이 진실로 주님이 계시해주신 것이라면 그와 같이 점잖게 시작하는 말로도 주님의 백성의 마음속에서 동의를 얻어낼 것이고 주님이 원하시는 결과를 가져올 것이다.

무엇보다도 가장 중요한 것은 예언을 말하는 사람이 자신의 명예나 명성이나 위엄을 추구하기보다는 듣는 사람들에게 좋은 일을 추구하는 사랑의 마음가짐을 새겨두어야 할 것이다. 그러므로 말하는 사람은 분명히 다른 사람들이 알아들을 수 있게 말해야 하고 예언의 목적이 듣는 사람들의 덕을 세우는 것임을 염두에 두어야 할 것이다(고전 14:26; "모든 것을 덕을 세우기 위하여 하라").

그러한 예배에서 지도자의 위치에 있는 사람들은 바울이 고린도전서 14장에서 내린 교회의 예배를 규제하는 조치들을, 특히 다음과 같은 내용을 항상 기억해야 한다.

(a) 그들은 '이것이 교회를 세우는 것인가'라고 지속해서 자문해야 한다(고전 14:26을 보라).

(b) 그들은 어느 한 은사나 어느 한 사람이 예배를 지배하지 않도록 해야 한다. 예언을 너무 많이 하거나 너무 오래 하지 않도록 해야 한다. 이 지침은 바울이 방언을 말하는 사람은 "두 사람이나 많아야 세 사람"으로 제한되어야 한다고 말하고(고전 14:27) 또한 예언을 하는 사람도 "둘이나 셋이나" 말하라고(고전 14:29) 제한했다는 사실에 근거한다. 각각 다른 사람들이 각각 기여할 수 있는 은사들을 갖고 오기 때문에(고전 14:26) 그들도 기여하도록 해야 한다. 그것은 비록 계시를 받은 사람들 중 일부가 말하지 못하게 되더라도 그리 해야 하는데, 바울은 이에 대하여 염려하지 않는 것으로 보인다(예언하는 사람을 둘이나 셋으로 제한하는 고전 14:29와 다른 사람에게 계시가 주어지면 먼저 예언하던 사람은 잠잠 하라는 고전 14:30을 보라).

(c) 그들은 모든 사람에게 대한 예의와 함께 질서의 분위기를 – 즉흥적 기여를 허용하면서도 사람들이 개별적으로 주님을 기다리면서 기도할 때에 기꺼이 침묵의 시간을 허용하는 분위기를 유지해야 한다.

끝으로, 예언의 은사와 관련된 여러 가지 실천적 문제에 대해서는 은사주의나 오순절 운동에 오래 있었던 사람들로부터 나올 수 있는 오랜 기간의 실천적 경험과 지혜를 구하는 것이 도움이 될 것이다. 은사주의 운동 밖에 있었던 우리는 때로 예언과 같은 은사를 사용하는 데서 나올 수 있는 위험과 남용을 분명하게 본다고 생각하지만 내 생각에 대부분의 비은사주의자들은 은사주의 운동 안에 있는 사람들이 그런 문제를 똑같이 또는 더욱 분명하게 인식하고 그들의 글에서 그런 문제에 대해 도움이 되는 방식으로 논의하고 있다는 사실을 알게 되면 놀랄 것이다.

예언을 사용하는 것 전반에 대한 실천적 논의를 제공하는 책들 중 셋을 언급하자면 다음과 같다: 마이클 하퍼Michael Harper의 *Prophecy: A Gift for the Body of Christ* (Plainfield, N.J.: Logos, 1964)와 브루스 요컴Bruce Yocum의 *Prophecy* (Ann Arbor, Mich.: Word of Life, 1976)와 도널드 기Donald Gee의 *Spiritual Gifts in the Work of Ministry Today* (Springfield, Mo.: Gospel Publishing House, 1963)(예언의 은사에 관해 40-62쪽).

예언의 분별이라는 특정 분야에 관해서는 조지 멀론George Mallone이 편집한 *Those Controversial Gifts* (Downers Grove, Ill.: InterVarsity, 1983)의 41-47쪽과 브루스 요컴Bruce Yocum의 *Prophecy*, 103-121쪽, 그리고 돈 버샴Don Basham의 *A Handbook on Tongues, Interpretation and Prophecy* (Springdale, Pa.: Whitaker Books, 1971), 111-116쪽에 에 소중한 단락들이 있다.

나는 이 저자들이 말하는 것에 다 동의하지는 않는다. 예를 들어, 이들 중 어떤 사람들은 예언을 정의하기를 '현재 상황을 위한 하나님의 말씀'이라고 할 것인데, 그것은 내가 이 책에서 주장한 예언의 정의와는 일치하지 않을 것이다. 그러나 실제로는, 특히 은사주의 운동의 보다 성숙하고 책임감 있는 분파들 중에서는 예언이 '하나님의 말씀'으로서가 아니라 내가 여기서 제안하는 것과 매우 비슷하게, 즉 하나님이 즉흥적으로 마음에 가져다주시는 것으로 다루어졌다. 예언의 실행 과정에서 실제로 이렇게 다루어졌기 때문에 이 저자들은 실천적 영역에서 많은 유용한 제안들을 제공할 수 있을 것이다.

예언의 은사를 이미 사용하고 있는 교회들을 위해

이제까지 이미 말한 것 중 대부분도 이런 교회들에게 적용될 수 있다. 그러나 몇 가지를 추가적으로 상기시키고 제안하는 것이 또한 적절할 것이다.

(a) 오늘날의 예언에서 말하는 것은 하나님의 말씀이 아니라 하나님이 마음에 생각나게 해주신 것을 단지 인간이 순전히 인간의 말로 보고하는 것이라는 점을 기억하라. 그러므로 사람들로 하여금 예언이 실제로 하나님의 말씀이라고 생각하지 않도록 해야 한다. 그렇지 않으면 적어도 암묵적으로 성서의 권위와 예언의 권위 사이에 오해와 혼동이 발생할 것이다. 사람들이 교회에 예언을 보고하기 전에 '주께서 이같이 말씀하신다'라고 말하거나, 또는 1인칭으로 말하거나 자기의 말이 하나님의 절대적 권위를 가졌다는 인상을 주는 방식으로 말하지 않도록 점잖게 그들을 가르치라.

(b) 예언을 성서에 의해, 그리고 진실이라고 알고 있는 다른 것들에 의해 헤아리고 분별하도록 하라. 그리스도인으로서의 삶에 아무리 성숙한 사람이라 할지라도, 그리고 얼마나 자주 또 얼마나 강력한 결과로 예언의 은사를 사용해온 사람이라 할지라도 예배에 모인 하나님의 사람들에 의한 분별에서 결코 제외될 수 없다. 만일 이 원칙이 지켜졌더라면 1987년에 오럴 로버츠Oral Roberts가 겪었던 공개적 망신은 피할 수 있었을 것으로 보인다. 그는 1987년 3월 말까지 일정한 금액을 모금하지 못하면 하나님이 자기의 생명을 취하실 것임을 자기에게 계시해 주셨다고 확신했던 것 같다[텔레비전 선교활동가인 그는 3개월 내에 8백만 달러를 모으지 못하면 하나님이 자신을 데려가실 것이라면서 공개적으로 헌금을 요청했고 9백만 달러를 모았으나 그 후 부패와 부도덕성 스캔들에 휘말렸다 – 옮긴이]. 만일 로버츠가 이 '계시'를 받았다는 느낌을 성숙한 조언자들의 무리에게 분별하도록 했다면 분명 그 중 많은 사람들이 그 생각이 하나님이 우리에게 연보를 '억지로 하지 말지니'(고후 9:7)라고 권하신 것과 어긋나며, 성서에서 하나님은 결코 한 사람의 목숨을 담보로

하여 다른 사람들의 자발적(아니, 오히려 비자발적) 헌물로 대속하시지 않는다는 것과도 어긋난다고 보았을 것이다. 분별은 (로버츠의) 그 실수를 예방했을 것이며 다른 많은 실수도 예방할 수 있을 것이다.

(c) 성서는 살아계신 하나님의 음성을 듣기 위해 언제든지 찾아갈 수 있는 곳임을 강조하는 것을 잊지 말라. 오늘날에도 그리고 우리의 삶 전체를 관통하여 하나님은 성서를 통해 우리에게 말씀하신다. 예언을 가장 자주 사용하는 사람들은 예배 때마다 하나님 자신으로부터 오는 어떤 예언이 가장 중요한 부분이 되기를 기대하기보다는 그들의 감동과 기쁨과 기대와 즐거움의 중심을 성서 자체에서 찾도록 권면할 필요가 있다. 거기에는 무한한 가치의 보물이 있다. 즉 창조주께서 우리가 알아들을 수 있는 언어로 우리에게 말씀하신다는 것이다.

예언의 은사가 기능하고 있는 교회들에서, 특별히 그런 곳에서 우리가 우리의 삶의 지침을 찾아야 하는 곳은 성서라는 사실이 계속해서 강조되어야 한다. 우리들에게 완전히 신뢰할 수 있는 기준이 되는 하나님의 뜻을 추구할 때 성서가 우리에게 방향을 제시하고 초점을 찾아주는 원천이 된다. 성서에 있는 하나님의 말씀에 대해 우리는 확신을 갖고 이렇게 말할 수 있다. "주의 말씀은 내 발에 등이요 내 길에 빛이니이다"(시 119:105).

14장

왜 오늘날 우리에게 예언의 은사가 필요한가?

이 모든 논의가 과연 중요한 것인가? 우리가 이전에 해 왔듯이 예언의 은사를 교회에서 무시하면 우리는 무엇을 잃을 것인가?

이 질문에 답하기 위하여 우리는 성서가 이 은사의 중요성에 대해 말하는 바를 기억해야 할 것이다. 바울은 "사랑을 추구하며 신령한 것들을 사모하되 특별히 예언을 하려고 하라"(고전 14:1)고 말했을 정도로 예언의 은사를 높이 평가했다. 또한 성령의 은사들에 관한 그의 논의의 끝 부분에서도 그는 "그런즉 내 형제들아 예언하기를 사모하며"(고전 14:39)라고 말했으며, 또한 말하기를 "예언하는 자는 교회의 덕을 세우나니"(고전 14:4)라고 했다.

이제 우리는 우리 자신에게 어려운 질문을 물어야 한다. 고린도 교회가 미성숙하고 이기적이고 분파적이며 그 밖의 다른 문제들로 골치 덩어리였지만 바울이 예언의 은사가 그 교회에서 기능하기를 사모했다면, 우리는 오늘날 우리의 교회에서도 예언의 은사가 다시 동일한 기능을 하기를 사모해야 하지 않겠는가? 우리가 그리스도인들이라면, 특히 성서가 말하는 것을 다 믿고 순종하는 복음주의 그리스도인들이라면 우리는 예언의 은사에 관한 이러한 말씀들을 믿고 순종해야 하지 않겠는가?

성서의 이런 직접적인 말씀에 더하여, 우리는 예언의 본질에 관한 성서의 전반적 가르침으로부터 이것의 기능을 허용할 때 교회에 가져다주는 몇 가지 구체적 유익을 목격할 수 있지 않겠는가? 나는 그런 유익이 있다고 생각한다.

첫째로, 만약 여기에 제시한 주장이 옳다면, 예언을 무시하는 것은 성서에 불순종하는 것이다. 그것은 우리의 교회에 부정적 결과가 올 것임을 알 수 있는 충분한 이유가 되며, 적어도 우리가 순종했을 때 우리의 것이 되었을 완전한 축복을 받지 못하는 이유가 되고도 남는다.

둘째로, 만일 이 은사가 우리의 삶에서 제 기능을 하도록 허용되고 장려된다면, 그것은 의심의 여지없이 우리의 일상생활에서 우리가 하나님과 가까워지게 하며 하나님의 인도에 민감할 수 있도록 해줄 것이다. 어떤 사람들은 이런 말이 너무 '주관적'인 것을 강조한다며 반대할지도 모른다. 그들은 그리스도인으로서의 삶에서 우리가 '보다 객관적'일 필요가 있다고 주장할 것이다. 그들은 그런 주관적인 것에 대해 더 강조하는 것은 우리의 삶에 교리적 오류와, 그릇된 도덕적 지침과, 성서의 인도를 무시하는 오류를 불러들일 뿐이라고 말할 것이다.

그러나 이 같은 반론을 제기하는 사람들이야말로 바로 그들의 그리스도인으로서의 삶에서 이 같은 주관적 과정이 필요한 사람들일 것이다! 그들은 오류에 빠질 가능성이 가장 적은 사람들일 것이다. 왜냐하면 그들은 이미 하나님의 말씀 위에 굳건하게 서는 것을 크게 강조하고 있기 때문이다. 그러나 그들은 특별히 이 은사가 필요한데, 이는 그들의 삶이 때로는 너무 외골수로 학문적이며 지나치게 협소한 교리중심적일 수 있기 때문이다. 그러나 이 은사는 학문적 논증이나 교리적 연구에 의해 인위적으로 작동하도록 만들 수는 없다. 오히려 그것은 다른 종류의 행동을 요구한다. 그것은 주님을 기다리는 것을, 그의 말씀을 듣기 위해 귀를 기울이는 것을, 그가 우리 마음속에 보내는 신호를 듣는 것을 요구한다.

다시 말하자면 완전히 복음주의적이며, 신학적으로 정통에 속하고, 교리적으로 성숙하며, 지식이 잘 갖추어져 있고, 성서에 해박한 그리스도인들에게 가장 필요한 것은 주님과의 보다 생동적이고 '주관적'인 관계인데, 이 관계가 끼치는 강력한 영향력이 그들의 일상적 삶에서 균형을 잡아줄 수 있을 것이다. 나는 매일 학문적 관점에서 성서와 씨름하고 있기 때문에 나는 개인적으로 내 자신의 삶에서 그러한 필요성을 자주 느낀다는 점을 말하지 않을 수 없다.

셋째, 만일 예언의 은사가 적어도 교회의 일부 모임에서라도 기능하도록 허용된다면 나는 확신하건대 그것이 예배에 풍요롭고 새로운 생동감을, 하나님이 바로 이 자리에서 바로 이 순간 역사하신다는 경외심을, 압도적으로 경이로운 느낌을 더해주어 우리로 하여금 "진실로 하나님이 이곳에 계신다!"라고 감탄하게 할 것이다.

　이러한 것들이 교회가 기대할 수 있는 유익이다. 다른 어떤 은사와 마찬가지로(예를 들어, 가르침이나 다스림을 생각해보라) 실수와 남용의 가능성은 있다. 그러나 남용의 가능성은 신중한 교육과 성서에서 배운 원칙에 따른 규제를 통해 예방될 수 있다. 그리하면 교회에 – 또한 우리자신들의 영적 삶에 – 끼칠 유익의 가능성은 매우 크다.

부록 A
사도의 직분

제 2장에서 우리는 사도들의 권위를 다루었다. 그 결론은 사도들이 절대적인 신적 권위를 가진 말씀 - '주님의 말씀'을 말하고 기록했다는 것이었다. 사도들이 기록한 말씀이 하나님의 말씀이었기 때문에 그들의 기록물 다수가 우리가 오늘 가지고 있는 신약성서의 일부분이 되었다.

그러나 그 사도들이 대체 누구였는가? 얼마나 많은 사도들이 있었는가? 사도가 되는 조건은 무엇이었는가? 그리고 오늘날에도 사도들이 있는가?

먼저 이상의 질문들에 대한 답은 '사도'라는 단어가 무엇을 뜻하느냐에 달려있다는 것을 분명히 하지 않으면 안 될 것이다. 오늘날 어떤 사람들은 '사도'라는 단어를 매우 광의적으로 사용하여 효율적인 교회 개척자church planter 혹은 선교 사역에서 중요한 선구자를 지칭한다(예를 들어, "윌리엄 캐리William Carey는 인도에 파송된 사도였다"). 우리가 만일 '사도'라는 단어를 그렇게 넓은 의미로 사용한다면 물론 모든 사람들이 오늘날에도 사도들이 있다고 동의할 것이다. 왜냐하면 오늘날에도 효율적인 선교사들과 교회 개척자들이 있기 때문이다.114

그러나 '사도'라는 단어에는 또 다른 의미가 있다. 신약성서에서 그 단어는 통상적으로 특별한 직분, '예수 그리스도의 사도'를 지칭한다. 이러한 좁은 의미로서는 오늘날 더 이상 사도가 없으며 더 이상 기대할 수도 없다. 그 이유는 사도가 되기 위한 자격조건과 누가 사도였는가에 대해 신약성서가 말해주는 내용에 있다.

사도의 자격

✳

　사도가 될 수 있는 두 가지 자격 요건은 (1) 예수님의 부활 이후에 예수님을 자기 눈으로 목격하였다는 것(그리하여 '부활의 목격자–증인eyewitness'이 되는 것)과 (2) 그리스도에 의해 확실하게 그분의 사도로 위촉되었다는 것이다.[115]

　사도는 부활하신 주님을 자신의 눈으로 보았어야 한다는 사실은 사도행전 1:22에서 베드로가 유다를 대신할 사람은 "우리와 더불어 예수께서 부활하심을 증언할 사람이 되어야 하리라"고 말한 데에 적시되어 있다. 그뿐만 아니라 "그가 고난 받으신 후에 또한 그들에게 확실한 많은 증거로 친히 살아 계심을 나타내사 사십 일 동안 그들에게 보이신" 것은 "그가 택하신 사도들에게"였다(행 1:2-3; 행 4:33을 참조할 것).

　바울은 비록 비정상적인 방식이긴 하였지만(다메섹으로 가는 도중에 그리스도께서 그에게 환상으로 나타나시어 그를 사도로 임명하시었다: 행 9:5-6; 26:15-18) 자신이 이 자격 요건을 갖추었다는 사실을 많이 내세웠다. 그래서 그가 자신의 사도직분을 변호할 때에 그는 "내가 … 사도가 아니냐? 예수 우리 주를 보지 못하였느냐?"고 말한다(고전 9:1). 그리고 바울은 그리스도께서 부활하신 후에 자신을 보여주신 사람들을 열거할 때에 이렇게 말한다. "그 후에 야고보에게 보이셨으며 그 후에 모든 사도에게와 맨 나중에 만삭되지 못하여 난 자 같은 내게도 보이셨느니라. 나는 사도 중의 가장 작은 자라. … 사도라 칭함 받기를 감당하지 못할 자니라"(고전 15:7-9).

　이 구절들을 종합하면 예수님이 부활하신 후에 자신의 눈으로 그를 보지 못하였다면 그 사람은 사도가 될 수 없다는 것을 보여준다.

　두 번째 자격요건으로서 그리스도에 의해 확실하게 사도로 위촉 받아야 한다는 것도 여러 구절들에 분명히 나온다. 먼저, 비록 '사도'라는 용어가 복음서에 공통적인 것은 아니지만 예수님이 열두 제자들을 위촉하시고 자신의 이름으로 선포하라고 '그들을 보내시는' 단락에서 그들은 확실하게 '사도'라고 불리었다.

예수께서 그의 열두 제자를 부르사 더러운 귀신을 쫓아내며 모든 병과 모든 약한 것을 고치는 권능을 주시니라. 열두 사도의 이름은 이러하니 … 예수께서 이 열둘을 내보내시며 명하여 이르시되 … 가면서 전파하여 말하되 천국이 가까이 왔다 하고(마 10:1-2, 5, 7).

마찬가지로 예수님은 '땅 끝까지 이르러' 그의 '증인'이 되라는 특별한 의미로 그의 사도들을 위촉하신다(행 1:8). 그리고 유다를 대신할 또 다른 사도를 선택함에 있어서 열한 사도들은 스스로 그 책무를 떠맡지 않고 그리스도께 기도하고 그분이 임명하실 것을 구했다.

뭇 사람의 마음을 아시는 주여 이 두 사람 중에 누가 주님께 택하신 바 되어 봉사와 및 사도의 직무를 대신할 자인지를 보이시옵소서. 유다는 이 직무를 버리고 … 제비 뽑아 맛디아를 얻으니 그가 열한 사도의 수에 들어가니라(행 1:22-26).

바울 자신도 그리스도께서 직접 자기를 사도로 임명하셨다고 주장한다. 그는 예수님께서 다메섹으로 가는 도중에 어떻게 자기를 이방인들에게 보내는 사도로 임명한다고 말씀하시었는지 설명한다. "내가 네게 나타난 것은 … 너로 종과 증인을 삼으려 함이니 … 이스라엘과 이방인들에게서 내가 너를 구원하여 그들에게 보내어"(행26:16-17).

후에 그는 자기가 확실하게 그리스도에 의해 사도로 임명 받았다고 확인한다(롬1:1; 갈 1:1; 딤전 1:12; 2:7; 딤후 1:11).

누가 사도였는가?

✳

최초의 사도들의 수는 유다가 죽은 뒤에 남았던 원래의 열한 사도들과 유다를 대신한 맛디아를 포함한 열 둘이었다. "제비 뽑아 맛디아를 얻으니 그가 열한 사도의 수에 들어가니라"(행 1:26). 이 원조元祖 집단의 열두 사도들이 얼마나 중요한 사람들이었는지 하늘의 도시 새 예루살렘의 기초석에 그들의 이름이 새겨져 있다고 성서에 기록되어 있다. "그 성의 성곽에는 열두 기초석이 있고 그 위에는 어린 양의 열두 사도의 열두 이름이 있더라"(계 21:14).

얼핏 생각하기에 그 집단은 결코 확대될 수 없을 것 같다. 즉 아무도 추가될 수 없을 것 같다. 그런데 바울이 자기도 또한 사도라고 분명히 주장한다. 그리고 사도행전 14:14는 바나바와 바울 둘 다 사도라고 부른다. "두 사도 바나바와 바울이 듣고 … ." 따라서 바울과 바나바와 함께 열네 명의 '예수 그리스도의 사도들'이 있다.

그리고 예수님의 동생 야고보(열두 명의 원조 제자들 중의 하나가 아니었다)도 갈라디아서 1:19에서 사도라고 불린 것 같다. 바울은 자기가 예루살렘에 갔을 때에 "주의 형제 야고보 외에 다른 사도들을 보지 못하였노라"고 말한다.[116] 그리고 갈라디아서 2:9에서 야고보는 베드로와 요한과 함께 예루살렘 교회의 '기둥'으로 분류된다. 또한 사도행전 15:13-21에서 야고보는 베드로와 함께 예루살렘 사도회의Jerusalem Council에서 중요한 지도자의 역할을 – 사도의 직분에 합당한 기능을 수행한다. 그뿐만 아니라 바울이 부활하신 예수님이 보여주신 사람들의 명단을 열거할 때 그는 다시 한 번 야고보를 기꺼이 사도들과 함께 분류하는 것으로 보인다.

> 그 후에 야고보에게 보이셨으며 그 후에 모든 사도에게와 맨 나중에 만삭되지 못하여 난 자 같은 내게도 보이셨느니라. 나는 사도 중에 가장 작은 자라. 나는 하나님의 교회를 박해하였으므로 사도라 칭함 받기를 감당하지 못할 자니라 (행 1:22-26).

끝으로 야고보가 자신의 이름이 붙은 신약성서의 서신을 쓸 수 있었다는 사실 또한 사도의 직분에 속한 권위, 즉 하나님의 말씀을 기록하는 권위를 그가 가졌다는 것과 일치한다. 이 모든 것들을 종합하여 고려하면 주의 형제 야고보 또한 그리스도에 의해 사도로 위촉 받았음을 보여준다. 그러면 '예수 그리스도의 사도들'의 수가 열다섯에(열두 제자에 바울과 바나바와 야고보를 더해) 이른다.

이들 열다섯보다 더 있었는가? 우리가 아는 바가 거의 없지만 몇 사람이 더 있었을 수도 있다. 그러나 더 있었는지는 확실하지 않다. 물론 다른 사람들도 부활 이후에 예수님을 보았다("그 후에 오백여 형제에게 일시에 보이셨나니 …" 고전 15:6). 이 큰 무리에서 그리스도께서 다른 몇 사람을 사도로 임명하셨을 수도 있다. 그러나 그리하지 않았을 수도 있다. 증거는 불충분하다.

로마서 16:7은 "내 친척이요 나와 함께 갇혔던 안드로니고와 유니아스에게 문안하라. 그들은 사도들 중에 주목할 만한 사람들이며 나보다 먼저 그리스도 안에 있는 자들이었다"(RSV – 옮긴이 번역).

이 구절에는 몇 가지 번역의 문제가 있어서 분명한 결론에 도달할 수는 없다. '주목할 만한 사람들'은 (사도들에게) '주목 받는 사람들'로 번역될 수도 있다. '유니아스'(남자 이름)로도 '유니아'(여자 이름)로도 번역될 수 있다.[117] 여기에서 '사도'는 '주 그리스도의 사도'라는 직분이 아니라 그냥 '사자'(전령)를 의미할 수 있다(이 단어가 빌 2:25와 고후 8:23과 요 13:16에서는 이같이 넓은 의미로 사용되었다).[118] 이 구절에는 우리가 결론을 도출해내기 위한 분명한 정보가 너무 적다.

다른 사람들도 사도라고 하는 시사示唆가 있었다. 실라(실루아노)와 때로는 디모데도 거론되는데 그 이유는 데살로니가전서 2:7에 있다. "우리는 그리스도의 사도로서 마땅히 권위를 주장할 수 있으나 …." 이 서신이 "바울과 실루아노와 디모데는"(살전 1:1)으로 시작하므로 바울이 2:7의 우리에 실라와 디모데를 포함하는 것인가?

두 가지 이유로 바울이 디모데를 포함하지 않은 것 같다.

(1) 그보다 바로 다섯 절 앞에서 바울은 "너희가 아는 바와 같이 우리가 먼저 빌립보에서 고난과 능욕을 당하였으나"(살전 2:2)라고 말했다. 이는 매맞은 것과 투옥된 것을 말하는 것 같은데 그 사건은 바울과 실라에게만 해당되고 디모데에게는 아니다(행 16:19). 따라서 7절의 '우리'는 맨 처음에 언

급된 모든 사람(바울, 실루아노, 디모데)을 포함하지 않는 것 같다. 이 서신은 전체적으로 바울과 실라와 디모데가 보내는 것이지만 바울은 서신의 특정 부분에서 세 사람을 다 포함하지 않는 것을 뜻할 때 읽는 사람이 '우리'에 속하는 사람들이 누구인지 자연스럽게 이해할 것으로 알고 있었다. 그가 "너희가 아는 바와 같이 우리가 – 즉, 실라와 내가 – 먼저 빌립보에서 고난과 능욕을 당하였으나"라고 거명하지 않은 이유는 데살로니가 사람들이 그가 말하는 '우리'가 누구인지 알 것이기 때문이다.

(2) 이것은 또한 데살로니가전서 3:1-2에도 나타나는데 거기에서 '우리'는 분명 디모데를 포함할 수가 없다.

> 이러므로 우리가 참다못하여 우리만 아덴에 머물기를 좋게 생각하고 우리 형제 곧 그리스도의 복음을 전하는 하나님의 일꾼인 디모데를 보내노니 이는 너희를 굳건하게 하고 너희 믿음에 대하여 위로함으로 (살전 3:1-2)

이 경우에 '우리'는 바울과 실라를 지칭하거나 아니면 바울만을 지칭한다(행 17:14-15와 18:5를 보라). 실라와 디모데는 아덴에 있는 바울에게 '속히'(행 17:15) 온 것으로 보이는데 – 누가는 그들이 아덴에 도착했다는 말을 하지 않으나 – 바울은 그들을 다시 데살로니가로 돌려보내 그곳의 교회를 돕게 했다. 그리고 그 자신은 고린도로 갔는데 그들은 나중에 고린도에서 바울과 합류했다(행 18:5).

위의 "우리만 아덴에 머물기를 좋게 생각하고"(살전 3:1)는 바울 혼자만을 지칭했다는 것이 가장 설득력 있는데 그 이유는 두 가지다. 첫째로, 바울은 그 문제를 5절에서 다시 다루는데 거기에서 단수單數 대명사 '나'를 사용한다("이러므로 나도 참다못하여 너희 믿음을 알기 위하여 그를 보내었노니"[살전 3:5]). 둘째로, 만일 실라가 바울과 함께 머물렀다면 아덴에서 극도로 외로웠다는 점을 말하지 않았을 것이다.[119] 사실 바울은 앞 단락에서 '우리'가 대체적으로 '나'를 의미한다고 설명하는 것처럼 보이는데 이는 그가 "그러므로 나 바울은 한번 두 번 너희에게 가고자 하였으나 사탄이 우리를 막았

도다"(살전 2:18)라고 말하기 때문이다. 그가 실라와 디모데를 포함하는 배려를 보여주는 방식으로 데살로니가 교회에 보내는 이 서신에서 '우리'를 더 자주 쓰는 것처럼 보이는데 이는 그들이 이 교회에 아주 많은 시간을 보냈기 때문이다. 그러나 데살로니가 사람들은 이방인들을 향한 위대한 선교 사명을 누가 주도하고 있는지, 그리고 그 서신이 누구의 사도적 권위에 주로(또는 전적으로) 의지하는 것인지에 대해 조금도 의심하지 않았을 것이다.

따라서 실라가 사도였을 가능성이 있으며 데살로니가전서 2:7이 그렇다는 힌트를 제공한다. 물론 그는 예루살렘 교회의 지도자들 중의 한 사람이었으며(행 15:22) 예수님을 부활 후에 보았고 사도로 임명되었을 가능성이 크다. 그러나 우리는 확실히 알 수는 없다.

그러나 디모데에 관한 상황은 다르다. 그가 데살로니가전서 2:2(그리고 3:1-2)의 '우리'에서 제외된 것처럼 데살로니가전서 2:7의 '우리'에서도 제외된 것으로 보인다. 그뿐만 아니라 루스드라 출신으로(행 16:1-3) 그리스도에 관해 외조모와 어머니로부터 배운(딤후 1:5) 그가 오순절 이전에 예루살렘에 있어서 거기서 부활하신 주님을 보고 믿게 되었고 그리고 갑자기 사도로 임명되었다는 것은 불가능한 것으로 보인다. 또한 바울이 그의 서신에서 인사말을 하는 패턴은 '사도'의 직위를 조심스럽게 자기 자신에게만 적용하고 디모데나 함께 여행하는 다른 사람들에게는 결코 적용되는 것을 허용하지 않는다(고후 1:1과 골 1:1의 "그리스도 예수의 사도 된 바울과 형제 디모데는"; 그리고 빌 1:1의 "그리스도 예수의 종[servants: 종들] 바울과 디모데는"을 주목하라). 따라서 디모데는 중요한 역할을 하기는 했으나 사도들 중의 하나로 여기지 않는 것이 옳다.

이는 '예수 그리스도의 사도'라는 직책을 가졌던 사람들의 수가 제한적이고 다소 확실하지 않다는 것을 의미한다. 적어도 열다섯 명이 있었고, 어쩌면 열여섯이나 신약성서에 기록되지 않은 몇 사람 더 있었는지도 모른다.

그러나 바울 이후에 임명된 사람이 아무도 없었다는 것이 거의 틀림없다. 바울이 부활하신 그리스도가 자신을 보여주신 사람들을 열거할 때 그는 그리스도께서 비정상적인 방식으로 자기에게 나타나셨던 것을 강조하고 그 사실과 연결하여 그것이 맨 '마지막'으로 나타나신 것이라는 것이며 자기 자신은 실로 "사도 중의 가장 작은 자 … 사도라 칭함 받기를 감당하지 못할 자"라고 말한다.

> 게바에게 보이시고 그 후에 열두 제자에게와 그 후에 오백여 형제에게 일시에 보이셨나니 그 중에 지금까지 대다수는 살아 있고 어떤 사람은 잠들었으며 그 후에 야고보에게 보이셨으며 그 후에 모든 사도에게와 맨 나중에 만삭되지 못하여 난 자 같은 내게도 보이셨느니라. 나는 사도 중의 가장 작은 자라. … 사도라 칭함 받기를 감당하지 못할 자니라(고전 15:5-9).

요약

✸

'사도Apostle'라는 단어는 넓은 의미로 또는 좁은 의미로도 사용될 수 있다. 넓은 의미로는 그것은 단지 '사자(전령)'이거나 '선구적 선교사'를 뜻한다. 그러나 좁은 의미, 즉 신약성서에서 가장 공통적으로 사용된 의미로서 그 단어는 '예수 그리스도의 사도'라는 특정한 직분을 지칭한다. 이 사도들은 초기 교회들을 세우고 다스리는 특별한 권위가 있었으며 하나님의 말씀을 선포하고 기록할 수 있었다. 그들이 기록한 말씀의 많은 부분이 신약성서 본문들이 되었다.

사도의 자격을 갖추기 위해서는 (1) 그 사람이 그리스도께서 죽은 자들 가운데서 살아나신 후에 자기 자신의 눈으로 그분을 보았어야 하고, (2) 그리스도에 의해 확실히 사도로서 임명 받았어야 한다. 사도들의 수는 제한적이었는데 아마 열다섯이나 열여섯, 또는 몇 명 더 있을지도 모르나 신약성서는 그 수에 대해 분명하지 않다. 열두 명의 원조 사도들(열한 명과 맛디아)에 합류된 사람들은 바나바와 바울이며, 야고보가 포함되었을 가능성이 아주 높고 어쩌면 실라, 그리고 안드로니고와 유니아와 이름이 알려지지 않은 다른 몇 사람까지도 포함되었을지도 모른다. 바울 이후에는 어떤 사도도 임명되지 않은 것 같으며, 오늘날 부활하신 그리스도를 자신의 눈으로 보았어야 한다는 자격 요건을 갖출 수 있는 사람이 아무도 없기 때문에 현존하는 사도는 없다. 교회를 가르치고 다스리기 위해 살아 있는 사도들 대신에 우리에게는 신약성서에 사도들의 기록이 있다. 신약성서의 그 본문들은 교회의 초기에 사도들에 의해 행해졌던 기능, 즉 절대적 권위로 가르치고 다스리는 기능을 오늘날의 교회들을 위해 수행한다.

부록 B
정경으로서의 성서[120]

성서를 통해 우리에게 하신 하나님의 말씀을 우리가 알고 믿는 것은 매우 중요하다. 그러나 우리가 이렇게 할 수 있기 전에 어떤 기록이 성서에 속하고 어떤 것이 그렇지 않은가를 알아야 한다. 이것은 성서의 정경에 관한 문제이다. 정경은 다음과 같이 정의할 수 있다. "성서Scripture의 정경은 성서Bible에 속하는 모든 책들의 목록이다."

우리는 이 문제의 중요성을 과소평가하면 안 된다. 성서의 말씀은 우리의 영적 삶에 자양분을 공급해주는 말씀이다. 따라서 우리는 모세가 하나님의 율법에 관해 이스라엘 백성에게 말한 것에 동의할 수 있다. "이는 너희에게 헛된 일이 아니라 너희의 생명이니 이 일로 말미암아 너희가 요단을 건너가 차지할 그 땅에서 너희의 날이 장구하리라"(신 32:47).

하나님의 말씀에 더하거나 빼는 것은 사람들로 하여금 하나님께 완전히 순종하지 못하게 하는 것이다. 왜냐하면 삭제된 계명은 백성들에게 알려지지 않을 것이며 더해진 말은 사람들로 하여금 하나님이 명령하시지 않은 것을 하도록 요구할 수도 있기 때문이다. 그래서 모세는 이스라엘 사람들에게 이렇게 경고했다. "내가 너희에게 명령하는 말을 너희는 가감하지 말고 내가 너희에게 내리는 너희 하나님 여호와의 명령을 지키라"(신 4:2).

따라서 신자들에게는 정경의 범위를 정확하게 정하는 것이 무엇보다도 중요한 일이다. 만일 우리가 하나님을 절대적으로 믿고 순종하려면 우리에게는 하나님 자신이 우리에게 주신 말씀이라고 우리가 확신할 수 있는 말씀을 모아놓은 것이 필요하다. 만일 성서에 그것이 하나님의 말씀인지 아닌지에 대한 의구심이 있는 부분이 있다면 우리는 그 부분이 하나님의 절대적 권위가 있다고 생각하지 않을 것이고 우리는 그 부분을 하나님을 신뢰하는 만큼 신뢰하지는 않을 것이다.

구약성서의 정경

성서 자체가 정경의 역사적 발전과정의 몇 가지 양상을 보여준다. 기록된 하나님의 말씀을 최초로 모아놓은 것은 십계명이었다. 이것은 하나님이 그의 백성에게 명령하신 말씀을 친히 쓰신 두 돌판이었다. "여호와께서 시내 산 위에서 모세에게 이르시기를 마치신 때에 증거판 둘을 모세에게 주시니 이는 돌판이요 하나님이 친히 쓰신 것이더라"(출 31:18). 우리는 또한 이렇게 기록된 것을 읽는다. "그 판은 하나님이 만드신 것이요 글자는 하나님이 쓰셔서 판에 새기신 것이더라"(출 32:16; 신 4:13; 10:4와 비교하라). 이 돌판은 언약궤에 두어졌으며(신 10:5) 하나님과 그의 백성 사이에 맺은 언약의 조건이 되었다.[121]

절대적 권위가 있는 하나님 말씀의 모음은 이스라엘의 역사 전체를 관통하여 점점 더 커졌다. 모세 자신도 추가적으로 말씀을 기록하여 언약궤에 두었다.

> 모세가 이 율법의 말씀을 다 책에 써서 마친 후에 모세가 여호와의 언약궤를 메는 레위 사람에게 명령하여 이르되 이 율법책을 가져다가 너희 하나님 여호와의 언약궤 곁에 두어 너희에게 증거가 되게 하라(신 31:24-26).

이 본문이 직접 언급하는 책은 신명기를 말하는 것으로 보이지만 모세의 기록에 관한 다른 언급들은 구약성서의 처음 네 권의 책도 또한 그가 썼다고 지적한다(출 17:14; 24:4; 34:27; 민 33:2; 신 31:22를 보라).

모세가 죽은 후에 여호수아도 하나님의 기록된 말씀의 모음에 추가했다. "여호수아가 이 모든 말씀을 하나님의 율법책에 기록하고"(수 24:26). 이는 하나님이 모세를 통해 백성에게 주신 말씀에 가감하지 말라는 명령에 비추어 볼 때 특별히 놀랄 일이다. "내가 너희에게 명령하는 말을 너희는 가감하지 말고 …"(신 4:2; 12:32와 비교하라). 그와 같은 구체적 명령을 불복종하기 위해서는 하나님이 친히 그런 추가적 기록을 승인하셨다고 여호수아가 확신하였음에 틀림없다.

후에 다른 이스라엘 사람들, 통상적으로 예언자의 직분을 수행하던 사람들이 하나님의 말씀을 추가적으로 기록했다.

- 사무엘상 10:25: "사무엘이 나라의 제도를 백성에게 말하고 책에 기록하여 여호와의 앞에 두고 …"
- 역대상 29:29: "다윗 왕의 행적은 처음부터 끝까지 선견자 사무엘의 글과 선지자 나단의 글과 선견자 갓의 글에 다 기록되고"
- 역대하 20:34: "이 외에 여호사밧의 시종 행적은 하나니의 아들 예후의 글에 다 기록되었고 그 글은 이스라엘 열왕기에 올랐더라"(하나니의 아들 예후가 선지자라고 불리는 왕상 16:7을 참고하라).
- 역대하 26:22: "웃시야의 남은 시종 행적은 아모스의 아들 선지자 이사야가 기록하였더라."
- 역대하 32:32: "히스기야의 남은 행적과 그의 모든 선한 일은 아모스의 아들 선지자 이사야의 묵시 책과 유다와 이스라엘 열왕기에 기록되니라."
- 예레미야 30:2: "이스라엘의 하나님 여호와께서 이와 같이 말씀하여 이르시기를 내가 네게 일러준 모든 말을 책에 기록하라."

다른 구절들도 인용될 수 있다(대하 9:29; 12:15; 13:22; 사 30:8; 렘 29:1; 36:1-32; 45:1; 51:60; 겔 43:11; 합 2:2; 단 7:1을 참고하라). 그러나 하나님의 기록된 말씀의 모음이 커져가는 과정은 이미 분명할 것이다. 구약성서는 모든 책의 모든 세부 사항들을 상술하지는 않으나 기록의 증대가 발생하는 방식의 여러 가지 사례들을 우리를 위하여 기록하였다. 그것은 통상적으로 하나님이 자신의 대변자가 되라고 선택하신 예언자라는 대리인을 통해서였다.

구약성서의 정경이 증대해지는 이 과정은 기록 과정이 끝나는 때가지 계속되었다. 만일 우리가 학개를 주전 520년으로, 스가랴를 주전 520~518년으로(아마 주전 480년 이후에 자료가 더 추가되었을 것임), 말라기를 주전 435년경으로 연대를 추정한다면 우리는 마지막 구약 예언자의 연대의 근사치를 계산해낼 수 있다. 이 기간과 대체로 일치하는 사람들이 에스라와 느헤미야다. 에스라는 주전 458년에 예루살렘으로 갔으며 느헤미야는 주전 445~433년에 예루살렘에 있었다.[122] 에스더는 크세르크세스 1세(즉, 아하수에로)가 주전 465년에 죽은 지 얼마 후에 쓰였는데, 아닥사스다 1세(주전 464~423)의 통치 기간 중이었을 것 같다.

따라서 주전 430년경 이후로는 구약성서 정경에 더 이상 추가된 기록이 없다. 그 이후의 유대인들의 역사는 마카베오서와 같은 다른 저서들에 기록되어있는데, 이런 기록들은 이전의 하나님 말씀 모음에 포함시킬 가치가 없는 것으로 여겨졌다. 하나님으로부터 받은 신적 권위의 말씀이 중지되었다는 믿음은 여러 갈래의 성서외 유대 문헌에 분명하게 증언되어 있다. 마카베오1서(주전 100년경)에서 저자는 더럽혀진 제단에 대해 "그래서 그들이 제단을 헐어서 제단 돌들을 예언자가 나타나서 그것들을 어떻게 하라고 말해 주기까지 성전 언덕의 편리한 곳에 보관해 두었다"(마카일 4:45-46)고 기록하였다. 그들은 구약성서의 예언자들이 했던 것처럼 하나님의 권위를 갖고 말할 수 있는 사람이 아무도 없다는 것을 분명히 알았다. 백성 중에서 권위를 가졌던 예언자에 대한 기억은 먼 옛날에 속한 것이었다. 그래서 저자는 "예언자들이 그들 중에 나타나는 것이 중지된 이래 있지 않았던"(마카일 9:27; 14:41 참조) 큰 재난에 대해 말한다.

요세푸스(주후 37/38년생)는 다음과 같이 설명한다. "아닥사스다 시대부터 우리 시대에 이르기까지 역사가 완전히 기록되었지만 이전의 기록들과 같은 신뢰를 받을만한 가치가 없는 것으로 여겨졌는데 그 이유는 예언자들이 정확하게 승계되지 않았기 때문이다"(*Against Apion* 1.41). 주후 1세기의 가장 위대한 유대사학자의 이 말은 그가 지금은 '외경'의 일부로 간주되는 기록들에 대해 알고 있었지만 그는(그리고 그가 대표하는 매우 통상적인 유대인들의 관점은) 이 기록들이 지금 우리가 구약성서라고 알고 있는 것과는 "같은 신뢰를 받을만한 가치가 없는 것"으로 여겨졌다는 것을 보여준다. 요세푸스의 견해로는 주전 430년경 이후에는 더 이상 '하나님의 말씀'이 성서에 추가되지 않았다.

랍비 문헌도 성령이 (예언의 영감을 주는 성령의 기능에 있어서) 이스라엘을 떠났다는 말을 반복함으로써 비슷한 신념을 반영한다. "학개와 스가랴와 말라기 등의 후기 예언자들이 죽고 난 후 성령이 이스라엘을 떠났으나 그들은 여전히 바트 콜(bath qol: 문자적으로는 '음성의 딸'인데 하늘의 음성을 의미함)을 이용했다"(바벨론 탈무드 *Yomah* 9b; *Sota* 48b, *Sanhedrin* 11a, *Midrash Rabbah* on Song of Songs, 8.9.3에도 반복되어 있음).[123]

쿰란 공동체(사해 두루마리를 남긴 유대교 종파)도 기존의 율례들을 대체할 만한 권위가 있는 말을 하는 예언자를 기다리고 있었으며(1QS 9.11을 보라), 옛 유대 문헌의 다른 곳에서도 비슷한 말이 발견된다(바룩2서 85.3과 아사랴의 기도 15를 보라).

이처럼 주전 430년경 이후의 문헌들은 유대인들에게 대체로 성서와 같은 권위가 있는 것으로 받아들여지지 않았다.

신약성서에는 예수님과 유대인들 사이에 정경의 범위에 관한 논쟁이 있었다는 기록은 없다. 한 편으로는 예수님과 그의 제자들 그리고 다른 한 편으로는 유대인 지도자들과 유대인들 사이에 에스라, 느헤미야, 에스더, 학개, 스가랴와 말라기의 시대가 지난 이후 구약성서의 정경에 추가하는 것은 끝났다는 데에 완전한 의견 일치가 있었던 것으로 보인다. 이 사실은 예수님과 신약성서 저자들이 구약성서에서 인용하는 것에서 확인된다. 한 계산에 의하면 예수님과 신약성서 저자들이 구약성서 본문의 여러 부분을 신적 권위를 가진 것으로 인용하는 사례가 295번도 더 된다고 하는데,[124] 그들은 단 한 번도 외경이나 다른 어떤 기록에서 신적 권위가 있는 말이라고 인용한 적이 없다고 한다.[125] 다른 문헌을 신적 권위를 가진 것으로 언급한 적이 전혀 없었다는 사실과 구약성서의 수백 군데를 신적 권위가 있는 것으로 매우 자주 언급했다는 사실은 신약성서 저자들이 이미 확립된 구약성서의 정경을(그 이상도 아니고 그 이하도 아니고) 하나님의 말씀 자체로 여겨야 한다는 데 동의했다는 사실을 강력히 확인해주고 있다.

그러면 로마 가톨릭 교회의 정경에 포함되어 있으나 개신교의 정경에서는 제외된 책들을 모은 외경에 대해 무슨 말을 해야 하는가?[126] 이 책들은 유대인들이 성서로 받아들인 적이 결코 없었으나 교회 역사의 초기에 성서의 일부가 되어야 하는지 아닌지에 대한 의견 대립이 계속되었다.[127] 제롬(히에로니무스의 영미식 이름-옮긴이)이 그의 라틴어 불가타 번역본 성서(A.D. 404년에 완성됨)에 포함시켰다는 사실이 이들을 포함시켜야 한다는 주장을 지지해 주었으나 제롬 자신은 그 책들이 '정경의 책들'이 아니라 단지 신자들에게 도움이 되고 유용한 '교회의 책들'이라고 말했다. 그 후 수백 년 동안 라틴어 불가타가 널리 사용된 것이 지속적 접근성을 보장해주었으나 그 배후에 히브리어 원전이 없다는 사실과 유대교 정경에서 배제되었다는 사실 뿐만 아니라 신약성서에서 인용되지 않았다는 사실 또한 많은 사람들로 하여금 이 책들의 권위를 의심하거나 거부하도록 하였다. 로마 가톨릭 교회가 공식적으로 외경(에스드라 1,2서와 므낫세의 기도를 제외하고)을 정경의 일부로 선언한 것은 1548년의 트렌트 공회의에 이르러서였다. 이 시점에서 로마 가톨릭 교회는 교회가 '성서'를 구성하는 문헌을 결정할 권위가 있다는 입장을 견지하는 반면 개신교는 교회가 어떤 것을 성서가 되도록 만들 수는 없고 하나님이 이미 자신의 말씀으로 기록되도록 하신 것을 식별할 수 있을 따름이라는 입장을 견지해왔다.

따라서 외경의 기록들은 다음의 이유로 성서의 일부분으로 여겨서는 안 된다. (1) 그 기록들은 구약성서와 같은 종류의 권위를 스스로 주장하지 않는다. (2) 이것들은 유대인들로부터 나온 것인데 유대인들이 하나님의 말씀으로 여기지 않는다. (3) 예수님과 신약성서 저자들도 성서로 여기지 않았다. 우리는 그것들이 성서의 말씀처럼 하나님의 감동으로 된 것이 아니라 단지 인간의 언어일 뿐이라고 결론지어야 한다. 그것들은 역사와 언어 연구에 가치가 있으나 결코 구약성서 정경의 일부분인 적이 없었으며 성서의 일부분으로 여겨지면 안 된다. 그러므로 그것들은 오늘날 그리스도인들의 삶과 사상을 구속하는 권위가 없다.

결론적으로 구약성서의 정경에 관해서 오늘날의 그리스도인들은 무엇인가 필요한 것이 빠졌거나 혹은 하나님의 말씀이 아닌 것이 삽입되지 않았나 하는 의심을 할 필요가 전혀 없다.

신약성서의 정경

신약성서 정경의 발전은 사도들의 글로부터 시작되었다. 성서의 기록은 주로 구속사(救贖史)에서 일어난 하나님의 위대한 역사(役事)와 관련하여 이루어진다는 것을 상기할 필요가 있다. 구약성서는 우리를 위해 아브라함의 부르심과 그의 후손들의 삶, 애굽으로부터의 탈출과 광야의 유랑, 하나님 백성의 가나안 정착, 왕정체제의 확립, 포로 생활과 그로부터의 귀환을 기록하고 해석한다. 역사상 일어나는 하나님의 이 위대한 역사가 성서에 하나님 자신의 말씀으로 우리를 위해 하나씩 해석된다. 구약성서는 오실 메시야에 대한 기대와 함께 끝난다(말 3:1-4; 4:1-6). 구속사에 있어서 그다음 단계는 메시야의 오심인데 구속의 역사에서 이 마지막 위대한 사건이 일어날 때까지 더 이상 성서가 기록되지 않은 것은 놀랄 일이 아니다.

이것이 신약성서가 사도들의 기록들로 구성된 이유이다. 예수님의 말씀과 행위를 정확하게 기억해내고 그것을 후대를 위하여 옳게 해석하는 능력을 부여받은 사람들은 주로 사도들이었다.

예수님은 요한복음 14:26에서 그의 제자들(부활 이후에 사도라고 불렸다)에게 이러한 권능을 주실 것을 약속했다. "보혜사, 곧 아버지께서 내 이름으로 보내실 성령, 그가 너희에게 모든 것을 가르치고 내가 너희에게 말한 모든 것을 생각나게 하리라." 마찬가지로 예수님은 제자들에게 다음과 같은 말씀으로 성령이 진리를 더 계시해줄 것이라고 약속하셨다.

그러나 진리의 성령이 오시면 그가 너희를 모든 진리 가운데로 인도하시리니 그가 스스로 말하지 않고 오직 들은 것을 말하며 장래 일을 너희에게 알리시리라. 그가 내 영광을 나타내리니 내 것을 가지고 너희에게 알리시겠음이라(요 16:23-24).

따라서 제자들은 성서를 쓰는 능력을 주는 놀라운 은사를 약속 받았다. 성령이 그들에게 '모든 것'을 가르치실 것이며 예수님이 말씀하신 '모든 것'을 생각나게 하시고 '모든 진리' 가운데로 인도하실 것이다.

그뿐만 아니라 초기 교회에서 사도의 직분을 맡은 사람들은 구약성서의 예언자들과 동등한 권위, 즉 하나님의 말씀 자체를 말하고 기록하는 권위를 주장하는 것으로 보인다. 베드로는 그의(서신의) 독자들에게 "주 되신 구주께서 너희의 사도들로 말미암아 명하신 것을"(벧후 3:2) 기억하라고 권면한다. 사도들에게 거짓말 하는 것은 성령에게 거짓말 하는 것과 같으며(행 5:3) 하나님께 거짓말하는 것과 같다(행 5:4).

하나님 자신이 하신 말씀을 자기가 말할 수 있다는 주장은 특히 사도 바울의 글에서 자주 나타난다. 그는 성령이 자기에게 "눈으로 보지 못하고 귀로 듣지 못하고 사람의 마음으로 생각하지도 못한"(고전 2:9) 것을 계시해 주셨을 뿐만 아니라, 그가 이 계시를 선포할 때에 그는 "사람의 지혜가 가르친 말로 아니하고 오직 성령께서 가르치신 것으로 하니 영적인 일은 영적인 말로 해석한다"고 주장한다(고전 2:13).**128**

이와 유사한 사례로 바울은 고린도 사람들에게 이렇게 말한 바 있다. "만일 누구든지 자기를 선지자나 혹은 신령한 자로 생각하거든 내가 너희에게 편지하는 이 글이 주의 명령인 줄 알라"(고전 14:37). 이 구절 what I am writing to you에서 'what'로 번역된 단어는 헬라어로 관계 대명사 복수형ha인데 원문에 보다 충실하게 번역하면 'the things that I am writing to you'(내가 너희에게 써 보내는 것들)가 된다.['what'는 단수도 될 수 있고 복수도 될 수 있으므로 그루뎀은 헬라어 원문이 복수를 사용했음을 지적하여 바울이 이 편지에서 말하는 것들을 다 포함한다는 점을 밝히려는 것이다.-옮긴이] 따라서 바울은 고린도 교회에 주는 그의 지침들이 단순히 자기 자신의 명령이 아니라 주님의 명령임을 주장한다. 자기가 사도의 직분을 받았음을 변론하는 과정에서 바울은 고린도 사람들에게 "그리스도께서 내 안에서 말씀하시는 증거"를 제시하겠다고 말한다(고후 13:3). 다른 비슷한 구절들도 언급될 수 있을 것이다(예를 들어, 롬 2:16; 갈 1:8-9; 살전 2:13; 4:8, 15; 5:27; 살후 3:6, 14).

그러므로 사도들은 하나님 자신의 말씀을 기록하는 권위가 있었으며 그 기록의 진실성과 권위는 구약성서 본문들과 동등했다. 그들이 이런 기록을 남긴 것은 그리스도의 삶과 죽음과 부활에 관한 위대한 진실을 기록하고 해석하고 신자들의 삶에 적용하도록 하기 위해서였다.

따라서 신약성서 기록의 일부분이 구약성서의 본문과 함께 성서 정경의 일부분으로 자리매김 되는 것은 놀랄 일은 아니다. 사실 우리는 이러한 사례를 적어도 두 번 찾아볼 수 있다. 베드로후서 3:16에서 베드로는 바울의 서신에 대해 "그 중에 알기 어려운 것이 더러 있으니 무식한 자들과 굳세지 못한 자들이 다른 성경과 같이 그것도 억지로 풀다가 스스로 멸망에 이르느니라"고 말한다. 여기에서 '성경' scripture 으로 번역된 단어는 헬라어로 '그라페' graphē 인데, 이 단어는 신약성서에 50번 나오며 50번 다 구약성서 본문을 지칭한다. 이처럼 신약성서 저자들에게 'Scripture'는 기술적인 용어로서 하나님의 말씀이나 성서 정경의 일부분으로 여겨지는 기록들에 대해서만 사용되었다. 그런데 이 구절에서 베드로는 바울의 글을 '다른 성경'(other scriptures: 구약성서의 본문을 의미함)과 함께 분류했다. 그러므로 베드로는 바울의 기록들을 '성경'이라는 칭호를 붙여줄 가치가 있는 것으로, 다라서 정경에 포함할 가치가 있는 것으로 간주했다.

두 번째 사례는 디모데전서 5:17-18에서 찾을 수 있다. 바울은 이렇게 말한다. "잘 다스리는 장로들은 배나 존경할 자로 알되 말씀과 가르침에 수고하는 이들에게는 더욱 그리할 것이니라. 성경에 일렀으되 '곡식을 밟아 떠는 소의 입에 망을 씌우지 말라' 하였고 또 '일꾼이 그 삯을 받는 것은 마땅하다' 하였느니라." 여기에서 첫 번째 성서 인용문은 신명기 25:4에서 찾을 수 있으나 두 번째 인용문 "일꾼이 그 삯을 받는 것이 마땅하다"는 구약성서 어디에서도 찾아볼 수 없다. 그러나 그것은 누가복음 10:7에(헬라어 본에 정확히 똑같은 단어들로) 나온다. 따라서 여기에서 분명 바울은 누가복음의 한 부분을 인용하면서 그것을 '성경'이라고, 즉 정경의 일부분으로 간주되어야 할 것으로 부른다.[129]

이렇게 신약성서가 늘어나기 시작했으며 신약의 기록들이 초기 교회에 의해 정경의 일부로 수용되기 시작했다.

사도들은 그들의 사도직분을 근거로 성서본문이 되는 말씀들을 쓸 권위가 있었기 때문에 진정한 사도들의 기록은 다 초기 교회에 의해 성서 정경의 일부분으로 수용되었다. 만일 우리가 신약성서 기록들의 저자들에 대한 전통적 견해를 받아들인다면 우리가 신약성서의 대부분을 받아들인 이유는 사도들이 그것들을 직접 썼기 때문이다.[130] 여기에는 마태복음, 요한복음, 로마서에서 빌레몬서까지(바울서신 전부), 야고보서,[131] 베드로전·후서, 요한일, 이, 삼서와 요한계시록이 포함될 것이다.

그리하면 다섯 권의 책, 즉 사도들이 쓰지 않은 마가복음, 누가복음, 사도행전, 히브리서, 그리고 유다서가 남는다. 이 책들이 초기 교회에 의해 성서의 일부분으로 간주되게 된 역사적 과정에 대한 자세한 기록이 별로 없다. 그러나 마가복음과 누가복음 및 사도행전은 매우 일찍부터 일반적으로 인정되었는데 아마 마가는 사도 베드로와, 그리고 누가(누가복음-사도행전의 저자)는 바울과 가까운 관계였기 때문이었을 것이다. 이와 비슷하게 유다서도 저자의 야고보와의 관계와 그가 예수님의 동생이었다는 사실 때문에 인정받았던 것으로 보인다.[132]

히브리서를 정경으로 수용하는 것을 교회 내에서 많은 사람들이 촉구했는데 그 근거는 바울이 저자라고 추정했기 때문이었다. 그러나 아주 초기부터 바울의 저작이라는 것을 인정하지 않고 (저자에 대한) 여러 가지 다른 견해들을 내놓은 사람들도 있었다. 주후 254년경에 죽은 오리겐^{Origen}은 저자에 관한 여러 가지 이론들을 언급하고서는 "그러나 누가 실제로 이 서신을 썼는지는 하나님만이 아신다"고 결론지었다.[133] 따라서 히브리서를 정경으로 수용한 것은 전적으로 바울이 저자였다는 확신에 근거한 것만은 아니었다.

오히려 그 책 자체의 본질적인 가치가 초기의 독자들로 하여금 – 오늘날의 신자들에게 그리하는 것처럼 – 어떤 사람이 이 책을 썼던 간에 그 궁극적 저자는 하나님이실 수밖에 없다는 점을 확신하도록 한 것 같다. 히브리 사람들에게 보내는 이 편지에서 그리스도의 장엄한 영광이 매우 밝게 비치고 있기 때문에 진지한 마음으로 읽는 신자라면 누구도 그것이 정경에 속해야 한다는 것에 의문을 제기하려 하지 않을 것이다.

이로써 우리는 정경 논의의 핵심에 이르게 된다. 어떤 기록이 정경에 속하는 것인지 아닌지를 결정하는 최후의 기준은 하나님이 저자인가이다. 만일 그 책에 기록된 말이 (인간 저자를 통한) 하나님의 말씀이라면 그 책은 정경에 속하는 것이 합당하다. 그리고 그 책에 기록된 말이 하나님의 말씀이 아니라면 그 책은 정경에 속할 수 없다. 저자가 사도이냐 하는 문제가 중요한 이유는 그리스도께서 주로 사도들에게 하나님의 절대적 권위를 가진 말씀을 기록하는 능력을 주셨기 때문이다. 어떤 기록이 사도에 의한 것임을 증명할 수 있다면 그것이 하나님의 절대적 권위를 가졌다는 것은 자동으로 확립된다. 따라서 초기 교회는 사도들의 기록들을 정경의 일부분으로 자동적으로 받아들였다.

그러나 신약성서의 책들 중에 사도들이 직접 쓰지 않은 것들이 있다는 것은 초기 교회에서 그리스도께서 성령의 역사하심을 통해 하나님 자신의 말씀을 – 따라서 정경의 일부분을 – 기록하는 능력을 수여하신 다른(사도가 아닌) 사람들이 있었다는 것을 보여준다. 이런 경우에 초기 교회는 어떤 기록들이 (인간 저자를 통한) 하나님 자신의 말씀의 특징을 가졌는지를 식별하는 과제를 안게 되었다.

일부의 책들에 대해서는(적어도 마가복음, 누가복음과 사도행전, 그리고 아마 히브리서와 유다서도) 교회가 적어도 어느 지역에서 생존해 있는 사도의 개인적 증언으로 이 기록들에 대한 하나님의 절대적 권위를 확인할 수 있었다. 다른 책들의 경우, 그리고 다른 지리적 위치에서는 이 기록들의 말씀에서 하나님 자신의 음성을 들었는지를 교회가 결정해야 할 따름이었다. 이러한 경우에 이 책들에 기록된 말씀은 자기입증적이었을, 즉 그 말씀이 그리스도인들이 읽을 때 하나님의 저작임을 스스로 증거 했을 것이다. 특별히 히브리서의 경우 그랬을 것으로 보인다.

그러나 궁극적으로 교회가 그런 결정을 매우 잘할 수 있으리라는 것은 놀랄 일이 아니다. 왜냐하면 예수님이 이렇게 말씀하셨기 때문이다. "내 양은 내 음성을 들으며 나는 그들을 알며 그들은 나를 따르느니라"(요 10:27). 실제로 하나님의 사람들은 다른 어떤 글에서도 그렇지 않지만 성서의 말씀에서는 하나님이 말씀하시는 음성을 듣는다는 것이 진실이다. 그러므로 초기 교회가 어떤 기록이 실제로 (인간 저자를 통한) 하나님의 말씀인지, 따라서 정경에 포함할 가치가 있는 것인지를 결정하기 위해 사도의 보증, 성서의 나머지 부분과의 일치, '하나님의 감동으로' 기록된 것임에 대한 압도적 다수 신자들의 인식 등 여러 요소를 종합해서 사용할 수 있었으리라는 것이 불가능하거나 가능성이 낮아보이지는 않는다. 또한 교회가 일정 기간 동안 – 기록들이 초기 교회의 여러 곳으로 돌려 읽혀지는 동안 – 이 같은 과정을 통하여 마침내 완전히 정확한 결정, 즉 실제로 '하나님의 감동으로' 기록된 것은 하나도 제외시키지 않고 또한 그렇지 않은 것은 하나도 포함시키지 않는 결정에 도달할 수 있었으리라는 것을 있을 수 없는 일로 여겨서도 안 된다.

주후 367년에 쓴 아타나시우스Athanasius의 제 39 부활절서신Paschal Letter은 우리가 오늘 갖고 있는 신약성서 27권의 정확한 목록을 포함하고 있다. 이것은 지중해 동쪽에 있는 교회들이 수용한 책들의 목록이었다. 30년 후인 주후 397년에 지중해 서쪽에 있는 교회들을 대표하는 카르타고 공회가 동쪽 교회들과 동일한 목록에 대해 동의하였다. 이것이 가장 최초로 결정된 오늘날 정경의 최종 목록이다.

우리는 더 이상의 기록들이 정경에 추가될 것으로 기대해야 하는가? 히브리서의 처음 두 절이 적절한 역사적 관점, 즉 구속사적 관점에서 이 문제를 제기한다.

옛적에 선지자들을 통하여 여러 부분과 여러 모양으로 우리 조상들에게 말씀하신 하나님이 이 모든 날 마지막에는 아들을 통하여 우리에게 말씀하셨으니

이 아들을 만유의 상속자로 세우시고 또 그로 말미암아 모든 세계를 지으셨느니라(히 1:1-2).

여기에서는 하나님이 인간에게 말씀하시는 두 가지 방식이 대조되고 있다. 한 편으로는 구약성서에 있는 하나님의 말씀으로 "여러 부분과 여러 모양으로" 왔다. 여기에서 "여러 부분과 여러 모양"과 암묵적으로 대조되는 것은 하나님이 한 부분과 한 모양으로, 즉 "아들을 통하여" 말씀하셨다는 것이다. 전자의 "옛적에" 말씀하신 것과 최근의 "이 모든 날 마지막에" 말씀하신 것 사이의 대조는 하나님이 그의 아들을 통하여 우리에게 말씀하신 것이 그분이 인간에게 말씀하시는 것의 절정이라는 것과 구속사의 기간 중에서 인간에게 주시는 가장 위대하고 최종적인 계시라는 것을 의미한다. 아들을 통하여 온 계시가 옛 언약의 어느 계시보다 월등하게 뛰어나서 이례적으로 위대하다는 점이 히브리서 1장과 2장을 통틀어 반복해서 강조되고 또 강조된다. 이 모든 사실들은 그리스도 안에서의 하나님의 계시에 최종적인 성격이 있으며, 이 계시가 완성되고 나면 더 이상은 기대할 수 없다는 것을 보여준다.

그러면 우리는 그리스도를 통한 이 계시에 관해 어디에서 배울 수 있는가? 신약성서의 기록들은 그리스도의 구속 사역에 대한 최종적이며 권위있는, 그리고 충분한 해석을 포함하고 있다. 사도들과 그들의 긴밀한 동역자들은 하나님의 절대적 권위를 갖고 그리스도의 말씀과 행위를 기록하고 해석했다. 따라서 신약의 사도들과 그들이 인정한 동역자들이 기록을 마쳤을 때 우리는 문서의 형식으로 하나님이 그리스도의 삶과 죽음과 부활에 대하여, 그리고 그것이 모든 시대의 신자들의 삶을 위해 뜻하는 바에 대하여 우리가 알기를 원하시는 모든 것의 최종적 기록을 갖게 되었다. 이것은 인간을 위한 하나님의 가장 위대한 계시이기 때문에 일단 완성되고 나면 더 이상은 기대될 수 없다. 히브리서 1:1-2는 이런 방식으로 신약성서 이후에 더 이상의 기록이 성서에 추가될 수 없는 이유를 보여주고 있다. 정경은 이제 닫혔다.

물론 우리가 지금 가지고 있는 신약성서 계시의 최종성을 증명하는 것은 히브리서 1:1-2만이 아니라 오히려 이 본문이 묘사하는 구속사에 관한 진리인데, 그것은 이 두 절에 아주 분명한 표현으로 다가오고 있다.

우리는 이와 비슷한 관찰을 요한계시록 22:18-19에서 끄집어낼 수 있다.

내가 이 두루마리의 예언의 말씀을 듣는 모든 사람에게 증언하노니 만일 누구든지 이것들 외에 더하면 하나님이 이 두루마리에 기록된 재앙들을 그에게 더하실 것이요 만일 누구든지 이 두루마리의 예언의 말씀에서 제하여 버리면 하나님이 이 두루마리에 기록된 생명나무와 및 거룩한 성에 참여함을 제하여 바리시리라.

이 두 절이 주로 지칭하는 것은 요한계시록 그 자체인데 요한은 자신의 글을 이 장(章)의 7절과 10절에서 "이 두루마리의 예언의 말씀"이라고 (그리고 계 1:3에서 이 책 전체를 '예언'이라고) 부른다. 나아가서 "이 두루마리에 기록된 생명나무와 및 거룩한 성"을 언급한 것은 (더하거나 제하는 대상이) 요한계시록 그 자체를 의도한 것임을 보여준다.

그러나 만일 성서를 기록하는 데 있어서 하나님의 돌보심을 믿는다면 우리는 이(위에 인용된) 말이 요한계시록의 마지막 장의 끝부분에 나오고 요한계시록은 신약성서의 마지막 책이라는 것이 우연이라고 생각하지는 않을 것이다. 사실 요한계시록은 정경의 마지막에 두어져야 한다. (성서의) 많은 책들이 정경을 구성하는 데 있어서 위치한 장소는 별 문제가 되지 않는다. 그러나 창세기가(천지창조에 관해 말해주고 있기 때문에) 맨 처음에 위치해야 하는 것처럼 요한계시록도(그 초점이 우리에게 장래를 말해주는 것이기 때문에) 마지막에 위치해야 한다. 요한계시록에 묘사된 사건들은 역사적으로 신약성서의 나머지 부분에 묘사된 사건들 이후의 사건들이고 요한계시록이 실제 위치한 바로 그곳에 있을 것을 요구한다. 따라서 요한계시록의 끝에 있는 이례적으로 강력한 경고는 간접적으로 성서 전체에 적용된다고 이해하는 것이 부적절하지는 않을 것이다. 마땅히 있어야 할 이 곳에 위치하여 그 경고는 성서의 정경 전체에 대한 적절한 결론을 형성한다. 히브리서 1:1-2와 거기에서 암시하는 구속사적 관점과 더불어 이 본문 또한 우리가 이미 갖고 있는 것을 지나서 더 이상의 성서 본문을 추가하면 - 적어도 주님의 재림으로 구속사의 새로운 단계가 시작되기 까지는 - 안 된다는 것을 보여준다.

그렇다면 우리가 지금 가지고 있는 성서 정경에 옳은 책들을 갖고 있다고 어떻게 알 수 있는가? 이 질문은 두 가지로 답할 수 있다. 첫째, 만일 우리가 우리의 확신을 무엇에 근거해야 하는가라고 묻는다면 그 답은 궁극적으로 우리의 확신은 하나님의 신실하심에 근거한다고 해야 할 것이다. 우리는 하나님이 자기 백성을 사랑하신다는 것을 알고 있으며, 하나님의 백성은 그분 자신의 말씀을 갖는 것이 최고로 중요한데 그 이유는 그 말씀이 곧 우리의 생명이기 때문이다(신 32:47; 마 4:4). 그것은 우리에게 이 세상의 다른 어떤 것보다 더 귀하고 소중하다. 우리는 또한 하나님이 모든 역사를 주관하신다는 것을 알고, 우리를 속이시거나 신실하지 못하시거나 우리에게 절대적으로 필요한 것을 우리가 갖지 못하도록 하시는 그런 종류의 아버지가 아니시라는 것도 안다.

하나님의 말씀에 더하거나 제하는 사람들에게 요한계시록 22:18-19에서 내려지는 처벌의 중함은 하나님의 백성이 바른 정경을 갖는 것이 중요하다는 것을 확인시켜 준다. 만일 누군가가 예언의 말씀에 더한다면 "하나님이 이 두루마리에 기록된 재앙들을 그에게 더하실 것이요" 만일 이 예언의 말씀에서 제하여 버리면 "하나님이 이 두루마리에 기록된 생명나무와 및 거룩한 성에 참여함을 제하여 버리시리라." 이보다 더 큰 벌은 있을 수 없는데 이는 영원한 심판의 벌이기 때문이다. 이 사실은 우리가 하나님의 감동으로 된 기록들의 정확한 - 그 이상도 이하도 아닌 - 모음을 갖는 것에 하나님 자신이 최고의 가치를 부여하신다는 것을 보여준다. 이 사실에 비추어 볼 때 모든 역사를 주관하시는 하나님 아버지께서 그분 자신이 매우 높은 가치를 부여하시고 우리의 영적 삶에 매우 필요한 것을 그의 교회의 모든 사람들이 거의 2천년 동안 결핍하도록 허용하실 것이라고 믿을 수 있겠는가?[134]

따라서 신자들은 성서 정경의 정확한 구성과 보존을 자기 백성의 구속이라는 하나님의 위대한 사역 이후의 교회사의 일부분으로 볼 것이 아니라 구속사救贖史 그 자체의 한 부분으로 보아야 할 것이다. 하나님이 천지의 창조와, 그의 백성 이스라엘을 불러내심과, 그리스도의 삶과 죽음과 부활과, 그리고 사도들의 사역과 저술의 과정에서 하나님이 역사하신 것처럼 하나님은 교회시대 전체를 통틀어 자기 백성의 유익을 위하여 성서의 책들을 보존하고 모으는 과정에서도 역사하시었다. 따라서 우리는 궁극적으로 현재의 정경이 정확하다는 우리의 확신을 하나님의 신실하심에 근거한다.

그러나 우리가 성서에 바른 책들이 들어가 있는지 어떻게 아느냐는 문제는 약간 다른 방식으로 대답할 수도 있다. 우리는 우리가 지금 정경에 속한 책들이 바른 책들임을 믿게 된 과정에 초점을 맞출 수도 있을 것이다. 이 과정에서는 두 가지 요소, 즉 우리 자신이 성서를 읽을 때 확신을 주는 성령의 역사와 우리가 갖고 있어 참고해 볼 수 있는 역사적 자료, 이 두 가지가 작용한다.

성령의 역사에 관해서는 우리가 성서를 읽을 때 우리의 성서 안에 있는 책들이 모두 하나님으로부터 주어진 것이며 우리에게 주시는 그분의 말씀이라는 것을 성령이 우리에게 확신시켜 주신다고 말할 수 있다. 예수님은 "내 양은 내 음성을 들으며 나는 그들을 알며 그들은 나를 따르느니라"(요 10:27)고 말씀하셨는데 그리스도인들이 성서를 읽을 때 그들은 이 말씀에서 그들의 구주의 음성을 듣고 그들의 하나님이 그들에게 말씀하시는 것을 듣는다. 모든 시대를 통틀어 그리스도인들이 증언하기를 그들이 성서의 책들을 읽고 또한 다른 책들을 읽고 나면 그들은 성서의 말씀들이 다른 어떤 책도 하지 못하는 방식으로 그들의 마음에 말씀하신다는 것을 깨닫게 된다고 한다. 날이 지나고 해가 바뀌어도 그리스도인들은 성서의 말씀들은 진실로 하나님이 그들에게 다른 어떤 글도 갖지 못한 권위와 권능과 설득력을 가지고 말씀하시는 하나님의 말씀임을 깨닫게 된다. 진실로 하나님의 말씀은 "살아 있고 활력이 있어 좌우에 날선 어떤 검보다도 예리하여 혼과 영과 및 관절과 골수를 찔러 쪼개기까지 하며 또 마음의 생각과 뜻을 판단"한다(히 4:12).

그러나 현재의 정경이 옳다고 우리가 확신하게 되는 과정이 역사적 자료에 의해서도 보강된다. 물론 정경을 구성하는 것이 (앞에서 말한 것처럼) 구속사 중에서 하나님의 가장 위대한 사역의 한 부분이라면 오늘날의 그리스도인들은 감히 정경의 책들에 더하거나 제하려는 시도를 하겠다고 나서면 안 될 것이다. 그럼에도 불구하고 정경의 구성과 관련된 역사적 배경에 관한 철저한 연구는 초기 교회의 (정경에 관한) 결정이 바른 결정이었다는 우리의 확신을 확인시켜주는 데 도움이 될 것이다. 이 역사적 자료 중 일부는 앞에서 이미 언급되었다. 그리고 보다 전문적인 연구를 하고자 하는 사람들은 보다 상세한 다른 자료들을 확보할 수 있을 것이다.[135]

역사적 사실 한 가지를 더 언급할 필요가 있다. 즉, 오늘날 정경에 추가하는 것을 고려할만한 강력한 후보(기록)가 없으며 현재 정경에 들어 있는 책들 중 강력한 반대를 받는 것도 없다는 것이다. 교회 역사의 초기에 일부 사람들에 의해 정경에 포함하는 것이 적절하다고 여겨졌던 기록들 중에 오늘날의 복음주의자들이 정경에 포함시키고 싶어할만한 것은 하나도 없다고 말해도 문제가 없을 것이다. 초기의 저자들 중 일부는 아주 분명하게 자신들을 사도들과 구별했으며 그들의 글을 사도들의 글과도 구별했다. 예를 들어, 이그나시우스Ignatius는 "나는 베드로와 바울이 했던 것처럼 너희들에게 명령하지 않는다. 그들은 사도였고 나는 기결수既決囚다. 그들은 자유인이었고 나는 지금까지 노예다"라고 말했다(Ignatius, *To the Romans*, 4.3; Clement 1서 42:1, 2; 44:1-2; Ignatius, *To the Magnesians*, 7:1; 13:1-2 등에 나타난 사도들에 대한 태도와 비교해보라).

또한 일부 사람들에 의해 정경에 포함할 가치가 있다고 여겨졌던 다른 기록들도 성서와 반대되는 교리를 가르치는 내용을 포함하고 있다. 예를 들어, 헤르마스Hermas의 '목자The Shepherd'는 '참회penance의 필요성'을 가르치고

세례 이후 적어도 한 번 죄 사함의 가능성을 (가르친다). 저자는 성령을 성육신 이전의 성자와 동일시하는 것 같으며 삼위일체는 인간 예수가 하늘로 올려진

이후에야 존재하게 되었다는 견해를 갖고 있는 것 같다(Oxford Dictionary of the Christian Church, 641).

한 동안 일부 사람들에 의해 정경에 속해야 한다고 여겨졌던 도마복음*The Gospel of Thomas*은 다음과 같은 말로 끝맺는다(par. 114).

시몬 베드로가 그들에게 말했다. 마리아를 우리에게서 떠나게 하라. 여자는 생명의 가치가 없기 때문이다. 예수께서 말씀하셨다. 토라, 내가 그 여자를 인도하리니, 내가 그를 남자로 만들어 그도 또한 살아있는 영이 되게 하여 너희 남자들을 닮게 하려 함이니라. 자신을 남자로 만드는 여자마다 천국에 들어갈 것이니라.

초기 교회에서 정경에 포함시킬 가능성이 조금이라도 있었던 다른 모든 기록들도 이와 같이 정경의 지위를 스스로 명백히 부인하거나 분명히 성서에 포함시킬 가치가 없도록 하는 교리상의 오류를 포함하고 있다.

이와 반대로 현재 정경에 들어 있는 책들 중 어느 것에도 강한 반대가 없다. 교회 전체의 인정을 받는데 시간이 걸렸던 신약성서의 몇 권의 책들의 경우(예를 들어, 베드로후서와 요한이, 삼서 등) 그들을 포함시키는 것에 대한 초기의 망설임의 주된 원인은 그 책들이 초기에는 그다지 널리 회람되지 않았기 때문이며 신약성서의 모든 책들의 내용에 대한 지식은 교회에 사뭇 서서히 퍼져 나갔기 때문이다. (야고보서에 대한 마르틴 루터의 망설임은 그가 관련되어 있는 교리 논쟁에 비추어 볼 때 어느 정도 이해할만 하다. 그러나 그러한 망설임은 분명히 불필요한 것이었다. 야고보가 칭의, 믿음, 행위 이 세 가지의 핵심 용어를 바울이 사용하는 것과는 다른 의미로 사용하고 있다는 것을 이해하고 나면 교리 상의 난제難題들은 쉽게 해결된다.)[136]

그러므로 현재의 정경이 옳다는 데 대해서는 역사적으로 확인되었다. 그러나 역사 연구와 관련하여 상기해야 할 것은 초기 교회의 과제는 인간의 기록물에 불과한 것에 신적 권위를 부여하는 것이 아니었으며 교회의 권위를 부여하는 것도 아니었고 오히려 하나님이 저술하신 글의 특징을 이미 갖고 있는 글들에서 그런 특징을 인식하는 것이었다. 이는 정경의 궁극적 기준은 인간이나 교회의 인정이 아니라 하나님의 저작이기 때문이다.[137]

이 시점에서 어떤 사람은 만일, 예를 들어, 바울의 서신이 또 하나 발견되었다면 어떻게 해야 하느냐고 물을 것이다. 우리는 그것을 성서에 추가해야 하는가? 그에 대한 답은 만일 대다수의 신자들이 그것이 바울이 자신의 사도 직분을 수행하는 과정에서 쓴 바울의 진정 서신이라고 확신한다면 바울의 사도적 권위가 이 글이 하나님 자신의 말씀임을 요구할 것이며 따라서 성서에 포함되어야 할 것이다. 그 글이 하나님의 저작이라는 사실은 또한 그 글의 가르침이 성서의 나머지 부분과 일관성이 있을 것임을 보장할 것이다. 그러나 그런 가설적 질문은 그저 가설적일 뿐이라고 즉시 지적하지 않을 수 없다. 어떤 종류의 역사적 자료가 발견되어 1900년도 넘게 실종되었던 그 서신이 진정 바울이 쓴 것이라고 교회 전체를 확신 시킬 수 있을지 상상하기가 극도로 어렵고, 어떻게 우리의 주권자이신 하나님이 자기 백성을 1900년도 넘게 신실하게 돌보셨는데도 예수 그리스도 안에서 자신의 최종적 계시의 일부분으로 그들이 갖기를 원했던 것을 계속해서 갖지 못하도록 허용하셨는지는 더욱더 상상하기 어렵다. 이러한 것들을 고려하면 어느 미래 시점에 그런 원고가 발견된다는 것이 몹시 가능성 없는 일 같고 그런 가설적 질문은 더 이상 진지하게 고려할 가치가 없다. 그것은 단지 공론空論에 불과하고 교회를 위한 가치가 없다.

결론적으로 우리의 현재 정경에 있어서는 안 될 책들이 있는가? 없다. 우리는 이에 대한 우리의 확신을 자기의 모든 백성을 거의 이 천 년 동안 자신의 말씀이 아닌 것을 자신의 말씀이라고 믿도록 인도하시지는 않았을 하나님 우리 아버지의 신실하심에 둔다. 그리고 우리는 우리의 확신이 역사歷史 연구에 의해서 반복적으로 확인되고 우리가 현재의 성서 정경의 66권 중 어느 책을 읽든 독특한 방식으로 하나님의 음성을 들을 수 있도록 하는 성령의 역사役事에 의해서도 반복적으로 확인되는 것을 본다.

그러나 빠진 책, 즉 성서에 포함되어야 하는데 포함되지 않은 책은 없는가? 없다고 대답할 수밖에 없다. 모든 알려진 문헌 중에 성서와 교리적으로 일관성이 있는가, 그리고 그들이 스스로 주장하는 권위는 어떠한 유형인가(그 권위의 주장이 다른 사람들에 의해 어떻게 받아들여지는지도 포함해서)를 고려할 때 성서에 가깝게라도 다가올 만한 대상이 하나도 없다. 하나님이 생각하시기에 우리가 하나님께 전적으로 순종하고 신뢰하기 위해 알아야 할 필요가 있는 것 중에 성서에서 빠진 것은 하나도 없다고 우리가 확신할 수 있는 것은 역시 하나님의 자기 백성에 대한 신실하심 때문이다. 오늘날의 성서 정경은 정확하게 하나님이 원하셨던 대로이며 그리스도의 재림까지 그대로 남아 있을 것이다.

개인적 적용을 위한 몇 가지 학습용 질문들

✳

그리스도인으로서의 당신의 삶에 어떤 문헌이 하나님의 말씀이고 어떤 문헌이 아닌가를 아는 것이 왜 중요한가? 만일 당신이 교회 역사 전체에 걸쳐 모든 문헌들에 흩어져 있는 그분의 말씀을 찾아내야 한다면 당신과 하나님과의 관계는 어떻게 달라질 것인가? 만일 하나님의 말씀이 성서에만 담겨 있는 것이 아니라 역사를 통틀어 교회의 모든 공식적 선언에도 담겨 있다면 당신의 그리스도인으로서의 삶은 어떻게 달라질 것인가?

당신은 성서의 어떤 책에 대해 정경성을 의심하거나 문제가 있다고 생각해본 적이 있는가? 그런 질문을 하게 된 원인은 무엇인가? 그런 문제를 해결하기 위해 무엇을 해야 하는가?

우리는 가끔 "예수의 알려지지 않은 어록"이 포함된 책, 혹은 "성서의 유실되었던 책들", 또는 "초기 교회가 금지시킨 성서 본문들", 아니면 "예수의 어린 시절 이야기" 등이 포함된 책이 발간되었다는 말을 듣게 된다. 때로는 이런 것들이 사기이지만 보통 그것들은 아주 오래된 ― 그중 어떤 것들은 주후 1세기 또는 2세기부터 전해져 온 ― 문헌들의 정통正統 영역英譯본이다. 이런 글들은 어떤 이유로 가치가 있을까? 그것들을 앞에 언급된 것들과 같은 제목으로 홍보하는 것에는 무슨 위험이 있는가? 그리스도인은 그것들을 어떤 태도로 읽어야 하는가? 당신은 이런 문헌 중 일부를 읽어보고 싶은가? 왜 그런가? 당신이 이런 비정경 문헌들을 한 번도 읽지 않았다고 해서 당신의 그리스도인으로서의 삶에 무슨 달라지는 것이 있는가?

몰몬Mormon 교인들, 여호와의 증인들, 그리고 다른 사교邪敎 집단의 신자들은 하나님으로부터 오늘날의 계시를 받았으며 그 권위는 성서와 동등하다고 주장한다. 당신은 그런 주장이 틀렸다는 것을 보여주기 위해 어떠한 이유를 제시할 수 있겠는가? 이 사람들이 실제로 성서를 그 다른 '계시들'과 동등한 권위로 대우해 주는가?

구약의 외경을 읽고 싶어 하는 사람들은 현대 영어로 번역된 것들을 읽을 수 있다.[138] 성서가 당신에게 끼친 영향과 이들 문헌이 당신에게 끼친 영향을 비교해보라. 어떤 사람들은 신약성서 외경이라고 불리는 책들의 모음을 가지고 동일한 비교를 해보고 싶을 수도 있을 것이다.[139] 이런 문헌들이 당신의 삶에 미치는 영적 영향은 긍정적인가 부정적인가? 그것이 성서가 당신의 삶에 미치는 영적 영향과 어떻게 비교되는가? (내 개인적 경험으로는 이런 문헌들을 읽고 난 후 성서 자체로 돌아가는 것은 마치 신선한 공기를 마시는 것 같았다. 이와 반대로 성서는 장엄함과 기품과 하나님의 감동으로 된 것임이 드러나는데 이는 그런 문헌 중 어떤 것도 갖지 못한 것이다. 다른 많은 그리스도인들이 비슷한 인상을 받았다고 나에게 말한다. 성서에서 그들은 그들의 창조주께서 그들의 마음에 말씀하시는 음성을 듣는데 다른 어떤 문헌에서도 그러지 못한다는 것이다. 그렇기 때문에 나는 이 다른 문헌들을 검토해보는 것이 성서가 유일하게 가진 하나님의 권위에 대한 그리스도인의 확신을 대체로 약하게 만들지 않고 오히려 강하게 만든다고 생각한다.)

부록 C
성서의 충분성[140]

[주: 이 부록은 내가 이 책의 초판에서 썼던 대로 놓아두었으나 이제는 아래의 부록 3에 포함한 내용을 추가하고자 한다. 거기에서 나는 모든 그리스도인들이 교회 시대에 복종하도록 요구하는 도덕적 기준을 추가하는 새로운 계시를 하나님이 이 시대에 주시지는 않으실 것임을 성서의 충분성이 보장한다고 주장한다. 그러나 성서의 충분성은 하나님이 개인들에게 그들이 복종해야 할 추가적이고 구체적인 명령들(예를 들어, 특정 교회에서 섬기라는 부르심 또는 선교 현장으로의 부르심 등등)을 주시지 않을 것임을 의미하지는 않는다. 사실 하나님은 자주 그 같은 구체적 명령들을 개인들에게 주신다. 그러나 만일 하나님으로부터 이 같은 추가적 명령을 받은 사람들이 그 명령을 모든 곳에 있는 모든 그리스도인들에게 (예를 들어, 하나님이 모든 그리스도인들에게 자기가 부르심을 받은 선교 현장으로 가라고 명령하셨다고 말하거나, 또는 하나님이 모든 그리스도인들에게 지금 외국의 선교 현장으로 가서 섬기라고 말씀하셨다고 말함으로써) 강제하려 한다면 그것은 성서의 충분성을 위반하는 것이 될 것이다. 그리고 나는 이 시대에 어느 누구도 성서가 하나님으로부터 온 것이 확실한 것과 같이 그 같은 추가적 명령이 하나님으로부터 온 것이라고 확신할 수는 없다고 생각한다. 예언에 관한 바울의 가르침이 항상 적용되어야 한다. "예언을 멸시하지 말고 범사에 헤아려 좋은 것을 취하라"(살전 5:20-21).]

설명과 성서적 근거

✳

우리는 성서에 있는 것에 더해 하나님으로부터 오는 다른 말씀을 찾아야 하는가? 성서 충분성의 교리가 그 문제를 다룬다.

우리는 성서의 충분성을 다음과 같이 정의할 수 있다.

성서의 충분성은 하나님이 구속사의 각 단계에서 자기 백성에게 주시기를 원하는 모든 말씀을 성서가 다 포함하고 있다는 것을 의미하며, 또한 우리가 구원 받기 위해, 그분을 온전히 신뢰하기 위해, 그리고 그분에게 온전히 순종하기 위해 하나님이 우리에게 말씀해주시기를 원하는 모든 것을 포함하고 있다는 것을 의미한다.

이 정의는 우리에게 주시는 하나님의 말씀을 우리는 성서에서만 찾아야 한다는 사실을 강조한다. 그것은 또한 하나님이 성서에서 우리에게 하신 말씀이 우리에게 충분하다고 생각하신다는 것과 우리는 그가 우리에게 주신 이 위대한 계시를 기뻐해야 하며 그것에 만족해야 한다는 사실을 상기시켜 준다.

이 교리의 중요한 성서적 근거와 설명이 디모데후서에 나오는데, 거기에서 바울은 디모데에게 이렇게 말한다. "또 어려서부터 성경sacred writings을 알았나니 성경은 능히 너로 하여금 그리스도 예수 안에 있는 믿음으로 말미암아 구원에 이르는 지혜가 있게 하느니라"(딤후 3:15). 여기에서 '거룩한 문서sacred writings'는 문맥상 성서에 기록된 말씀을 의미한다(딤후 3:16). 이는 우리가 성서에 가지고 있는 하나님의 말씀이 우리가 구원받기 위해 필요한 하나님의 말씀의 전부임을 보여준다. 이 말씀은 우리로 하여금 "구원에 이르는 지혜가 있게" 한다. 이 사실은 하나님이 우리를 구원에 이르게 하시는 수단으로서 성서의 말씀에 관해 언급하는 다른 구절들에서도 확인된다(약 1:18; 벧전 1:23).

다른 구절들은 우리가 그리스도인의 삶을 사는 데 필요한 것을 갖추어 주기에 충분하다는 것을 보여준다. 다시 한 번 바울은 디모데에게 이렇게 썼다.

> 모든 성경은 하나님의 감동으로 된 것으로 교훈과 책망과 바르게 함과 의로 교육하기에 유익하니, 이는 하나님의 사람으로 온전하게 하며 모든 선한 일을 행할 능력을 갖추게 하려 함이라(딤후 3:16-17).

바울은 여기에서 하나님이 성서가 기록되도록 하신 이유 중의 하나가 우리를 교육(훈련)하여 "모든 선한 일을 행할 능력을 갖추게" 하려는 것임을 보여준다. 이 구절은 만일 그리스도인이 행하기를 원하시는 어떤 '선한 일'이 있다면 하나님은 이를 위하여 그 그리스도인을 교육하기 위한 말씀을 성서 안에 마련해 놓으셨다는 것을 보여준다. 따라서 성서의 어느 곳에서인가 가르치고 있는 것 외에 하나님이 우리가 행하기를 원하시는 다른 '선한 일'은 없다. 성서는 우리가 모든 선한 일을 행할 능력을 갖추게 할 수 있다.

이와 비슷한 가르침을 시편 119에서 찾아볼 수 있다. "행위가 온전하여 여호와의 율법을 따라 행하는 자들은 복이 있음이여"(1절). 이 절은 '온전함'(흠 없음)과 '여호와의 율법을 따라 행하는 것'이 같다는 것을 보여준다(그루뎀이 이용하는 RSV 영역본을 국역하면 "흠이 없는 자들, 즉 여호와의 율법을 따라 행하는 자들은 복이 있음이여"가 된다 – 옮긴이). 즉 여호와의 율법을 따라 행하는 자들이 온전한(흠이 없는) 자들이다. 여기에서도 하나님이 우리에게 요구하시는 모든 것이 그의 기록된 말씀 가운데 다 들어 있다는 것을 보여준다. 그저 성서가 우리에게 명령하는 모든 것을 행하는 것이 하나님 보시기에 흠이 없게 되는 것이다.

그러면 하나님 보시기에 도덕적으로 완벽하기 위해 하나님이 성서에서 우리에게 명령하시는 것 외에 우리가 더 해야 할 것이 있는가? 없다! 아무 것도 없다! 우리가 단지 성서의 말씀만 지키면 우리는 '온전할(흠이 없을)' 것이며 하나님이 우리에게 기대하시는 '모든 선한 일'을 하게 될 것이다.

우리는 이 세상에 사는 동안 결코 성서 전체를 완전히 복종하지는 못할 것임을 안다(요일 1:8-10; 약 3:2를 보라). 따라서 우리가 해야 할 모든 것은 하나님이 성서에서 우리에게 명령하시는 것만 하면 된다고 말하는 것은 어차피 우리가 이 세상에 사는 동안 완전히(전부) 복종할 수 없기 때문에 얼핏 보기에 그다지 의미심장하지 않은 말로 들릴 것이다.

그러나 이 진리는 그리스도인으로서의 우리들의 삶에 매우 중요한 의미를 갖는다. 왜냐하면 그것은 우리가 하나님이 우리에게 주시는 말씀을 찾기 위해 성서에만 초점을 맞추도록 하고, 우리들로 하여금 하나님이 원하시는 것을 찾기 위해 역사상 모든 그리스도인들의 모든 글들, 또는 교회의 모든 가르침, 혹은 날마다 우리 마음에 떠오르는 모든 주관적 감정이나 인상[141] 등을 살펴보는 끝없는 수고를 면하도록 해주기 때문이다. 매우 현실적인 의미에서 그것은 우리가 성서의 여러 가지 가르침에 대하여 분명한 결론들에 도달할 수 있다는 것을 의미한다.

예를 들어, 결혼과 이혼에 관한 문제, 혹은 부모들의 자녀에 대한 책임, 또는 그리스도인과 정부와의 관계, 혹은 우리가 말할 때의 진실성에 대한 책임 등과 직접적으로 관련된 성서 본문들을 모두 다 찾아내는 것은 수고스럽기는 하지만 가능하다. 그뿐만 아니라 속죄나 그리스도의 위격, 또는 오늘날 신자의 삶에서 성령의 역사 등과 직접적으로 관련된 모든 본문들을 모으는 것도 가능하다는 것을 의미한다. 성서의 충분성에 관한 성서의 가르침은 이러한 문제들과 수백 가지의 다른 도덕적 또는 교리적 문제들에 있어서 하나님이 우리에게 어떻게 생각하기를 또는 무엇을 하기를 원하시는지를 찾아낼 수 있을 것이라는 확신을 준다. 이 같은 많은 문제들에 있어서 우리는 역사상 대다수의 교회와 함께 하나님이 우리가 생각하거나 행하기를 원하시는 것을 찾아냈고 바르게 공식화했다는 확신을 가질 수 있다. 간단히 말하자면 성서 충분성의 교리가 우리들이 조직신학과 윤리를 연구하고 우리들의 질문에 대한 답을 찾아낼 수 있도록 해준다.

여기에서 우리는 어떤 특정한 주제에 대해 교회 역사상 교회가 공식적으로 가르친 것을 모두 다 들어보기 전에는 하나님이 그 주제에 대해 우리에게 말씀하시는 것을 다 찾은 것이 아니라고 말하는 로마 가톨릭 신학자들과 견해를 달리한다. 우리는 비록 하나님이 성서에서 우리에게 말씀하시는 것을 이해하는 데 교회사가 도움이 될 수 있을지라도 하나님은 교회의 역사 중에 성서의 내용을 더하신 적이 결코 없었으며 인류를 향해 성서와 동등한 권위를 가진 말씀을 더하신 적도 결코 없었다고 반박할 것이다. 교회 역사 상 성서 밖의 어느 곳에서도 하나님은 우리가 믿거나 행하기를 원하시는 것을 추가적으로 주신 적이 없다. 성서는 우리들을 '모든 선한 일'을 행할 능력을 갖추도록 하기에 충분하며 그것을 따라 행하는 것은 하나님 보시기에 '온전한'(흠이 없는) 것이다.

여기에서 우리는 또한 성서가 유일하게 또는 절대적으로 권위 있는 하나님의 말씀이라는 확신이 없고, 따라서 성서만이 아니라 많은 초기 그리스도인들의 글을 찾되 하나님이 인간에게 하신 말씀을 찾기 위해서가 아니라 초기 그리스도인들이 하나님과 또는 그리스도와의 관계에서 무엇을 경험했는지를 알기 위해 그리 하는 비복음주의 신학자들과도 견해를 달리한다. 따라서 그들은 어떤 특정한 문제에 관해서 하나님이 우리가 생각하거나 행하기를 원하시는 것에 대한 통일된 단일 결론을 찾으려 하지 않고 어떤 통합적 주요 개념을 중심으로 다양한 의견들과 관점들을 도으려 한다. 초기 그리스도인들이 가졌던 이 모든 관점들이 잠재적으로 오늘날의 그리스도인에게도 합당한 관점이 될 수 있다는 것이다. 이에 대한 우리의 반론은 우리가 신학적 또는 윤리적 문제들에 대한 답을 찾는 것은 교회 역사상 여러 신자들이 어떻게 생각했는지를 찾는 것이 아니라 하나님 자신이 그분 자신의 말씀으로 우리에게 무엇이라고 말씀하시는지 찾아내고 이해하는 것이며, 이 말씀은 성서에서 그리고 성서에서만 찾을 수 있다는 것이다.

성서 충분성의 교리가 하나님이 자기 백성에게 이미 말씀하신 것에 다른 말씀을 더하실 수 없다는 것을 의미하는 것이 아니라는 점을 밝히지 않을 수 없다. 오히려 그것은 하나님이 이미 말씀하신 것에 사람이 자신의 주도 하에 어떤 말도 더할 수 없다는 것을 의미한다. 그뿐만 아니라 사실 우리가 지금 성서에 가지고 있는 것 외에 하나님이 우리가 믿거나 순종하기를 원하시는 어떤 추가적 말씀도 인간에게 하신 적이 없다는 것을 의미한다.

이 점이 중요한데 그 이유는 어떻게 하나님이 구속의 역사상 여러 상이한 시점時點에서 자기 백성에게 주신 말씀이 충분하다고 말씀하시면서 그럼에도 불구하고 그 후의 시점에 추가적 말씀을 주실 수 있는지를 이해하는 데 도움이 되기 때문이다. 예를 들어, 신명기 29:29에서 모세는 이렇게 말한다. "감추어진 일은 우리 하나님 여호와께 속하였거니와 나타난 일은 영원이 우리와 우리 자손에게 속하였나니 이는 우리에게 이 율법의 모든 말씀을 행하게 하심이니라."

이 절은 하나님이 항상 주도적으로 우리에게 무엇인가를 계시하신다는 것을 상기시켜준다. 무엇을 계시하고 무엇을 계시하지 않을 것인지를 그가 결정하셨다. 구속사의 각 단계에서 하나님이 계시하신 것은 그 시기의 자기 백성을 위한 것이었으며 그들은 그것을 배우고 믿고 순종해야 했다. 구속사가 더욱 진전됨에 따라 하나님의 말씀이 더 추가되어 그 역사를 기록하고 해석했다(정경의 발전에 관한 부록 B를 보라). 그리하여 모세가 죽을 시점에 우리의 구약성서의 처음 다섯 권의 책이 그 시기에 하나님의 백성에게 충분했다. 그러나 하나님은 후대의 저자들에게 더 많이 추가하도록 지시하시어 성서가 후대의 신자들에게 충분하도록 하셨다. 오늘날의 그리스도인들에게는 구약과 신약성서 안에 있는 하나님의 말씀이 교회 시대 동안 우리에게 충분하다. 신약성서에 기록된 그리스도의 죽음과 부활과 승천과 초기 교회의 창건 이래 역사상 더 이상 하나님의 중심적 구속 사역(이 후의 모든 시기의 모든 하나님 백성에게 직접적 연관성이 있는 사역)이 일어나지 않았으며, 따라서 그러한 사역을 우리를 위해 기록하고 해석하기 위해 하나님이 더 이상의 말씀을 주시지 않으셨다.

이는 하나님이 특정한 시기마다 자기 백성에게 주신 계시의 충분성 원칙에 변함이 없었다는 것을 보여주기 위해 우리가 정경 전체에서 성서 본문들을 인용할 수 있다는 것을 의미한다. 그런 의미에서 비록 우리의 현재 상황에서 충분성에 대해 언급하는 성서의 범위가 이전 시기의 상황에서 언급하는 성서의 범위보다 크다는 사실에도 불구하고 이전의 시기에 성서의 충분성에 대해 말하는 구절들이 우리들에게도 직접적으로 적용될 수 있다. 그런 의미에서 다음의 성서 본문이 우리에게도 적용된다.

- 신명기 4:2: "내가 너희에게 명령하는 말을 너희는 가감하지 말고 내가 너희에게 내리는 너희 하나님 여호와의 명령을 지키라."
- 신명기 12:32: "내가 너희에게 명령하는 이 모든 말을 너희는 지켜 행하고 그것에 가감하지 말라."
- 잠언 30:5-6: "하나님의 말씀은 다 순전하며 하나님은 그를 의지하는 자의 방패시니라. 너는 그의 말씀에 더하지 말라. 그가 너를 책망하시겠고 너는 거짓말하는 자가 될까 두려우니라."
- 요한계시록 22:18-19: "내가 이 두루마리의 예언의 말씀을 듣는 모든 사람에게 증언하노니 만일 누구든지 이것들 외에 더하면 하나님이 이 두루마리에 기록된 재앙들을 그에게 더하실 것이요, 만일 누구든지 이 두루마리의 예언의 말씀에서 제하여 버리면 하나님이 이 두루마리에 기록된 생명나무와 및 거룩한 성에 참여함을 제하여 버리시리라."[142]

이 성서 충분성의 교리에서 우리는 그리스도인으로서의 우리 삶에 몇 가지 실천적 적용을 도출해낼 수 있다. 다음의 목록은 그런 면에서 도움이 되고자 한 것이며 적용 가능한 것을 다 열거한 것은 아니다.

(1) 하나님이 (우리의 관심사인 특정한 교리적 문제에 관해) 우리가 어떻게 생각하기를 원하시는지 또는 (우리의 삶에 찾아온 특정한 상황에 관해) 무엇을 하기를 원하시는지를 알아내고자 할 때마다 성서의 충분성은 우리를 고무할 것이다. 우리는 하나님이 그 문제에 관하여 우리에게 말씀하시고자 한 모든 것을 성서에서 찾을 수 있다는 사실에 고무될 것이다. 그러나 그것은 성서가 한가한 호기심으로 생각해낼 수 있는 모든 문제들에 대해 한없이 많은 답을 갖고 있다는 말이 아니다. 왜냐하면 "감추어진 일은 우리 하나님 여호와께 속"하였기 때문이다(신 29:29). 오히려 그것은 우리가 그리스도인으로서의 우리의 삶에 진정으로 중요한 문제에 봉착했을 때에 우리는 성서에서 하나님이 그 문제에 대한 지침을 주실 것이라는 확신을 갖고 성서에 접근할 수 있다는 것을 의미한다.

물론 때로는 우리가 찾아낸 답이 우리의 문제를 직접적으로 다루지는 않는 경우 도 있을 것이다. 예를 들어, 우리가 주일 아침에 어떤 '예배 순서'를 따라야 할지, 또는 우리가 기도할 때에 무릎을 꿇는 것이 좋을지 아니면 서서 하는 것이 더 좋을지, 혹은 하루 중의 몇 시에 식사를 해야 할지를 성서에서 찾으려 한다면 그럴 것이다. 그런 경우에 우리는 하나님이 그 문제에 관해 우리가 특정한 방식으로 생각하거나 행동하도록 (아마 우리들의 태도와 목표에 관한 보다 일반적인 원칙에 입각한 것 외에) 요구하시지 않았다고 결론지을 수 있을 것이다. 그러나 다른 많은 경우에 우리가 '모든 선한 일을' 행할 능력을 갖추기 위한 직접적이고 분명한 주님의 지침을 찾을 수 있을 것이다 (딤후 3:17).

우리가 살아가면서 성서에서 지침을 찾는 연습을 자주 하면 우리들의 문제와 질문들에 대하여 정확하고 신중하게 구성된 답을 찾는 능력이 갈수록 향상되는 결과를 가져올 것이다. 따라서 성서의 이해가 평생토록 성장한다는 것은 특정한 문제에 관해서 성서의 가르침을 바르게 이해하고 적용하는 능력이 성장하는 것을 포함한다.

(2) 성서의 충분성은 우리가 성서에 아무것도 더해서는 안 되며, 다른 어떤 기록물도 성서와 동등한 가치를 갖는 것으로 여겨서도 안 된다는 것을 상기시켜 준다. 이 원칙을 거의 모든 사이비 종교와 이단들이 범하고 있다. 예를 들어, 몰몬교도들은 성서를 믿는다고 주장하면서 또한 몰몬경Book of Mormon에 하나님의 권위가 있다고 주장한다. 이와 비슷하게 크리스천 사이언스 교도들도 성서를 믿는다고 주장하지만 실제로는 메리 베이커 에디Mary Baker Eddy의 저서『성경의 열쇠로 푸는 과학과 건강』Science and Health with a Key to the Scriptures을 성서와 동등한 또는 더 높은 권위로 받든다. 이런 행위들은 하나님의 말씀에 더하지 말라는 하나님의 명령을 위반하는 것이며 우리는 이런 글들에서 하나님이 우리에게 주시는 어떤 추가적 말씀이 발견될 것이라는 생각을 해서는 안 된다.

(3) 성서의 충분성은 또한 하나님이 자신에 관해 또는 그의 구속사역에 관해 성서에서 찾을 수 없는 그 어떤 것도 우리가 믿기를 요구하시지 않는다는 것을 말해준다. 초기 교회 시대에 기록된 문헌집들 중에는 복음서들에

보존되어 있지 않은 예수의 어록이라고 주장하는 것들이 있다. 그리고 그 '예수의 어록' 중 적어도 일부는 예수님이 실제로 말씀하신 것들을 제법 정확히 기록한 것일 가능성이 있다(비록 그게 어떤 말씀인지를 높은 확률로 판별하는 것은 이제 불가능한 일이지만). 그러나 우리가 그런 말씀을 읽어 본다고 해도 우리들의 그리스도인으로서의 삶에는 아무런 차이가 없다. 왜냐하면 우리가 예수님을 완전히 신뢰하고 순종하기 위해 예수님의 말씀과 행위에 대해 알아야 할 모든 것을 하나님이 성서에 기록되도록 하셨기 때문이다. 우리가 더 이상 무엇을 원할 수 있겠는가? 이 어록집들은 언어학적 연구나 어쩌면 교회사적 연구에 제한적 가치가 있기는 하지만 그리스도의 삶과 가르침에 대해 우리가 무엇을 믿어야 할지를 알아내는 데, 혹은 우리의 교리적 또는 윤리적 신념을 구성하는 데 어떠한 직접적인 가치도 없다.

(4) 성서의 충분성은 오늘날 하나님으로부터 받은 어떤 계시도 성서와 동등한 권위에 놓을 수 없다는 것을 보여준다. 교회 역사상 여러 시점에, 그리고 특히 근대 은사주의 운동에서 하나님이 교회의 유익을 위해 자기들에게 계시를 주셨다고 주장하는 사람들이 있었다. 우리가 그런 주장을 어떻게 평가하던지 간에 우리는 그런 계시들을 (이론적으로나 실천적으로나) 성서와 동등한 수준에 올려놓는 것을 결코 허용하지 않도록 주의해야 한다. (사실 근대 은사주의 운동의 책임감 있는 대변자들은 대체적으로 이 같은 경고에 동의하는 것으로 보인다.) 우리는 하나님에 관한, 또는 세상에서 그분의 사역에 관한 어떤 내용도 만일 이런 계시에는 포함되어 있으나 성서에는 없다면 하나님이 우리에게 그것을 믿으라고 하시지 않을 것임을 고집해야 한다. 그리고 우리는 그런 수단을 통해 주어졌으나 성서에 의해 확인되지 않은 어떤 도덕적 지침도 하나님이 우리에게 순종을 요구하시지 않는다고 고집해야 한다. 성서는 우리가 하나님을 온전히 신뢰하고 순종하기 위해 우리에게 말씀해주실 필요가 있는 모든 것을 포함하고 있다.[143]

성서의 충분성에 대한 도전이 성서와 나란히 놓이게 될 문서의 형식으로 (그것이 1세기의 성서 외 기독교 문헌에서 나왔든지, 로마 가톨릭 교회 내에 축적된 가르침에서 나왔든지, 또는 몰몬경과 같은 여러 사이비종교의 책들에서 나왔든지) 나올 때마다 그 결과는 항상 i) 성서의 가르침 자체를 덜 중요시하거나; ii) 성서와 반대되는 것들을 가르치기 시작하는 것이었다. 이것이 교회가 쉬지 않고 경계해야 할 위험이다.

(5) 그리스도인의 삶을 살아가는 것과 관련하여 성서의 충분성은 성서가 금지하지 않은(명시적으로 또는 암묵적으로) 것은 아무것도 죄가 아니라는 점을 상기시켜 준다. 여호와의 율법을 따라 행하는 것이 '온전한'(흠이 없는) 것이다(시 119:1). 그러므로 우리는 성서에 이미 언급된 것 외에 금지 사항을 추가해서는 안 된다. 예를 들어, 때로는 커피나 코카콜라를 마시는 것, 또는 영화를 보러 가는 것, 혹은 우상에게 바쳐진 고기를 먹는 것(고전 8-10장을 보라) 등이 잘못이 되는 상황이 있을 수도 있다. 그러나 이 같은 행위들이나 다른 어떤 행위들을 모든 신자들에게 항상 금지한다는 성서의 구체적 가르침이나 일반적 원칙을 보여줄 수 없다면 이 같은 행위들은 그 자체가 죄가 아니며 하나님이 자기 백성에게 그런 것들을 모든 상황에서 금지하신 것이 아니라고 주장하지 않을 수 없다.

신자들 중에는 항상 그리스도인의 삶에서 무엇을 해야 하고 하면 안 되는지에 대해 날마다 규칙적으로 성서에서 지침을 찾는 것을 간과하고 성문화成文化되었거나 성문화되지 않은 규칙들(또는 교파의 전통들)에 따라 살기 시작하는 경향이 있다.

더욱이 성서 자체에 의해 금지된 죄의 목록에 우리가 (새로운 죄목을) 추가할 때마다 교회와 개별 신자들의 삶에 다른 방식으로 해가 될 것이다. 성령은 성서에 의해 하나님의 승인을 받지 않은 규칙들에 복종하도록 하는 능력을 주시지 않을 것이며,[144] 신자들도 일반적으로 그들의 마음에 기록된 하나님의 법과 일치하지 않는 계명들에 복종하는 데에서 기쁨을 찾지 못할 것이다. 어떤 경우에는 그리스도인들이 실제로는 죄가 아닌데 죄로 여겨지는 것들에 대한 '승리'를 반복해서 진지하게 간구할 것이며, 아무런 '승리'도 받지 못할 것인데 그 이유는 문제의 그 행동이나 태도가 실제로 하나님을 기쁘시게 하지 않는 것이 아니기 때문이다. 그 결과는 일반적으로 기도 의욕이 크게 상실되고 그리스도인의 삶에서 큰 좌절감을 느끼게 될 것이다.

다른 경우에는 이들 새로운 '죄악'들과 관련하여 계속되는 또는 점점 더 심한 불순종이라는 결과로 이어질 것이며 동시에 정당하지 않은 죄책감과 그에 따른 하나님으로부터의 소외로 결말 될 것인데 이는 결코 일어나지 말았어야 한다. 또한 이 같은 새 규칙들에 따르는 사람들 편에서는 이 규칙들에 대해 갈수록 비타협적이고 율법주의적 준수를 주장하는 사례들이 자주 발생할 것이며 교회 내에서 신자들 사이의 진정한 교제는 사라질 것이다. 그리고 신자들의 삶에서 나타나는 소리 없는 복음 선포가 적어도 그리스도의 몸인 이 교회에 소속되기 위해서는 획일적인 삶의 패턴에 맞추어야 한다는 추가적 조건을 포함하는 것으로 보일 것이기 때문에 복음전도는 질식될 것이다.

성서의 계명들에 그 같은 것을 추가한 분명한 사례 중의 하나는 로마 가톨릭 교회가 '인위적' 방법의 산아제한에 반대하는 것인데, 이 정책은 성서에서 정당한 근거를 찾을 수 없다. 그 결과는 광범한 불복종과 소외감, 그리고 그릇된 죄책감이었다. 그러나 인간 본성이란 그러한 규칙들을 만들어 내는 성향이 있기 때문에 거의 모든 교파의 성문화되었거나 성문화되지 않은 전통들에서 그와 같은 사례들을 찾아볼 수 있을 것이다.

(6) 앞의 (5)와 병행하여 성서의 충분성은 성서에서 (명시적으로 또는 암묵적으로) 명령한 것이 아니라면 하나님이 우리에게 요구하시는 것이 아무 것도 없다는 점을 말해준다. 그러므로 우리가 하나님의 뜻을 찾고자 할 때 성서에 초점을 맞추어야 하며 주로 환경의 변화나 감정의 변화를 위한 기도를 통해 인도 받기를 추구하거나 혹은 성서를 떠나 성령의 직접적 인도를 추구하는 데에 맞추면 안 된다. 성서의 충분성은 또한 우리가 무엇을 해야 하는가와 관련하여 누군가가 하나님이 우리에게 주신 메시지가 있다고 주장한다면, 성서 자체를 우리의 상황에 적용하여 그 메시지를 확인할 수 없는 한 우리가 그것을 불순종하는 것을 결코 죄로 생각할 필요가 없다는 것을 의미한다.

이 위대한 진리의 발견은 성서 밖에서 하나님의 뜻을 찾으려고 헤아릴 수 없이 많은 시간을 보내며 그것을 찾았는지 못 찾았는지 계속해서 불확실한 상태에 있는 수많은 그리스도인들의 삶에 엄청난 기쁨과 평안을 가져올 수 있다. 사실 오늘날 많은 그리스도인들의 삶에서 높은 확실성으로, 아니면 조금의 확실성이라도 갖고 하나님의 뜻을 찾아낼 자신의 능력에 대한 확신이 거의 없을 것이다. 따라서 하나님의 뜻을 찾아내기 위한 노력이 (누가 그것을 알 수 있겠는가 생각하기 때문에) 별로 없고 하나님 앞에서 거룩함에 이르는 일에 아무런 진전이 없다.

그 반대가 되어야 한다. 성서의 충분성에 확신을 가진 그리스도인들은 하나님의 뜻을 진지하게 탐색해야 하고 그것을 성서에서 찾아내야 한다. 그들은 하나님에게 대한 순종에 열심히 규칙적으로 성장해야 한다. 그 결과는 그리스도인의 삶에서 큰 평안과 자유일 것이며 갈수록 더 많은 사람들이 시편 기자와 같이 이렇게 말할 수 있게 될 것이다. "내가 주의 율법을 항상 지키리이다, 영원히 지키리이다; 내가 주의 법도를 구하였사오니 자유롭게 걸어갈 것이오며, … 주의 법을 사랑하는 자에게는 큰 평안이 있으니 그들에게 장애물이 없으리이다"(시 119:44-45, 165).

(7) 성서의 충분성은 우리가 교리와 윤리를 가르칠 때에 우리는 성서가 강조하는 것을 강조하고 하나님이 성서에서 우리에게 말씀하시는 것으로 만족해야 한다는 것을 상기시켜 준다. 어떤 주제에 관해서는 하나님이 성서에 거의 또는 전혀 말씀하시지 않은 것도 있다. 우리는 "감추어진 일은 우리 하나님 여호와께 속하였다"(신 29:29)는 것과 하나님은 성서에서 우리에게 나타내는 것이 옳다고 여기시는 것을 정확하게 나타내셨다는 점을 기억해야 한다. 우리는 이에 불만을 품고 성서가 갖추어야 할 것을 다 갖추지 않았다고 생각하면 안 되며, 성서에서 도움이 될 말씀을 별로 찾아볼 수 없는 주제에 관하여 하나님이 훨씬 더 많은 정보를 주시기를 원하기 시작해도 안 된다. 물론 우리가 성서의 가르침이나 신약성서 전체에서 강조하는 것보다 훨씬 더 많은 관심이 필요한 특별한 문제에 부딪히는 상황도 있을 것이다. 그러나 그런 상황은 비교적 드물 것이며 우리들의 삶이나 사역의 일반적 과정에서 대표적인 것은 아닐 것이다.

많은 사이비 종교들의 특징은 성서의 모호한 부분이나 가르침을 강조하는 것이다(다시 한 번 몰몬교가 죽은 자들을 위한 세례를 강조하는 것이 생각나는데, 이 주제는 성서의 단 한 절[고전 15:29]에만 언급되었으며 그 의미가 무엇인지는 이제 확실하게 결정할 수 없는 것으로 보인다). 그러나 금세기 초에 자유주의적 신약 학자들의 한 세대 전체에 비슷한 실수가 있었는데 그들은 그들의 학문 생애의 대부분을 우리가 현재 가지고 있는 복음서 내러티브의 '뒤에 있는' 자료들 또는 예수의 '진정' 어록authentic sayings을 찾는 데에 바쳤다.

불행히도 여러 교단 내의 복음주의자들 중에서도 비슷한 패턴이 너무 자주 발생했다. 복음주의적 개신교 교단들을 서로 갈라서게 한 교리적 문제들은 거의 예외 없이 성서가 상대적으로 별로 강조하지 않는 것이었으며, 그 결론은 성서의 직접적 언급에서 보다는 능숙한 추론으로부터 끄집어낼 수 있는 것들이었다. 예를 들어, 교파들 간의 견해 차이가 사라지지 않거나 유지되도록 한 것은 교회 치리의 '바른' 형식, 성만찬에서 그리스도 임재의 정확한 성격, 마지막 날에 일어날 사건들의 정확한 순서, 성만찬에 참여할 수 있는 사람들의 범주, 그리스도의 죽음의 혜택merits이 신자들에게는 적용되고 불신자들에게는 적용되지 않도록 하나님이 계획하신 방식, 세례를 받을 정확한 대상correct subjects, 그리고 '성령으로 세례 받음'의 바른 이해 등과 같은 문제들이었다.

우리는 이러한 문제들이 중요하지 않다고 말하면 안 되고 성서가 이런 문제들 중 어느 것에도 답을 주지 않는다고 말해도 안 된다(사실 그런 많은 문제들에 관해 나는 이 부록을 발췌해낸 내 책에 구체적 해법을 제시한다 – 이 부록의 주 1번을 보라). 그러나 여기에서 강조할 점은 이 모든 주제들이 성서에서는 상대적으로 직접적 강조를 별로 하지 않는 주제들로서, 교파 지도자들이 자신들의 교파가 다른 교파들과 다르도록 만드는, 별로 중요하지 않은 교리를 옹호하는 데 그들의 생애의 대부분을 바친다는 것은 역설적이며 비극적이다. 그런 노력이 진정으로 교회에 통일된 이해를 가져오려는 열망이 동기가 되었는가, 아니면 인간적 교만이 – 다른 사람들 위에 군림하는 권력을 유지하고 싶은 열망과 하나님을 기쁘시게 하지 않으며 궁극적으로 교회에 덕을 세우지 않는 자기 정당화를 위한 의도가 동기가 되었는가?

개인적 적용을 위한 몇 가지 학습용 질문들

✵

그리스도인의 삶에서 당신이 성장하고 하나님과의 관계가 깊어지는 과정에서 당신은 성서 그 자체를 읽는 것에 대략 어느 정도 강조했으며 다른 기독교 서적들을 읽는 것에는 대략 어느 정도 강조했는가? 당신의 일상생활을 위한 하나님의 뜻을 알려고 하는 데 있어서 성서 그 자체를 읽는 것과 다른 기독교 서적들을 읽는 것에 상대적으로 어느 정도 강조했는가? 당신은 성서 충분성의 교리가 성서 자체를 읽는 것에 더 강조하도록 할 것이라고 생각하는가?

당신이 지금 고민하고 있는 교리적 또는 윤리적 문제는 무엇인가? 이 책의 논의가 그런 문제들에 대해 성서가 분명한 답을 제시할 수 있다는 것에 대한 당신의 확신을 더 강하게 해주었는가?

당신은 특정한 주제에 관해 성서가 말해주고 있는 것보다 더 많은 것을 말해주기를 바란 적이 있는가? 아니면 더 적게 말해주기를 소원한 적이 있는가? 그런 소원의 동기가 무엇이었다고 생각하는가? 이 부록을 읽은 후에 오늘날 그 같은 소원을 표현하는 사람들에게당신은 어떻게 접근하겠는가? 하나님이 성서를 실제 길이보다 더 길지도 않고 더 짧지도 않게 만들기로 선택하신 사실에 하나님의 지혜가 어떻게 나타났는가?

'복이 있음'이 무엇인지를 말하는 시편 119:1의 정의가 당신의 일상생활에서, 그리고 직업에서 성공이 무엇인지에 대한 당신의 견해를 어떻게 변화시켰는가? 때로는 사람들이 결심을 할 때 그 당시에 확보할 수 있는 모든 정보에 근거하여 결정을 내리지만 후에 알게 된 새로운 정보가 크게 후회하도록 만드는 경우가 있다. (아주 좋은 투자 기회를 놓친 사업가, 또는 바쁜 일정 때문에 매일 찾아뵙던 연로한 부모를 찾아뵙지 못했는데 그날 돌아가셨다는 것을 알게 된 사람 등이 그런 사례일 것이다). 당신은 이런 경우에 성서 충분성의 교리가 그리스도인들을 지나친 후회나 그릇된 죄책감으로부터 어떻게 구해줄 것인지 설명할 수 있겠는가?

우리가 하나님을 온전히 순종하기 위해 하나님이 우리에게 말씀해주실 필요가 있는 모든 것을 성서가 포함하고 있다면 우리들을 위한 하나님의 뜻을 찾도록 돕는 데에 다음 사항들은 – 다른 사람들의 충고, 설교나 성서 공부, 우리의 양심, 우리의 감정, 성령이 우리의 내면의 욕구나 주관적 인상을 자극하는 것을 느끼는 데에 따르는 성령의 인도, 상황의 변화, 오늘날의 예언 등은 무슨 역할을 하는가?

이 논의에 비추어 볼 때 당신의 삶을 위한 하나님의 완전하신 뜻을 어떻게 찾아낼 것인가? 우리가 많은 결정을 하는 데 있어서 완전한 선택이 하나 이상 있을 수 있는가? (이 답을 찾는데 시 1:3과 고전 7:39를 고려해 보라.)

당신이 특정한 상황과 관련하여 성서의 원리를 충분히 잘 이해하였으나 그 상황의 사실들을 충분히 잘 알지 못하여 어떻게 그 성서의 원리를 정확하게 적용할 것인지 알지 못한 때가 있었는가? 하나님의 뜻을 알고자 하는 데 있어서 (a) 성서의 가르침, (b) 관련된 상황의 사실들, (c) 'a'를 'b'에 바르게 적용하는 능력, 이 세 가지 외에 우리가 알아야 할 다른 어떤 것이 있을 수 있는가? 그렇다면 인도하심을 구하는 데 있어서 기도의 역할은 무엇인가? 우리는 무엇을 위해 기도해야 하는가?

2000년 판을 위한 **부록 1**
구약성서와 신약성서의 예언과 예언자들: 성서적–신학적 고찰[145]

1. 들어가는 말

　성서 역사 전체를 통틀어 예언은 하나님이 사람들과 의사소통을 위해 가장 흔히 사용하신 수단이었다. 예언에 관한 이야기는 하나님이 창세기부터 요한계시록에 이르기까지 인간 사자(使者)를 통해 사람들에게 말씀하시는 이야기이며, 따라서 그것은 하나님과 자기 백성 또는 하나님과 다른 사람들과의 다양한 관계에 대한 이야기이다. 예언자(선지자)들을 통한 말씀에 의해 하나님은 특정한 상황에서 어떻게 행동할 것인가를 알려주심으로써 왕들과 백성들을 인도하셨고, 그들이 불순종할 때에는 경고하셨으며, 자신이 일으킬 사건을 예고하셨고, 사건들이 발생했을 때에는 그 뜻을 해석해 주셨으며, 그분 한 분만이 역사의 주관자이시며 동시에 자기 백성에게 인격적으로 말씀하기 위해 함께 계시는 하나님이심을 보여주셨다.

　예언자들과 예언에 관한 기본 원칙은 모세오경에, 특히 모세와 관련하여 제시되었으나 하위 secondary 예언자 무리들과 함께 정규적 예언자 직분을 온전히 설립한 것은 후기의 역사서들과 예언서들에 이르러서야 나온다. 복음서에서는 예수가 위대한 예언자이면서 예언자보다 훨씬 더 큰 분으로 제시되었다. 사도행전과 서신서들은 그리스도인들에게 수여된 예언의 은사를 기술하는데, 이 예언은 더 낮은 권위를 가졌으나 훨씬 더 널리 분포되었으며 성령이 교회에 주신 많은 은사들 중에 가장 가치 있는 것으로 여겨졌다.

성경은 요한계시록의 예언에서 미래에 관한 진지하면서도 장엄한 그림으로 끝맺는다.

2. 모세오경의 예언과 예언자들
✳

신약성서 저자들은 아벨(창 4:1-8; 눅 11:50-51)과 에녹(창 5:18-24; 유 14) 둘 다를 예언자로 인정하지만 구약성서에서 맨 처음 명시적으로 '예언자' (히브리어로 nābî')를 언급한 것은 하나님이 아비멜렉에게 아브라함은 "선지자라 그가 너를 위하여 기도하리니 네가 살려니와"(창 20:7)라고 말씀하신 데에서 찾을 수 있다. 이는 '예언자'가 하나님과 특별한 관계를 갖고 있어 그의 기도가 응답될 것임을 암시하는데, 이 주제는 구약성서에서 나중에 다시 나타난다(아래를 보라).

가. 하나님의 영에 의해 권능이 주어진 사자
하나님의 사자로서의 예언자의 본질적 성격은 출애굽기 7장에 인간의 비유로 서술되어 있다.

여호와께서 모세에게 이르시되 "볼지어다, 내가 너를 바로에게 신 같이 되게 하였은즉 네 형 아론은 네 대언자(예언자: nābî')가 되리니 내가 네게 명령한 바를 너는 네 형 아론에게 말하고 그는 바로에게 말하여 그에게 이스라엘 자손을 그 땅에서 내보내게 할지니라"(출 7:1-2).

모세는 그가 메시지를 아론에게 준다는 데 있어서 신神과 같다. 아론은 '예언자'와 같은데 그 이유는 그가 받은 메시지를 말하기 때문이다. 하나님의 사자로서의 예언자라는 이 근본적 관념은 구약성서와 신약성서 모두에서 예언자를 묘사하는 데에 널리 퍼져 있다.

진정한 예언에 권능을 부여하기 위해서는 하나님의 영이 필요한데, 여호와께서 모세에게 임했던 영적 권능의 일부를 칠십 장로들에게 임하게 하셨을 때에만 그 칠십 장로들도 예언할 수 있었다(민 11:25).

나. 예언자의 메시지는 자기 자신의 것이 아니다

모세와 아론이 바로에게 말하는 비유에서 암묵적이었던 것이 신명기에서 명시적으로 설명된다. 예언자는 자기 자신의 메시지가 없고 하나님이 그에게 주신 메시지를 보고할 수 있을 따름이다. 하나님은 자신이 모세와 같은 예언자를 일으키실 때마다 "내 말을 그 입에 두리니 내가 그에게 명령하는 것을 그가 무리에게 다 말하리라"(신 18:18)고 약속하신다. 탐욕적이고 반역적인 발람조차도 그것을 바꿀 수가 없어 이렇게 말했다. "내가 … 무엇을 말할 능력이 있으리이까? 하나님이 내 입에 주시는 말씀 그것을 말할 뿐이니이다"(민 22:38).

다. 모세의 독특성

모세는 구약성서 전체에서 다른 어떤 예언자보다 하나님과 더 직접적인 관계를 가졌다. 그는 또한 더 큰 책임을 위임받았다.

> 너희 중에 선지자가 있으면 나 여호와가 환상으로 나를 그에게 알리기도 하고 꿈으로 그와 말하기도 하거니와 내 종 모세와는 그렇지 아니하니 그는 내 온 집에 충성함이라. 그와는 내가 대면하여 명백히 말하고 은밀한 말로 하지 아니하며 그는 또 여호와의 형상을 보거늘 … (민 12:6-8; 신 34:10을 참조하라).

모세오경에 아브라함, 미리암(출 15:20), 발람(민 22:38), 그리고 예언을 한 칠십 장로들(민 11:25)과 같은 다른 예언자들이 거명되었지만 어느 예언자도 모세와 동등하게 여겨지지 않았다. 그러나 모세는 자기와 같은 또 하나의 예언자가 일어날 것을 약속한다. "네 하나님 여호와께서 너희 가운데 네 형제 중에서 너를 위하여 나와 같은 선지자 하나를 일으키시리니 너희는 그의 말을 들을지니라"(신 18:15). 비록 이 기대가 여호와의 말씀을 전한 그 후의 많은 구약성서 예언자들에게서 부분적으로 성취되기는 하였으나 그것은 궁극적으로 그리스도 안에서 성취된 메시야적 예언이었다(요 6:14; 7:40; 행 3:22; 7:37).

라. 언젠가 모든 하나님 백성이 예언할 것이라는 기대

최초의 하위 예언자secondary prophets 무리(모세와 함께 예언한 칠십 장로들, 민 11:25)가 존재했다는 것은 그 후 구약성서에서 예언자 무리의 패턴을 제공했으며(아래를 보라) 언젠가 예언의 은사가 하나님의 백성들 사이에 광범하게 퍼질 것을 기대하게 했다. 모세는 "… 여호와께서 그의 영을 그의 모든 백성에게 주사 다 선지자가 되게 하시기를 원하노라"(민 11:29)고 말했다. 여기에서 모세는 단지 예언의 은사만이 아니라 더 나아가 이 은사에서 나타나는 하나님과의 인격적 관계가 백성들 중에 널리 퍼지기를 갈망하는데, 왜냐하면 그는 경험에 의해 예언자들은 하나님과 가까이 동행한다는 것을 알기 때문이었다. 이 기대는 요엘의 예언(요 2:28-29)에서 반복되었고 최초의 성취가 오순절에 이루어진 것을 신약성서에서 찾아볼 수 있다(행 2:16-18).

마. 거짓 예언자의 문제

예언자는 자기 자신의 메시지가 아니라 하나님의 메시지만 말할 수 있기 때문에 거짓 예언자는 하나님의 메시지가 없으면서도 하나님의 이름으로 말하는 척하는 사람이라고(신 18:20) 할 수 있다. 그런 거짓 예언은 다른 신들을 섬기자는 권고와 함께 하므로(신 13:1-5; 18:20) 그 예언자는 "죽이라"(신 13:5)고 했다. 그러나 많은 사람들이 오해하고 있는 바와 달리 [그리고 또한 내가 앞에서 이 책 26쪽에 쓴 것과 달리] 단지 거짓 예언을 말한 것에 대해서 사형 선고는 없었다. 왜냐하면 신명기 18:20은 하나님이 주시지 않은 메시지를 말하고 그리고and "다른 신들의 이름으로 말하면" 그 경우에만 사형을 요구하기 때문이다(히브리어 바브[ו]and를 '또는'or으로 번역한 현대 번역본과 달리 히브리어 본문과 칠십인역 본문은 그렇다).

거짓 예언자들이 알려지게 되는 것은 그들이 다른 신들을 옹호하는 것과 또한 그들의 예언predictions이 실현되지 않는 것에 의해서다(신 13:2-3, 5; 18:22). 그런 거짓 예언자가 "이적과 기사"(13:2)를 행할 수도 있으나 그들의 그릇된 교리가 그들의 진면목을 드러낸다. 거짓 예언자들이 이스라엘에 존재하도록 허용하심은 여호와께서 "너희가 마음을 다하고 뜻을 다하여 너희의 하나님 여호와를 사랑하는 여부를 알려 하사" 자기 백성을 "시험하심"이다(신 13:3).

3. 모세오경 이후의 역사서와 문서 예언자들에 기록된 예언과 예언자들

가. 확립된 상위primary 예언자들

모세오경에서 모세가 상위 예언자로 확립되었던 것 같이 그 이후의 구약 성서 역사에서 사무엘(삼상 3:20), 갓(삼상 22:5), 나단(삼하 7:2), 엘리야(왕상 18:22), 엘리사(왕하 2:15), 이사야(왕하 20:1), 예레미야(대하 36:12)와 같은 예언자들과 다른 문서 예언자들이 있었고 그들은 여호와의 예언자들로 인정되고 확립되었다. 그 같이 인정을 받고 두드러진 역할을 하는 패턴은 사무엘이 "여호와의 선지자로 세우심을 입은"(삼상 3:20) 것과 여호와께서 "그의 말이 하나도 땅에 떨어지지 않게"(삼상 3:19) 한 것에서 볼 수 있다. 본문은 그런 상위 예언자들이 기적에 의해(왕상 18:24, 38-39; 왕하 5:3,14), 그들의 예언의 진신성에 의해(삼상 19-20; 왕상 14:18; 16:12), 그리고 한 분이신 참 하나님에 대한 충성심에 의해 인증되었다는 점을 자주 지적한다.

나. 하위 예언자의 무리

인정된 지도자의 지위를 가진 '세워진' 예언자들 외에 사무엘이 사울을 왕으로 기름 부은 다음에 사울이 만난 예언자들(삼상 10:5) 뿐만 아니라 오바댜가 숨긴 100명의 예언자들, 그리고 베델(왕하 2:3)과 여리고(왕하 2:5, 7)와 길갈(왕하 4:38)의 예언자들 또는 예언자의 제자들과 같은 여러 무리의 하위 예언자들이 있었다.

이 예언자들은 거짓 예언자들로 여겨지지 않고 한 분이신 참 하나님의 종들로 여겨졌으며 엘리야와 엘리사 같은 참 예언자들(왕하 2:3, 5, 7)이나 오바댜(사악한 이세벨로부터 그들을 숨겨주었다; 왕상 18:4)에게 소속된 사람들이었다. 그러므로 이들 하위 예언자들도 하나님으로부터 어떤 종류의 메시지나 계시를 받았을 것이 틀림없다. 왜냐하면 그것이 '예언자'라고 불리는 핵심 자격 요건이기 때문이다. (예를 들어, 그들은 하나님이 엘리야를 어느 특정한 날에 데려가실 것이라는, 하나님으로부터 받은 특별한 지식이 있었다. 왕하 2:3, 5) 그러나 그들의 예언적 발언들 중 어느 것도 성서 정경에 보존되지 않았는데, 이는 그들의 예언이 통상적으로 그 가치나 권위에 있어서 사무엘이나 엘리야와 같은 세워진 상위 예언자들의 메시지와 동등하게 여겨지지 않았다는 것을 암시한다. 예언이 이 예언자 무리들에게 넓게 분포된 것은 새 언약에서 예언의 영을 "자녀들과 … 남종과 … 여종들에게" 부어주실 것(행 2:17-18)을 예시한 것이다.

사울과 그의 사자들에게 임한 비자발적 '예언'과 육체적 제약(삼상 19:20-24)은 성서에서 독특한 사건으로 서 있으며, 그것을 그 땅 전체에 '황홀경적' 예언자 무리들이 있었다는 주장으로 일반화 하면 안 된다(삼상 10:5-13은 예언에 음악 반주가 있었음을 보여주지만 비자발적 황홀경 경험을 암시하지는 않는다).

다. 여성 예언자들

구약성서에는 여러 명의 여자들이 예언자로 거명되었다. 우리는 이미 오경에서 미리암에 관해 읽었으며(출 15:20), 오경 이후의 책들이 드보라(삿 4), 훌다(왕하 22:14-20; 대하 34:22-28), 그리고 이사야의 아내(사 8:3; 개역개정판에는 '내 아내'로 번역되어 있으나 히브리어로는 '느비아'[여성 예언자]로 되어 있고 NIV도 prophetess로 번역했음-옮긴이)를 언급한다. (느헤미야 6:14에는 거짓 여예언자 노아댜가 나온다.) 이 여성 예언자들 또한 하나님이 예언의 영을 모든 사람들에게 부어주시어 "자녀들과 … 남종과 … 여종들이" 예언하게 되는(욜 2:228-29; 행 2:17-18) 새 언약을 예시한다.

미리암의 찬양 사역 및 드보라와 바락의 노래와는 별도로 구약성서의 여성 예언자들은 공적公的으로 큰 무리들을 대상으로 하지 않고 사적私的으로 개인들을 대상으로 사역했다. 그래서 드보라는 사적인 재판을 했다(삿 4:5; 또한 왕하 22:14와 대하 34:22도 참조하라). 예언자로서 여성들의 활동은 구약성서 제사장들의 활동과 구별되었는데, 후자는 오로지 남자들이었으며 하나님의 율법을 백성들에게 가르치는 책임이 있었고(말 2:7; 다음을 참조하라: 신 24:8; 왕하 12:2; 17:27-28; 대하 15:3; 느 8:9; 호 4:6; 미 3:11), 백성을 다스리는 왕들의 활동과도 구별되었다. 따라서 구약성서도 신약성서에서 여성이 교회에서 예언을 하도록(행 21:9; 고전 11:5) 고무하지만 가르치거나 다스리지는 못하게(고전 14:33-35; 딤전 2:11-15; 3:2) 하는 것을 예시한다.

라. 예언자의 다른 명칭들

예언자들에게 적용된 다른 명칭들은 '하나님의 사람'(삼상 2:27; 9:6; 왕상 13:1-10; 17:24; 등)과 '선견자' seer(이 용어는 히브리어로 서로 다른 두 단어, 즉 삼상 9:9, 11; 대상 9:22; 29:29 등에 나오는 '로에' rō'ēh와 삼하 24:11; 왕하 17:13; 대상 21:9 등에 나오는 '코제' chōzēh를 동일하게 번한 것인데 이 둘은 거의 동의어로 보인다)가 있다. 또 하나의 흔히 사용되는 명칭은 하나님의 '종'(왕상 14:18; 18:36; 렘 25:4)인데 하나님 자신이 그들을 '나의 종 선지자들'이라고 부르셨다(왕하 9:7; 17:13; 암 3:7). 이 명칭은 하나님이 그들을 정기적으로 보내시어 자신을 위해 여러 가지 과업을 수행하도록 하신다는 것을 암시한다.

마. 예언자는 어떻게 하나님으로부터 메시지를 받았는가?

구약성서는 빈번한 환상(삼상 3:1, 15; 삼하 7:17; 사 1:1; 6:1-3; 겔 11:24; 단 8:1-2 등. 민 12:6와 비교하라)을 포함하여 하나님으로부터 메시지를 받는 여러 가지 수단들을 기록하고 있다. 꿈 또한 민수기 12:6의 기본적 본문에 언급되어 있으며("너희 중에 선지자가 있으면 나 여호와가 환상으로 나를 그에게 알리기도 하고 꿈으로 그와 말하기도 하거니와") 요엘 2:28은 장래에 예언의 은사를 부어주시는 것과 관련하여 꿈을 약속한다.

하나님과 소통하는 가장 흔한 방법은 말씀으로 직접 주시는 메시지였다. 단순히 하나님이 자신의 말씀을 예언자의 입에 넣어주셨다는 말이 자주 나온다(사 51:16; 렘 1:9 등. 신 18:18과 비교하라). 때로는 메시지를 '짐'burden이라고 불렀는데(히브리어 massā, 즉 '짐'을 개역한글판은 사 13:1; 15:1; 17:1; 19:1; 21:1, 11, 13; 나 1:1; 슥 9:1; 12:1; 말 1:1에서는 '경고'로, 렘 23:33-40에서는 '엄중한 말씀'으로 번역하였다-옮긴이), 이는 무거운 책임감을 암시하며 어쩌면 그런 메시지를 받은 예언자가 주저하는 느낌을 가졌다는 것을 암시한다. 백 번도 더 되는 경우에 더 이상의 설명이 없이 단지 예언자에게 '여호와의 말씀이 임했다'고 말한다(삼상 15:10; 삼하 7:4; 24:11; 사 38:4; 겔 1:3; 욘 1:1 등). 아주 특정한 시간에 이런 일이 일어났다고 여러 번 말한다. "이사야가 성읍 가운데까지도 이르기 전에 여호와의 말씀이 그에게 임하여"(왕하 20:4; 이를 왕상 18:1; 렘 42:7; 겔 3:16; 슥 1:7과 비교하라). 때로는 여호와의 말씀이 질문의 말로 오고 예언자는 이에 즉시 대답한다(왕상 19:9-10; 렘 1:11, 13). 끝으로 문서 예언자들의 많은 장문長文의 단락들에서 우리는 단순히 예언자의 메시지 내용만 제공받을 뿐이고 예언자가 그것을 어떻게 받았는지에 대해서는 언급이 없다.

성령(흔히 하나님의 영 또는 주의 영이라고 불린다)은 예언자에게 강림하여 하나님의 메시지를 알려주는 인격적 대리자代理者로 여겨진다(삼상 10:6, 10과 느 9:30; 슥 7:12의 일반적 서술을 보라. 그리고 민 11:24-29와 비교하라).

예언자는 하나님과 정규적으로 그리고 매우 활기 있는 인격적 관계를 유지하며 따라서 자주 하나님과 인격적 의사소통을 한다. 예언자들은 여호와의 '회의'에 참여하며(렘 23:18, 22) 여호와는 행하시고자 하는 일을 그들에게 사전에 알려주신다. "주 여호와께서는 자기의 비밀을 그 종 선지자들에게 보이지 아니하시고는 결코 행하심이 없으시리라"(암 3:7). 이런 말은 하나님과의 개인적 친분이라는 놀라운 모습을 상기시키는데, 이런 친분에 관한 주장이 모세(출 33:11; 신 34:10)와 아브라함(대하 20:7; 사 41:8. 약 2:23과 비교하라)의 경우에는 노골적으로 이루어졌다. 예언자가 하나님과 이렇게 가깝게 의사소통을 하기 때문에 육안으로는 볼 수 없으며 하나님이 계시해 주셔야만 하는(왕상 14:4-6; 왕하 5:25-26; 6:12; 8:12-13. 왕하 4:27에서 하나님이 자기에게 말씀해주시지 않은 것이 있었다는 사실에 엘리사가 놀란 것을 주목하라) 상황에 관한 일들을 그는 흔히 그냥 '알게' 된다. 이 같이 하나님과 예언자 사이의 인격적이고 가까운 관계에 비추어볼 때 신약성서의 야고보서에서 엘리야의 기도생활을 그리스도인들이 본받아야 할 패턴으로 보는 것(약 5:16-18)은 놀랄만한 일이다.

바. 예언자는 어떻게 메시지를 전달하는가?

가장 흔하게는 예언자의 메시지가 진실로 주님의 말씀이라는 확인과 함께 그저 큰 소리로 말했다. 예언적 사자의 공식 "여호와께서 이 같이 말씀하시니라"는 구약성서를 통틀어 수백 번 나타난다.

때때로 예언자의 구두 메시지와 더불어 극적이며 물리적인 상징이 동반된다. 아히야는 왕국의 분열을 상징하기 위하여 새 옷을 열두 조각으로 찢어 열 조각을 여로보암에게 주었고(왕상 11:30-31), 엘리사와 요아스 왕은 수리아(성서에는 아람으로 되어 있음-옮긴이) 사람들을 물리치는 것을 상징하는 화살을 쏘며(왕하 13:15-18), 예레미야는 돌이킬 수 없는 심판이 예루살렘에 임한다는 것을 상징하기 위해 토기장이의 그릇을 깨뜨리고(렘 19:10-13), 에스겔은 다가오는 포로 생활의 상징으로 성벽을 뚫고 행장을 메고 나갔다(겔 12:3-6). 그 같은 상징적 행위들은 메시지에 단순히 잊지 못할 충격을 더해준 것만은 아니었다. 왜냐하면 행위 자체가 메시지가 임하는 한 가지 형식이었기 때문이었다.

사. 예언자 메시지의 권위

구약성서 전체를 관통하여 예언자의 말은 곧 하나님의 말씀 그 자체였다. 참 예언자가 사건들을 예고하면 그 사건들은 "여호와께서 [선지자…를 통하여] 하신 말씀과 같이…"(왕상 14:18; 16:12, 34; 17:16; 22:38; 왕하 1:17; 7:16; 14:25; 24:2) 확실하게 일어났다. 왜 그래야 하는지는 이해하기 쉽다. 만일 전지전능하신 하나님이 무엇인가를 예고하셨다면 그것은 확실히 일어날 것이다.

예언자들의 말이 하나님의 말씀이기 때문에 백성들은 그 말씀을 믿고 순종할 의무가 있었다. 하나님을 믿는다는 것은 그의 예언자들을 믿는 것이었다(대하 20:20; 29:25; 학 1:12). 왜냐하면 예언자들의 말은 하나님의 말씀 그 자체였기 때문이다(대하 29:25). 그러므로 참 예언자를 믿지 않고 순종하지 않는 것은 하나님을 믿지 않고 순종하지 않는 것이며, 하나님은 메시지를 듣는 사람에게 책임을 물을 것이다(삼상 8:7; 왕상 20:36; 대하 25:16; 사 30:12–14. 신 18:19를 비교하라).

그 같은 신적 권위를 주장하는 말들이 또한 구약성서 본문에 기록되었기 때문에 이런 본문들은 성서의 권위에 대하여 강력한 논증을 제공한다. 즉 모든 시대에 하나님의 백성들은 모든 예언자들의 말을 하나님의 말씀 그 자체로, 곧 자기 백성들이 믿고 또한 (새 언약의 상황과 관련하여 바르게 이해하고 적용되었을 때에) 순종해야 할 말씀으로 여길 의무가 있다.

아. 예언자 메시지의 내용: 인도, 경고, 예고, 해석하는 하나님의 말씀

하나님과 그의 백성들 간의 관계에 필요한 모든 종류의 메시지들이 예언자들의 말에 포함되어 있다. 예언자들은 넓고 다양한 상황에서 하나님이 각각의 구체적 상황을 위해 보내신 말씀을 전달했다.

하나님의 메시지는 특정한 일련의 행동에 대한 구체적 인도를 포함할 수도 있다(삼상 22:5). 자주 일어나는 인도는 하나님이 왕이나 다른 예언자를 선택하셨다고 선포하시는 것인데, 그 사람을 그 직분에 세우기 위한 기름 부음이라는 물리적 상징행위가 선포에 동반된다(삼상 15:1; 16:13; 왕상 19:15–16; 왕하 9:3–10). 어떤 경우에는 사람들이 하나님의 인도를 구하기 위해 예언자에게 가기도 하였다(삼상 9:9; 왕상 22:7; 왕하 3:11).

죄 지은 사람들에 대한 도덕적 인도는 흔히 꾸짖음과 회개하지 않으면 징벌이 온다는 경고로 변했다(대하 24:19; 느 9:30과 도처에). 그런 경고와 같은 맥락에서 예언자들은 백성들에게 하나님의 법을 선포했는데(왕하 17:13; 단 9:10; 슥 7:12), 그것은 예전에 모세가 동시에 선임 율법전수자primary lawgiver와 선임 구약예언자의 이중 역할을 한 것과 일치한다. 여러 세대에 걸친 예언자들의 꾸짖음과 경고는 열왕기하 17:13에 요약되어 있다.

> 여호와께서 각 선지자와 각 선견자를 통하여 이스라엘과 유다에게 지정하여 이르시기를 "너희는 돌이켜 너희 악한 길에서 떠나 나의 명령과 율례를 지키되 내가 너희 조상들에게 명령하고 또 내 종 선지자들을 통하여 너희에게 전한 모든 율법대로 행하라" 하셨으나

그러나 예언자들은 징벌을 경고한 것만은 아니었다. 그들은 또한 백성들이 여호와께 순종한다면 축복이 따를 것이라는 약속도 제시했다(렘 22:4; 슥 6:15).

그렇지만 모든 축복의 약속들이 백성들의 순종을 조건으로 하지는 않았다. 문서 예언자들의 상당한 부분들이 주님 자신이 장래 어느 날에 먼저 행동하여 자기 백성을 유배생활로부터 다시 데려오고(사 35:10; 51:11; 렘 30:10) 그 후 언젠가 하나님이 그의 율법을 사람들의 마음에 새기는 새 언약을 세울 것을 약속하기(렘 31:31-34; 겔 36:22-38) 때문이다. 많은 예언자들의 예고 predictions가 메시야의 오심을 기대하고 있는데, 그런 예고들을 다 수록한 목록은 신약성서에 구체적으로 언급된(마 2:23; 4:14 등을 보라) 것들과 그렇게 언급되지 않은(눅 24:27을 보라) 것들을 포함할 것이다. 궁극적으로 예언자들은 주님 자신이 왕으로서 통치하시는 새 땅을 예고한다(사 65:17; 66:22).

끝으로, 예언자들은 역사적 사건들이 발생하는 대로 그것을 해석하여 백성들에게 무슨 일이 일어나고 있는지에 관한 하나님의 관점을 말해준다. 이는 문서 예언자들에서 자주 볼 수 있으며, 이스라엘 열왕의 역사를 공식적으로 기록하는(대상 29:29; 대하 9:29; 12:15; 13:22; 32:32) 예언자들의 기능에서 드러난다. 우리는 이 행위가 역사적 사건들에 있어서 하나님의 목적과 그분의 평가를 이해하는 예언자의 능력과는 별도로 단순한 사실의 기록으로서만 생각하면 안 된다. 의심의 여지가 없이 이스라엘의 왕들의 행위를 기록한 예언자들이 그 일을 할 자격을 갖춘 정확한 이유는 하나님이 그런 행위들에 대한 자신의 해석을 보여주셨기 때문이다. 예언자들은 자주 우리

가 가지고 있는 역사 이야기들에 있는 사건들에 대한 하나님의 해석을 전해 주었으며, 그러므로 우리는 사건들에 대한 그 같은 하나님의 해석이, 여러 예언자들의 책에 기록되었다고 전해지는(대하 9:29; 13:22; 20:34; 26:22; 32:32) 여러 왕들의 '남은 사적'도 특징짓는다고 가정할 수 있을 것이다.

인도하고, 경고하고, 예고하고, 해석하는 예언자들의 과업에서 하나님은 역사에 대한 그분의 주권적 통치를 보여주셨으며, 또한 자기 백성과의 인격적 관계에서 그의 지속적인 사랑과 거룩함을 보여주고 계셨다.

자. 예언자의 다른 과업들: 음악가와 중보자

예언자들은 하나님으로부터 계시를 받기 때문에 그들이 성전 예배에서 음악 분야에 참여하는 것은 놀라운 일이 아니다. 그들은 아마 하나님으로부터 받은 메시지를 노래로 전달하거나 백성들이 하나님을 예배하는 데 사용하도록 하나님이 계시해주신 노래를 전했을 것이다(대상 25:1-3. 삼상 10:5와 비교하라). 그런 노래가 하나님이 백성의 삶에서 행하신 일을 선포하고 그에 대한 찬송(송축:praise)을 드릴 때마다 그것은 현재 일이나 지나간 역사에 대한 하나님의 해석을 전하는 예언자의 과업 중 또 하나의 사례가 될 것이다.

다소 독특한 역할로서 예언자는 때로 특정한 상황을 위해 기도하는 매우 효능 높은 중보자로 여겨진다(삼상 12:23; 왕상 13:6; 왕하 20:11; 대하 32:20; 렘 27:18; 37:3; 42:4; 합 3:1. 창 20:17; 출 32:11-14와 비교하라). 예언자들은 하나님과 긴밀한 관계에 있었기 때문에 하나님이 그들의 기도를 들어주신다는 것과 그들이 하나님과 그의 백성과의 관계에서 이런 부분에 긴밀하게 개입한다는 것은 놀라워 할 일이 아니다.

차. 거짓 예언자

참 예언자들 곁에는 항상 거짓 예언자들이 있었던 것 같다. 사실 우리가 신명기에서 본 것처럼 하나님은 사람들의 마음을 시험하기 위하여 거짓 예언자들을 허용하셨다(신 13:3). 그러나 하나님은 또한 그의 백성이 누가 진짜이고 누가 가짜인지 알 수 있도록 돕기 위하여 지침을 주셨다. 거짓 예언자들은 자신의 이익을 위해 예언하며(미 3:5, 11), 사람들이 듣기 원하는 것만 말해주며(왕상 22:5-13; 렘 5:31), 그들의 예측predictions은 실현되지 않고(왕상 22:12, 28, 34-35. 신 18:22와 비교하라), 그들의 표적은 열등하거나 존재하지 않으며(왕상 18:25-29. 그러나 신 13:1-2도 보라), 무엇보다도 그들은 사람들에게 다른 신들을 섬기자고 권한다(렘 23:13).

하나님은 이들 거짓 예언자를 보내지 않았으며 따라서 그들은 하나님으로부터 받은 메시지도 없다고 반복해서 백성들을 경고하셨다. 사실 거짓 예언자의 정의定義가 곧 하나님으로부터 받은 메시지가 없고 단지 자기 자신의 생각으로 예언하는 사람이다(느 6:12; 렘 14:14-15; 23:16-40; 27:15; 29:9; 겔 13:2-3; 22:28. 신 18:20과 비교하라).

신약성서에서 거짓 예언자에 상응하는 사람은 '거짓 말'(지어낸 말)을 하고 교회에 '멸망하게 할 이단'을 끌어들이는 '거짓 선생'이다(벧후 2:1-3).

카. 예언자에 대한 빈번한 반대

참 예언자들은 때로는 이스라엘 사람들이 수용하고 추종하였지만 흔히 백성들은 반역적이어서 꾸짖으시고 경고하시는 하나님의 말씀을 듣고 싶어 하지 않았다. 따라서 백성들과 특히 지도자들이 예언자를 자주 반대하고 박해하기까지 하였다. "그의 백성이 하나님의 사신들을 비웃고 그의 말씀을 멸시하며 그의 선지자를 욕하여 여호와의 진노를 그의 백성에게 미치게 하여"(대하 36:16. 대하 16:10; 25:16; 사 30:10; 렘 11:21; 18:18; 20:2, 7-10; 26:8-11; 32:2-3; 36:20-26; 37:15-38:28; 암 2:12; 7:12-13과 비교하라). 때로는 예언자들을 죽이기까지 했다(대하 24:20-21; 렘 26:20-23). 신약성서에서 이를 스데반이 "너희 조상들이 선지자들 중에 누구를 박해하지 아니하였느냐?"(행 7:52)는 말로 요약했다. 하나님의 신실한 사자가 되면서 그 같은 박해를 인내심으로 견디어냄으로써 이 예언자들은 또한 그리스도를 예시했으며 후에 그리스도인들이 본받을 모형을 제공했다(눅 13:33; 살전 2:15; 약 5:10).

타. 하나님의 은혜의 표적으로서의 예언

이스라엘 백성 중에 예언이 있었다는 것은 큰 축복이었다. 왜냐하면 그것은 하나님이 그들의 죄악 중에서도 그들에게 인격적으로 말씀하실 정도로 관심을 가지셨기 때문이다. 하나님이 예언을 주실 대에는 하나님이 아직도 그들과 관계를 갖고 계셨다. 그와 반대로 예언이 뭋춘 때에는 그것은 하나님으로부터 멀리 떠난 백성에게서 그의 은혜를 거두어 들이셨다는 표적이었다(삼상 3:1; 28:6; 애 2:9; 사 29:10; 호 9:7; 미 3:7). 이는 신약의 초기에 예언의 은사를 폭넓게 쏟아부어주심이 신약 교회에 넘치도록 은혜를 주셨다는 표적이며(행 2:16-18), 예언의 은사가 기능하고 있다는 것은 하나님이 교회를 축복하셨다는 표적임을(고전 14:22) 깨닫게 해준다.

4. 구약성서 지혜문서에 기록된 예언과 예언자들

✳

구약성서의 지혜문서에는 예언자에 관해 말한 것이 거의 없다. 예언자(예언)를 명시적으로 언급한 것은 네 번이고(시 51 제목; 74:9; 105:15; 잠 29:18), 시편 90편의 제목에서 한 번 모세를 '하나님의 사람'이라고 지칭한다. 예언(묵시)이 죄를 꾸짖고 순종을 권면하는 중요한 역할을 잠언 29:18이 강조한다. "예언이(또는 '묵시' $chazôn$가) 없으면 백성이 방ᄌᆞ히 행하거니와 율법을 지키는 자는 복이 있느니라." 시편 74:9는 더 이상 예언이 없었던 후기에 쓰인 것으로 보이는데, 예언이 없었다는 사실은 하나님의 은혜와 임재가 없어졌다는 증거로 여겨졌다. "우리의 표적은 보이지 아니하며 선지자도 더 이상 없으며 이런 일이 얼마나 오랠는지 우리 중에 아는 자도 없나이다."

5. 복음서에 기록된 예언과 예언자들

✳

구약성서에서 시작된 다수의 주제들이 신약성서에서도 계속되면서 더욱 발전된다. 신약성서는 우리에게 구약성서의 예고성 예언들이predictive prophecies 그리스도를 가리켰으며 이제 그분 안에서 성취가 이루어졌음을 여러 번 상기시켜 준다(마 2:23; 4:14; 26:56; 요 12:38; 17:12; 19:36; 등). 예수님은 오랫동안 기다려온 '모세와 같은 예언자'로 여겨졌으나(요 6:14; 7:40; 행 3:24. 7:37과 비교하라), 명시적으로 예언자로 자주 불리지는 않았으며, 예언자로 불릴 때조차 의례 예수님의 인격이나 사명을 거의 알지 못하는 사람들에 의해서였다(마 21:11, 46; 막 6:15; 눅 7:16; 24:19; 요 4:19; 7:40; 9:17).

이는 예수님이 어떤 구약성서 예언자보다도 훨씬 더 위대하시기 때문이다. 그들은 하나님이 사람들에게 보내신 사자들이었지만 예수님은 단순히 사자가 아니라 육신으로 오신 하나님 자신이셨다. 그러므로 예수님은 진정으로 '모세와 같은 예언자'이시면서 그보다 더한 분이셨다. 그는 모든 예언들이 가리킨 바로 그분이셨다. "이에 모든 선지자의 글로 시작하여 모든 성경에 쓴바 자기에 관한 것을 자세히 설명하시니라"(눅 24:27. 행 3:18; 10:43; 26:22; 롬 1:2; 벧전 1:10과 비교하라). 그뿐만 아니라 구약성서의 예언자들은 '여호와께서 이같이 말씀하시니라'고 선포하는 사자들이었으나 예수님은 자신이 메시지의 저자이셨으며 '나는 너희에게 이르노니'라고 선포하시는 권위를 가지신 분이셨다(마 5:28, 32, 44). 사실 히브리서 1:1-2는 구약성서 예언자들을 통하여 온 여러 종류의 계시와 '이 모든 날 마지막에' 하나님 자신의 아들을 통해 온 단 한 번의, 훨씬 더 우월한 계시를 극명하게 대조시킨다. "옛적에 선지자들을 통하여 여러 부분과 여러 모양으로 우리 조상들에게 말씀하신 하나님이 이 모든 날 마지막에는 아들을 통하여 우리에게 말씀하셨으니."

그러나 구약성서의 전통에 따른 참 예언자들도 복음서에 나타나는데, 그들은 사가랴(눅 1:67), 안나(눅 2:36), 그리고 특별히 세례 요한(눅 1:76; 3:2. 마 11:14; 17:12와 비교하라)을 포함한다. 그들은 그리스도의 오심과 함께 했는데 이는 그들이 하나님께서 자신의 아들을 세상에 보내심으로써 하신 일을 선포하는 사자들이었기 때문이다.

거짓 예언자들에 관해서 예수님은 그들이 여전히 있을 것이나 그들은 그들의 열매와 거짓 교리로 알 수 있다고 경고하셨다(마 7:15; 24:11, 24; 막 13:22).

6. 사도행전과 서신서에 기록된 예언과 예언자들
✻

오순절 날에 새 언약 성취 안에서 성령을 충만하게 부어주심으로부터 시작하여 예언의 은사는 신약 교회에 널리 배분되었다. "이는 곧 선지자 요엘을 통하여 말씀하신 것이니 일렀으되 하나님이 말씀하시기를 말세에 내가 내 영을 모든 육체에 부어 주리니 너희의 자녀들은 예언할 것이요 너희의 젊은이들은 환상을 보고 너희의 늙은이들은 꿈을 꾸리라. 그 때에 내가 내 영을 내 남종과 여종들에게 부어 주리니 그들이 예언할 것이요"(행 2:16-18). 이것은 하나의 격리된 사건이 아니었으며, 새 언약의 풍요로운 축복의 일부분으로서 하나님과 그의 백성 사이에 훨씬 더 광범하고 빈번한 커뮤니케이션이 시작되었음을 의미하고, 그리 함으로써 하나님과 그의 모든 백성 사이에 보다 깊고 친밀한 관계가 있을 것임을 의미하는 사건이었다.

예언의 은사에 대한 여러 가지 정의가 내려지긴 했지만 이 은사에 관한 신약성서의 가르침을 새롭게 검토해 본 결과 그것은 '장래를 예고하는 것'으로 정의 하면 안 되고, '주님으로부터 받은 말씀을 선포하는 것'으로 정의해도 안 되며, '능력의 설교'라고 해도 안 되고, '하나님이 즉흥적으로 마음에 가져다주신 것을 말하는 것'이라고 정의해야 한다는 것이다. 다음 사항들은 예언의 은사에 대한 이 같은 이해를 지지해주고 설명해준다.

가. 신약성서의 사도들은 구약성서의 예언자들에 상응하는 자들(카운터파트)이다

많은 구약성서 예언자들이 하나님의 절대적 권위를 가졌고(위를 보라) 정경에 기록된 말씀을 선포하거나 글로 쓸 수 있었다. 신약성서에도 하나님의 말씀 자체를 선포하고 글로 써서 성서에 기록되게 한 사람들이 있었다. 그러나 예수님은 그들을 더 이상 '예언자'라고 부르시지 않고 '사도'라는 새로운 용어를 사용하셨다. 사도들은 구약성서의 확립된 상위 예언자들의 카운터파트였다(고전 2:13; 고후 13:3; 갈 1:8-9, 11-12; 살전 2:13; 4:8, 15; 벧후 3:2). 신약성서 본문의 말씀을 쓸 권위가 있는 사람은 예언자들이 아니라 사도들이었다.

사도들이 자신의 독특한 권위를 확립하고자 했을 때 그들은 한 번도 '예언자'라는 직함에 호소하지 않고 오히려 자신들을 '사도'라고 불렀다(롬 1:1; 고전 1:1; 9:1-2; 고후 1:1; 11:12-13; 12:11-12; 갈 1:1; 엡 1:1; 벧전 1:1 벧후 1:1; 3:2 등).

나. 신약성서 시대에 '예언자'라는 단어의 뜻

성서 본문을 쓸 권위를 가진 자들을 지칭하기 위하여 예수님은 왜 사도라는 새로운 용어를 택하셨는가? 한 가지 이유는 예언의 은사가 오순절에 하나님의 백성에게 널리 배분될 것이었기 때문에 신약성서 본문을 기록하는 권위를 가진 작은 무리를 지칭하기에는 또 다른 용어가 적절했다는 것이다. 또 한 가지 이유는 신약성서의 시기에 헬라어 프로페테스(*Prophētēs*:예언자)는 일반적으로 '하나님 자신의 말씀을 말하는 자'라는 의미가 없었고 오히려 '어떤 외부 영향(흔히 어떤 종류의 영적 영향)에 근거하여 말하는 자' 또는 단지 '대변자'라는 의미가 있었기 때문이다. 디도서 1:12는 그 단어를 이런 뜻으로 사용하는데, 거기에서 바울은 이방 종교의 그리스 시인 에피메니데스를 인용한다. "그레데인 중의 어떤 선지자가 말하되 '그레데인들은 항상 거짓말쟁이며 악한 짐승이며 배만 위하는 게으름뱅이라' 하니."

다. 예언자로서의 사도들

물론 사도들이 '예언'을 한다는 맥락에서 - 성령으로부터 받은 특별한 계시가 그들이 말하는 근거가 된다는(엡 2:20; 3:5와 계 1:3; 22:7에서 그렇다) 맥락에서 '예언자'와 '예언'이라는 단어가 사도들에게도 사용되었다. 그러나 이는 사도들에게 통상적으로 사용된 용어가 아니었으며, '예언자'와 '예언'이라는 용어 자체가 그들의 말이나 글에 신적 권위가 있다는 것을 의미하지도 않았는데, 이는 바울이 자신을 '교사'라고 부른 것(딤후 1:11)이 신약성서 시기의 모든 '교사'가 바울과 동등한 권위를 가졌다는 것을 의미하지는 않는 것과 다름없다. 사도들이 '예언자'로서 기능한 것과 관련하여 에베소서 2:20과 3:5는 이방인을 교회에 받아들이는 특별한 계시를 받은(3:5-6) 독특한 무리의 사도들(그리고 아마 그들과 함께한 제한된 무리의 예언자들)의 '토대의'foundational 역할에 대해 말하고 있다. 그러나 이 구절들은 교회 '창설'에서 기능한 예언이 아닌, 신약성서 시대에 수백 개의 지역 교회에서 수천 명의 보통 그리스도인들에서 기능한 예언의 은사와는 직접적 관련이 없다. 신약성서의 나머지 본문들에서 '예언자'와 '예언'이라는 단어는 하나님의 절대적 권위로 말하는 사람이 아니라 단순히 하나님이 그들의 마음에 가져다주신 것을 전하는 보통 그리스도인들(아래의 논증을 보라)을 지칭하기 위해 더 일반적으로 사용되었다.

라. 보통 그리스도인들 중의 예언의 은사: 성서와 같은 권위를 갖지 않았다는 증거

사도행전 21:4에서 우리는 두로의 제자들에 관해 다음과 같은 말을 읽는다. "그 제자들이 성령의 감동으로 바울더러 예루살렘에 들어가지 말라 하더라." 이 말은 바울에게 향한 예언에 대한 것으로 보이는데 바울은 이에 불순종했다. 만일 이 예언이 하나님 자신의 말씀을 포함하고 있었고 성서와 동등한 권위를 가졌다면 바울은 결코 그러지 않았을 것이다.

사도행전 21:10-11: 여기에서 아가보가 예언하기를 예루살렘에서 유대인들이 바울을 "결박하여 이방인의 손에 넘겨주리라"고 했는데, 이 예고는 거의 맞았으나 정확하지는 않았다. 유대인들이 아니라 로마인들이 바울을 결박했으며(33절; 또한 22:9), 유대인들은 자발적으로 그를 넘겨준 것이 아니라 그를 죽이려 했고 그는 무력으로 구출되어야만 했다(21:32). 아가보가 21:11에서 사용하는 동사 '파라디도미'paradidōmi는 자발적으로, 의식적으로, 의도적으로 무엇을 다른 사람에게 주거나 넘겨주는 것을 의미하는데, 이런 의미는 유대인들이 바울을 다룬 것과는 맞지 않는다. 그들은 자발적으로 바울을 로마사람들에게 넘겨주지 않았다! 예언은 크게 빗나가지 않았으나 세부 사항에 부정확성이 있었는데, 이는 어느 구약성서 예언자라도 그의 정당성을 의심하게 했을 것이다.

데살로니가전서 5:19-21: 바울은 데살로니가 사람들에게 "예언을 멸시하지 말고 범사에 헤아려 좋은 것을 취하라"고 말한다(살전 5:20-21). 만일 데살로니가 사람들이 예언이 하나님의 말씀과 같은 권위를 가졌다고 생각했다면 바울은 그들에게 그것을 멸시하지 말라고 결코 말할 필요가 없었을 것이다. 그들은 하나님의 말씀을 '성령이 주신 기쁨으로 받아들였다'(살전 1:6; 2:13. 4:15와 비교하라). 그러나 바울이 그들에게 '범사에 헤아리라'고 말할 때 그것(범사)은 적어도 그가 앞 절에서 언급한 예언을 포함하는 것이 확실하다. 그가 그들에게 '좋은 것을 취하라'고 권면할 때 그는 예언의 내용 중에 좋은 것들도 있고 좋지 않은 것들도 있다는 것을 의미한다. 이런 말은 구약성서 예언자의 말이나 신약성서 사도의 권위 있는 가르침에 대해서는 결코 할 수 없는 것이다.

고린도전서 14:29-38: 신약성서 예언에 관한 보다 광범한 증거는 고린도전서 14장에서 찾아볼 수 있다. 바울이 "예언하는 자는 둘이나 셋이나 말하고 다른 이들은 분별할 것이요"(고전 14:29)라고 말할 때 바울은 그들이 주의 깊게 듣고 좋은 것과 나쁜 것을 가려내어 일부는 받아들이고 나머지는 버려야(왜냐하면 이것이 여기에서 '분별하라'로 번역된 헬라어 '디아크리노'*diakrinō*가 의미하는 것이기 때문이다) 한다는 것을 암시한다. 우리는 이사야 같은 구약 예언자가 "내가 말하는 것을 듣고 그것을 분별하라 - 즉, 좋은 것과 나쁜 것, 너희가 수용할 것과 수용하지 말아야 할 것을 구별하라"고 말하는 것을 상상할 수 없다. 만일 예언이 하나님의 절대적 권위를 가졌다면 이렇게 하는 것은 죄가 될 것이다. 그러나 바울은 여기에서 그렇게 하라고 명령하는데, 이는 신약성서의 예언이 하나님의 말씀 그 자체와 동등한 권위를 갖지 않았음을 암시한다.

바울은 예언이 많이 행해지고 있던 고린도 교회의 어느 누구도 하나님의 말씀 자체를 말할 수는 없다는 것을 암시한다. 그는 고린도전서 14:36에서 "하나님의 말씀이 너희로부터 난 것이냐, 또는 너희에게만 임한 것이냐?"

고 말한다.

이 모든 본문들은 초기 교회에서 사도들이 없었을 때에 예언자들이 '주님의 말씀'을 전했다는 일반적 생각이 한 마디로 틀렸다는 것을 보여준다. 이 본문들은 또한 오늘날 예언할 때 "주께서 이같이 말씀하시니라"와 같은 도입부로 시작하면 결코 안 된다는 점을 경고하는데, 그렇게 하는 것은 신약성서의 예언자들이 가지고 있지 않은 권위를 내세우는 것이 되기 때문이다.

마. 즉흥적 '계시'가 예언을 다른 은사들과 다르게 만든다

만일 예언이 하나님의 말씀 자체를 포함한 것이 아니라면 그것은 무엇인가? 어떤 의미에서 그것이 하나님께로부터 온 것인가?

바울은 하나님이 즉흥적으로 어떤 것을 마음에 생각나게 하여 예언하는 사람으로 하여금 그것을 자기 자신의 말로 보고하도록 하신다고 설명한다. 바울은 이것을 '계시'라고 부른다. "만일 곁에 앉아 있는 다른 이에게 계시가 있으면 먼저 하던 자는 잠잠할지니라. 너희는 다 모든 사람으로 배우게 하고 모든 사람으로 권면을 받게 하기 위하여 하나씩 하나씩 예언할 수 있느니라"(고전 14:30-31). 여기에서 바울은 '계시'라는 단어를 신학자들이 성서의 말씀들에 대해 전문용어로 지칭하는 방식보다는 더 넓은 의미로 사용하고 있다. 신약성서의 다른 곳에서도 '계시하다' 또는 '계시'라는 단어를 하나님이 주신 것으로서 기록된 성서 본문이 되는 것이 아닌 또는 기록된 성서와 동등한 권위를 갖는 것이 아닌 것을 의미하는 넓은 의미로 사용하고 있다(마 11:27; 롬 1:18; 엡 1:17; 빌 3:15를 보라).

그리하여 낯선 사람이 들어왔는데 모든 사람(신자들)이 예언하면 "그 마음의 숨은 일들이 드러나게 되므로 엎드리어 하나님께 경배하며 하나님이 참으로 너희 가운데 계신다 전파하리라"(고전 14:25). 이런 방식으로 예언은 믿는 자들을 위한 '표적'이 된다(고전 14:22). 그것은 하나님이 그들 중에서 역사하신다는 분명한 증거이며 하나님이 그 회중에 내린 축복의 '표적'이다. 그리고 예언은 믿지 않는 자들이 회심하도록 작용할 것이기 때문에 바울은 이 은사를 "알지 못하는 자들이나 믿지 아니하는 자들이 들어 온"(고전

14:23) 때에 사용하도록 권장한다.

왜 바울은 예언을 그렇게 높게 평가했는가(고전 14:1-5, 39-40) - 분명 그 것은 어떤 사람의 마음이나 어떤 상황에 대한 하나님의 통찰을 즉흥적으로 드러냄으로써, 그리하여 "덕을 세우며, 권면하며 위로하는"(고전 14:3) 결과를 가져옴으로써 "교회의 덕을 세우기 위하여"(고전 14:12) 효과적으로 기능하기 때문이다. 비록 예언은 분별되어야 하며 결코 성서의 말씀처럼 권위 있는 '주님의 말씀'으로 받아들이면 안 되는(위를 보라) 것이기는 하지만 하나님은 예언을 통해 인도하시고, 경고하시고, 예고하시고, 사람들의 생각이나 그들 주변의 사건들을 풀이해주심으로써 교회의 일상생활에서 자신의 은혜로운 임재를 드러내고 계신다. 이런 의미에서 그것은 하나님과 그의 백성 사이의 진정한 인격적 관계를 보여주는 생생한 사례이다.

그러나 바울은 고대 세계에서 '예언'이라는 범주에 속한 모든 것이 기독교의 예언과 같다고 생각하지는 않았다. 고린도인들은 이전에 "말 못하는 우상에게로"(고전 12:2) 끌려갔으며, 바울은 이방 종교의 신전에서 마귀의 영적 능력이 작용하고 있음을 잘 알고 있었기 때문에 "무릇 이방인이 제사하는 것은 귀신에게 하는 것이요 하나님께 제사하는 것이 아니니"(고전 10:20)라고 말한다. 이 같은 차이에 대한 무지無知가 데이비드 아우니David Aune의 방대한 저서 초기 기독교와 고대 중동 세계에서의 예언*Prophecy in Early Christianity and the Ancient Mediterranean World*에서 근본적 오류를 초래했다.[146] 아우니는 성령이 권능을 부여하는 기독교의 참 예언을 그렇지 않은 이방 종교의 예언과 구분하지 않고 고대 사회의 일반적 종교 현상의 하나로 함께 고찰한다. 아우니는 예수 그리스도를 주로 시인할(고전 12:3) 용의가 있는가에 근거하여 참 예언과 거짓 예언을 구별할 수 있다는 가능성을 고려하지 않았다. 신약성서 저자 중 아무도 아우니의 관점을 택하지 않았을 것이며 오늘날의 복음주의적 학자들도 그래서는 안 될 것이다.

바. 예언과 가르침의 차이

예언과 가르침은 항상 서로 다른 은사로 언급되는데(롬 12:6-7; 고전

12:28-29; 14:6; 엡 4:11) 그 차이는 무엇인가? 예언의 은사와는 달리 신약성서에서 '가르침'이 하나님으로부터의 즉흥적 계시에 근거한다고 한 번도 말하고 있지 않다. 오히려 '가르침'은 성서를 설명하거나 적용하는 것(행 15:35; 18:11, 24-28; 롬 2:21; 15:4; 골 3:16; 히 5:12) 또는 사도의 교훈을 반복하고 설명하는 것이다(롬 16:17; 딤후 2:2; 3:10 등). (그것은 오늘날 사람들이 '성경 공부' 또는 '설교'라고 부르는 것이다.) 따라서 가르침과 예언의 차이는 분명하다. 메시지가 성서 본문에 대한 의식적 묵상의 결과로 본문의 해석과 삶에 적용하는 것을 포함한다면 그것은 (신약성서의 용어로) 가르침이다. 그러나 메시지가 하나님이 갑자기 마음에 생각나게 하신 것을 전하는 것이라면 그것은 예언이다.

그래서 이해할 수 있는 바와 같이 예언은 '가르침'보다 권위가 낮고 교회 내에서 예언은 항상 성서의 권위 있는 가르침 아래에 있다. 디모데는 교회에서 바울의 교훈을 예언하라는 명령을 받은 것이 아니라 가르치라는 명령을 받았다(딤전 4:11; 6:2). 데살로니가 사람들은 굳건하게 서서 그들이 '예언 받은' 전통을 지키라는 명령을 받은 것이 아니라 바울에게 '가르침을 받은' 전통을 지키라는 명령을 받았다(살후 2:15). 그러므로 장로들 중에는 "말씀과 가르침에 수고하는 이들"이 있으며(딤전 5:17), 장로는 "가르치기를 잘 해야" 한다(딤전 3:2; 딛 1:9와 비교하라). 그러나 예언하는 것이 사역인 장로에 관해서는 아무 말도 없으며 장로가 '예언을 잘해야' 한다는 말도 찾아볼 수 없다. 야고보는 예언하는 자들이 아니라 가르치는 자들이 더 큰 심판을 받는다고 경고했다(약 3:1). 초기 교회를 '은사 받은 지도자들' charismatic leaders 이 다스렸다고 주장하는 사람들의 견해와는 반대로 신약성서의 증거들은 예언자들이 아니라 교사(장로의 역할로서)들이 초기 교회에 지도력을 제공하고 방향성을 제시했다.

사. 중지론자의 입장

예언의 은사에 관해 위에 제시된 견해와 달리 복음주의적 학자들 중의 다른 입장, 즉 '중지론자'의 입장은 신약 교회에서 예언의 은사는 항상 성서와 같은 권위를 가졌으며, 오류가 없었으며, 하나님 말씀 자체만을 포함했으며, 따라서 신약성서의 정경이 완성된 1세기 말 경에 그 존재가 중지되었다고 주장한다. 중지론을 옹호하는 입장은 〈부록 1〉의 참고문헌에서 개핀R. Gaffin과 로벗슨O. P. Robertson의 저서들을, 그리고 그루뎀W. Grudem이 편집한 『기적적 은사들은 오늘날을 위한 것인가: 네 가지 견해*Are Miraculous Gifts for Today? Four Views*』에 실린 개핀의 '중지론자의 입장'과 소시R. Saucy의 '신중하게 열린 입장'을 보라

7. 요한계시록에 기록된 예언과 예언자들

✳

요한계시록 11장은 아직도 미래에 속하는 어느 때에 두 명의 특별한 예언자가 1,260일 동안 나타날 것을 예고한다. 그들은 큰 권능을 행할 것이며 아무도 그들을 막지 못할 것이다. "만일 누구든지 그들을 해하고자 하면 그들의 입에서 불이 나와서 그들의 원수를 삼켜버릴 것이요 누구든지 그들을 해하고자 하면 반드시 그와 같이 죽임을 당하리라. 그들이 권능을 가지고 하늘을 닫아 … 아무 때든지 원하는 대로 여러 가지 재앙으로 땅을 치리로다"(계 11:5–6). 그러나 또한 현혹적 기적을 행하는 한 '거짓 예언자'가 나올 것도 예고하는데 그는 결국 짐승과 마귀 자신과 함께 불붙는 못에 던져질 것이다(계 16:13; 19:20; 20:10).

요한계시록 전체는 그 이름이 의미하는 바와 같이 하나님의 위대한 '계시'이며, 따라서 그 책 자체가 성서에서 마지막이며 위대한 예언이다. 제 4장부터 이 책은 미래를 보여주며 앞으로 올 때를 위해 하나님이 정하신 심판과 축복을 진지하고 장엄한 언어로 묘사한다. 그리고 이 예언의 말들은, 하나님이 성서의 시작 부분에서 예언자 모세에게 주신 말씀처럼, 그리고 성서의 나머지 부분 전체에 기록된 예언자들과 사도들의 말씀처럼, 하나님의 말씀 자체이며 함부로 고치지 말아야 한다(계 22:18–19).

참고문헌

§

Carson, D. A. *Showing the Spirit: A Theological Exposition of 1 Corinthians 12-14.* Grand Rapids, Mich.: Baker, 1987.

Deere, Jack. *Surprised by the Voice of God.* Grand Rapids, Mich.: Zondervan, 1996.

Forbes, Christopher, *Prophecy and Inspired Speech in Early Christianity and Its Hellenistic Environment.* Tübingen, Germany: J. C. B. Mohr, 1995; repr., Peabody, Mass.: Hendrickson, 1997.

Gaffin, Richard B. *Perspectives on Pentecost: Studies in New Testament Teaching on the Gifts of the Holy Spirit.* Phillipsburg, N.J.: Presbyterian and Reformed, 1979.

Grudem, Wayne, ed. *Are Miraculous Gifts for Today? Four Views.* Grand Rapids, Mich.: Zondervan, 1996.

_____. *The Gift of Prophecy in 1 Corinthians.* Lanham, Md.: University Press of America, 1982.

Hill, David. *New Testament Prophecy.* Atlanta: John Knox, 1979.

Kaiser, Walter C., Jr. *EDBT* 639-647.

Kramer, Helmut, et al. *TDNT* 6:781-861.

Motyer, J. A., and J. B. Baker. *IBD* 3:1276-1287.

Peisker, C. H., and C. Brown. *NIDNTT* 3:74-92.

Robertson, O. Palmer. *The Final Word.* Carlisle, Pa.: Banner of Truth, 1993.

Turner, Max. *The Holy Spirit and Spiritual Gifts: Then and Now.* Carlisle, England: Paternoster, 1996.

VanGemeren, W. A. *Interpreting the Prophetic Word.* Grand Rapids, Mich.: Zondervan, 1990.

Verhoef, P. A. NIDOTTE 4:1067-1078.

Young, Edward, J. *My Servants, the Prophets.* Grand Rapids, Mich.: Eerdmans, 1952.

부록 2
고린도전서 12:8의 '지혜의 말씀'과 '지식의 말씀'은 무엇인가?

이 은사들에 관한 두 가지 견해

✻

고린도전서 12:8에 언급된 '지혜의 말씀'과 '지식의 말씀'의 의미를 많은 사람들이 잘못 이해했다는 것이 가능한가? 은사주의자들은 보통 이 은사들을 특정한 상황에서 성령이 순간적으로 통찰력이나 정보를 알려주는 것으로 이해했다. 예를 들어, 아나니아와 삽비라가 교회에 바친다고 말한 돈의 일부를 비밀히 감추었다는 것을 베드로에게 알려준 계시와 같은 것이다. 베드로가 "아나니아야, 어찌하여 사탄이 네 마음에 가득하여 네가 성령을 속이고 땅 값 얼마를 감추었느냐?"(행 5:3)고 말했을 때 대다수의 은사주의자들은 그것을 '지식의 말씀'이라고 불렀을 것이다. 왜냐하면 그 정보는 성령이 순간적으로 베드로에게 계시한 것이기 때문이다. 마찬가지로 그들은 '지혜의 말씀'을 성령이 갑자기 계시한 슬기로운 지침이나 인도라고 말할 것이다. 나는 이를 이 은사들에 관한 '순간적 계시'의 견해라고 부른다.

그러나 '지혜의 말씀'과 '지식의 말씀'에 관한 또 다른 견해가 있다. 나는 이를 '지혜로운 말하기'의 견해라고 부른다. 이 견해에 의하면 '지혜의 말씀'의 은사는 그 용어가 의미하는 바로 그것이라고, 즉 다른 사람들에게 지혜와 지식을 전하는 방식으로 말하는 능력이라고 한다. 한 가지 사례는 솔로몬이 "산 아이를 둘로 나누어 반은 이 여자에게 주고 반은 저 여자에게 주라"(왕상 3:25)고 한 말일 것이다. 이 명령이 솔로몬으로 하여금 진짜 어머

니를 가려내게 했으며, "온 이스라엘이 왕이 심리하여 판결함을 듣고 왕을 두려워하였으니 이는 하나님의 지혜가 그의 속에 있어 판결함을 봄이더라"(왕상 3:28). 하나님은 솔로몬에게 지혜의 은사를 주셨으나 그것은 문제가 일어날 때마다 성령으로부터 갑자기 받는 계시로 오는 그런 종류의 은사가 아니었다. 오히려 솔로몬의 지혜는 세상에 대한 깊은 통찰력을 날마다 시간마다 제공하는 지속적 은사였다. "온 세상 사람들이 다 하나님께서 솔로몬의 마음에 주신 지혜를 들으며 그의 얼굴을 보기 원하며"(왕상 10:24).

이러한 종류의 '지혜의 말씀'을 가진 사람에 관한 또 하나의 사례는 교회의 신자들 사이에 분쟁이 있을 때 지혜로운 판단을 내려줄 수 있는 그리스도인일 것이다. 바울은 고린도 사람들에게 이렇게 말했다: "너희 가운데 그 형제간의 일을 판단할 만한 지혜 있는 자가 이같이 하나도 없느냐? 형제가 형제와 더불어 고발할뿐더러 믿지 아니하는 자들 앞에서 하느냐?"(고전 6:5-6). 이것은 성령이 갑자기 계시해준 통찰력이라기보다는 아마 오랜 기간 동안의 말씀 묵상과 일상생활에서의 경건 실천을 통하여 성령이 주신 지혜일 것이다. 마찬가지로 '지식의 말씀'도 사람들에게 참 지식을 – 특히 성서에 대한 지식과 하나님에 대한 지식을 사람들에게 전해주는 방식으로 말하는 능력일 것이다.

관건이 되는 본문 보기

✳

어떤 견해가 옳은지 알아내기 위하여 성서에서 이 두 은사들 중 어느 하나라도 언급하는 유일한 본문을 살펴보자.

각 사람에게 성령을 나타내심은 유익하게 하려 하심이라. 어떤 사람에게는 성령으로 말미암아 지혜의 말씀을, 어떤 사람에게는 같은 성령을 따라 지식의 말씀을, 다른 사람에게는 같은 성령으로 믿음을, 어떤 사람에게는 한 성령으로 병 고치는 은사를, 어떤 사람에게는 능력 행함을, 어떤 사람에게는 예언함을,

어떤 사람에게는 영들 분별함을, 다른 사람에게는 각종 방언 말함을, 어떤 사람에게는 방언들 통역함을 주시나니, 이 모든 일은 같은 한 성령이 행하사 그의 뜻대로 각 사람에게 나누어 주시는 것이니라(고전 12:7-11).

순간적 계시의 견해를 옹호함

이런 은사들이 성령으로부터 받는 순간적인 계시에 의지한다는 전통적 은사주의자들의 견해를 옹호하기 위해 나는 적어도 네 가지의 논증을 제시할 수 있다고 생각한다.

가. 이들 은사는 성령의 현현顯顯이다

바울은 위 본문에 언급된 아홉 가지 은사들의 하나하나가 성령의 '나타나심'이라고 한다(7절). '나타나심'은 외견상 분명한 것, 성령의 사역이 회중 안에서 작동하는 것을 다른 사람들이 분명히 볼 수 있는 것이다. 성령으로부터의 초자연적 계시가 그런 나타나심일 것이다.

나. 이 은사들은 성령이 직접 주신 것이다

바울은 이 은사들이 모두 성령이 주신 것임을 반복해서 말한다(7, 8, 9, 11절). '지혜의 말씀'과 '지식의 말씀'이 성령이 주신 것이기 때문에 이것들은 성령이 사람들에게 특정한 지혜와 지식의 계시를 주실 때에 오는 것이라고 생각하는 것이 당연하다.

다. 참 지혜는 성령이 계시해야만 한다

지혜는 성령이 계시해주는 것이다. 우리가 고린도전서 2:6-10을 읽어보면 거기에서 바울은 자기가 "은밀한 가운데 있는 하나님의 지혜, … 곧 감추어졌던 것"을 설교하는데 "하나님이 성령으로 이것을 우리에게 보이셨다"고 말한다(고전 2:7, 10). 이 본문이 지혜는 성령으로부터 계시 받아야 한다는 것을 보여주지 않는가?

라. 이 목록에 있는 아홉 가지 은사가 다 기적적이다

이 목록 중의 다른 일곱 가지 은사들(믿음, 병 고침, 능력 행함, 예언함, 영들 분별함, 방언 말함, 방언 통역함)은 기적적 은사처럼 보인다. 따라서 어떤 사람은 지혜의 말씀과 지식의 말씀도 또한 성령에 의해 순간적으로 능력을 받은 기적적 은사일 수밖에 없다고 주장할지도 모른다.

이상의 주장들은 일견 그럴듯해 보이며 사람들이 이 주장들을 받아들일 것이라는 것도 이해할 수 있다. 그러나 자세히 살펴보면 이 주장들은 다음의 이유로 인해 내게 확신을 주지 못한다.

(1) 모든 성령의 '현현'이 즉흥적이지도 않고 기적적이지도 않다. 예를 들어, 성령의 열매("사랑과 희락과 화평과 오래 참음과 자비와 양선과 충성과 온유와 절제," 갈 5:22-23)를 반영하는 변화된 삶은 성령의 역사를 '나타내는' 것이다.

(2) 지혜의 말씀과 지식의 말씀이 성령이 주신 것이라는 사실이 그것이 갑자기 그에게 계시 받은 것이라는 것을 반드시 의미하지는 않는다. 왜냐하면 성령이 주신 모든 은사가 반드시 다 즉흥적이고 기적적이지는 않기 때문이다. 바로 같은 장(12장)에서 바울은 성령이 주시는 것이지만 기적적이 아닌 은사들인 '서로 돕는 것'과 '다스리는 것'과 '교사'를 언급한다(고전 12:28). 이 은사들은 한 주간 week 내내 통상적인 방식으로 작동한다.

(3) 어떤 지혜는 성령의 직접적 계시로 주어진다는 데에 동의하지만 모든 지혜가 그렇게 오는 것은 아니다. 고린도 교회 내에 일어난 분쟁을 중재할 수 있는 그리스도인의 지혜(고전 6:5)는 그 사람의 삶 전체에서 식별될 수 있는 특징일 것이다. 우리는 말씀 묵상을 통하여 가장 흔히 지혜를 얻는다. 그래서 바울은 "그리스도의 말씀이 너희 속에 풍성히 거하여 모든 지혜로 피차 가르치며 권면하고"(골 3:16)라는 말로 그리스도인들을 권면한다.

(4) 얼핏 보기에는 고린도전서 12:7-11의 다른 일곱 가지 은사들이 기적적이기 때문에 지혜의 말씀과 지식의 말씀도 기적적이라고 말하는 것이 신

빙성 있어 보인다. 그러나 사실 이 아홉 가지의 은사 목록은 그렇지 않다는 논증이 된다. 우리는 바울이 이 문맥에서 의도하는 바가 고린도 사람들에게 모든 은사가 각각 성령으로부터 온 것임을 확신시키려는 것임을 기억해야 한다.

> 은사는 여러 가지나 성령은 같고, … 각 사람에게 성령을 나타내심은 유익하게 하려 하심이라. … 이 모든 일은 같은 한 성령이 행하사 그의 뜻대로 각 사람에게 나누어 주시는 것이니라(고전 12:4, 7, 11).

모든 은사가 각각 성령이 주신 것임을 보여주기 위해 바울은 이 아홉 가지 사례를 열거한다. 그러나 만일 이 모든 은사들이 성령의 순간적이고 기적적인 나타내심이라면 어떤 사람들은 제외될 것이기 때문에 바울의 논증은 무너질 것이다. 바울은 비기적적 은사를 받은 사람들에게 그들의 은사도 성령이 주신 것이라고 확신시킬 수 없을 것이다. 그런 식으로는 바울이 사용하는 사례가 그의 주장을 증명할 수 없을 것이다. 그의 주장은 성령이 나타내신 아홉 가지 중의 몇 가지(아마 지혜의 말씀, 지식의 말씀, 그리고 믿음)가 비기적적일 경우에만 성립된다.

우리는 어떤 결론을 내릴 것인가? '순간적 계시'의 견해를 옹호하는 논증에 약간의 무게가 있기는 하지만 각각의 논리에는 좋은 반론을 제기할 수 있다.

지혜로운 말하기의 견해를 옹호함
✱

나는 지혜의 말씀과 지식의 말씀이 다른 사람들에게 지혜와 지식으로 말하는 능력이라는 견해를 옹호하는 세 가지의 좋은 논리가 있다고 생각한다.

가. 바울이 사용한 단어들은 지혜와 지식의 순간적 계시에 관한 어떤 암시도 주지 않는다

바울이 이 은사들에 대해 사용한 단어들을 살펴보면 이 은사들에 관한 '순간적 계시'의 견해를 지지해주는 내용을 찾을 수 없다. 바울은 '말씀'과 '지혜'와 '지식'을 매우 통상적 단어로 표현한다. 각 단어를 보다 자세히 살펴보면 도움이 될 것이다.

'말씀'이라는 단어. '지혜의 말씀'과 '지식의 말씀'이라는 구절에서 '말씀'이라고 번역된 헬라어 단어는 로고스logos인데 신약성서에서 300번 이상 사용되는 지극히 평범한 단어이다. 그것은 '말' 또는 '메시지' 또는 '발언'을 뜻할 수 있다. 로고스라는 단어의 뜻에 성령의 특별한 계시에 근거해야 한다고 암시하는 것은 아무것도 없다.

'지혜'라는 단어. '지혜'라는 단어는 헬라어로 소피아sophia인데 하나님을 기쁘시게 하도록 사는 법에 관한 깊은 이해와 기술에 관해 말하는 단어이다. 사실 이 단어는 하나님으로부터 갑자기 단편적 정보를 받아 얻을 수 있는 것과는 거의 반대되는 것을 암시한다. 지혜는 단지 한 조각의 정보가 아니라 모든 상황에서 하나님을 기쁘시게 하는 것에 대한 깊은 이해와 철저한 깨달음과 통찰이다. 이런 이유로 바울은 골로새 사람들로 하여금 "모든 신령한 지혜와 총명에 하나님의 뜻을 아는 것으로 채우게 하시고,"(골 1:9) "주께 합당하게 행하여 범사에 기쁘시게 하고 모든 선한 일에 열매를 맺게 하시며 하나님을 아는 것에 자라게"(골 1:10) 하시기를 기도한다. 바울은 또한 "지혜 없는 자 같이 하지 않고 오직 지혜 있는 자 같이" 행하는 자들은 "때가 악하기 때문에 세월을 아끼어 … 주의 뜻이 무엇인지 이해할" 것이라고 말했다(엡 5:15-17, RSV의 옮긴이 직역). 참 지혜는 하나님을 기쁘시게 하도록 사는 법을 알게 할 것이다.

물론 어떤 지혜는 때때로 성령의 순간적 계시로 우리에게 주어질 것이다. 그러나 내가 주장하는 점은 지혜가 반드시 이런 방식으로만 주어져야 한다는 말이 성서 어디에도 없다는 것이다. 하나님이 우리가 갖기를 원하시는 지혜는 오랜 기간의 말씀 묵상과 삶의 경험을 통해 성령의 가르치심에 따라

오는 것이 훨씬 더 자주 있는 일이다. 사실 그런 지혜는 항상 성령의 순간적 계시에 근거해야만 한다고 생각하는 것은 오류일 것이다. 왜냐하면 그것은 성서에 대한 깊은 지식과 그리스도인으로서의 삶의 성숙으로부터 오는 지혜를 과소평가할 가능성이 있기 때문이다.

'지식'이라는 단어. 바울이 고린도전서 12:8에서 '지식'이라고 한 단어는 헬라어로 그노시스 $gn\bar{o}sis$인데 영어의 'knowledge'라는 단어와 의미가 비슷하다. 바울은 "하나님을 아는 것"(고후 10:5)에 대해 말하고 베드로는 "우리 주 곧 구주 예수 그리스도의 은혜와 그를 아는 지식에서 자라가라"(벧후 3:18)고 그리스도인들을 권면한다. 또한 그리스도의 진리에 관한 지식이 존재하기 때문에 베드로는 우리의 믿음에 '지식을' 더하라고(벧후 1:5) 명령하며, 바울은 그것이 그리스도와의 관계에서 오는데 "그(그리스도) 안에는 지혜와 지식의 모든 보화가 감추어져 있느니라"(골 2:3)고 우리에게 상기시켜 준다. 지식은 또한 그리스도인의 삶에서 우리가 서로 상담해주는 능력을 갖추도록 우리를 도와준다. 그래서 바울은 로마 사람들에게 이렇게 편지했다. "내 형제들아, 너희가 스스로 선함이 가득하고 모든 지식이 차서 능히 서로 권하는[혹은 충고하는] 자임을 나도 확신하노라"(롬 15:14).

우리가 지혜에 관해서 이해한 바와 마찬가지로 성서에서 지식은 여러 종류가 있으며 여러 가지의 상이한 방법으로 얻을 수 있다. 그러나 한 가지 분명한 것은 '지식'이라는 단어 자체가 지식은 성령의 순간적 계시로부터 와야 한다는 뜻을 요구하지는 않는다는 것이다. 사실 나는 성서에서 '지식' $gn\bar{o}sis$이라는 단어가 무엇인가 성령이 직접적으로 계시한 것을 지칭하여 사용된 구절이 하나도 없다고 생각한다.

나. 바울은 성령이 순간적으로 계시한 것을 보고하는 것을 지칭하기 위해 '예언'이라는 용어를 사용한다

이 구절들에 관해 '지혜로운 말하기'의 견해를 옹호하는 두 번째 이유는 이 견해가 지혜의 말씀과 지식의 말씀이 예언과 다르다는 것을 용납하기 때문이다. 바울은 고린도전서 12:10에서 열거하는 성령의 나타내심의 아홉 가지 목록에서 예언을 다른 은사로 언급한다. '순간적 계시'의 견해에서는 지혜의 말씀과 지식의 말씀이 바울이 '예언'이라고 부르는 것과 사실상 같을 것이다.

사람들이 성령이 그들에게 주신 '계시'를 보고할 때 바울은 그들이 예언한다고 말한다(고전 14:29-33). "그러나 다 예언을 하면 믿지 아니하는 자들이나 알지 못하는 자들이 들어와서 모든 사람에게 책망을 들으며 모든 사람에게 판단을 받고 그 마음의 숨은 일들이 드러나게 되므로 엎드리어 하나님께 경배하며 하나님이 참으로 너희 가운데 계신다 전파하리라"(고전 14:24-25). 만일 오늘날 그런 일이 일어난다면 많은 은사주의자들이 그러한 말을 '지식의 말씀'이라고 부를 것이라는 것을 나는 안다. 그러나 바울은 그렇게 말하지 않고 그것을 '예언'이라고 부른다.

우리가 신약성서에서 보는 예언의 다른 사례들도 역시 하나님이 계시해 주신 것에 근거한 발언이다. 예루살렘에 기근이 있을 것(행 11:28)과, 바울이 예루살렘에서 구금당할 것(행 21:10-11)과, 디모데에게 특정한 영적 은사가 주어질 것(딤전 4:14)을 성령은 예언의 은사를 통해서 계시하셨다. 예수님이 우물가의 여자에게 그녀의 과거에 관한 구체적 사항들을 말씀하실 때에 그 여자는 "주여, 내가 보니 지식의 말씀이 있습니다"라고(오늘날의 많은 은사주의자들이 그렇게 말할 것이다) 말하지 않고 그녀는 이렇게 말했다. "주여, 내가 보니 선지자로소이다"(요 4:19).

이렇게 신약성서의 패턴은 매우 분명하다. 예언은 항상 성령으로부터의 순간적 계시에 근거한 것으로 제시되는 반면에 지식이나 지식의 말씀은 결코 그 같은 순간적 계시에 근거한다고 말해진 적이 없다.

나는 오늘날에도 하나님이 때때로 사람들에게 구체적 계시를 주신다고 믿는다(나의 논문 "하나님이 지금도 계시를 주시는가?"Does God Still Give Revelations Today? *Charisma*, [September 1992], 38-42를 보라). 그러나 우리가 직면하는 문제는 이 같은 계시들을 보고하는 것에 무슨 명칭을 붙여야 하는가이다. 우리는 신약성서가 그것에 '지혜의 말씀'이나 '지식의 말씀'이라는 명칭을 붙일 어떤 정당한 근거도 제시하지 않음에도 불구하고 때때로 그렇게 불러야 하는 것인가? 아니면 '예언'이라는 용어를 사용해야 하는가? 신약성서는 성령으로부터 오는 계시를 보고하기 위해 하는 말에 항상 '예언'이라는 용어를 사용하는 것으로 보인다. 나에게는 성서의 패턴을 따르는 것이 더 좋을 것으로 보인다.

다. 바울의 논증은 아홉 가지 은사 목록 중에 몇 가지 비기적적 은사들을 요구한다

위에서 지적한 바와 같이 바울이 고린도전서 12:7-11을 쓴 목적은 그리스도인들의 모든 영적 은사는 성령으로부터 온 것이고 모든 그리스도인들은 그런 은사들을 가졌다는 것을 보여주기 위한 것이었다. 나는 오늘날 바울이 극적이고 기적적인 은사들만이 성령의 은사라고 생각했다고 말할 사람은 없다고 생각한다. 그는 성령이 다양한 방식으로 역사하신다는 점을 신중하게 지적한다(고전 12:14-31에 나오는 많은 지체를 가진 몸의 비유를 보라). 나는 바로 그 같은 이유로 바울이 특별하지도 않고 극적이지도 않은 은사들인 지혜의 말씀과 지식의 말씀부터 시작했다고 생각한다. 만일 이 은사들이 단지 다른 사람들에게 지혜로 또는 지식으로 말하는 능력을 의미한다고 이해된다면 바울은 예언이나 신유나 기적을 행하지 못하는 그리스도인들의 은사들도 소중한 것임을 곧장 확립한 셈이 된다. 이는 "몸은 한 지체뿐만 아니요 여럿"(고전 12:14)이며 "눈이 손더러 '내가 너를 쓸 데가 없다' 하거나 또한 머리가 발더러 '내가 너를 쓸 데가 없다' 하지 못하리라"(21절)는 것을 보여주려는 그의 목적 달성에 크게 기여한다.

요약해서 말하자면 나는 '지혜로운 말하기'의 견해를 선호한다. 그 이유는 (1) 바울이 사용한 평이한 단어들의 의미, (2) 바울이 갑작스런 계시의 보고報告를 '예언'이라고 부르고 은사 목록에 예언을 별도의 은사로 열거한 사실, 그리고 (3) 이 두 은사들이 비기적적 은사일 경우 그의 논증이 가장 설득력 있다는 사실 때문이다. (나는 또한 이 '지혜로운 말하기'의 견해가 최근에 나온 색다른 것이 아니라 고린도전서의 주석에서 압도적으로 가장 널리 수용되고 있는 견해임을 밝히고자 한다.)

그래서 어쨌다는 것인가?

✳

이 모든 논의로 무엇이 달라지는가? 그것은 단어에 대한 쓸모없는 논쟁에 불과한 것인가? 아니면 이 은사들에 대한 '지혜로운 말하기'의 견해를 채택하는 데에 무슨 이익이 있는 것인가?

나는 아래와 같은 여러 가지 이익이 있다고 생각한다.

가. 예언을 참된 명칭으로 부르기

만일 이 '지혜로운 말하기'의 견해가 채택된다면 현재 '지혜의 말씀'과 '지식의 말씀'이라고 불리는 은사들을 아무도 잃어버리지 않고 단지 그 은사들을 '예언'이라고 부를 것이다. 우리가 예언을 그것의 성서적 이름(예언)으로 부르는 것이 좋은 이유는 그리하면 우리에게 이 은사에 관해 가르치고 규제하는 성서의 여러 본문들이 있기 때문이다. 그러나 만일 우리가 예언을 '지혜의 말씀'이나 '지식의 말씀'이라고 부른다면 우리는 성서에서 이 은사들의 사용을 규제하는 본문을 전혀 찾을 수 없을 것인데 그 이유는 이 은사들이 고린도전서 12:8 외에 어디에서도 언급되지 않기 때문이다.

나. 비기적적 은사들의 소중함을 인정하기

신유와 예언과 방언 같은 은사들이 자주 나타나는 은사주의 교회에서 어쩌면 비기적적 은사들을 더 인정해주고 그것들 또한 성령이 주신 것임을 강조하는 것이 좋을 것이다. 하나님의 도에 관해 지혜나 지식으로 말하는 능력은 성령이 순간적으로 주신 것이 아니라 오랜 기간을 통해 점진적으로 온 것이라 할지라도 그것은 성령이 주신 것이다.

고린도전서 12:7-11의 '아홉 가지 나타내심'의 목록은 은사주의 그룹에서 성령의 은사들에 관해 가르치는 핵심 본문으로 자주 사용되고 있다. 그러나 만일 가르치는 사람들이 아홉 가지 은사들이 다 기적적이고 극적인 은사들이라고 생각한다면 의도하지 않고도 교회의 분열로 이끌 수 있다. 왜냐하면 기적적 은사를 받지 않은 사람들은 열등감을 느끼거나 하나님에게 무시당했다는 느낌을 갖게 되고 기적적 은사를 받은 사람들은 우월감을 느끼거나 하나님으로부터 특별한 은혜를 받았다고 생각할 것이기 때문이다. 그런 태도는 교회 내의 상호관계가 건전하지 못하게 할 것이며 은사주의 운동의 일부가 아닌 복음주의자들과의 관계에도 그러할 것이다.

다. 참 지혜와 참 지식을 더 소중하게 여기기

나는 교회에서 지혜와 지식을 얻는 것을 더 소중하게 여기는 것이 좋을 것이라고 생각한다. 우리의 문화는 갈수록 더 혼란스러워 지고 있으며 하나님과 단절되어 있고 그의 도에 관해 아는 것이 없다. 하나님의 백성이 그런 문화 속에서 사역하기 위해서는 그의 지혜와 지식이 절실하게 필요하다. 이 지혜와 지식은 성경 공부를 통해서, 성경 교사들의 가르침을 듣고 기독교 서적들을 읽음으로, 그리고 연로하고 보다 성숙한 그리스도인들과의 대화를 통해서 올 수 있다. 우리가 극적이고 기적적인 은사들을 받은 자들만이 아니라 지혜와 지식으로 말하는 능력을 가진 자들도 소중하게 여긴다면 그것은 다른 은사들의 중요성을 감소시키는 것이 아니라 모든 교회에서 보다 균형 잡히고 원만한 사역으로 인도해줄 것이다. 나는 그리하면 은사주의자들로 하여금 비은사주의자들로부터 얻을 수 있는 지혜와 지식에 대해서도 보다 깊이 감사하도록 할 것이라고 생각한다.

라. 성경 공부를 더 소중하게 여기기

성경을 하나님으로부터 지혜와 지식을 얻는 일차적 원천으로 존중하는 것이 좋을 것이다. "여호와의 증거는 확실하여 우둔한 자를 지혜롭게" 한다(시 19:7). 지혜의 말씀과 지식의 말씀을 내가 주장한 바와 같이 이해한다면 우리가 성경을 공부할 때에 성령이 오늘날에도 우리에게 말씀하시고, 가르치시고, 지혜와 지식을 주시어 다른 사람들에게 덕을 세워주는 말을 하는 데 유용하게 할 것임을 알게 될 것이다.

부록 3
은사중지론의 논증에 있어서 몇 가지 그릇된 가정들

은사중지론의 논증(예언의 은사는 이제 계속되지 않는다는 주장) 중 일부는 특정한 성서 본문들에 근거하고 있다. 예를 들어, 에베소서 2:20은 예언이 오늘날 계속되지 않는 '근본적' 은사임을 보여준다고 주장한다. 그러나 내가 지난 20여 년 동안 중지론자 친구들과 교류하면서 알게 된 것은 그들의 논거가 특정한 성서 본문들에 근거한 것이 아니라 몇 가지 무언의 가정들unstated assumptions에 근거한다는 것이었다. 이 부록에서 나는 그런 가정 다섯 개를 들어내고 그 타당성에 의문을 제기한다.

성서의 충분성에 관한 중지론의 논증 중 처음 두 가지 포인트는 논쟁의 여지가 없다.

1. 하나님은 성서에 기록된 진술을 통해 자신의 뜻을 계시하신다. [모든 복음주의자들이 이에 동의할 것이다.]

2. 성서에 기록된 진술들은 하나님이 교회 시대에 모든 그리스도인들이 순종하기를 원하시는 윤리의 기준을 완전하게 계시한다. [비록 많은 사람들이 이 명제를 이전에 숙고해보지는 않았다 해도 대부분 또는 모든 복음주의자들이 아마 이 명제에 동의할 것이다.]

그러나 이 외에는 중지론의 입장이 몇 가지 부당한 결론들을 이끌어 낸다.

3. 그러므로

가. 반복 없음: 중지론자는 하나님이 성서에 있는 윤리의 기준을 개인들에게 주관적으로 계시해주시지 않는다고 주장할 것이다.

그릇된 가정: 하나님이 어떤 것을 한 번 성서에 기록의 형식으로 계시하셨다면 그 계시를 개인들에게 다른 형식으로 부분적으로 또는 전부 반복할 수 없거나 하시지 않는다. 그러나 사실 하나님이 개인들에게 이미 성서에 있는 것들을 반복하거나 상기시키지 못하실 이유가 없다. 그렇게 상기시키는 것 자체는 정경적 계시의 지위를 갖지는 않을 것이며 단순히 정경적 계시의 내용 일부를 반복하는 것일 것이다.

나. 특정 개인들을 위한 추가적 계시 없음: 중지론자는 하나님이 개인들에게 추가적으로 구체적 지침을 계시하실 수 없거나 하시지 않을 것이라고 주장할 것이다.

그릇된 가정: 만일 하나님이 모든 그리스도인들에게 모든 시기에 적용되는 윤리의 기준을 성서에 다 주셨다면 특정한 시기와 장소에 있는 특정 개인들에게 추가적 계명이나 지침을 계시하실 수 없거나 하시지 않는다. 그러나 사실 하나님이 개인들에게 특정한 지침을 주시는 것 – 예를 들어, 아브라함에게 고향을 떠나라는 명령이나 바울에게 마게도냐로 건너오라는 지침이나 오늘날 개인을 사역으로 부르시는 것을 막는 것이 아무것도 없다. 그뿐만 아니라 성서에 성령의 인도하심을 권면하는 것(롬 8:14와 갈 5:18)과 하나님이 개인들에게 특정한 지침을 주시는 많은 성서 사례들은 성서 자체가 하나님이 때때로 우리에게 향하신 그의 뜻을 이런 방식으로 계시하신다는 것을 보여준다고 이해할 수 있을 것이다.

다. 어떤 것이 하나님으로부터 온 것인지 아닌지 확실하지 않다면 그것은 하나님으로부터 온 것이 아니다. 중지론자는 하나님은 계시를 받은 자에게 그 계시가 하나님으로부터 온 것이라는 확신을 주시지 않는다면 사람들에게 어떤 계시도 주시지 않을 것이라고 주장할 것이다.

그릇된 가정(i): 만일 하나님이 자신의 뜻을 객관적이고 그것이 하나님으로부터 온 것임을 확실하게 알 수 있는 한 가지 형식(성서)으로 계시하셨다면 그의 모든 계시는 객관적이고 그것이 하나님으로부터 온 것임을 확실하게 알 수 있는 형식으로 온다. 그러나 사실은 하나님이 사람들에게 그의 뜻을 주관적이고 그것이 하나님으로부터 온 것임을 확실하게 알 수 없는 다른 방식으로, 예를 들어, 직관, '육감', 꿈, 성령이 인도하신다는 느낌 등으로 계시하실 수도 있다.

그릇된 가정(ii): 어떤 것이 하나님으로부터 온 것인지 확실하게 알 수 없다는 것은 그것이 하나님으로부터 온 것이 아니라는 뜻이다. 때로 중지론자는 "그러나 그것이 하나님으로부터 온 것인지 어떻게 아느냐?"고 묻는다. 이런 질문으로 그들은 아무 증거나 증명도 없이 하나님은 개인들에게 주시는 모든 계시와 함께 그런 확신도 주셔야 한다고 가정한다. 그러나 사실은 하나님이 그것이 그분에게서 온 것인지 아닌지 다소 불확실한 계시를 주실 수도 있다. 이 점이 "예언을 멸시하지 말고 범사에 헤아려 좋은 것을 취하라"(살전 5:20-21)는 명령의 핵심으로 보인다.

라. *세상에 있는 사실에 관한 계시는 없다*: 중지론자는 하나님은 사람들에게 오늘날 특정한 상황에 관한 사실에 대해 어떤 계시도 주시지 않는다고 주장할 것이다. 오히려 이런 사실들은 전부 우리의 자연적 능력을 이용한 세상의 관찰과 연구를 통하여 와야 한다는 것이다.

그릇된 가정: 만일 하나님이 성서에서 한 가지 주제(모든 시대의 모든 그리스도인들에게 주시는 그의 윤리적 및 교리적 기준)에 관해 전부 계시해주셨다면 그는 다

른 주제들(예를 들어, 세상에 관한 특정한 사실 또는 세상의 사건들)에 관한 정보를 오늘날의 사람들에게 계시하실 수 없거나 하시지 않는다. 그러나 사실은 하나님이 어떤 사람에게 어떤 친구가 복음을 듣고 받아들일 준비가 되어 있다거나, 다른 어떤 사람이 격려의 전화나 돈이나 기도 등이 필요하다는 것을 계시하실 수 있다. 이런 것들은 모두 원칙적으로 자연적 능력을 이용하여 확인될 수 있는 세상에 관한 사실이지만 하나님이 직접적으로 계시해주실 수도 있다.

마. *현실에 적용하기 어려운 원칙은 정당성이 없다.* 중지론자는 주관적 인도 subjective guidance의 개념이 일상생활에 적용하기 어렵거나, 그것에 따르는 자들이 그릇된 방식으로 적용한다면 그것은 그릇된 개념이며 하나님으로부터 온 것이 아니라고 주장할 것이다.

그릇된 가정: 하나님은 그리스도인의 삶을 위한 원칙들을 주시는 데 있어서 일상생활에 적용하기 쉬운 것들만 주신다. 그러나 사실은 성서를 삶에 적용하는 일 자체가 자주 어렵고 또한 자주 그릇된 방식으로 적용된다. 그리고 중지론자들이 (옳게) 권면하는 '지혜'를 사용하는 일 또한 일생을 통한 연습과 일생 동안 개발한 기술을 요구한다. 주관적 요소들을 고려하는 일이 때로는 어렵다는 사실이 이것들이 하나님으로부터 온 것이 아니라는 것을 의미하지는 않는다.

이상의 다섯 가지 가정들을 공개적으로 들어내어 분석하면 그것들은 설득력을 대부분 잃게 된다.

부록 4
에드먼드 클라우니의 『교회론』에 실린 반론에 관한 소고

에드먼드 클라우니Edmund Clowney가 '교회에서의 예언의 은사'라는 장을 포함한 그의 저서 『교회론』The Church147을 발간하기 전에 그는 정중하게 내가 그 원고를 검토하도록 보내주었다. 나는 다른 약속들에 따른 압박으로 인해 그 책이 발간되기 전에 신중히 읽어보지 못했으므로 그 책에 실린 나의 입장에 관한 어떤 오해에도 내가 크게 책임을 져야 한다. 그러나 나는 몇 가지 점에 관해 명확히 하는 것이 도움이 될 것이라고 생각한다.

1. 에베소서 2:20과 3:5에서 문법의 중요성에 관한 나의 이해

첫 번째 포인트는 321쪽의 각주(261쪽에 있는 본문에 관한) 11번에 대한 것이다. 이 각주에서 클라우니는 에베소서 2:20과 3:5가 한 집단(사도-예언자들, 즉 사도이면서 또한 예언자인 사람들)을 지칭한다는 나의 이해를 언급하면서 "그루뎀은 이 에베소서 본문에 대한 그의 해석이 그의 입장에 결정적임을 인정한다(op. cit., 46)"고 말했다.

그러나 나는 에베소서 2:20과 3:5에 대한 이 같은 이해가 내 입장에 '결정적'이라고 말하지 않는다. 나는 이 책(53쪽)에서 "독자가 예를 들어, 3번의 견해[즉, 391쪽에서 지적한대로 개핀의 견해]를 선호한다 할지라도 이 책의 나머지 부분의 논증에 현저한 영향을 끼치지 못할 것이다"[강조 추가]고 말한다. 그리고 나는 이렇게 설명한다. 만일 에베소서 2:20이 '사도들과 예언자들'(두 집단)을 의미한다면 나는 단지 그것이 성서 본문을 쓸 권위가 있는 사도들과 긴밀한 관계가 있는 한 무리의 예언자들을 지칭한다고 말할 것이다. 그러나 그들은 여전히 아주 제한된 집단일 것이다. 왜냐하면 그들은 교회에 이방인을 수용하는 비밀이 알려진(3:5) 사람들이기 때문이다.

그러므로 나는 에베소서 2:20의 문법에 관한 나의 해석('사도-예언자들', 한 집단)이 나의 논증 전체에 중요하다고 생각하지 않는다. 왜냐하면 그것은 에베소서 2:20이 두 집단(사도들과 신약성서의 예언자들)을 지칭한다 하더라도 중지론자의 입장은 에베소서 2:20이 신약성서 시기의 모든 가능한 예언자들을 지칭한다고 증명해야만 할 것이다.

나는 52쪽에서(그리고 또한 부록 6의 388-389쪽에서) 이렇게 말했다.

문제의 핵심은 이 두 절이 1세기의 교회들에서 예언의 은사를 가졌던 모든 그리스도인들을 지칭 하는가 아니 하는가이다. 여기에 언급된 예언자들은 고린도와 데살로니가와 에베소 등에서 예언의 은사를 가진 자들인가?

만일 그렇다면, 즉 이 두 절이 1세기 교회들에서 모든 지역 회중에 속한 모든 예언자들을 지칭하는 것이라면, 그들은 신약성서 교회에서 독특한 '터'의 역할을 했다고 묘사된 것으로 볼 수 있으며, 우리는 개핀과 견해를 같이할 수밖에 – 신약성서가 일단 완성되면 이 은사가 분명히 중지될 것을 기대할 수밖에 없을 것이다.

여기에서 나는 톤 아포스톨론 카이 프로페톤 *tōn apostolōn kai prophētōn*의 주석에 관해, 즉 그것이 한 집단인지 두 집단인지에 관해 말하고 있는 것이 아니라 여기에서 '예언자들'이 모든 신약성서 예언자들을 지칭하는 것인지에 관해 말하고 있다.

나는 나의『조직신학』*Systematic Theology***148**에서 같은 말을 했다.

나는 에베소서 2:20이 예언의 은사의 본질에 관한 전체 논의에 관련성이 크지 않다고 생각한다. 여기에서 내가 보는 바와 같이 우리가 한 집단(사도-예언자들)으로 보든지 또는 리처드 개핀과 다른 여러 사람들처럼 두 집단(사도들과 예언자들)으로 보든지 이 예언자들이 교회의 터를 제공한 사람들이며, 그러므로 이들은 오류가 없는 하나님의 말씀을 전한 예언자들이라는 점에 우리 모두가 동의한다. 우리가 견해를 달리하는 것은 이 절이 신약성서 교회에서 예언의 은사를 가진 모든 사람들의 특성을 묘사하느냐 아니냐의 문제이다. 나는 이 절이 초기 교회에서 예언했던 모든 사람들을 묘사한다는 확신을 주는 증거를 전혀 찾을 수 없다.…

그러므로 나는 클라우니가 260쪽에서 "그루뎀 박사의 입장을 위해서는 에베소서 2:20과 3:5의 주석이 결정적이다"라고 말한 문장이 정확하지 않다고 생각한다. 나는 에베소서 2:20의 주석이 이 논증에 별 차이를 가져오지 못하고 다만 (문법의 주석을 마친 후에) 에베소서 2:20이 1세기의 교회에서 예언의 은사를 가진 모든 사람들을 지칭하는지 아니면 (내가 생각하는 바와 같이) '토대의' 역할을 하고 이방인의 수용이라는 비밀을 계시 받은(엡 3:5) 일부 독특한 사람들을 지칭하는지에 대한 결정이 중요하다고 생각한다.

이것이 중요한 이유는 클라우니와 다른 여러 사람들이 에베소서 2:20의 문법을 주석하는 데 많은 시간을 들였으나 그들은 (어떻게 읽어보아도) 여기에서 '예언자들'이 신약성서 시기의 모든 교회의 모든 예언자들을 의미한다고 증명하지 않았다. 클라우니 자신의 논의에서 그는 (a) 에베소서 2:20의 어떤 예언자들은 '토대'가 되었다는 것에서 (b) 신약성서 교회의 모든 예언자들이 토대가 되었다는 것으로 크나큰 논리적 비약을 한다. 그 비약은 중지론자의 논증에 결정적이지만 설득력이 거의 없다.

2. 사도행전 17:11과 요한일서 4:1에 대한 나의 언급

✷

클라우니는 262쪽에서 내가 고린도전서 14:29의 디아크리노(*diakrinō*: 분별하다)의 뜻을 풀이한 것을 논의한다. 클라우니는 "그는 자기가 회중의 분별이라고 여기는 다른 두 가지의 사례를 인용한다. 즉 사도행전 17:11에 묘사되어 있는 바울의 설교에 대한 베뢰아 사람들의 반응과 요한일서 4:1에서 주어진 '영을 분별하라'는 명령이다."(각주에서 내 책의 72쪽[이 개정판에서는 55-57쪽]을 언급하는데 거기에서 나는 이 두 본문들을 언급한다.)

그러나 내가 고린도전서 14:29의 디아크리노의 뜻을 나타내는 다른 사례들을 보여주기 위해 이 두 본문들을 사용한다고 말하는 것은 정확하지 않다. 클라우니가 언급하는 63-64쪽에서 나는 다른 문제에 관해 말하고 있다. 즉 분별을 하는 '다른 이들' *hoi alloi*이 누군가이다. 그와 관련하여 전체 회중이 분별을 한다고 논증하는 과정에서 나는 단지 지나가는 말로 어떤 종류의 발언이든 회중의 분별이 암시된 다른 본문들을 언급했다. 그렇게 한 이유는 전체 회중이 무엇인가의 분별을 수행하는 것이 불가능하지 않다는 것을 보여주기 위하여서였다. 그러나 나는 이 본문들이 동사 '디아크리노'와 관련된 행위와 무슨 관련이 있다고 한 번도 말하거나 암시한 적이 없다. 이 지점에서 나는 이 동사를 논의하고 있지도 않았다.

이어지는 문장들에서 클라우니는 사도행전 17:11과 요한일서 4:1이 다른 종류의 분별을 보여주기 때문에 실제로 내가 '디아크리노'를 이해하는 것과는 모순된다고 주장한다. 그는 이렇게 말한다. "베뢰아 사람들이 그가(바울이) 말한 것이 옳은가 확인하기 위하여 말씀을 찾아보았다는 사실은 권위 있는 진술은 분별될 수 없다는 그루뎀의 주장과 반대되는 것으로 보인다" (262). 그러나 나는 결코 권위 있는 진술이 분별될 수 없다고 말한 적이 없다. 나는 사도의 설교나 성서의 말씀에서 참과 거짓을 가려낼 수 없다고 말했다. 나는 사도행전 17:11과 요한일서 4:1 둘 다 다른 종류의 분별을 보여준다는 말에 동의한다. 그러나 나는 그것들이 그 외에 다른 어떤 일을 한다고 주장한 적도 없고 이 본문들이 회중의 예언 분별이라는 주제는 다루지 않고 있으므로 예언을 회중이 분별하는가의 문제와는 별 관련도 없는 것으로 보인다.

3. 다른 몇 가지 코멘트

✸

내가 클라우니의 주장과 견해를 달리하는 곳이 몇 군데 더 있다.

(1) 바울이 "내가 … 예루살렘에서 로마인의 손에 죄수로 내준 바 되었으니"라 말하는 사도행전 28:17은 분명히 사도행전 23:23-35에서 그가 예루살렘으로부터(헬라어로 *ex hierosolumōn*) 죄수로서(헬라어로 *desmios*) 그리고 로마인들의 손에, 즉 로마의 사법제도의 관할과 과정으로 넘겨진 것을 지칭하는데, 그는 사도행전 23:26-30에 기록된 바와 같이 로마 천부장이 벨릭스 총독에게 보낸 편지에 의해 로마 사법제도의 관할로 넘겨졌다. 본문은 그가 유대인의 사법제도로부터 이관되었다고 말하지 않고 나도 그렇게 주장하지도 않으며 다만 '예루살렘으로부터'라고 말한다. 그리고 나는 이 본문이 유대인들에 의해 '넘겨주어진' 것에 대해 말한다고 생각하지 않는다. 왜냐하면 이 본문은 구체적으로 바울이 '예루살렘으로부터' 넘겨진 것에 대해 언급하는데, 그것은 바울의 목숨을 취하려는 음모를 좌절시키기 위해 로마 병사들이 수행하였다. 다시 말해서 사도행전 28:17의 어법wording이 아가보의 예언(행 21:11)이 성취된 것으로 보이도록 결코 허용하지 않을 것이며, 나는 여전히 이 예언이 작지만 중요한 세부에서 오류가 있다고 믿는다.

(2) 나는 신약성서의 예언자들이 주님으로부터 '느낌'만 받을 수 있고 말씀은 받을 수 없다고 주장하지(클라우니, 257, 259) 않고 단지 예언자가 주님으로부터 받은 것을 보고하는 것이 성서와 같은 성격의 '하나님의 감동으로 된' 말씀으로 여겨지면 안 된다고 주장할 따름이다. 예언자는 느낌이나 마음속의 그림이나 말씀을 받을 수 있으나 각각의 경우에 예언자가 그런 것들을 다른 사람들에게 보고하기 위해 사용하는 언어는 하나님의 말씀 자체가 아니라 단지 인간의 언어일 따름이다.

(3) 나는 여전히 (이 책의 본문에 제시된 이유로 인해) 고린도전서 14:29에서 예언을 검토하고 분별하는 '다른 이들'이 분별의 은사가 있는 사람들만이 아니라 나머지(예언하는 사람을 제외한) 전체 회중이라고 생각한다.

(4) 신약성서의 회중 예언이 성서와 같은 성격의 권위가 있다는 주장을

확립하기 위하여 디다케^{Didache}라고 불리는 비성서적 초기 문헌에 호소하는 것은 도움이 되지 않는 것으로 보인다. 왜냐하면 디다케는 이 점에 있어서 (이 책의 본문에서 설명된 바와 같이) 바울과 모순되기 때문이다. 디다케는 성서의 일부가 아니고 여기에서와 다른 곳에서도 그저 틀렸을 뿐이다.

(5) 클라우니가 데살로니가전서 5:21의 '범사에 헤아려'가 실제로 "예언을 멸시하지 말고 범사에 헤아리라"는 문장의 전반부에서 언급된 것을 배제한다고 주장할 때 그것은 설득력이 없는 것으로 보인다. 예언을 헤아리지 않는 것이 결코 '범사'를 헤아리는 것이 아니다.

반면에 클라우니가 말하는 나머지 부분은 대부분 유용하다. 나는 여러 부분에서 그와 견해를 같이하고 다른 부분에서는 달리한다. 그러나 전체를 통틀어 나는 그를 가장 높게 평가하며, 그의 우정을 값지게 여기며, 그의 가르침과 본보기를 나는 나의 삶에서 가장 중요한 영향을 끼치는 것들의 하나로 헤아린다.

부록 5
그리스도인들이 여전히 예언할 수 있는 이유[149]

복음주의 그리스도인들이 오늘날 그들의 교회에서 예언의 은사를 사용할 수 있는가? 이 영적 은사는 무엇이며 그것은 어떻게 기능하는가? 우리가 이 은사를 사용하도록 허용한다면 우리는 어떻게 그것의 남용을 방지할 수 있으며 우리의 삶에서 성서의 독특한 권위를 어떻게 보존할 수 있을 것인가?

예언의 은사에 관한 신약성서의 가르침을 새롭게 검토해보면 이 은사는 '장래 일을 예고하는 것'이라고 정의하면 안 되고 '주님으로부터 받은 말씀을 선포하는 것'이나 '권능의 설교'라고 정의해도 안 되며 '하나님이 즉흥적으로 마음에 떠오르게 하신 것을 말하는 것'이라고 정의해야 한다는 것을 보여줄 것이다. 우리가 예언을 이렇게 이해하고 나면 우리는 우리들의 교회들로 하여금 가장 덕을 세워주는 성령의 은사를 누릴 수 있게 해줄 것이다.

1. 신약성서 교회에서 예언의 은사는
성서나 사도의 가르침보다 낮은 권위를 가졌다

신약성서 교회에서 행해지는 예언의 은사에 관한 연구는 그것을 구약성서의 예언과 비교하고 사도들의 권위와 비교하는 것에서 시작해야 한다.

구약성서의 예언자들은 놀랄만한 책임을 갖고 있었다. 그들은 하나님의 절대적 권위를 가진 말씀을 구두로 전하고 글로 기록할 수 있었다. 그들은 '주께서 이같이 말씀 하신다'라고 말할 수 있었으며, 그 뒤에 따르는 말씀은 하나님 말씀 그대로였다. 구약성서의 예언자들은 언제나 그들의 말을 하나님의 말씀으로 기록하였다(민 22:38; 신 18:18-20; 렘 1:9; 겔 2:7 등을 보라). 그러므로 예언자의 말을 불신하거나 불순종하는 것은 하나님을 불신하거나 불순종하는 것이었다(신 18:19; 삼상 8:7; 왕상 20:36, 등).

신약성서에도 하나님의 말씀을 그대로 말하고 글로 써서 성서에 기록되도록 할 수 있는 사람들이 있는데, 놀랍게도 예수님은 그들을 더 이상 '예언자'라고 부르시지 않고 '사도'라는 새로운 용어를 사용하신다. 신약성서에서 사도들은 구약성서의 예언자들의 카운터파트다(고전 2:13; 고후 13:3; 갈 1:8-9, 11-12; 살전 2:13; 4:8, 15; 벧후 3:2 등을 보라). 신약성서의 본문 말씀을 기록하는 권위를 가진 사람은 예언자들이 아니라 사도들이었다.

사도들이 자기들의 독특한 권위를 확립하고자 했을 때 그들은 한 번도 '예언자'라는 명칭에 호소하지 않았고 자신들을 '사도'라고 불렀다(롬 1:1; 고전 1:1; 9:1-2; 고후 1:1; 11:12-13; 12:11-12; 갈 1:1; 엡 1:1; 벧전 1:1; 벧후 1:2; 3:2; 등).

신약성서 시기에 '예언자'라는 단어의 의미

예수님은 왜 성서를 기록하는 권위를 가진 자들을 지칭하기 위하여 '사도'라는 새로운 용어를 선택하셨을까? 그것은 아마 신약성서 시대에 헬라어 단어 프로페테스(*Prophētēs*: 예언자)가 매우 폭넓은 의미를 갖고 있었기 때문일 것이다. 일반적으로 그것은 '하나님의 말씀 그대로 말하는 자'라는 의미가 없었고 그보다는 '외부의 영향(흔히 어떤 종류의 영적 영향)을 근거로 말하는 자'라는 의미가 있었다. 디도서 1:12에서 바울이 이방종교의 그리스 시인 에피메니데스를 인용할 때 그 단어를 이런 의미로 사용한다. "그레데인 중의 어떤 선지자가 말하되 '그레데인들은 항상 거짓말쟁이며 악한 짐승이며 배만 위하는 게으름뱅이라.' 예수님을 조롱하는 병사들도 그의 눈을 가리고 "선지자 노릇 하라. 너를 친 자가 누구냐"라고 잔인하게 요구할 때 '예언하다'라는 단어를 이런 식으로 사용하는 것으로 보인다. 그들은 "하나님의 절대적 권위를 가진 말씀을 하라"는 의미로 말한 것이 아니라 "너에게 계시된 것을 우리에게 말해주라"는 뜻으로 말한 것이다(요 4:19와도 비교해보라).

성서 외 많은 기록물들도 '예언자'(헬라어 '프러페테스'*prophētēs*)라는 단어를 이런 식으로 사용하여 예언자라고 불리는 사람의 말에 신적 권위가 있다는 의미를 부여하지 않는다. 사실 신약성서 시대에 이르러서는 '예언자'라는 용어가 일상적으로 사용될 때 그것은 단지 '초자연적 지식을 가진 자' 또는 '장래를 예측하는 자' 또는 그냥 '대언자'(신적 권위라는 의미가 전혀 없이)를 의미했다.

신약성서에 가까운 시기의 여러 사례들이 킷텔^{Kittel}의 신약신학사전 *Theological Dictionary of the New Testament* 6:794에 실린 '프로페테스' *prophētēs* 단어군에 관한 헬무트 크라머^{Helmut Kramer}의 논문에 다음과 같이 제시되어 있다.

- 철학자는 '불멸성을 지닌 예언자'라고 불리었다. (디오 크리소스톰, 주후 40-120)
- 교사(디오게네스)는 '진리와 정직의 예언자'가 되기를 원한다. (사모사타의 루시안, 주후 120-180)
- 에피쿠로스의 철학을 옹호하는 자들은 '에피쿠로스의 예언자들'이라고 불린다. (플루타크, 주후 50-120)
- 기록된 역사는 '진리의 여예언자'라고 불린다. (디오도로스 시쿨로스, 주전 60-30경에 기록됨)
- 식물학의 '전문가'는 '예언자'라고 불리었다. (길리기아의 디오스쿠리데스, 주후 1세기)
- 의술醫術의 '돌팔이'는 '예언자'라고 불리었다. (페르가몸의 갈렌, 주후 129-199)

크라머는 예언자로 사용되는 헬라어 '프로페테스' *prophētēs*는 "단지 선언하거나, 선포하거나, 알리는 공식적 기능을 표현할 따름이다"고 결론짓는다. 그러나 "예언자마다 자기 자신의 것이 아닌 어떤 것을 선포하기 때문에" 헬라어 단어 '케룩스'(kērux: 선포자)가 "가장 가까운 동의어"(795)라고 한다. 물론 문맥이 사도들이 말할 때 외부(성령으로부터)의 영적 영향을 강조하는 경우에는(엡 2:20; 3:5와 계 1:3; 22:7) '예언자'와 '예언'이라는 단어들이 때로는 사도들에게 사용될 수 있었다. 그러나 이는 사도들에게 보편적으로 사용된 용어는 아니었으며, '예언자'나 '예언'이라는 용어 자체도 그들의 말이나 글에 신적 권위가 있다는 것을 의미하지도 않았다.

'예언자'나 '예언'이라는 단어는 하나님의 절대적 권위를 갖고 말하는 것이 아니라 단지 하나님이 그들의 심중에 넣어 주신 것이나 마음에 생각나게 해주신 것을 보고하는 보통 그리스도인들에게 훨씬 더 통상적으로 사용되었다. 신약성서에는 이 같은 평범한 예언의 은사가 성서보다 못한 권위를, 초기 교회에서 인정된 성서 교육보다도 낮은 권위를 가졌다는 표시가 많이 있다.

'예언자' 들이 신적인 권위로 말하지 않았다는 표시

사도행전 21:4에서 두로의 제자들이 "성령의 감동으로 바울더러 예루살렘에 들어가지 말라"고 말했다. 이는 바울에게 향한 예언을 지칭하는 것으로 보인다. 그러나 바울은 이를 불순종했다! 만일 이 예언에 하나님의 말씀 자체가 들어있었다면 바울은 결코 그리하지 않았을 것이다.

그리고 사도행전 21:10-11에서 아가보는 예루살렘에서 유대인들이 바울을 '결박' 하여 "이방인의 손에 넘겨주리라"고 예언했는데, 이 예언은 거의 맞았지만 정확한 것은 아니었다. 로마인들이 바울을 결박했으며(33절), 유대인들은 자발적으로 바울을 넘겨준 것이 아니라 죽여 없애려고 했으며 바울은 무력으로 구출되어야만 했다(32절). 아가보의 예측은 많이 빗나가지 않았으나 세부 사항에 부정확성이 있었는데 이는 어느 구약성서 예언자도 정당성을 의심받게 했을 것이다.

바울은 데살로니가 사람들에게 "예언을 멸시하지 말고 범사에 헤아려 좋은 것을 취하라"(살전 5:20-21)고 말한다. 만일 예언이 하나님의 말씀과 같은 권위를 가졌다면 바울은 데살로니가 사람들에게 그것을 멸시하지 말라고 말할 필요가 전혀 없었을 것이다. 왜냐하면 그들은 "성령의 기쁨으로 (하나님의) 말씀을 받아"들였기 때문이다(살전 1:6; 2:13. 4:15와 비교하라). 바울이 그들에게 "범사에 헤아리라"고 말할 때에 그 범사는 적어도 바로 앞 절에서 언급한 예언을 포함하는 것이 틀림없다. 그가 그들에게 "좋은 것을 취하라(붙들라)"고 권면할 때 그는 예언에 좋은 것들과 좋지 않은 것들이 포함되어 있다는 것을 의미한다. 이런 말은 구약성서 예언자의 말이나 신약성서 사도의 권위 있는 가르침에 대해서는 결코 할 수 없는 것이다.

그뿐만 아니라 사도행전 21:9에서 우리는 빌립에게 "딸 넷이 있으니 처녀로 예언하는 자라"고 한 것을 읽게 된다. 오늘날 여자가 성서를 가르치는 것에 대해 우리가 어떤 생각을 하든지 간에, 만일 예언에 하나님의 절대적 권위가 있거나 성서의 가르침과 동등하거나 더 권위가 있다면 빌립의 딸들이 예언하는 것은 신약성서에서 여자에게 권위 있는 가르침을 금지한 것(딤전 2:12를 보라)과는 조화시키기 어렵다. (비슷한 논리가 고전 11:5에도 적용되는데, 거기에서 바울은 여자들이 교회에서 예언하는 것을 허용하면서도 나중에는 예언을 분별하는 중에 여자들이 공개적으로 발언하는 것을 금한다. 고전 14:34-35를 보라.)

고린도전서에 나오는 증거

신약성서의 예언에 관한 보다 광범한 증거는 고린도전서 14장에서 찾을 수 있다. 바울이 "예언하는 자는 둘이나 셋이나 말하고 다른 이들은 분별할 것이요"(고전 14:29)라고 말할 때 그는 그들이 조심스럽게 듣고 좋은 것과 나쁜 것을 가려내어 어떤 것은 받아들이고 나머지는 거부하라는(이것이 여기에서 '분별하라'로 번역된 헬라어 단어 *diakrinō*의 뜻이다) 것을 암시한다. 우리는 구약성서의 예언자, 예를 들어, 이사야 같은 사람이 "내가 말하는 것을 듣고 말한 내용을 분별하라. 좋은 것과 나쁜 것을, 너희가 받아들일 것과 받아들이지 말 것을 가려내라"고 말하는 것은 상상도 할 수 없다! 만일 예언이 하나님의 절대적 권위를 가졌다면 이런 일을 하는 것은 죄가 될 것이다. 그런데 여기에서 바울은 이것을 하라고 명령하여 신약성서의 예언이 하나님의 말씀 자체와 같은 권위를 갖지 않았음을 암시한다.

고린도전서 14:30-31에서 바울은 한 예언자가 다른 예언자를 중단시키는 것을 허용한다. "만일 곁에 앉아 있는 다른 이에게 계시가 있으면 먼저 하던 자는 잠잠할지니라. 너희는 다 … 하나씩 하나씩 예언할 수 있느니라." 다시 말하거니와 만일 예언자들이 성서와 동등한 가치를 지닌 하나님의 말씀 그대로를 말했다면 바울이 그들의 예언을 중단하고 그들의 메시지를 끝내지 못하게 하라고 말할 것이라고는 상상할 수 없을 것이다. 그러나 이것이 바울이 명령하는 내용이다.

바울은 많은 예언이 행해지고 있던 고린도 교회에서 아무도 하나님의 말씀 자체를 말할 수 없다는 것을 암시한다. 그는 고린도전서 14:36에서 "하나님의 말씀이 너희로부터 난 것이냐, 또는 너희에게만 임한 것이냐?"고 말한다.

그리고 나서 그는 37절과 38절에서 고린도 교회의 어느 예언자보다 훨씬 더 큰 권위를 주장한다. "만일 누구든지 자기를 선지자나 혹은 신령한 자로 생각하거든 내가 너희에게 편지하는 이 글이 주의 명령인 줄 알라. 만일 누구든지 알지 못하면 그는 알지 못한 자니라."

이 모든 구절들은 초기 교회에서 사도들이 없을 때에 예언자들이 '주의 말씀'을 선포했다는 널리 수용된 견해가 그저 틀렸다는 것을 보여준다.

사도의 부재를 위한 준비

우리가 이제까지 고려한 구절들 외에 신약성서의 회중 예언자들이 신약성서의 사도들이나 성서보다 낮은 권위로 말했다는 것을 암시하는 또 한 종류의 증거가 있다. 즉 사도들의 후계자에 관한 문제는 그리스도인들에게 예언자들의 말을 들으라고 권면함으로써 해결되는 것이 아니라 성서를 가리킴으로써 해결된다.

바울은 그의 생애의 끝 무렵에 "진리의 말씀을 옳게 분별"(딤후 2:15)하라는 말과 성서가 "하나님의 감동으로 된 것으로 교훈과 책망과 바르게 함과 의로 교육하기에 유익"(딤후 3:16)하다는 것을 강조한다. 유다는 그의 서신을 읽는 자들에게 "성도에게 단번에 주신 믿음의 도를 위하여 힘써 싸우라"(유

3)고 권한다. 베드로는 그의 삶의 끝자락에 쓴 그의 서신을 읽는 사람들에게 "어두운 데를 비추는 등불"과 같은 성서를 "주의하는 것이 옳다"(벧후 1:19)고 권고하면서 그들에게 사도 바울이 "그 모든 편지에"(벧후 3:16) 가르친 것을 상기시킨다. 어떤 경우에도 우리는 "너희 교회의 예언자들의 말을 들어라"거나 "너희 예언자들을 통해 주시는 주님의 말씀에 순종하라"는 등의 권면을 읽어보지 못한다. 그러나 사도들이 죽고 난 후 많은 지역 교회에서 예언을 하는 예언자들이 분명히 있었다. 그들은 사도들과 동등한 권위를 갖지 않았으며 성서의 저자들은 그것을 알았던 것으로 보인다.

결론: 오늘날 예언은 "하나님의 말씀"이 아니다

따라서 오늘날 교회에서 행하는 예언은 하나님의 말씀이 아니며 하나님의 말씀과 같은 권위를 가진 것이 아니라 단지 인간의 말로 여겨져야 한다. 그러나 이 결론이 현재의 은사주의 가르침이나 실천과 모순이 되는가? 나는 이 결론이 많은 은사주의 실천과는 모순되지만 대부분의 은사주의 가르침과는 모순되지 않는다고 생각한다.

오늘날 대부분의 은사주의 교사들은 오늘날의 예언이 성서와 같은 권위를 갖지 않았다고 동의할 것이다. 비록 몇몇 사람들은 예언이 오늘날을 위한 '하나님의 말씀'이라고 말하겠지만, 은사주의 운동의 모든 분파들로부터 예언은 불완전하고 순전하지 않아 순종하거나 신뢰하지 말아야 할 요소를 포함하고 있다는 거의 일관된 증언이 있다. 예를 들어, 널리 사용되고 있는 예언에 관한 은사주의 서적의 저자 브루스 요컴Bruce Yocum은 이렇게 썼다. "예언은 순전하지 않을 수도 있다. 우리가 말씀을 직접적으로 받든지 또는 감동으로 메시지를 받든지 우리 자신들의 생각이나 아이디어가 우리가 받는 메시지와 혼합될 수 있다. …(바울은 우리의 예언이 다 불완전하다고 말한다)."**150**

그러나 실제로 실천하는 데 있어서는 예언의 도입부에 구약성서의 통상적 구절 "주께서 이 같이 말씀 하신다"(신약성서의 교회에서 어떤 예언자도 사용하지 않은 구절임)는 말을 하는 습관으로부터 많은 혼란이 야기된다. 이는 잘못된 일이다. 왜냐하면 그 말은 그 다음에 따라오는 말이 하나님의 말씀 그대로라는 인상을 주기 때문이다. 그러나 신약성서는 그런 입장을 정당화 해주지 않으며 입장을 명확히 하라는 압박을 받으면 대부분의 책임감 있는 은사주의자들은 그들의 예언의 모든 부분에 대해 그 같은 주장을 하지는 않으려 할 것이다. 따라서 그런 도입부 구절이 제거되면 얻는 것은 많고 잃는 것은 없을 것이다.

그런데 아가보가 사도행전 21:11에서 비슷한 구절("성령이 말씀하시되")을 사용한 것이 사실이다. 그러나 같은 표현(헬라어 *tade legei*: 이렇게 말한다)을 신약성서 시기 바로 후에 그리스도인 저술가들이 보고되는 내용에 관한 매우 일반적인 쉬운 설명이나 크게 확대 해석한 것을 도입하는 데 사용하였다(이그나티우스가 빌라델비아 사람들에게 보내는 서신 7:1-2[주후 108년경]과 바나바의 서신 6:8; 9:2, 5[주후 60-100]에서 그랬다). 그 구절은 "이것이 일반적으로(또는 대략적으로) 성령이 우리에게 말하는 것이다"라는 의미인 것으로 보인다.

만일 누군가가 하나님이 자기 마음에 어떤 것을 상기시켰는데 이를 회중에게 보고해야 한다고 진실로 생각한다면 "내가 생각하기에 주님이 내 마음에 주신 것이 …" 또는 "내가 보기에 주님이 우리에게 보여주시는 것이 …" 또는 그와 비슷한 다른 표현을 사용하는 것에 아무 문제가 없다. 물론 이는 "주께서 이렇게 말씀 하신다"와 같이 '강하게' 들리지는 않는다. 그러나 그 메시지가 정말로 하나님으로부터 온 것이라면 비록 조심스럽게 소개되었을지라도 성령이 그것을 들어야 할 필요가 있는 사람들의 마음에 강한 힘으로 말해지도록 역사하실 것이다.

2. 즉흥적 '계시'가 예언을 다른 은사들과 다르게 한다

만일 예언이 하나님의 말씀 자체를 포함하지 않는다면 예언은 무엇인가? 어떤 의미에서 그것이 하나님으로부터 온 것인가?

바울은 하나님이 무엇인가를 순간적으로 마음에 불러오셔서 예언하는 사람이 그것을 자기 자신의 말로 보고하도록 하실 수 있다고 한다. 바울은 이 것을 '계시'라고 부른다. "만일 곁에 앉아 있는 다른 이에게 계시가 있으면 먼저 하던 자는 잠잠할지니라. 너희는 다 모든 사람으로 배우게 하고 모든 사람으로 권면을 받게 하기 위하여 하나씩 하나씩 예언할 수 있느니라"(고전 14:30-31). 여기에서 바울은 '계시'라는 단어를 신학자들이 성서와 같은 권위를 가진 말씀에 대해 사용하는 기술적 방식보다는 더 넓은 의미로 사용한다. 그러나 신약성서의 다른 곳에서도 '계시하다'와 '계시'라는 용어를 성서로 기록된 말씀 또는 기록된 성서와 동등한 권위를 가진 말씀(마 11:27; 롬 1:18; 엡 1:17; 빌 3:15를 보라)보다는 더 넓은 의미로, 하나님으로부터의 커뮤니케이션이라는 뜻으로 사용되고 있다. 바울은 단지 하나님이 갑자기 마음에 상기시키신 것 또는 누군가의 마음이나 생각에 인상을 주시되 그것이 하나님으로부터 온 것이라는 생각을 하게 하는 것을 지칭하고 있다. 어쩌면 마음에 상기된 생각이 그 사람이 생각하고 있던 것과는 아주 다른 것이거나, 절박감이 따르거나 그 생각이 사라지지 않고 계속되거나, 또는 다른 방식으로 그 사람에게 그것이 주님으로부터 온 것이라는 분명한 느낌을 갖도록 할 것이다.

따라서 만일 낯선 사람이 들어왔는데 모두가 예언하면 "그 마음의 숨은 일들이 드러나게 되므로 엎드리어 하나님께 경배하며 하나님이 참으로 너희 가운데 계신다 전파하리라."(고전 14:25) 나는 분명히 비은사주의적 미국의 침례교회에서 이런 일이 일어났다는 보고를 들은 적이 있다. 한 선교사가 말씀을 전하던 중에 중단하고 이렇게 말했다. "나는 이런 말을 할 생각이 없었는데 주님이 이 교회의 누군가가 자기 부인과 가족을 두고 집을 나갔다고 지적하시는 것 같습니다. 만일 그렇다면 하나님께서는 당신이 그들에게 돌아가서 가족생활에 대해 하나님이 정해주신 모범을 따르는 것을 배울 것을 원하신다고 말해주고자 합니다." 그 선교사는 알지 못했으나 불이 켜지지 않은 발코니에 조금 전에 생애 최초로 교회에 들어온 한 남자가 앉아 있었다. 선교사의 묘사는 그 사람과 딱 맞아 떨어졌으며, 그 사람은 자신을 알리고 죄를 인정한 후 하나님을 찾기 시작했다.

이런 방식으로 예언은 믿는 자들을 위한 '표적'이 된다(고전 14:22). 그것은 하나님이 확실하게 그들 가운데서 역사하신다는 것을 분명히 보여주는 것으로 하나님의 축복의 손이 그 회중에 임했다는 '표적'이다. 그리고 이는 또한 믿지 않는 들이 회심하도록 작용할 것이기 때문에 바울은 "믿지 아니하는 자들이나 알지 못하는(낯선) 자들이" 들어 왔을 때(고전 14:23-25) 이 은사를 사용하라고 권면한다.

우리 중의 많은 사람들이 비슷한 사건들을 경험했거나 그런 사건에 대해 들어보았다. 예를 들어, 계획에 없었으나 나이지리아에 있는 어떤 선교사를 위해 긴급한 중보기도 요청이 주어질 수도 있다. 그리고 기도한 사람들은 한참 후에 기도할 당시에 그 선교사가 자동차 사고를 당했거나 극심한 영적 갈등을 경험하고 있어서 그 기도가 필요했었다는 것을 알게 된다. 바울은 그런 일에 대한 육감을 '계시'라고 부를 것이며 교회의 회중에게 하나님으로부터 받은 자극을 알리는 것은 '예언'이라고 불릴 것이다. 거기에는 말하는 사람 자신의 이해나 해석이 들어 있을 수 있으며 분명 분별이 필요하다. 그럼에도 불구하고 그것은 교회에서 소중한 기능을 한다.

예언과 가르침의 차이

우리가 아는 한 모든 신약성서의 '예언'은 이 같은 성령의 즉흥적 자극에 근거하고 있다(행 11:28; 21:4, 10-11을 비교하고 눅 7:39; 22:63-64; 요 4:19; 11:51에 나타난 예언의 개념을 주시하라). 하나님으로부터 즉흥적 '계시'를 받지 않는다면 예언이 없다.

이와 반대로 '가르침'이라고 부르거나, '교사'가 행하거나, '가르치다'라는 동사로 표현되는 어떤 연설도 '계시'에 근거한다고 신약성서에 한 번도 말한 바가 없다. 오히려 '가르침'은 단지 말씀을 설명하거나 적용하는 것(행 15:35; 18:11, 24-28; 롬 2:21; 15:4; 골 3:16; 히 5:12) 또는 사도의 교훈을 반복하는 것이나 설명하는 것(롬 16:17; 딤후 2:2; 3:10 등)이다. 그것을 우리는 오늘날 '성서 교육' 또는 '설교'라고 부른다.

그래서 예언은 '가르침'보다 권위가 낮고 예언은 항상 성서의 권위 있는 가르침에 종속되어야 한다. 디모데는 바울의 명령을 교회에서 예언하는 것이 아니라 가르쳐야 했다(딤전 4:11; 6:2). 바울은 각 교회에서 그의 도를 예언하지 않았고 가르쳤다(고전 4:17). 데살로니가 사람들은 그들에게 '예언된' 전통이 아니라 '가르침을 받은' 전통을 굳건하게 서서 지키라는 명령을 받았다(살후 2:15). 일부의 견해와 달리 초기 교회에서 리더십을 제공하고 방향을 설정해준 것은 예언자들이 아니라 교사들이었다.

따라서 장로들 가운데는 "말씀과 가르침에 수고하는 이들"이 있었으며(딤전 5:17) "가르치기를 잘하는" 자여야 한다(딤전 3:2). 그러나 예언하는 것이 임무인 장로에 관한 말은 전혀 없으며, 장로는 '예언을 잘하는 자'여야 한다는 말도 없고, '건전한 예언들을 굳건히 서서 지키라'는 말도 없다. 지도자도서의 역할을 하는 데 있어서 디모데는 그 자신과 '가르침'을 살펴야 했으나(딤전 4:16), 그의 예언을 살펴야 한다는 명령은 한 번도 받지 않았다. 야고보는 예언하는 자가 아니라 가르치는 자가 더 큰 심판을 받을 줄 알라고 경고했다(약 3:1).

그리고 성서를 해석하고 적용하는 임무를 신약성서에서 '가르침'이라고 불렀다. 비록 일부 사람들이 신약성서에서는 예언자들이 구약성서 본문들을 '은사에 의해 영감 받은' 해석을 제시해했다고 즈장했지만 그 주장은 설득력이 전혀 없었다. 그 주된 이유는 신약성서에서 '예언자' 단어군이 이런 종류의 역할을 하는 사람을 지칭하기 위해 사용되었다는 신빙성 있는 증거를 찾아볼 수 없기 때문이다.

그래서 둘 사이의 차이는 분명하다. 만일 메시지가 성서의 본문을 의식적으로 묵상한 결과로서 본문의 해석과 삶에 적용하는 것을 포함하고 있으면 그것은 (신약성서의 용어로) 가르침이다. 그러나 메시지가 하나님이 갑자기 마음에 떠오르게 하신 것을 보고하는 것이라면 그것은 예언이다. 물론 준비된 가르침도 교사가 갑자기 느낀바가 있어서 중단하고 하나님이 자기 마음에 떠오르게 하시는 것을 계획되지 않았던 추가적 내용으로 더할 수 있는데, 그런 경우에는 '가르침'에 약간의 예언이 섞인 것이라 할 수 있을 것이다.

그것은 너무 주관적인 과정이 아닌가?

이 지점에서 어떤 사람은 하나님으로부터 그 같은 '암시'를 기다린다는 것이 '너무 주관적인' 과정이라고 이의를 제기할 것이다. 나의 대답은 바로 이러한 이의를 제기하는 사람들이야말로 그리스도인으로서의 그들의 삶에 이 같은 주관적인 과정이 가장 필요한 사람들이라는 것이다! 이 은사는 주님을 기다리고, 그에게 귀를 기울이고, 우리의 마음에 주시는 암시를 듣는 것을 요구한다. 완전히 복음주의적이고 교리적으로 건전하며 지적이고 '객관적'인 그리스도인에게 아마 가장 필요한 것은 일상생활에서 주님과의 보다 생동적이고 '주관적'인 관계에서 나오는 강한 영향력으로 균형을 잡아 주는 것이다. 그리고 이런 사람들이야말로 이미 하나님의 말씀에 굳건히 서는 것을 크게 강조하고 있기 때문에 오류에 빠질 가능성이 가장 적은 사람들일 것이다.

그러나 이와 반대되는 위험이 있는데 주관적 인상을 지나치게 의존하여 지침으로 삼는 것이다. 이런 것은 피해야 할 것이다. 자신들의 삶의 지침으로 계속해서 하나님으로부터 오는 주관적 '메시지'를 찾는 사람들에게는 신약성서의 예언은 개인들에게 주관적 지침을 주는 것이 주기능이 아니라는 점을 경고할 필요가 있다. 그들은 성서를 더 중요시하고 거기에 기록된 하나님의 확실한 지혜를 찾는 것을 강조할 필요가 있다.

아래의 인용문들이 보여주는 바와 같이 많은 은사주의 저자들이 이 경고에 동의할 것이다.

마이클 하퍼(Michael Harper, 성공회 은사주의 신부): "다른 사람들에게 무엇을 해야 한다고 말하는 예언은 많이 의심스럽게 여겨져야 한다."[151]

도널드 기(Donald Gee, 하나님의 성회): "성령의 은사와 관련하여 우리들의 오류는 대부분 비정상적이고 예외적인 것을 빈번하고 습관적인 것으로 만들려 할 때 발생한다. 은사를 통한 '메시지'를 지나치게 갈망하는 모든 사람들은 지난 세대들뿐만 아니라 지금 세대의 파멸에서도 경고를 취해야 할 것이다. … 성서의 말씀은 우리 발의 등이요 우리 길의 빛이다."[152]

도널드 브릿지(Donald Bridge, 영국의 은사주의 목사): "[성령의] 조명을 받는다고 주장하는 이들은 무슨 일을 하라고 '하나님이 그에게 말씀하시는' 것을 끊임없이 찾아낸다. … 그들은 매우 진지하고 매우 헌신적이며 하나님께 순종하고자 하는 결심이 보다 조심스러운 그리스도인들을 부끄럽게 할 정도이다. 그럼에도 불구하고 그들은 위험스러운 길을 걷고 있다. 그들의 조상들이 전에 이 길을 걸었는데 항상 그 결과는 장기적으로 재앙이었다. 내면의 느낌이나 특별한 암시 같은 것들은 본질적으로 주관적이다. 성서는 객관적 지침을 제공한다."[153]

3. 예언에는 덕을 세우는 내용이면 무엇이든 포함될 수 있다

위에서 언급된 신약성서의 예언 사례들은 예언을 단지 '장래를 예측하는 것'이라고 생각하는 것은 신약성서에 맞지 않는다는 것을 보여준다. 미래를 예측하는 사례들도 있기는 하지만(행 11:28; 21:11), 표적을 드러내는 경우도 있다(고전 14:25). 사실 덕을 세우는 것이면 무엇이든지 포함될 수 있다. 왜냐하면 바울은 "예언하는 자는 사람에게 말하여 덕을 세우며 권면하며 위로하는 것이요"(고전 14:3)라고 말했기 때문이다. 여기에 예언의 가치를 보여주는 또 다른 암시가 있다: 예언은 사람의 마음에 필요한 것을 즉각적이고 직접적인 방식으로 말해줄 수 있다.

우리의 결혼생활에서 두 번의 중요한 시점에 내 아내 마가렛과 나는 미국의 다른 지역에 있는 그리스도인 친구를 방문하여 함께 기도했다. 두 번 다 우리가 함께 기도하는 동안에 우리가 방문하고 있던 가정의 남편이 기도를 중간에 멈추고 마가렛에게 부드럽게 한 마디 말을 했다. 두 번 다 그의 말이 내 아내의 마음을 감동하여 우리가 그들에게는 아무 말도 하지 않고 깊이 근심하고 있던 일에 대해 주님의 위로를 가져다주었다. 여기에 "덕을 세우며 권면하며 위로하는"(고전 14:3) 예언의 가치가 있다.

4. 회중의 누구든 예언할 수 있다

✴

　예언의 또 한 가지 큰 장점은 연설을 잘하는 사람들이나 가르치는 은사가 있는 사람들만이 아니라 회중의 모든 사람들에게 참여할 기회를 준다는 것이다. 바울은 고린도 사람들이 '다' 예언하기를 원한다고(고전 14:5) 말하고, "너희는 다 모든 사람으로 배우게 하고 모든 사람으로 권면을 받게 하기 위하여 하나씩 하나씩 예언할 수 있느니라"(고전 14:31)고 말한다. 예언의 은사에 더 넓게 개방하는 것은 교회에 출석하는 많은 사람들이 참여자가 아니라 단지 관람객에 그치는 상황을 극복하는 데 도움이 될 것이다. 어쩌면 우리는 이 영역에서 성령의 역사를 억누름으로써 '관람객 기독교'의 문제에 기여하고 있는지도 모른다.

5. 바울은 주님이 다시 오실 때까지 예언이 계속된다고 말했다

✴

　바울은 "우리는 부분적으로 알고 부분적으로 예언하니, 온전한 것이 올 때에는 부분적으로 하던 것이 폐하리라"(고전 13:9-10)고 말한다. 그래서 그는 예언이 어느 시점, 즉 "온전한 것이 올 때에" 없어질 것이라고 말한다. 그러나 그 때가 언제인가? 그것은 주님이 다시 오시는 때일 수밖에 없다. 그 이유는 그 시점이 12절에서 "우리가 지금은 거울로 보는 것 같이 희미하나 그 때에는 얼굴과 얼굴을 대하여 볼 것이요, 지금은 내가 부분적으로 아나 그 때에는 주께서 나를 아신 것 같이 내가 온전히 알리라"라고 할 때 사용된 단어 '그 때'then와 같은 때이어야만 하기 때문이다. "얼굴과 얼굴을 대하여" 본다는 것은 구약성서의 표현으로 하나님을 직접 본다는 것을 말한다 (창 32:30; 출 33:11; 신 34:10; 삿 6:22; 겔 20:35를 보라. 이상이 구약성서에서 이 헬라어 표현 또는 동일한 히브리어 표현이 나오는 전체 사례들이며 전부 하나님을 보는 것을 지칭한다). "주께서 나를 (온전히) 아신 것 같이" 내가 알게 되는 때 또한 주님의 재림을 지칭하는 것이 틀림없다.

어떤 사람들은 "온전한 것이 올 때"(고전 13:10)를 신약성서의 정경이 완성되는 때를 지칭한다고 주장한다. (신약성서에서 마지막으로 쓰인 책인 요한계시록은 늦어도 주후 90년, 즉 바울이 고린도전서를 쓴지 약 35년 후에 쓰였다.) 그러나 고린도 사람들이 바울의 서신으로부터 그것을 알았을까? 고린도전서 13장의 문맥의 어느 부분에 한 묶음의 신약성서 책들 또는 신약성서 정경에 대한 언급이 있기나 한가? 그런 개념은 문맥과 동떨어진 것이다. 그뿐만 아니라 그런 주장은 바울이 (그의 서신에서) 논증하는 목적에도 맞지 않는다. 만일 "우리는 사랑이 언제까지나 떨어지지 않을 것을 확신할 수 있다. 왜냐하면 사랑이 35년 이상 계속될 것을 우리가 알기 때문이다!"라고 주장한다면 설득력이 있겠는가? 이것은 결코 확신을 주는 논증이 아니다. 오히려 문맥이 요구하는 것은 바울이 이 시대와 다가올 시대를 대조하고 사랑은 영원까지 계속될 것이라고 말하는 것이다.

마틴 로이드 존스D. Martyn Lloyd-Jones는 "온전한 것이 올 때"를 신약성서를 완성한 때와 같다고 하는 견해는 또 한 가지의 어려움에 봉착한다고 관찰한다. "그 견해는 성서를 눈앞에 펴놓고 있는 우리들이 사도 바울보다 하나님의 진리에 대해 훨씬 더 많이 안다는 것을 의미한다. … 그것은 우리가 사도 바울을 포함한 사도들 자신보다 우월하다는 것을 의미한다! 그것은 … '주께서 우리를 아신 것 같이 우리가 안다'고 할 수 있는 위치에 있다는 것을 의미한다. … 실로 그 같은 견해를 묘사하는 말은 한 단어 밖에 없다. 그것은 난센스다."[154]

칼빈John Calvin은 고린도전서 13:8-13을 언급하면서 이렇게 말한다. "이 모든 논의가 중간기에 적용되도록 하는 것은 멍청한 짓이다."[155]

이는 바울이 예언의 은사가 교회 시대 전체를 통틀어 계속되고 주님이 돌아오실 때까지 교회의 유익을 위하여 기능할 것을 기대했다는 분명한 성서의 말씀이 우리에게 있다는 것을 의미한다. 우리는 오늘날 그것을 우리 교회에서 사용해야 하지 않겠는가?

6. 우리는 예언하기를 "사모해야" 한다

✢

바울은 예언의 은사를 매우 가치 있게 평가했기 때문에 고린도 사람들에게 이렇게 말했다. "사랑을 추구하며 신령한 것들을 사모하되 특별히 예언을 하려고 하라"(고전 14:1). 그리고 예언의 은사들에 관한 논의를 마치는 부분에서 "그런즉 내 형제들아, 예언하기를 사모하며"(고전 14:39)라고 다시 말한다. 또한 그는 "예언하는 자는 교회의 덕을 세우나니"(고전 14:4)라고 말했다.

만일 바울이 미성숙함과 이기주의와 분열과 다른 문제들로 시달리고 있던 고린도 교회에서 예언의 은사가 기능하기를 갈망했다면 우리도 또한 오늘날 우리들의 회중에서 이 은사를 적극적으로 추구해야 하지 않겠는가? 성서에서 말하는 모든 것을 믿고 순종한다고 고백하는 우리 복음주의자들은 이 말도 믿고 순종해야 하지 않겠는가? 그리고 예언의 은사에 대해 보다 열려있는 마음은 우리들의 신앙생활에서 너무 외곬으로 지성적이고, 객관적이고, 편협하게 교리적이라는 위험스러운 불균형을 바로잡는 데 도움이 되지 않겠는가?

7. 지역 교회에서 예언을 권장하고 규제하기

✢

끝으로, 만일 우리가 예언의 은사는 우리 자신들의 교회에서 권장되어야 할 것이라고 결정한다면 어떻게 되는 것인가? 우리는 무엇을 해야 하는가?

모든 그리스도인들에게, 특히 목회자들과 교회에서 사람들을 가르치는 임무가 있는 사람들에게는 몇 가지 과정이 적절할 뿐 아니라 목회에도 현명할 것이다.

(1) 이 주제를 언제 어떻게 접근할 것인지에 대해 주님의 지혜를 구하기 위해 진지하게 기도하라.

(2) 가르치는 책임이 있는 사람은 교회에서 이미 제공하고 있는 성서공부

시간에 이 주제를 가르치라.

(3) 인내심으로 천천히 진행하라. 교회의 지도자들은 지배하거나 '주장하는' 자세를(벧전 5:3) 하지 말라. 인내심 있는 접근은 사람들이 두려워서 피하거나 불필요하게 소외감을 느끼도록 하는 것을 방지할 것이다.

(4) 예언의 은사가 이미 교회에서 기능하고 있는 방식을 인정하고 권장하라. 예를 들어, 기도 모임에서 어떤 사람이 특별히 무엇인가에 대해 기도하라는 성령의 '인도'를 받았을 때, 또는 성령이 어느 찬송이나 말씀 구절을 마음에 떠오르게 했을 때, 혹은 그룹 예배나 기도 모임에서 공동으로 느끼는 어떤 분위기를 주거나 특정한 사안에 집중하도록 했을 때 이를 인정하고 권장하라. 예언의 은사에 열린 마음을 갖지 않은 그리스도인들도 적어도 교회의 기도 모임에서 무엇을 위해 기도해야 할 것인가에 대한 성령이 주시는 충동에 민감해질 수 있으며, 그런 충동을 주님에게 드리는 기도의 형식으로 표현할 수 있다(그것을 '예언적 기도'라고 부를 수 있다).

(5) 위의 네 과정이 시행되었다면, 그리고 회중과 교회 지도자들이 받아들인다면 교회의 덜 공식적인 예배, 예를 들어, 주일 저녁 예배나 수요 기도 모임이나 소규모 구역예배에서 예언의 은사를 사용할 기회를 만들 수 있을 것이다. 만일 예언이 허용된다면 예언하는 사람들은 영적 가이드라인(고전 14:29-36)을 지키도록 해야 하며, 자신들의 권위가 아니라 진정으로 교회의 덕을 세우도록(고전 14:12, 26) 해야 하고, 회중을 지배하려 하지 말고 지나치게 드라마틱하거나 감정적인 발언을(그리하여 주님이 아니라 자신에게 주의를 집중시키는 것을) 하지 않도록 해야 한다. 분명히 예언은 성서의 가르침에 따라 분별되어야 한다(고전 14:29-36; 살전 5:19-21).

(6) 만일 교회에서 예언이 사용되기 시작했다면 살아계신 하나님의 음성을 듣기 위해 그리스도인들이 언제나 찾아갈 수 있는 곳으로서 성서의 훨씬 더 높은 가치를 더욱더 강조하라. 다른 많은 은사들과 같이 예언은 소중한 은사이지만 성서에서만 하나님이, 그리고 하나님만이 오늘날과 우리의 전 생애를 통해 우리에게 그분 자신의 말씀을 해주신다. 예배 때마다 무슨 예언의 말씀이 하이라이트가 되기를 바라기보다는 예언의 은사를 사용하는

사람들은 그들의 기쁨과 기대와 즐거움의 초점을 성서를 통해 우리에게 말씀하시는 하나님 안에서 찾아야 한다는 것을 상기해야 한다. 성서에는 무한한 가치의 보물이 있다. 그것은 우리의 창조주께서 우리가 이해할 수 있는 언어로 우리에게 실제로 해주시는 말씀이다. 그리고 자주 예언을 통해 지침을 구하기보다는 우리는 성서에서 우리의 삶을 위한 지침을 찾아야 한다는 점을 강조해야 한다. 우리가 하나님의 뜻을 알고자 할 때 우리의 방향과 초점의 원천은 성서에 있고, 충분하며 완전히 신뢰할 수 있는 기준도 거기에 있다. 우리는 성서에 있는 하나님의 말씀에 대해 확신을 가지고 이렇게 말할 수 있다. "주의 말씀은 내 발에 등이요 내 길에 빛이니이다"(시 119:105).

8. 예언을 무시하면 무엇을 잃는가?

이 모든 논의가 정말로 중요한가? 만일 우리 중 많은 사람들이 그리 해왔던 것처럼 우리들의 교회에서 계속해서 예언의 은사를 대체로 무시한다면 무엇인가 잃는 것이 있는가?

나는 잃는 것이 많다고 믿는다. 첫째, 만일 여기에 제시된 논의가 옳다면 예언을 무시하는 것은 성서의 말씀에 불순종하는 것이다. 그것 자체가 우리의 교회에 부정적 결과가 있을 것이라는 충분한 이유가 되며, 적어도 우리가 순종하면 우리의 것이 되었을 축복을 다 받지 못하게 될 것이다.

둘째, 예언의 은사가 없으면 우리는 아마 하나님과 친밀해지는 한 가지 요인을 잃게 될 것이며 우리의 일상생활에서 하나님의 충동에 대한 민감성을 잃게 될 것이다.

셋째, 우리는 우리의 예배에서 어느 정도의 생동감과, 하나님이 바로 이 순간 바로 이곳에서 역사하시는 것을 목격함으로부터 오는 경외심과, 우리에게 "진실로 하나님이 여기에 계신다"고 감탄하도록 하는 압도적으로 경이로운 느낌을 잃게 될 것이다.

부록 6
에베소서 2:20과 3:5의 해석

[주: 이 논의가 너무 길어서 이 부록에 있는 내용은 이전에 있던 제 2장에서 이곳으로 옮겨졌으나 1988년도의 형식에서 변화된 것은 없다. (연속성을 위해 제 2장의 처음 몇 문단이 반복되었다.) 그러나 내가 이 글을 발표한 이래 "관사-명사-kai-명사" 구조에 관한 훨씬 더 광범한 논의가 댄 월러스Dan Wallace의 중급 헬라어 문법Greek Grammar Beyond the Basics에 소개되었다.[156] 나는 이 구절에 대한 월러스의 해석에 대한 반론을 이 부록 말미에 추가했다.]

사도에 대한 언급과 함께 '예언자'라는 단어가 나오는 곳이 한 군데 더 있다. 그곳은 에베소서 2:20과 3:5이다.

이 두 절의 첫 번째 절은 에베소 교회에 있는 이방 그리스도인들에게 향한 말로 그 내용은 이렇다.

그러므로 이제부터 너희는 외인도 아니요 나그네도 아니요 오직 성도들과 동일한 시민이요 하나님의 권속이라. 너희는 사도들과 선지자들의 터 위에 세우심을 입은 자라. 그리스도 예수께서 친히 모퉁잇돌이 되셨느니라(엡 2:19-20).

그리고 몇 절이 지난 후에 바울은 그의 이방인 독자들에게 이렇게 말한다.

그것을 읽으면 내가 그리스도의 비밀을 깨달은 것을 너희가 알 수 있으리라. 이제 그의 거룩한 사도들과 선지자들에게 성령으로 나타내신 것 같이 다른 세대에서는 사람의 아들들에게 알리지 아니하셨으니, 이는 이방인들이 복음으로 말미암아 그리스도 예수 안에서 함께 상속자가 되고 함께 지체가 되고 함께 약속에 참여하는 자가 됨이라(엡 3:4-6).

어떤 사람들은 에베소서 2:20은 모든 신약성서 예언자들이 어떠하였는지를 보여주며, 나아가 에베소서 2:20에 언급된 예언자들의 독특한 '터'의 역할은 그들이 사도들과 그리고 성서와 동등한 권위를 가지고 말할 수 있었다는 것을 의미한다고 주장해왔다. 예를 들어, 필라델피아 소재 웨스트민스터 신학대학원의 신중한 학자인 리처드 개핀은 "에베소서 2:20은 예언에 관해 신약성서에서 말하는 다른 모든 언급을 포괄하여 일반화 한다"고 말한다.[157]

이것은 중요한 문제이다. 왜냐하면 만일 신약성서 교회에서 예언의 은사를 가진 사람들이 모두 이런 종류의 절대적 권위를 가졌다면 우리는 신약성서의 저술이 끝나서 교회에 주어지자마자 이 은사는 소멸될 것이라고 기대할 것이기 때문이다. 오늘날 대다수의 그리스도인들은 분명 신약성서가 완성되었다는 것과 오늘날 아무도 성서의 말씀과 동등한 권위를 갖고 말하거나 기록할 수 없다는 점에는 동의할 것이다.[158]

그러나 그 입장에 설득력이 있는가? 그것이 진정 에베소서 2:20과 3:5이 의미하는 바인가?

문제의 핵심은 이 두 절이 1세기의 교회들에서 예언의 은사를 가졌던 모든 그리스도인들을 지칭 하는가 아니 하는가이다. 여기에 언급된 예언자들은 고린도와 데살로니가와 에베소 등에서 예언의 은사를 가진 자들인가?

만일 그렇다면, 즉 이 두 절이 1세기 교회들에서 모든 지역 회중에 속한 모든 예언자들을 지칭하는 것이라면, 그들은 신약성서 교회에서 독특한 '터'의 역할을 했다고 묘사된 것으로 볼 수 있으며, 우리는 개핀과 견해를 같이할 수밖에 - 신약성서가 일단 완성되면 이 은사가 분명히 중지될 것을 기대할 수밖에 없을 것이다.

그러나 나는 개인적으로 이 '모든 교회 예언자' 입장에서 설득력을 찾지 못했다고 먼저 말하고자 한다. 나는 이 부록에서 다른 입장, 즉 에베소서 2:20과 3:5는 사도들과 예언자들이라는 두 집단을 말하는 것이 아니라 '사도-예언자들'이라는 한 집단을 말한다는 입장을 논증할 것이다. 그러나 그 지점에 이르기 전에 이 구절에 관해 가장 널리 수용된 견해들을 개괄하는 것이 적절하다.

에베소서 2:20과 3:5의 해석에 관해 가장 널리 수용되고 있는 네 가지 견해는 다음과 같이 요약될 수 있다.

"사도들과 선지자들의 터"가 의미하는 것은 다음과 같다.

1. 사도들과 구약성서 예언자들이다
2. 사도들과 신약성서 예언자들의 가르침이다
3. 사도들과 신약성서 예언자들이다
4. 사도-예언자들(즉, 사도이면서 예언자인 사람들)이다

우리는 이러한 가능한 견해들을 차례대로 검토해볼 것이다.

견해 1: 터 = 사도들과 구약성서의 예언자들

"사도들과 선지자들의 터"가 사도들과 구약성서 예언자들을 의미한다는 견해에 도움이 되는 것은 신약성서의 사도들이 진정 구약성서의 예언자들과 같았으며 (우리가 앞부분에서 본 바와 같이) 그들은 다른 곳에서 서로 연결되어 있다는 사실이다.

그러나 이 입장은 성서를 관심 깊게 읽는 사람에게는 전혀 설득력이 없다. 그 주된 이유는 바울이 여전히 같은 주제(이방인들을 교회에 받아들임)에 관해 말하고 있으며 문법적 구조가 비슷한 에베소서 3:5에서 구약성서의 예언자들은 볼 수가 없기 때문이다. 그것은 바울의 말에 의하면 이방인들이 교회에 받아들여진다는 비밀은 "다른 세대에서는 사람의 아들들에게 알리

지 아니" 하신 것 같이 "이제 그의 거룩한 사도들과 선지자들에게 성령으로 나타내신" 때문이다. 교회 내의 이방인 수용에 관한 보다 완전한 계시는 오순절 이후에 왔으며, 바울은 그것이 다른 세대에서는 알려지지 않았다고 들어내어 말함으로써 여기에서 구약성서의 예언자들을 고려의 대상으로부터 제외한다.

그뿐만 아니라 단어의 순서가 일반적으로 이런 의미를 나타내지 않는다. 만일 바울이 구약성서의 예언자들과 신약성서의 사도들에 관해 말하려 했다면 '선지자들과 사도들'(눅 11:49; 벧후 3:2 참조)이라고 말하는 것이 매우 자연스러웠을 것이나 그는 여기에서 "사도들과 선지자들"이라고 말한다.

견해 2: 터 = 사도들과 예언자들의 가르침

이 두 번째 입장은 바울이 여기에서 "사도들과 선지자들의 터"라고 말한 것이 신약성서 사도들과 예언자들의 가르침, 또는 그들의 권위 있는 복음 설교, 혹은 그들의 교회 창설 사역을 의미한다고 말한다. 이 해석의 중요한 부분은 '터'를 사도들과 예언자들 자신들로 이해하지 않고 그들의 사역의 한 국면으로 이해한다는 것이다.

이 해석에 유리한 점은 바울이 다른 곳에서, 특히 고린도전서 3:10-15에서 사도들의 사역을 '터'라고 말한다는 사실이다. 그는 이렇게 말한다. "내가 지혜로운 건축자와 같이 터를 닦아 두매 다른 이가 그 위에 세우나 그러나 각각 어떻게 그 위에 세울까를 조심할지니라"(고전 3:10; 롬 15:20의 비슷한 은유를 주목하라).

고린도전서의 이 비유 외에 이 견해에 우호적인 또 하나의 논거는 그리스도에 관한 설교와 가르침이 교회를 시작하는 데 있어서 토대가 된다는 사실인데, 그 때문에 이 비유가 더욱 적절해 보인다.

그러나 이 입장에 몇 가지 반론이 있다.

(a) 고린도전서 3:10-15에서는 주제가 완전히 다르며 그 은유는 다른 목적으로 사용된다. 여기에서 문제는 교회를 세우는 데 행해지는 사역에 관한 것이다. 그러나 에베소서 2:20에서의 문맥은 유대인들과 이방인들이 함께

교회에 수용되는 것에 관한 것이다. 에베소서 2:20에서는 사람들이, 즉 유대인들과 이방인들 모두가 그 터 위에 '세워진' 교회에 더해지고 있는 것이다. 그러나 고린도전서에서는 사람들이 사역을 한다. 즉, 그들은 교회를 세운다.

(b) 에베소서 2:20에서 건물의 다른 부분들은 사람들이다. 이는 '터'가 또한 사람들이어야 은유를 이해할 수 있게 된다.

예를 들어, 에베소서 2:20에서 건물의 모퉁잇돌은 그리스도에 대한 어떤 가르침이 아니라 "그리스도 예수께서 친히" 모퉁잇돌이 되셨다. 그리고 터 위에 세워지는 부분인 건물의 '상부구조'는 하나님의 집에서 '동일한 시민'이 되는 모든 그리스도인들로, 유대인들과 이방인들 모두 함께 구성된다.

그러나 만일 모퉁잇돌이 사람(그리스도)이라면, 그리고 건물의 나머지 부분도 사람들(다른 모든 유대 및 이방인 그리스도인들)로 구성되었다면 터 또한 사람들로, 즉 사도들과 예언자들로 이해되어야 한다.

(c) 고린도전서 3장과 달리 이 문맥은 사도들의 사역이나 가르침에 관한 언급이 없다. 교회 내에 유대인들과 이방인들을 연합시키는 하나님의 사역이 나타나고 신자들의 사역이 나타나는 것이 아니며, 그들 자신은 하나님에 의해 서로 연합된다.

견해 3: 터 = 사도들과 신약성서 예언자들

이것은 앞에서 언급한 개핀의 입장인데, 그는 예언의 은사가 교회를 세우는 '터'의 역할을 해서 이제는 계속되지 않는다고 말한다. 그리고 예언의 은사가 일찍이 중지되었다는 개핀의 입장을 지지하지 않는 다른 사람들도 이 본문이 두 집단, 즉 (1) 사도들과 (2) 신약성서 예언자들을 지칭하는 것으로 본다.

바울이 여기에서 상이한 두 집단에 관해 말하고 있다는 입장에 우호적인 것은 신약성서에서 '예언자'라는 단어가 흔히 사도들과는 다른 집단을 지칭하는 데 사용되었다는 사실이다. (사실 이 책의 대부분도 '예언자'들이 사도들과 다른 집단으로 여겨지는 사례들에 초점을 맞추고 있다.)

그뿐만 아니라 이 서신서의 조금 뒷부분인 에베소서 4:11에서는 예언자들이 분명히 사도들과 구별되고 있다. 거기에서 바울은 "그가 어떤 사람은 사도로, 어떤 사람은 선지자로, 어떤 사람은 복음 전하는 자로, 어떤 사람은 목사와 교사로 삼으셨으니"라고 말한다.

에베소서 4:11에서 '예언자'라는 단어가 사용된 방식이 같은 단어가 에베소서 2:20과 3:5에서 어떻게 사용되어야 하는지를 보여준다고 주장할 수도 있을 것이다. 세 가지 경우 모두 그 단어는 사도들과는 다른 집단을 지칭한다고 주장할 수 있을 것이다. 이것이 예를 들어, 개핀이 예언의 은사는 중지되었고 오늘날 더 이상 사용될 수 없다는 그의 논증에서 취하는 입장이다.[159]

그러나 이 입장에 대한 중요한 반론들이 있다.

(a) 문법상 여기에서 두 집단이 의도되었다고 할 수만은 없다. 여기에서 사용된 것과 같은 문법 구조가 신약성서에서 두 개의 이름을 가진 한 사람 또는 한 집단을 언급하기 위해 자주 사용되었다.

이 헬라어 구조는 the [명사] and [명사]의 형식을 취한다. 만일 신약성서의 저자들이 상이한 두 항목이나 상이한 두 집단에 대해 말하고 있다는 것을 분명히 하고자 한다면 그들은 두 번째 명사 앞에 정관사 the를 추가하여 the [명사] and the [명사]의 형식을 택한다. 만일 바울이 이 같은 구조를 택하였다면 그가 상이한 두 집단, 즉 사도들과 및 예언자들을 의미했음이 분명해졌을 것이다. 그러나 그가 두 번째 명사 앞에 정관사 'the'를 생략했을 때 그는 독자들로 하여금 '사도들과 예언자들'을 한 단위로 묶고 있다는 것을 알도록 하는 문법구조를 사용한 것이다.

가까운 곳에 이와 같은 사례가 있는데, 에베소서 4:11에서 바울은 "어떤 사람은 목사와 교사로" 세웠다고 말한다. 비록 문법이 그렇게 요구하지는 않지만 이 구절이 '목사와 교사'라는 두 집단이라기보다는 '목사-교사'(목사이면서 교사인 자)를 뜻한다고 이해하는 것이 정당하며 오늘날 많은 주석가들이 그렇게 이해하고 있다.

나는 여기에 신약성서에서 에베소서 2:20과 3:5에 사용된 것과 같은 문법구조로 한 사람 또는 한 집단의 사람들을 의미한 다른 여러 사례들을 열거하였다.

- 로마서 16:7: "내 친척이요 나와 함께 갇혔던 안드로니고와 유니아에게 문안하라"(바울은 '친척들'과 '함께 갇혔던 자들'이라는 두 집단이 아니라 한 집단, 즉 '친척들이며 또한 함께 갇혔던 자들'에 대해 말하고 있다). 그러나 이 문장은 에베소서 2:20과 3:5에 나오는 문법구조와 동일한 구조로 되어 있으며, 아래의 사례들도 다 그러하다.
- 갈라디아서 1:7: "너희를 교란하여 그리스도의 복음을 변하게 하려"는 사람들(한 집단).
- 에베소서 6:21: "사랑을 받은 형제요 주 안에서 진실한 일꾼인 두기고"(한 사람).
- 빌립보서 2:25: "에바브로디도를 … 그는 나의 형제요 함께 수고하고 함께 군사된 자"(한 사람).
- 골로새서 1:2: "골로새에 있는 성도들 곧 그리스도 안에서 신실한 형제들에게"(한 집단).
- 데살로니가전서 5:12: "너희 가운데서 수고하고 주 안에서 너희를 다스리며 권하는 자들"(한 집단).
- 디도서 2:13: "우리의 크신 하나님 구주 예수 그리스도의 영광"(한 사람).
- 빌레몬서 1: "우리의 사랑을 받는 자요 동역자인 빌레몬"(헬라어 구조는 여기에서도 위와 같아서 글대로 번역하면 '우리의 사랑을 받는 자와 우리의 동역자'가 되지만 한 사람만을 의미한다는 것이 너무 분명하기 때문에 통상 '우리의 사랑을 받는 동역자'로 번역된다).
- 히브리서 3:1: "우리가 믿는 도리의 사도이시며 대제사장이신 예수"(한 사람).
- 베드로후서 1:1: "우리의 하나님과 구주 예수"(한 사람).
- 베드로후서 1:11: "우리의 하나님과 구주 예수"(한 사람).

더 많은 사례들을 제시할 수 있으나 바울이 에베소서 2:20과 3:5에서 사용한 이 구조가 '사도들과 예언자들'이라고 번역되어야만 하는 것은 아니라는 점이 분명해졌을 것이다. 이 구절에서 바울이 두 집단이 아니라 한 집단만을 지칭하고 있다는 것을 보여주기 위해 '사도-예언자들' 또는 '예언자들인 사도들'이라고 번역하는 것도 합당하며 신약성서의 사용법과 더 일치한다. 그렇다면 에베소서 3:5는 '그의 거룩한 사도-선지자들' 또는 '예언자들인 그의 거룩한 사도들'(두 집단이 아니라 한 집단)로 번역될 것이다.

나는 여기에서 에베소서 2:20과 3:5를 반드시 이렇게 번역해야 한다고 말하는 것이 아니다. 왜냐하면 이 같은 문법구조가 두 개의 상이한 집단이나 사항을 지칭하는 다른 사례들도 찾을 수 있기 때문이다.[160] 그러나 그것은 분명 정당한 번역이며 그렇지 않다는 문맥상 근거나 또는 증거가 없다면 그것은 어쩌면 더 나은 번역일 수 있다. 나는 바울의 글에서 이 같은 문법구조로 상이한 두 사람 또는 두 집단의 사람들(사물들이 아니라)을 연합한 분명한 사례를 단 하나도 발견하지 못했다.

(b) 이 구절이 신약성서의 사도들과 신약성서의 예언자들을 지칭한다는 견해를 반대하는 두 번째 이유는 신약성서에 나오는 예언자들은 이방인들이 신약성서 교회에 유대인 신자들과 동등한 지위로 받아들여질 것이라는 계시를 받지 않았다는 사실이다. 이방인들을 수용한다는 이 놀랄만한 계시는 여러 차례 사도들에게 왔다고 말하고 있지만 어떤 '예언자'나, 단지 사도들이 예언자의 역할을 하는 것이 아닌 예언자들의 집단에게 주어졌다는 말은 어디에도 없다.

여기에 이방인들을 교회에 수용하는 것에 관한 하나님의 계시를 보여주는 신약성서 본문들 일부가 열거되어 있다.

- 마태복음 28:19: "그러므로 너희는 가서 모든 민족을 제자로 삼아"(사도들에게 한 말).
- 누가복음 24:46-47: "또 이르시되 이같이 그리스도가 고난을 받고 제 삼일에 죽은 자 가운데서 살아날 것과, 또 그의 이름으로 죄 사함을 받게 하는 회개가 예루살렘에서 시작하여 모든 족속에게 전파될 것이 기록되었으니"(사

도들에게 한 말).

- 사도행전 1:8: "너희가 ... 예루살렘과 온 유대와 사마리아와 땅 끝까지 이르러 내 증인이 되리라"(사도들에게 한 말).
- 사도행전 10:15: "또 두 번째 소리가 있으되 하나님께서 깨끗하게 하신 것을 네가 속되다 하지 말라 하더라"(사도 베드로에게 한 말).
- 사도행전 10:34-35: "베드로가 입을 열어 말하되 내가 참으로 하나님은 사람의 외모를 보지 아니하시고 각 나라 중 하나님을 경외하며 의를 행하는 사람은 다 받으시는 줄 깨달았도다"(베드로가 하늘로부터 환상을 받은 다음 고넬료의 집을 방문해서 한 말).
- 사도행전 10:47-48: "이에 베드로가 이르되 이 사람들이 우리와 같이 성령을 받았으니 누가 능히 물로 세례 베풂을 금하리요 하고"(사도 베드로가 이방인을 교회에 받아들임을 선포한 말).
- 사도행전 11:2-18: 이방인의 수용이 베드로에게 환상으로 그리고 고넬료의 집안에 성령이 오심을 통해 계시된 것을 베드로가 여루살렘 교회에 설명함.
- 사도행전 15:6-29: 예루살렘 사도회의에서 둘 다 사도인 베드로와 야고보가 중요한 연설을 함.[161]
- 사도행전 22:21: "떠나가라. 내가 너를 멀리 이방인에게로 보내리라"(그리스도가 다메섹으로 가는 중인 바울에게 한 말).
- 사도행전 26:17-18: "이스라엘과 이방인들에게서 내가 너를 구원하여 그들에게 보내어 그 눈을 뜨게 하여 어둠에서 빛으로 사탄의 권세에서 하나님께로 돌아오게 하고 죄 사함과 나를 믿어 거룩하게 된 무리 가운데서 기업을 얻게 하리라"(그리스도가 다메섹 노상에서 바울에게 한 말).
- 갈라디아서 1:16: "그의 아들을 이방에 전하기 위하여 그를 내 속에 나타내시기를 기뻐하셨을 때에"(사도 바울의 말).
- 갈라디아서 2:7-8: "도리어 그들은 내가 무할례자에게 복음 전함을 맡은 것이 베드로가 할례자에게 맡음과 같은 것을 보았고 베드로에게 역사하사 그를 할례자의 사도로 삼으신 이가 또한 내게 역사하사 나를 이방인의 사도로 삼으셨느니라"(사도 바울이 그리스도가 자신에게 이방인에게 전파할 것을 위임하

- 에베소서 2:11-3:21: 바울이 이방인들을 교회에 받아들이는 '비밀'에 대한 자기의 깨달음을 길게 설명한다. 그는 "그것을 읽으면 내가 그리스도의 비밀을 깨달은 것을 너희가 알 수 있으리라. 이제 그의 거룩한 사도들과 선지자들에게 성령으로 나타내신 것 같이 다른 세대에서는 사람의 아들들에게 알리지 아니하셨으니, 이는 이방인들이 복음으로 말미암아 그리스도 예수 안에서 함께 상속자가 되고 함께 지체가 되고 함께 약속에 참여하는 자가 됨이라"(에베소서 3:4-6).

- 우리는 또한 여기에서 바울이 이방인의 수용을 선포하는 자신의 역할을 강조하는 것을 주목할 수 있다: "모든 성도 중에 지극히 작은 자보다 더 작은 나에게 이 은혜를 주신 것은 측량할 수 없는 그리스도의 풍성함을 이방인에게 전하게 하시고, 영원부터 만물을 창조하신 하나님 속에 감추어졌던 비밀의 경륜이 어떠한 것을 드러내게 하려 하심이라"(엡 3:8-9).

이 모든 본문들에 관하여 놀랄만한 일은 이 이방인 수용에 관한 계시, 즉 구약성서에서는 암시만 주어졌으나 사도들의 설교에서 분명하게 된 이 계시가 신약성서 교회들의 어떤 '예언자'에게도 주어진 적이 있다는 말이 전혀 없다. 모든 언급들은 문제의 두 집단 중 하나에게 향해졌으며 그것들은 다 구속사에서 중요한 이 계시가 사도들에게 왔으며 다른 사람들에게는 사도들을 통해서만 왔다는 사실을 가리키고 있다.

(c) 에베소서 2:20과 3:5가 신약성서 사도들과 신약성서 예언자들(두 집단)을 지칭하는 것 같지 않다는 세 번째 이유는 터의 은유가 무엇인가가 완성되었다는, 즉 그 위에 건축이 시작된 후에 무엇인가가 (그 터에) 더해지지 않는다는 인상을 준다. 만일 이 '터'가 신약성서의 사도들 만이라면 그 은유는 잘 맞아 떨어진다. 사도들은 부활하신 주 예수를 목격한 구별되고 제한된 집단이며 '예수 그리스도의 사도'라는 특별한 역할을 주 예수에 의해 위임받았다.

그러나 만일 터가 사도들과 함께 전 지중해 세계의 모든 신약성서 교회들에서 예언의 은사를 받은 모든 사람들로 구성된다면 그것은 계속적으로 변경되고 더해지는 '터'가 될 것이다. 바울과 다른 사람들이 로마 제국의 전역에서 복음을 설교할 때에 갈수록 더 많은 사람들이 그리스도인들이 되었고 각각의 회중마다 분명히 예언의 은사를 가진 사람들이 있었다. 따라서 사람들이 그리스도인이 되고 영적 은사들을 받음으로써 이 '터'는 갈수록 더 많은 요소들이 추가되었을 것이다. 그뿐만 아니라 사람들이 고린도전서 14:1의 "신령한 것들을 사모하되 특별히 예언을 하려고 하라"는 것과 같은 바울의 명령들을 순종하려 할 때 교회의 '터'의 일부분이 아닌 사람들이 예언의 은사를 사모하여 이를 위해 기도할 것이며 어떤 사람들은 그 은사를 받을 것이다. 그러면 그들은 교회의 '터'에 추가될 것이다. 그러나 이 모든 것이 '터'의 은유와 매우 모순되는데, 이는 그 은유가 건축이 시작되기 전에 터가 완성되었다는 인상을 주기 때문이다.

(d) 위에 제시된 이유와 관련된 또 하나의 요소가 있는데 그것은 에베소서의 독자들이 일반적 회중 예언자들을 이 터의 일부로 생각하지 않을 것이라는 점이다. 우리는 바울이 에베소서 2장과 3장에서 하나의 지역교회에 관해 말하고 있는 것이 아니라 보편적 교회에 관해 말하고 있다는 점을 주목한다. 모든 이방인들이 "이제부터 … 외인도 아니요 나그네도 아니요 오직 성도들과 동일한 시민이요 하나님의 권속"(엡 2:19)이 된 것은 그 교회 안에서이다. 그리고 그리스도 예수께서 친히 모퉁잇돌이 되시고 "사도들과 선지자들의 터 위에" 세워진 것도 그 교회이다.

그러나 에베소 교회에서 바울의 서신을 읽거나 그 주변의 지역 교회들에서 에베소서를 읽는 일반 독자들은 그들의 지역 교회에서 자기들의 친구들이며 이웃으로서 예언의 은사를 받은 남자나 여자들이 (어쩌면 어린이들까지도) 이 교회의 '터'의 일부분이며 베드로와 바울과 및 다른 사도들과 동등하게 중요하다고 생각하지는 않을 것이다.

(e) '사도들과 예언자들'을 이 같이 이해하는 데 있어서 다섯 번째의 어려움은 이 구절에서 바울의 목적과 관련된다. 그의 목표는 그리스도의 교회 안에서 유대인들과 이방인들이 동등한 성도라는 점을 증명하는 것이었다.

이를 위해 그는 유대인 신자들이나 이방인 신자들이나 다 교회를 상징하는 이 은유적 '건물'의 부분임을 보여준다.

그러나 만일 모든 신약성서 예언자들이 교회의 '터'의 일부분이었다면, 많은 이방인 신자들이 그들의 지역 교회에서 예언의 은사를 받았기 때문에 그 터 안에 분명 이방인 예언자들이 있었을 것이다. 그러나 그것이 사실이라면 바울이 왜 유대인들과 이방인들이 교회 안에서 동등하다는 점을 증명하기 위해 그 사실을 강조하지 않았는지 이해할 수 없다. 그는 이렇게 말할 수 있었을 것이다. "너희 중에서도 어떤 사람들은 교회의 터의 일부분이다! 그런데 너희는 이방인들이다!" 이는 그에게 매우 강력한 논증이 되었을 것이지만 그는 이를 전혀 사용하지 않았다. 이 사실은 그가 지역 교회에서 예언의 은사를 받은 이방 그리스도인들을 이 '터'의 일부분이라고 생각하지 않았다는 것을 의미한다.

(f) 신약성서에서 지역 회중들 중의 보통 예언자들에 관해 확실하게 언급하는 본문들, 예를 들어, 고린도전서 12-14장, 데살로니가전서 5:20-21과 사도행전의 여러 구절들과 같은 본문들이 있다. 신약성서의 예언 은사를 묘사하는 이들 다른 본문들은 일반 회중예언자들이 교회에서 '터'의 역할을 하도록 하는 활동을 하지 않았으며 그런 권위를 갖지 않았다는 강력한 증거가 된다. 그리고 에베소서 2:20과 3:5가 일반 회중예언자들을 지칭하는지 아니하는지에 대해서는 분명 논쟁의 여지가 있지만 이들 다른 본문들의 다수는 전혀 애매하지가 않다. 그들은 모두 분명하게 지역 교회에서 기능하는 예언의 은사에 관해 말하고 있다.

그렇다면 일반 회중예언에 대해 분명하게 그리고 구체적으로 논의하는 본문(예를 들어, 고전 12-14장)들이 그보다 덜 분명한 본문(예를 들어, 엡 2:20이나 3:5)이 사실상 일반 회중예언을 묘사하는 것인지 아닌지에 대한 우리의 이해에 영향을 주도록 하는 것은 적절한 연구 방법이라고 할 것이다.

(g) 에베소서 2:20과 3:5가 신약성서의 사도들과 신약성서의 예언자들을 두 개의 다른 집단으로 지칭한다고 이해하는 견해에 대한 마지막 반론은 답이 없는 질문, 즉 이 예언자들이 어디에 있느냐 하는 것이다. 만일 이 입장

이 암시하는 것처럼 진정 그렇게 중요한 집단, 즉 사도들은 아니었으나 하나님의 절대적 권위로 하나님의 말씀 자체를 전했으며 보편적 교회의 '터'의 일부분이었던 예언자들의 집단이 있었다면, 우리는 신약성서의 본문 중에서 그들에 대한 약간의 기록을 찾을 수 있어야 하지 않는가? 그러나 그런 기록은 없다.

내가 아는 바로는 신약성서의 어디에도 사도는 아니었으나 그 자신의 말에 하나님의 절대적 권위가 부여된 예언자에 관한 기록은 없다. 그리고 우리에게는 신약성서에 자신이 예언자이지만 사도는 아니라고 주장하는 사람에 의해 쓰인 책이 한 권도 없다. 그뿐만 아니라 교회의 처음 150년 동안에 (내가 아는 한) 이런 예언자들에 의해 하나님의 권위를 가진 말씀이 전해졌다는 어떠한 기록도 없다. 우리에게는 '고린도 예언자들의 어록'이나 '데살로니가 예언자들의 어록' 또는 '에베소 예언자들의 어록' 혹은 두로, 가이사랴 등의 예언자 어록집이 없다. 그러나 만일 이 모든 예언자들이 하나님의 말씀 자체를 전했다면 이 말씀들이 대부분 우리를 위해 성서에 기록되고 보존되었을 것이라고 가정하는 것이 합리적이지 않겠는가? 만일 그 말씀들이 진정 성서와 같은 권위를 가졌다면 초기 그리스도인들은 그 말씀들을 보존하지 않았을까? 왜 어떤 교회도 그 말씀들을 보존하려고 했다는 징조도 없는 것인가?

따라서 우리가 만일 사도가 아니었음에도 불구하고 구약성서 예언자들과 동등한 권위를 가진 예언자들의 집단이 있었다고 가정한다면 우리는 큰 어려움에 봉착하게 된다. 즉 우리는 신약성서의 본문이나 초기 몇 세대의 그리스도인들이 쓴 글에 아무런 기록도 또는 자신들의 흔적도 남기지 않은 매우 중요한 집단이 존재했다는 것을 옹호하는 입장에 놓이게 되는 것이다. 우리는 그러한 집단, 즉 사도가 아니었으나 구약성서 예언자들과 같이 하나님의 절대적 권위로 말을 한 신약성서 예언자들의 집단이 과연 존재한 적이 있었는지 의심한다. 그리고 에베소서 2:20과 3:5가 신약성서 사도들과 신약성서 예언자들이라는 상이한 두 집단을 지칭하며 둘 다 공히 교회의 '터'가 되었다고 말하는 것보다 더 나은 해석이 없는지 의심하게 된다.

399

견해 4: 터 = 사도-예언자들 (한 집단)

끝으로 이 네 번째 해석은 에베소서 2:20과 3:5가 두 집단(신약성서의 사도들과 신약성서의 예언자들)이 아니라 단 하나의 집단(신약성서의 사도-예언자들 또는 '예언자들이었던 사도들')을 언급한다는 것이다.

이 본문을 그렇게 이해하는 것이 설득력 있도록 하는 여러 가지 이유가 있다.

(a) 첫째로, 이렇게 해석하는 것이 헬라어 문법상 분명 가능하다(앞에 제시된 논의를 보라). 그뿐만 아니라 그것은 바울이 에베소서 4:11에서 사용한 문법구조와 일치하는데, 거기에서 그는 '목사-교사들'에 대해 말하기 위해 똑같은 문법구조를 사용한다.

(b) 이 해석은 앞에서 언급한 역사 자료들에 가장 잘 맞아떨어진다. 역사 자료들은 하나님이 새 언약의 시대에 이방인들을 완전하고 새로운 방식으로 수용하신다는 진리를 사도들에게만 계시하셨으며 어떤 예언자에게도 하시지 않았음을 보여주고 있다. 따라서 바울이 당연히 이렇게 말할 수 있었다.

> 그것을 읽으면 내가 그리스도의 비밀을 깨달은 것을 너희가 알 수 있으리라. 이제 그의 거룩한 사도이며 또한 예언자인 사람들에게 성령으로 나타내신 것 같이 다른 세대에서는 사람의 아들들에게 알리지 아니하셨으니, 이는 이방인들이 복음으로 말미암아 그리스도 예수 안에서 함께 상속자가 되고 함께 지체가 되고 함께 약속에 참여하는 자가 됨이라(엡 3:4-6).

(c) 사도들만이 신약성서 교회의 '터'라고 이해하는 것은 이 '터'에 관한 신약성서의 또 다른 묘사와 일치한다. 그 묘사는 사도들과 어떤 예언자들 집단이 아니라 사도들만의 독특한 터의 역할을 분명히 강조한다. 그것은 요한계시록 21:14에서 사도 요한에게 주어진 새 예루살렘의 환상에서 찾을 수 있다. "그 성의 성곽에는 열두 기초석이 있고 그 위에는 어린 양의 열두 사도의 열두 이름이 있더라."[162]

(d) 사도들을 '또한 예언자들'이라고 지정하는 것은 여기에 제시된 바울

의 논증에도 적절하다. 그는 이방인들의 수용이라는 사실이 어떤 멀리 떨어져 있는 지방의 어떤 비중 없는 또는 중요하지 않은 그리스도인에게 계시된 것이 아니라 구체적으로 교회에서 터의 역할을 한 사람들, 즉 사도들에게 계시되었다는 것을 보여주려고 한다. 그리고 그것은 그들의 '예언자'로서의 역할 안에서, 즉 하나님의 계시를 받는 자들로서 이방인들의 수용이 그들에게 계시되었던 것이다.

그래서 이방인들은 교회 안에서 그들의 평등을 확신할 수 있었는데 그 이유는 참 복음을 하나님의 권위로 선포하는 사도들이 '또한 예언자들', 즉 성령으로부터 교회의 새 방향, 특히 이방인들의 수용이라는 방향을 계시 받은 사람들이기 때문이다. 따라서 이방인들의 완전수용은 근거가 약한 사상이 아니라 교회의 핵심 인물들과 지도자들에게 먼저 알려지고 이제 그들이 보증하는 중심적 개념이다.[163]

이러한 해석('사도이며 또한 예언자인 사람들')에 더응하여 개핀은 다음과 같이 말한다.

> 이것은 문법적으로 가능하며 사도들이 예언적 기능을 행사하는 것이 사실이다 (예를 들어, 롬 11:25ff.; 고전 15:51ff.; 살전 4:15ff. 고전 14:6과 비교하라). 아마 이 견해를 절대적으로 배제하는 것은 없을 것이다. 그러나 여러 가지 고려들을 조합하면 이 견해에 결정적으로 반대하게 된다.[164]

그리고 그는 이 견해에 대한 네 가지 반론을 열거한다.

(i) 에베소서 4:11에서 사도들과 예언자들은 분명히 구별되었으며 이는 에베소서 2:20 및 3:5와 큰 문맥이 같다.
(ii) 고린도전서 12:28에서도 사도들과 예언자들이 구별되었다.
(iii) 하나의 집단으로서 사도들은 '예언자들' 혹은 '교사들' 또는 신약성서에서 사역을 구별하는 다른 어떤 용어로도 불린 적이 없다.
(iv) 따라서 이 '예언자'라는 다른 의미는 문맥에 추가적 표시 없이는 독자들에

게 전해지고 않았을 것이다.[165]

우리는 이제 이 네 가지 반론에 차례로 응답할 수 있다.

(i) 에베소서 4:11에서 바울은 지역 교회 내에서 예언의 은사를 가진 사람들을 지칭하기 위해 '예언자'라는 용어를 사용하고 있음을 인정해야 할 것이다. 따라서 그는 그 용어를 2:20과 3:5에서와는 다른 사람들을 지칭하기 위해 사용하고 있다.

그러나 바울은 그가 사용하는 문법구조에서 이 같은 구별을 매우 분명하게 하고 있다. 에베소서 4:11에서 그는 정관사 'the'를 'apostles'(사도들)이라는 단어 앞에 두고 나서는 'prophets'(예언자들)이라는 단어 앞에 다시 한번 사용한다. 이렇게 함으로써 그는 두 개의 상이한 집단을 염두에 두고 있음을 분명히 한다.

사실 바울은 이 차이를 그보다 더 분명하게 하는데, 이는 통상 번역되지 않지만 '한 편으로 … 다른 한 편으로'를 뜻하는 헬라어 단어 두 개를 더함으로써 그리한다. 아주 글자 그대로 하면 우리는 에베소서 4:11을 이렇게 번역할 수 있다. "그가 한 편으로 어떤 사람은 사도로, 다른 한 편으로 어떤 사람은 예언자로, 또 다른 한 편으로 어떤 사람은 복음 전하는 자로, 또 다른 한 편으로 어떤 사람은 목사와 교사로 삼으셨으니 …"

이렇게 여기에서 사도들은 별도의 집단에 두어졌으며 예언자들과 복음 전하는 자들과 목사-교사들과는 분명하게 구별되었다.

이와 비슷한 경우가 베드로전서 5:1에서 발견되는데, 거기에서 베드로는 이렇게 말한다. "내가 동료 장로로서 그리고 그리스도의 고난의 증인으로서 너희 중 장로들에게 권하노니 …"(의미 전달을 위해 개역개정이나 개역한글 번역을 따르지 않고 그루뎀이 인용한 RSV 본문을 직역 했다-옮긴이). 여기에서 베드로는 '장로'라는 단어를 사도가 아니고 단지 지역 회중의 성도인 교회 직분자들을 지칭하기 위해 사용한다. 그리고 그는 같은 문장에서 모든 장로들을 일반적으로 지칭하는 것이 아니라 사도로서의 자기 자신을 지칭하기 위해 '동료 장로'fellow-elder라는 단어를 사용한다. 그러나 문맥이 이 점을 분

명히 한다.[166]

이와 비슷하게 디모데전서 2:7에서 바울은 자신을 '스승'이라고 부르지만 그 서신의 나중 부분에서는 장로들에 의해서 수행되는 가르치는 기능에 대해 말하고(딤전 3:2; 5:17) 그 전에는 율법교사(여기에는 합성어가 사용되었다)가 되고자 하는 자들에 대해 말한다. 그리고 디모데후서 1:11에서 그는 자신을 '교사'라고 부르지만 나중에는 "자기의 사욕을 따를 스승을" 많이 두는 사람들에 대해 말한다(딤후 4:3). 이 모든 경우에 문맥은 '장로'나 '교사'나 '예언자'와 같은 단어들이 문맥에 따라 다르게 사용되었음을 분명히 하며, 그 차이는 문맥과 경우에 따라 정확히 사용된 단어들wording이 분명히 나타내준다.

(ii) 나는 물론 고린도전서 12:28이 사도들을 예언자들과 구분한다는 데 동의한다. 그러나 그 사실이 신약성서에서 이 두 단어가 사용될 때마다 두 집단에 대해서만 사용되어야만 한다는 것을 의미하지는 않는다. 한 단어를 사용한 한 가지 사례가 다른 사례에서도 똑같은 의미를 가져야한다고 증명하지는 않으며, 여기에서 이슈가 되는 것은 에베소서 2:20과 3:5에서의 단어의 의미이다.

(iii) 사도들이 '하나의 집단으로서' 다른 곳에서 어떤 이름으로 불리지 않았다는 사실은 에베소서 2:20과 3:5의 의미에 결정적인 것이 아니다. 왜냐하면 신약성서에는 특정 용어가 사람들에게 복수가 아니라 단수로 적용되거나 한두 번만 복수로 적용된 사례들이 많기 때문이다. 바울은 복음의 '선포자'preacher였으니 사도들을 복음의 '선포자들'preachers이라고 부르는 것이 적절했을 것이다. 그러나 신약성서에는 한 번도 그런 적이 없다. 바울은 '스승'이었으니 사도들은 '스승들'이라고 불리는 것이 적절할 것이나 사실은 그렇지 않았다. 사도들은 예언자적 기능이 있었으나 신약성서에서는 단지 두 번만 복수 용어 '예언자들'prophets[보다 정확하게는 '사도-예언자들'apostle-prophets]로 불리었다. 신약성서에서 말한 많은 것들이 한두 번만 언급되었으며, 어떤 용어가 어떤 방식으로 두 번 이상 사용되어야 우리가 그것을 수용할 수 있다는 것은 불합리한 조건이다.

(장로들이 신약성서에서 단 한 번 '목사들'이라고 불리었으나[엡 4:11] 많은 사람들이 여전히 엡 4:11이 장로들에 대해 말하고 있다고 생각한다는 점을 주목하라. 그뿐만 아니라 사도들은 다른 곳에서 복수 용어 '제자들'[복음서들에서 자주]이나 '증인들'[행 2:32]로 불리었다.)

그러므로 사도들이 만일 (개핀이 동의하는 바와 같이) 예언자적 기능을 수행했다면, 그리고 사도 바울이 고린도에 '예언'을 가져오는 것에 대해 말할 수 있고 사도 요한이 자신의 글을 '예언'이라고(계 1:3; 22:7) 부른다면 문법과 문맥이 이런 해석에 호의적이라는 전제 하에 사도들이 에베소서 2:20과 3:5에서 '예언자들'이라고 두 번 불릴 수 없다는 근원적 이유는 없다.

(iv) 독자들이 이것을 이해했을까? 나는 위에서 문법과 주제가 모두 바울이 이 본문들에서 '사도-예언자들'에 관해 말하고 있다는 신호를 독자들에게 보내고 있음을 분명히 보여준다는 여러 가지 이유를 제시했다.

이 지점에서 네 번째 견해에 대한 또 하나의 반론이 남아 있다. 그것은 개핀이 제시한 반론들에 추가된 것이지만 아마 현대의 독자들 마음에 이 견해에 대해 주저하도록 하는 가장 중요한 요소일 것이다. 어쩌면 장애물이라고 할 수 있는 그 반론은 우리들의 영어 번역본이 일반적으로 '사도들과 예언자들' apostles and prophets이라고 되어 있는데 그런 구조에서 영어 단어 'and'는 분명히 두 개의 다른 집단들, 즉 사도들과 예언자들을 의미하는 것으로 보인다. 이것은 사실 헬라어 본문의 의미에 근거한 반론은 아니지만 다수의 영문판 독자들에게는 이 본문이 '사도들이며 또한 예언자들인 사람들'(한 집단)을 의미한다고 이해하기 어려움을 잘 보여준다.

이 반론에 대한 대응은 단순히 바울과 다른 신약성서 저자들이 한 사람 또는 한 집단을 지칭하기 위해 이와 같은 문법구조를 얼마나 자주 사용하는가를 주목하는 것이다. 문법적으로는 1세기에 헬라어를 구사하는 에베소서의 독자가 바울이 두 집단을 염두에 두고 있다고 생각하도록 하는 것은 사실 아무것도 없다.

그래서 에베소서 2:20은 교회가 "사도들이면서 또한 예언자들인 사람들의 터 위에 세워졌다"는 것을 의미한다고 결론짓고, 에베소서 3:5는 교회 안에 이방인들을 포함한다는 비밀은 "이제 그의 거룩한 사도들이면서 또한 예언자들인 사람들에게 성령으로 나타내신 것 같이 다른 세대에서는 사람의 아들들에게 알리지 아니하셨다"는 것을 의미한다그 이해하는 것이 최선으로 보인다.

(e) 그럼에도 불구하고 사람들이 에베소서 2:20과 3:5에서 두 집단을 보게 된다면 어떻게 되는 것인가? 끝으로 한 가지를 추가할 필요가 있다. 비록 사람들이 위의 논증에 설득되지 않아서 세 번째 견해, 즉 이 본문들이 '신약성서의 사도들'과 '신약성서의 예언자들'이라는 두 집단을 지칭한다는 견해가 더 설득력 있다고 생각한다고 할지라도 이 본문들이 반드시 모든 신약성서 예언자들을 지칭했다고 결론지을 수는 없다는 것이다. 사실 이 두 본문들에서 '예언자들'에 대해 그렇게 잠깐 언급된 것이 모든 신약성서 회중에서 예언의 은사가 있었던 모든 사람들을 묘사한다고 주장하기는 매우 어려울 것이며, 특별히 다른 많은 신약성서 본문들이 예언자들이 지역교회에서 '터가 아닌' 역할을 했음을 보여준다면 더욱 그럴 것이다.[167]

그러므로 비록 어느 독자가 세 번째 견해를 선호했다 하더라도 그것이 이 책의 나머지 부분에서 주장하는 바에 심각한 영향을 끼치지는 못할 것이다. 왜냐하면 만일 에베소서 2:20과 3:5가 사도들과 예언자들이라는 상이한 두 집단에 대해 언급한다면 나는 여기에 언급된 '예언자들'이 사도들과 비슷한 권위를 가진 사람들이라고 대응할 것이다. 따라서 이런 사람들은, 신약성서의 다른 부분들에서 훨씬 더 자세히 묘사되었고 초기 그리스도인 회중들에 널리 흩어져 있던 보통 예언자들과는 달랐을 것이다. 개핀은 에베소서 2:20에 많은 관심을 기울이고 이 절이 모든 신약성서 교회의 모든 예언자들을 묘사한다고 말한다. 그러나 그는 그것이 옳다는 것을, 즉 이들 다른 본문들에서도 예언이 실제로 동일한 '터'의 역할을 했다는 것을 증명하기 위해 신약성서의 나머지 부분에 실재實在하는 자료들을 거의 분석하지 않는다. (그는 예를 들어, 고전 14장에 나오는 예언의 권위에 관한 문제에 겨우 두 페이지만 할애한다.)

이 연구에서 우리의 목적을 위해서는 에베소서 2:20과 3:5에 언급된, 그리고 이방인 수용이라는 위대한 사실을 계시 받은 특별한 무리의 '예언자들'(또는 '사도-예언자들')보다는 정기적 회중 모임에서 예언의 은사를 사용하는 보통 그리스도인 예언자들이 훨씬 더 상관이 있다. 그리고 이 책의 제3장의 주된 관심은 보통 그리스도인 회중들에 있는 이 예언자들이다.

댄 월러스Dan Wallace의 반론에 대한 추가적 소고小考

내가 이 부록을 집필한 후 '관사-명사-*kai*-명사' 구조에 관해 훨씬 더 광범한 논의가 댄 월러스의 중급 헬라어 문법*Greek Grammar Beyond the Basics*에 나타났다.[168] 월러스는 284-285쪽에서 에베소서 2:20 및 3:5에 대한 나의 결론과 달리 주장하는데, 그 이유는 이 구조에서 복수 명사가 같은 사람들을 지칭하는 다른 어떤 사례도 발견할 수 없기 때문이라는 것이다(따라서 그는 엡 2:20이 내가 주장하는 것처럼 '사도-예언자들'을 지칭할 수 없다고 생각한다).

그러나 나는 여러 가지 이유로 그의 논증이 얼핏 보기에 그럴듯한 것보다는 설득력이 부족하다고 생각한다. (1) 월러스는 이 구조에서 복수 분사가 실명사로 쓰일 때에는 한 집단을 지칭할 수 있다고 인정한다(그는 요 20:29, "보지 못하고 믿는 자들"[한 집단], 그리고 계 1:3, "이 예언의 말씀을 … 듣는 자와 그 가운데에 기록한 것을 지키는 자"[한 집단]을 인용한다). 나로서는 1세기에 헬라어를 읽는 사람들이 명사와 명사의 기능을 하는 분사 사이에 그 같은 세미한 구분을 해서 그 구조에서 하나는 동일한 사람들을 지칭하고 다른 하나는 그렇지 않다는 것을 알 수 있으리라고 생각하기 어렵다. (2) 월러스는 또한 실명사의 기능을 하는 복수 형용사는 동일한 집단을 지칭할 수 있다는 사례(엡 1:1, "성도들이면서 신실한 자들에게"[RSV를 직역하였음-옮긴이])를 제시하는데, 나는 여기에서 위와 동일한 논리를 사용하고자 한다. 1세기의 독자들이 실제로 형용사가 명사의 기능을 할 때에는 한 집단을 지칭할 수 있고 명사 자체들만으로는 한 집단을 지칭할 수 없다는 것을 이 구조가 보여준다고 생각할 수 있겠는가? 이것은 너무 세미한 차이여서 결코 그럴 것 같지는 않다. (3) 월러스는 에베소서 4:11의 '목사-교사들'을 특별한, '애매한' 범주에 둘 수밖에 없었으나 많은 주석가들은 이것이 한 집단을 지칭한다고 주장한다. (4) 한 집단을 지칭하기 위해 두 개의 복수 둔사들이 실명사로 사용되는 구조는 꽤 빈번히 사용된다. 월러스도 마태복음 5:6; 마가복음 12:40; 누가복음 7:32; 고린도후서 12:21; 빌립보서 3:3; 데살로니가전서 5:12; 베드로후서 2:10; 요한2서 9; 요한계시록 18:9를 열거한다(283쪽). 그러므로 한 집단을 지칭하기 위해 같은 구조로 두 개의 복수 명사를 사용하는 개념은 원어민에게는 전혀 이해하기 어렵지 않을 것이다. (5) 로마서 16:7, "내 친척이요 나와 함께 갇혔던 안드로니고와 유니아에게 문안하라"는 명사로 사용된 복수 형용사(*suggeneis*, 친척들)를 하나의 복수 명사(*sunaichmalōtous*, 함께 갇혔던 자들)와 결합시키는데 이는 동일한 집단을 지칭한다는 점을 주목하라. 또한 골로새서 1:2, "성도들과 신실한 형제들에게"(RSV를 직역하였음 – 옮긴이) 역시 이 구조에서 하나의 복수 명사 '아셀포으스'(형제들 *adelphois*)를 사용하는데 한 집단을 지칭한다. 따라서 이 구조에서 둘 다 동일한 집단을 지칭할 때 복수 명사들이 발견될 수 있다.

부록 7
교회 역사상 여러 시점에 예언의 은사가 존재했었다는 증거

교회의 역사는 예언의 은사가 내가 이 책에서 묘사한 방식으로 기능한 많은 사례들을 포함하고 있다. 그것을 내가 이 책을 처음으로 발간한 이후 발견한 것은 내게는 약간 놀라운 일이었다. 이 발견은 대체로 내 책을 읽은 사람들이 사무엘 러더포드Samuel Rutherford와 찰스 스펄전Charles Spurgeon과 다른 이들의 저술에 있는 자료들을 내게 보내주거나 주의를 환기시켰기 때문이었다. 그 같은 역사적 증거는 개혁주의 중지론자들에게 특별히 중요한데, 이는 이 저자들이 나름대로 개혁주의 교리Reformed doctrine의 옹호론자들이었기 때문이다.

1. 존 녹스(John Knox: 1514-1572년경)

존 녹스는 스코틀랜드의 개혁주의자로 그의 힘찬 설교와 글이 스코틀랜드의 교회에서 종교개혁의 방향과 신학의 정립에 크게 기여했다.

역사학자 재스퍼 리들리Jasper Ridley는 녹스의 전기에서 녹스와 다른 신교도들은 "그들의 지도자들이 예언의 은사를 가질 것을 기대했다"고 말했다.[169] 리들리는 녹스의 여러 가지 예언이 사실로 나타난 것을 기록했는데, 그 중의 하나는 그랜지의 윌리엄 커콜디William Kirkaldy of Grange의 죽음에 관련된 것이었다. 녹스는 그 사람이 죽을 때 그와 함께 있었던 두 사람에게 예언했다.

"당신들은 이전에 주님의 일에 있어서 그랜지의 용기와 일편단심을 목격한 사람들[그가 말했다]이오. 그러나 슬프도다, 이제 그가 어떤 심연深淵으로 떨어졌는가. 나는 이제 당신들에게 요청하는 것을 거절하지 말아 달라고 간청하오. 가서 그에게 내 이름으로 말하시오. 그가 아직 회개로 돌아오지 않는다면 그는 비참하게 죽을 것이오. 왜냐하면 그가 가련하게 신뢰하는 울퉁불퉁한 바위[성城]도, 그가 작은 신으로 우러러보는 그 사람[레딩턴: Lethington]의 육신적 신중함도, 그가 거짓으로 우쭐해 하는 외국인들의 도움도 그들을 구원하지 못할 것이오. 그가 신속히 그의 삶을 고치지 않으면, 그리고 하나님의 자비를 향해 도주하지 않는다면 그는 수치스럽게 그의 처소에서 끌려 나가 처벌을 받을 것이며 태양을 마주보며 교수대에 매달릴 것이오. 그 사람의 생명은 나에게 귀한 것으로 내가 구원할 수만 있다면 파멸되지 않도록 하기를 원하오."[강조 추가됨]**170**

그리고 리들리는 그 예언의 성취를 자세히 설명한다.

8월 3일에 그랜지와 그의 형제 제임스가 … 교수형에 처해졌다. 레딩턴은 성을 항복한 직후 죽었다: 아마 그는 자살을 했을 것이다.

이렇게 녹스의 예언 두 가지가 성취된 것으로 보인다. 모든 기록들은 그랜지가 항복의 조건을 논의하기 위하여 성벽 앞에서 드루리Drury를 만날 때 그는 잉글랜드군의 포격으로 무너져 내린 돌이 성문을 막아버렸기 때문에 성문을 통과해 나갈 수 가 없었다. 그래서 그는 성벽 너머로 로프 또는 사다리로 내려갔다. 녹스는 그랜지가 성문을 통해서가 아니라 성벽 너머로 토해질 것이라고 예언했었다. 그랜지가 양지 바른 오후에 에딘버러의 시장 사거리에서 교수형에 처해졌을 때 그는 동쪽으로 얼굴을 향한 채 매달려졌다. 그러나 그가 죽기 전에 그의 몸이 돌아서 서쪽을 향했다. 그래서 그는 녹스가 미리 말한 바와 같이 태양을 마주보며 교수형에 처해졌다.[강조 추가됨]**171**

2. 웨스트민스터 신앙 고백(1643-1646)

이 신앙 고백의 첫 번째 장(성서에 대하여)의 10번째 문단은 이렇게 말한다.

모든 종교적 논쟁을 판결하시고, 모든 종교회의의 결의, 고대 저자들의 소견, 사람들의 교의, 그리고 **개인적인 영들을**and private spirits 감찰하시며, 우리가 의지할 만한 판결을 내리시는 최고의 재판장은 어떤 누구도 될 수 없고 오직 성서 안에서 말씀하시는 성령이시다. [강조 추가됨]

여기에서 '개인적인 영들'은 '종교회의의 결의'와 '고대 저자들의 소견'과 '사람들의 교의'와 같은 반열에 놓여 있다. 이 모든 것들이 '성서 안에서 말씀하시는 성령'의 권위 아래에 놓여야 한다. 그런데 '개인적인 영들'이란 무엇인가?

최근에 바이런 커티스Byron Curtis는 웨스트민스터 신앙 고백WCF의 시기에 '개인적인 영들'은 '개인적인 계시들'을 의미했으며 WCF는 그것을 배제하지 않고 그것은 성서의 지배를 받을 것을 요구했다고 주장했다. 커티스는 이렇게 썼다: " … 7세기 중반 잉글랜드에서 '개인적인 영들'이라는 구절은 개인적인 계시들이라는 확립된 의미가 있었다."[172] 커티스는 옥스퍼드 영어사전Oxford English Dictionary을 인용하여 WCF의 시기에는 '영'spirit이라는 용어가 '의견'opinion이라는 뜻도 있고 '계시'revelation라는 뜻도 있음을 보여주었다. 그러나 그는 시기나 주제에 있어서 WCF와 더 가까운 다른 문헌들로부터 'private spirits'는 통상적으로 사람들이 성령으로부터 받았다고 주장하는 '개인적인 계시들'을 의미하는 것으로 이해되었다는 중요한 증거를 보여준다.

커티스는 이렇게 결론짓는다.

역사적 증거와 언어학적 증거는 WCF ∬1.10의 '개인적인 영들'이라는 구절에는 분명하게 인식되는 의미가 있었다는 것을 보여주는데, 그 의미는 [어떤 널리 알려진 논쟁]에서 추적할 수 있다. … 그 의미는 개인적인 의견이 아니라 개

인적인 계시를 뜻한다는 것이다.**173**

3. 사무엘 러더포드(Samuel Rutherford: 1600-1661)

사무엘 러더포드는 스코틀랜드의 목사였고 신학자였으며 1643-1646에 런던에서 웨스트민스터 신앙 고백을 제정한 웨스트민스터 회의의 가장 영향력 있는 대의원들 중의 하나였다. 러더포드는 웨스트민스터 회의에 참석하기 위해 런던에 4년간(1643-1647) 머물렀는데, 거기에 있는 동안 "그는 근면성실한 학자였으며 다작의 저술가였다."**174** 아래에 나오는 글은 1648년에 출판되었는데, 이는 이 글의 대부분이 그가 주요 저자들 중의 하나로 웨스트민스터 회의에 참여하는 동안에 썼을 가능성이 있음을 암시한다. 구식 철자가 조금 읽기 어렵기는 하지만(인명이나 단어를 괄호 안에 소개할 필요가 있을 때에는 독자들의 편의를 위해 현대식 철자로 바꾸었음 – 옮긴이) 그가 묘사하는 세 번째 종류의 계시("경건한 사람들에게 독특하게 나타나는 사실들에 관한 것")가 내가 이 책에서 묘사하는 현상인데 그는 이를 '예언'이라고 지칭한다.

이 사실은 특히 웨스트민스터 신앙 고백이 예언의 은사가 오늘날 계속되는 것을 배제한다고 주장하는 사람들에게 관련이 된다. 만일 이 주장이 사실이라면 그것은 웨스트민스터 신앙 고백의 주요 저자들 중의 한사람이 자신이 도와 작성된 고백문을 고수한다고 엄숙히 고백하면서, 그리고 그 고백문의 의미를 당시에 현존하는 어떤 사람보다 더 잘 이해하면서 실제로 그 고백문과 모순이 되는 문서를 출판했다는 것을 의미하는데, 그가 독자들에게 어떤 해명의 말도 없이 그리 했으며 그로 인해 교회 내에서의 지위나 명성에 손상을 입지도 않았다(1647년부터 그가 1660년에 죽을 때까지 "그는 학자와 지도자로서 스코틀랜드에서 탁월했다."**175**). 그런 아이디어는 전혀 역사적 사실과 맞지 않는다. 이 문서는 오히려 예언 은사의 계속에 대한 믿음이 웨스트민스터 신앙 고백을 진심으로 인정하는 것과 일치한다는 증거를 풍성히 제공한다.

러더포드 사무엘 지음, 영적 적그리스도에 관한 조사. 존 솔트마쉬 등의 적그

리스도 교리에서 가족주의와 도덕폐기주의의 비밀을 파헤침 (런던, 1648).**176**

제1부, 제7장 – "계시와 영감에 관해"

이제 성령의 계시와 감동을 다루면서 나는 학식 있는 분들과 경건한 분들에게 겸손한 마음으로 … 사람들이 믿는 내적 계시가 있다고 생각한다. 그리고 이것은 네 가지가 있다고 생각한다.

1. 예언적인 것
2. 선택된 사람들에게만 오는 특별한 것
3. 경건한 사람들에게 독특하게 나타나는 사실들에 관한 것
4. 거짓이며 악마적인 것

(1) 예언적 계시는 (구약의) 예언자들이건 사도들이건 성서의 필자들의 마음과 판단에 성령이 빛을 비추어 주는 광채다. 그것은 하나님의 생각과 뜻을 환상이나, 꿈이나 또는 다른 방식으로 사람들이나, 목회자들이나 가르치는 자들의 (개입)없이 즉각적으로 그들에게, 예를 들어, 이사야와 예레미야에게 한 것처럼, 불어넣어주는 것이다(사 1:1; 렘 1:1). 또는 바울에게 한 것과 같다(갈 1:1, 11, 12, 15, 16 …). … 그리고 그들이 기록하거나 선포하는 것은 우리의 믿음의 대상에 더해져야 하며, 그들의 글은 계시록에 더해져야 하는데 그것은 금지되었다(계 22:17, 18, 19; 신 12:32; 30:5, 6 …).

(2) 성서에 있는 것으로 이루어졌고 특별히 선택된 신자들의 영혼에 적용되는 특별한 내적 계시가 있다. 교부 요한 6:4 (40)에 대해 듣고 배운바 이 계시에 의해 그들에게 알려지고 계시되었는데, 그것은 지혜와 계시의 영에 의해 그들의 부르심의 소망이 무엇이며, 성도 안에서 그 기업의 영광의 풍성함이 무엇인가를 알게 하고 계시되었다(엡 1:17, 18, 19 …). 그리고 이것은 모든 믿는 자들에게 공통된 것이다.

이 계시는 직접적으로 오든지 또는 말씀의 표적speaking signs이나 칭의의 표시 marks of sanctification로 오든지(요일 1:3; 요일 3:3; 4:13, 19, 20 … [41] 성령의 증언에 의하여 내가 하나님의 자녀임을 의식한다는 분명한 증거다(롬 8:16).

(3) 말씀의 정경이 끝난 후에도 장래의 일들을 예언한 특별한 사람들의 계시가 있다. 예를 들어, 존 허스John Huss, 위클리프, 루터 등이 앞으로 일어날 일들을 예고했는데 확실히 실현되었으며, 우리나라 스코틀랜드에서는 조지 위샤트 George Wishart가 비튼Beaton 추기경이 성 앤드루스St. Andrews 성문으로 살아서 나오지 못하고 치욕적인 죽음을 당하게 될 것이라고 예고했는데 그는 하나님의 사람이 화형당하는 것을 그가 내다본 창문에 매달려 죽었으며, 녹스도 그랜지 경의 교수형을 예언했고, 데이빗슨Ioh. Davidson도 왕국(스코틀랜드-옮긴이)의 많은 사람들에게 알려진 예언prophecy을 했으며, 잉글랜드의 다양한, 경건하고 금욕하는 설교자들이 이와 같은 일을 했다. … [42, 강조 추가됨]

(4) 내가 들어 본 … 어떤 가족주의자나 도덕폐기주의가 네 번째 종류의 거짓말과 거짓 영감밖에는 말한 것이 없다. 허치슨 부인Mrs. Hutchison은 다니엘이 사자들로부터 구원된 것처럼 자신이 보스톤의 법정으로부터 기적적으로 구원될 것이라고 말했는데 그것은 거짓으로 드러났다. … 데이빗 조지David George는 자기 자신을 죽은 자들 가운데서 일으킬 것이라고 예언했는데[42] 그 말은 결코 성취되지 않았다. … 세 번째와 네 번째 예언의 차이를 나는 이렇게 설명한다. 1. 이 훌륭한 개혁가들은 사람들로 하여금 그들의 예언을 성서처럼 믿도록 하지 않았다. 우리는 (구약의) 예언자들과 사도들이 앞으로 일어날 일들을 미리 말하는 예언들을 하나님의 말씀 자체로 신뢰해야 할 것이지만 그들(개혁가들)은 (구약의) 예언자들이 그리하고, 바울이 로마서 11장에서 유대인들의 구원을 예언하면서 그리하며, 요한계시록 1:10과 이 책 전체에서 그리한 것처럼 자신들을 성령에 의해 직접적으로 감동받은 기관으로 결코 자처하지 않았다. 사실 그들은 그들이 예언하는 특별한 사건들과 사실들을 (구약의) 예언자들이나 사도들이 예언한 특별한 사건들과 사실들처럼 믿지 않는 사람들에게 결코 심판

을 받는다고 비난하지 않았다. 그러나 허치슨 부인은 … 장래 사건에 관한 자신의 특정한 계시는 성서의 어떤 말씀과 다름없이 오류가 없으며 동일한 성령이 저자이기 때문에 성서와 동등하게 믿어야 한다고 말했다. … [43]

2. 경건하고 건전한 그리스도의 증인들에게 계시된 사건들은 말씀과 모순되지 않는다. …

3. 그들은 믿음이 건전한 사람들로서 카톨릭 교회와, 주교(감독) 제도와, 소시누스주의와, 교황숭배와, 무법적 열광주의와, 도덕률폐기주의와, 아르미니우스주의와, 아리안주의와 건전한 교리에 위배되는 다른 모든 것들을 반대하는데 이는 네 번째 종류의 계시를 주장하는 사람들에게 부족한 것으로 우리는 그들을 악마적이라고 판단할 수밖에 없다. …

4. 조지 길레스피(George Gillespie: 1613-1648)

조지 길레스피도 웨스트민스터 회의의 대의원이었으며 그 회의에서 영향력 있고 유명한 토론가들 중의 한 사람이었다. 길레스피는 존 녹스와 조지 위샤트와 같은 스코틀랜드 종교개혁의 몇몇 영웅들에 관하여 이렇게 썼다.

이 대단한 사람들은 비범한 목사들이나 교사들처럼, 심지어 거룩한 예언자들처럼 하나님의 특별한 계시를 받아 이상하고 특이하며 다양한 일들에 대해 예고하였는데 그 예고는 정확한 때에 이루어졌다.[177]

스코틀랜드 복음전도자들의 사역에서 주목할 만한 예언의 사례들에 관한 훌륭한 자료는 존 하위John Howie의 『스코틀랜드의 명사들』*Scots Worthies*이라는 책이다.[178] 존 웰쉬John Welsh의 삶에서 행해진 예언의 이야기들(123-139쪽을 보라)은 특별히 주목할 만하다.

5. 윌리엄 브릿지(William Bridge: 1600-1670)

윌리엄 브릿지는 청교도 신앙의 비국교도 복음전도자였고 또한 웨스트민스터 회의의 대의원이었다. 아마 1640년대 말경에 행해졌으나 1656년에 출판된 설교에서 브릿지는 이렇게 말했다.

> … 우리가 살고 있는 이 날들에 하나님이 비상한 환상과 계시로 말씀하시지 못하겠는가? … 아닙니다, 모든 의심의 여지가 없이 그는 하실 수 있습니다. 하나님을 제한하면 안 됩니다. 그는 그가 기뻐하시는 무슨 방식으로든 말씀하실 수 있습니다. 하나님이 무엇을 하실 수 있는지 나는 따지지 않겠습니다. 그는 그것이 자신을 기쁘게 한다면 사람들에게 말씀하실 수 있습니다. 예, 우리가 알려진 역사를 믿는다면 주님은 사도들의 때로부터 가끔 그의 종들에게 이런 방식으로 말씀하셨습니다. … 그러나 약속에 대한 믿음과 환상이나 계시 사이에는 커다란 차이가 있습니다. 그렇다면 주님이 이와 같은 방식으로 말씀하시는 것은 그분의 종들 중 일부에게 하시는 것일 수 있습니다. 그러나 이제 이 문제에 대해 여러분이 한계를 알도록 하기 위해 …
>
> 비록 하나님이 자신의 종들 일부에게 이런 식으로 말씀하실 수 있다 해도 내가 만일 환상이나 계시에 대한 간절한 갈망이 있다면 그것은 잘못된 것이다. …그렇습니다. 나는 하나님이 이런 환상의 방식으로 말씀하시는 것을 갈망하면 안 될 것입니다. 그리하면 내가 퇴보하는 것일 수밖에 없는 것처럼 말입니다. … 환상을 간절하게 갈망하는 것은 그 사람이 성서로 만족하지 않는다는 증거입니다.[179]

이처럼 브릿지는 당시에 하나님의 계시를 추구하는 것을 장려하지 않았지만 그것이 불가능하다고 생각하지는 않았으며 그런 일들이 있었다고 믿는 것 같다. 다시 말하건대 만일 웨스트민스터 신앙 고백이 그런 예언이나 계시가 불가능하다고 단정했다면 브릿지는 WCF를 인정할 수 없었을 것이다. 그러나 사실 그는 그 고백문을 작성한 회의의 일원이었다.

6. 리처드 백스터(Richard Baxter: 1615-1691)

리처드 백스터는 청교도 목사였으며 저술가였는데 그의 글은 성서를 삶에 적용하는 문제에 대한 성숙한 청교도적 사고의 최고 수준을 대표한다. 그의 저서 『개혁파 목사』*The Reformed Pastor*는 오늘날도 발행되고 있으며 목사의 삶과 행실에 관한 고전적 지침서로 널리 인정받고 있다.

백스터의 가장 방대한 저서 『A Christian Directory』는 1673년에 처음 발행되었는데 지금도 계속 발행되고 있다.[180] 이 책에서 그는 오늘날에 하나님으로부터의 계시에 대한 가능성을 논의한다. 아래의 인용문 중 4번 문단이 보여주는 바와 같이 그는 이것이 일어날 수 있는 일이라고 인정하고 이를 '예언'이라고 부른다. 그러나 그는 지나치게 하거나 남용하는 것에 대해 경고하고 그러한 주장을 '균형을 잡게 하는 의심을 갖고' 듣도록 지침을 제시한다.

질문 160: 우리는 하나님이 성서에 이미 계시하신 것보다 자신의 의지를 더 많이 계시하실 것으로 보아서는 안 되는가?

답: 우리는 1. 인류를 향한 새로운 언약의 율법new laws of covenant과 특정한 사람에 대한 새로운 예언이나 정보를 구분해야 하며, 2. 될 가능성이 있는 것과 우리가 확실하다고 또는 될 것 같다고 기대할 수 있는 것을 구분해야 한다. 그래서 나는 이렇게 결론 내린다:

1. 하나님은 인류나 교회의 통치를 위해 의무와 심판의 규칙으로서 다른 어떤 언약이나 약속이나 보편적 율법을 제정하시지 않을 것이 확실하다. …

2. 하나님이 이미 기록된 말씀을 설명하기 위한 무오류의 보편적 법칙으로서 새로운 성서 본문이나 영감된 말씀 주시지 않을 것이 확실하다. …

3. 하나님은 그의 모든 종들에게 그들의 여러 수단들 중에 복음의 이해와 적용

을 위해 성령의 도움과 깨우침을 주실 것이 확실하다.

4. 하나님은 특정한 사람들에게 그들의 특정한 임무나, 사건이나 사실에 관한 문제에 관해 영감, 환상, 환영, 또는 음성에 의해 성서의 권위 아래에 있는 새로운 계시를 주실 수가 있다. 왜냐하면 하나님은 그들에게 또는 다른 사람들에게 무슨 일이 일어날지 알려 주시거나, 어디로 가라고 하시거나, 어느 곳에 가서 살라고 하시거나, 이런 일을 하라고 하시는 등의 일을 결코 하지 않겠다고 말씀하신 적이 없기 때문이다. 그런 일은 성서에 모순되거나 성서와 동격이 되는 것이 아니라 성서의 권위 하에서 확정되지 않은 일을 확정하거나 어떤 행동을 상황에 의해 실증하는 것이다.

5. 비록 그러한 계시나 예언이 가능하기는 하지만 실제로 일어날 것이라는 일반적 확실성은 없으며, 어느 한 개인에게 일어날 것이라는 약속은 고사하고 개연성도 없다. 그러므로 그것을 기대하거나 그것을 위해 기도하는 것은 하나님을 주제넘게 시험하는 것일 뿐이다.[181]

[백스터는 계속해서 남용에 대해 더 많은 경고를 한다.] …

질문 164: 예언자 혹은 계시라고 자칭하는 경우 어떻게 시험해 보아야 하는가?

답: 1. 만일 그것이 성서에 모순된다면 그것은 거짓으로 배척되어야 마땅하다.

2. 만일 그것이 성서에 있는 것과 같다면 우리는 이미 그것을 더 확실하게 계시 받았다. 그러므로 그 계시는 그 사람의 믿음에 도움을 주는 것일 뿐이거나, 순종으로의 부르심이거나, 혹은 어떤 죄에 대한 책망일 수 있다. 그것이 진실로 하나님의 계시나 환상이라는 참된 증거가 있다면 그것은 모든 사람이 믿어야 할 것이나 그렇지 않다 해도 그것은 여전히 성서 안에 있음이 우리에게 확

실하다.

3. 만일 그것이 단지 성서 밖에 있는 것이라면 (예를 들어, 사건이나 사실들에 관한 것, 또는 특정한 장소나 사람에게 무슨 일이 일어날 지에 대한 예언) 우리는 먼저 그 안에 하나님의 계시라는 증거가 분명한지 알아보아야 한다. 그리고 그것이, 1. 하나님의 계시가 스스로 증거하고 확신을 주는 능력에 의해 그 사람 자신에게만 알려졌다면 그것을 받은 사람 이외에는 아무도 알지 못한다(우리는 거짓 생각을 하나님의 계시로 취하지 않도록 매우 조심해야 한다). 2. 그 사람과 다른 사람들에게 알려졌다면, (1) 현재에 하나님의 보증이나 다름없는 분명하고 조작되지 않은 기적에 의해 그리 되었음을 사람들이 보여줄 수 있다면 우리는 (이 경우에) 그것을 믿지 않을 수 없다. (2) 장래에 일어날 사건에 의해 그 예언이 하나님에 의한 것임을 분명하게 증명될 수 있다면, 그 사람의 말은 잠정적 믿음으로 들어야 할 것이다. 우리는 그가 참말을 하는지 아닌지 사건이 입증할 때까지 기다려야 하며, 그 동안에는 그의 말에 대해 진실이라거나 거짓이라거나 증명되지 않은 가정 위에 어떤 행동을 하면 안 된다.

4. 그가 말하는 것이 하나님의 말씀과 모순이 되는지 아닌지 의심스러울 때에는 그의 말을 균형을 잡아주는 의심을 갖고 들어야 하며 그 여부를 시험해보기까지는 그를 믿으면 안 된다.

5. 어떤 사람의 예언이나 계시를 단지 그가 매우 경건한 사람이고 가장 자신 있게 확언하고 맹세한다고 해서 믿는 것은 매우 위험한 덫이고 죄다. 왜냐하면 속아 넘어갈 수 있기 때문이다. 또한 하나님 앞에 거짓의 아비가 되는 것은 히스테릭 하거나 우울증과 같은 헛소리나 상상을 하나님의 영의 계시로 취하는 것과 같다.[182]

여기에서 나(그루뎀)는 개인적 비망록을 추가하고자 한다. 내가 백스터의 저서에서 이 자료를 처음 발견했을 때 나는 이 두 페이지를 복사하여 옥스

퍼드에서 백스터의 사역에 관한 박사학위 논문을 쓰고 있던 패커J. I. Packer에게 보내주었다. 패커는 다음과 같은 비망록을 보내왔다.

> 그런데 몇 주 전에 귀하께서 백스터의 저서에서 하나님이 개인적 정보가 되는 계시를 주시는 것에 관한 자료를 발췌하여 팩스로 보내주셨습니다. 이것은 청교도들의 표준적 견해였으며 내가 관찰한 바로는 그들은 리처드 개핀이 의미하는 바와 같은 중지론자들이 아니었습니다.[183]

7. 찰스 스펄전(Charles Spurgeon: 1834–1892)

찰스 스펄전은 런던의 침례교 목사였으며 많은 사람들의 평에 의하면 19세기의 가장 위대한 설교자였다.

다음의 발췌문에서 스펄전은 자기 스스로는 알 수 없었던 사람들에 관해 하나님이 알게 하시고 말하도록 하신 때에 관해 말하고 있다. 비록 스펄전은 이 경우들에 대해 '예언'이라는 용어를 적용하지는 않지만 그것들은 바울이 "그러나 다 예언을 하면 믿지 아니하는 자들이나 알지 못하는 자들이 들어와서 모든 사람에게 책망을 들으며 모든 사람에게 판단을 받고 그 마음의 숨은 일들이 드러나게 되므로 엎드리어 하나님께 경배하며 하나님이 참으로 너희 가운데 계신다 전파하리라"(고전 14:24–25)고 말할 때 바울이 생각하고 있었던 것을 돋보이게 보여주는 사례들이다.

> 음악 홀Music Hall에서 놀랄만한 회심의 사례들이 많이 있었다. 그 중의 하나는 하도 특이한 것이어서 나는 그것을 하나님이 때때로 자신의 종들을 인도하셔서 자신들은 말할 생각을 결코 하지 않았을 것을 말하도록 하시어 그 메시지를 듣도록 의도하신 개인에게 복을 받도록 하신다는 증거로 가끔 말한 바 있다. 내가 홀에서 설교하는 중 한 번은 의도적으로 무리 중의 한 사람을 가리키고 이렇게 말했다. "저기에 구두 만드는 사람이 앉아 있는데 그는 가게를 주일에도 열어 둡니다. 지난 안식일 아침에도 가게를 열어 그는 아홉 푼pence을 받았고 거기에서 네 푼의 이익을 남겼습니다. 그의 영혼은 사탄에게 네 푼에 팔렸

습니다!"

　도시의 한 선교사가 심방을 하는 중에 이 사람을 만났는데 그가 나의 설교문을 읽고 있는 것을 보고 그에게 물었다. "스펄전 목사를 아십니까?" 그는 대답했다: "예, 나는 그분을 알 이유가 얼마든지 있습니다. 나는 그분의 설교를 들으러 간 적이 있습니다. 그리고 그분의 설교를 듣고 하나님의 은혜로 나는 예수 그리스도 안에서 새로운 피조물이 되었습니다. 어떻게 그리 되었는지 말씀 드릴까요? 저는 음악 홀에 갔습니다. 그리고 한 가운데 있는 자리에 앉았습니다. 스펄전 목사님은 마치 나를 아시는 듯 나를 바라보셨습니다. 그리고 설교 중에 나를 가리키시고 성도들에게 내가 구두 제작하는 사람이고, 주일에 가게를 연다고 말씀하셨습니다. 나는 사실 그랬습니다. 나는 그 말에 신경 쓰지 않으려 했는데 그분은 내가 그 전 주일에 아홉 푼을 받아서 거기에서 네 푼의 이익을 보았다고 말씀하셨습니다. 나는 정말로 그날 아홉 푼을 받았고 이익은 정확히 네 푼이었습니다. 그러나 그분이 그것을 어떻게 아셨는지 나는 알 수가 없었습니다. 그러자 그것은 하나님이 그분을 통해서 내 영혼에게 말씀하셨다는 것을 깨달았습니다. 그래서 나는 다음 주일에 가게를 닫았습니다. 처음에는 그분이 저에 관해 더 많은 것을 사람들에게 말씀하실까 해서 그분의 설교를 들으러 다시 가기가 두려웠습니다. 그러나 나중에는 갔습니다. 그리고 주님이 나를 만나주셨고 내 영혼을 구해주셨습니다."

　나는 내가 그 사람에 대해 아는 것이 전혀 없이, 또는 성령이 그 말을 하라는 감동을 내게 주셨다는 믿음 외에는 내가 말하는 것이 옳은지에 대해 전혀 아는 바 없이 홀에 있는 누군가를 가리킨 비슷한 사례들을 열두어 가지나 말할 수 있다. 내가 묘사한 것이 너무 충격적이어서 그 사람들은 나가서 친구들에게 이렇게 말했다. "내가 생전에 한 모든 일들을 나에게 말한 분을 와서 보라. 의심의 여지가 없이 그분은 하나님이 내 영혼에게 보내신 분이 틀림없다. 그렇지 않다면 그토록 정확하게 나를 묘사할 수 없었을 것이다." 그리고 그뿐만 아니라 나는 강대상에서 사람들의 생각을 알게 하신 사례들도 많이 알고 있다. 때로는 찔리는 말을 듣고 옆에 앉아 있는 사람을 팔꿈치로 치는 것을 보기도 하는데, 그들은 나가면서 "목사님이 우리가 문으로 들어갈 때 서로에게 한 말을 그대

로 말씀하셨어!"라고 말했다.[강조 추가됨][184]

또 하나의 사례로 도둑을 발견한 일이 전해지고 있다.

월요일 저녁 기도모임에서 스펄전은 7월 31일의 설교와 관련된 사건을 언급했는데, 그는 엑시터Exeter 홀에서 설교하는 중 갑자기 주제에서 벗어나 한 방향을 가리키면서 "젊은이, 자네가 끼고 있는 그 장갑은 값을 지불하지 않았어. 자네는 자네의 고용주로부터 그것을 훔쳤어"라고 말했다. 예배가 끝나자 창백해 보이고 몹시 불안해 보이는 한 청년이 목양실로 쓰이는 방으로 와서 스펄전과 사적인 면담을 간청했다. 방에 들어오도록 하자 그는 장갑 한 켤레를 책상위에 올려놓고 눈물을 흘리면서 말했다. "제가 제 주인어게서 처음으로 도둑질을 했습니다. 다시는 그러지 않겠습니다. 목사님, 저를 폭로하시지 않겠지요? 하시겠습니까? 제가 도둑놈이 되었다는 말을 들으시면 제 어머님이 돌아가실 것입니다." 그 설교자는 우연히 활을 당겼는데 화살은 하나님이 의도하신 과녁을 맞혔고, 듣고 놀란 사람은 그 기묘한 방법으로 아마 더 큰 죄를 저지르는 것으로부터 구원을 받았을 것이다.[185]

8. 결론

나는 이 인용문들이 예언의 은사가 계속된다는 것과 그런 은사 혹은 성서보다 낮은 계시들이 교회의 역사를 관통하여 계속될 수 있다는 것을 인정하는 증거의 극히 일부분만을 건드렸을 뿐이라고 생각한다.[186] 이 은사가 억제되거나 의심스럽게 여겨질 때에는 아마 자주 나타나지 않았을 것이다. 왜냐하면 성령은 우리의 기대를 유린하는 방식으로 역사하시지 않기 때문이다. 그리고 이 은사가 나타났을 때에 그것은 '예언'이라고 불리지 않았거나 고린도전서 12-14장의 은사와 같은 것으로 여겨지지 않았을 것이다. 그 이유는 아마 예언은 구약의 정경에 나오는 예언자에게서만 찾을 수 있는 것이라는 그릇된 가정 때문이었을 것이다.

그리고 다른 때에는 이 은사가 예언이라고 여겨졌으나 그것이 하나님의 말씀 자체이며 순종해야 하는 것이라는 그릇된 가정 때문에 남용되었다. 그리고 거짓 가르침이 뒤따랐고, 잘못된 종파들이 일어났으며, 그들의 그릇된 가르침과 행실을 '예언'이라고 주장한 종파들의 오류와 남용 때문에 하나님의 선한 은사가 배척당했다.

그러나 하나님이 오늘날 이 은사를 실제로 사용하실 것이라는 기대는 별로 하지 않았으나 (리처드 백스터의 글에서 보는 것처럼) 때로는 아주 성숙한 이해를 찾아볼 수 있다.

나는 교회가 이 은사를 매우 소중한 것이지만 그러나 결코 성서와 동등한 권위를 가진 것은 아니며 항상 분별되어야 하는 것이라는 균형 잡힌 이해에 도달할 것을 소망하고 있다. 그리하면 교회는 이 은사를 배척하거나 경멸하지도 않고, 오류가 있을 수 없는 것으로 신뢰하거나 맹목적으로 추종하지도 않으며, 고린도전서 14:1, 39에 따라 사모하고 기대하며, 고린도전서 14:29와 데살로니가전서 5:19-21에 따라 상시적으로 분별하고, 그리하여 하나님이 의도하신대로 사람들의 "덕을 세우며 권면하며 위로하는"(고전 14:3) 기능을 하는 시기로 들어갈 수 있을 것이다.

약어표
참고 문헌
주

약어표

§

[책의 판은 발행연도 위에 조그만 숫자를 붙였다. (예, 1975⁵)]

책과 논문

BAGD   W. Bauer, W. F. Arndt, F. W. Gingrich, and F. W. Danker, *A Greek-English Lexicon of the New Testament and Other Early Christian Literature*. Chicago: University of Chicago Press, 1979.2

BSac   Bibliotheca Sacra

EDBT   Walter Elwell, ed. *Evangelical Dictionary of Biblical Theology*. Grand Rapids, Mich.: Baker, 1996.

IBD   J. D. Douglass, ed. *Illustrated Bible Dictionary*. Leicester, England: InterVarsity, 1998.

ICC   *International Critical Commentaries*. Edinburgh, T. and T. Clark.

JETS   *Journal of the Evangelical Theological Society*

LSJ   H. G. Liddell, R. Scott, and H. S. Jones, *Greek-English Lexicon*. Oxford: Oxford University Press, 1940.9

NIC   *New International Commentaries*. Carlisle, England: Paternoster; Grand Rapids, Mich.: Eerdmans.

NIDNTT   Colin Brown, ed. *New International Dictionary of New Testament Theology*. Grand Rapids, Mich.: Zondervan, 1986.

NIDOTTE   W. A. VanGemeren, ed. *New International Dictionary of Old Testament Theology and Exegesis*. 5 vols. Grand Rapids, Mich.: Zondervan, 1997.

NovTSup   *Novum Testamentum, Supplements*

NTS   *New Testament Studies*

TDNT   G. Kittel and G. Friedrich, eds. *Theological Dictionary of the New Testament*. Trans. G. W. Bromiley. Grand Rapids, Mich.: Eerdmans, 1964-76.

TNTC   *Tyndale New Testament Commentaries*. London: The Tyndale Press; Grand Rapids, Mich.: Eerdmans.

WTJ   *Westminster Theological Journal*

성서 외 고대 문헌

1QS	Dead Sea Scrolls, *Manual of Discipline*
Ant.	Josephus, *Antiquities of the Jews*
b.Ber.	Babylonian Talmud, *Berakoth*
b.Meg.	Babylonian Talmud, *Megillah*
b.Sanh.	Babylonian Talmud, *Sanhedrin*
b.Sot.	Babylonian Talmud, *Sotah*
b.Yom	Babylonian Talmud, *Yoma*
Bar.	Baruch (Apocrypha)
Det.	Philo, *The Worse Attacks the Better*
Jos.	Philo, *On Joseph*
Mig.	Philo, *On the Migration of Abraham*
Mut.	Philo, *On the Change of Names*
Quod Deus	Philo, *On the Unchangeableness of God*
Sir.	Sirach (Apocrypha) (=Ecclesiasticus)
Spec. Leg.	Philo, *Special Laws*
Wars	Josephus, *Jewish Wars*
Wisd.	Wisdom of Solomon (Apocrypha)

참고 문헌

§

[주: 부록 1의 끝에 있는 보다 최근의 참고 문헌도 보라. 특히 Jack Deere 와 Christopher Forbes의 책들을 보라.]

Aune, David. *Prophecy in Early Christianity and the Ancient Mediterranean World*. Grand Rapids, Mich.: Eerdmans, 1983.

Basham, Don. *A Handbook on Tongues, Interpretation and Prophecy*. Springdale, Pa.: Whitaker Books, 1971.

Bennett, Dennis and Rita. *The Holy Spirit and You*. Eastbourne, England: Kingsway; and Plaianfield, N.K.: Logos, 1971.

Bridge, Donald. *Signs and Wonders Today*. Downers Grove, Ill.: InterVarsity, 1985.

Bridge, Donald and David Phypers. *Spiritual Gifts and the Church*. Downers Grove, Ill.: InterVarsity, 1973.

Budgen, Victor. *The Charismatics and the Word of God*. Welwyn, England: Evangelical Press, 1985.

Carson, D. A. *Showing the Spirit: A Theological Exposition of 1 Corinthians 12-14*. Grand Rapids, Mich.: Baker, 1987.

Chantry, Walter J. *Signs of the Apostles: Observations on Pentecostalism Old and New*. Carlisle, Pa.: Banner of Truth, 1976.

Clements, Roy. *Word and Spirit: The Bible and the Gift of Prophecy Today*. Leicester, England: UCCF Booklets, 1986.

Gaffin, Richard B. *Perspectives on Pentecost*. Phillipsburg, N.J.: Presbyterian and Reformed, 1979.

Gee, Donald. *Spiritual Gifts in the Work of Ministry Today*. Springfield, Mo.: Gospel Publishing House, 1963.

Gentry, Kenneth L., Jr. *The Charismatic Gift of Prophecy: A Reformed Analysis*. Lakeland, Fla.: Whitefield Seminary Press, 1986.

Green, Michael. *I Believe in the Holy Spirit*. London: Hodder and Stoughton, 1975.

Grudem, Wayne. "1 Cor. 14:20-25: Prophecy and Tongues as Signs of God's Attitude." *WTJ* 41:2 (Spring 1979): 381-396.

Grudem, Wayne. *The Gift of Prophecy in 1 Corinthians*. Lanham, Md.: University Press of America, 1982.

Grudem, Wayne. "Prophecy - Yes, but Teaching - No: Paul's Consistent Advocacy of Women's Participation Without Governing Authority." *JETS*

30:1 (March 1987): 11-23.

Grudem, Wayne. "Response to Gerhard Dautzenbere on 1 Cor. 12:10." *Biblische Zeitschrift*, n.f., 22:2 (1978): 253-270.

Grudem, Wayne. "Review of David Aune, *Prophecy in Early Christianity and the Ancient Mediterranean World* (Grand Rapids: Eerdmans, 1983)." *Evangelical Quarterly* 59:4 (October 1987): 351-355.

Grudem, Wayne. "Revies of David Hill, *New Testament Prophecy*," in *Themelios* 7:2 (January 1982): 25-26.

Harper, Michael. *Prophecy: A Gift for the Body of Christ*. Plainfield, N.J.: Logos, 1964.

Hill, David. *New Testament Prophecy*. New Foundations Theological Library. Atlanta: John Knox, 1979.

Hummel, Charles E. *Fire in the Fireplace: Contemporary Charismatic Renewal*. Downers Grove, Ill.: InterVarsity, 1978.

Kydd, Ronald A. *Charismatic Gifts in the Early Church*. Peabody, Mass.: Hendrickson, 1984.

MacArthur, John F., Jr. *The Charismatics: A Doctrinal Perspective*. Grand Rapids, Mich.: Zondervan, 1978.

Mallone, George, ed. *Those Controversial Gifts*. Downers Grove, Ill.: InterVarsity, 1983.

New Wine 9:1 (January 1977). (This entire issue of this popular charismatic journal is devoted to articles on the gift of prophecy.)

Pain, Timothy. *Prophecy*. Ashbumham Insights. Eastbourne, England: Kingsway, 1986.

Packer, J. I. *Keep in Step with the Spirit*. Downers Grove, Ill.: InterVarsity, 1984.

Reymond, Robert L. *What About Continuing Revelations and Miracles in the Presbyterian Church Today?* Phillipsburg, N.J.: Presbyterian and Reformed, 1977.

Robertson, O. Palmer. "Tongues: Sign of Covenantal Curse and Blessing," *WTJ* 38 (1975-1976): 43-53.

Schatzmann, Sirgfried. *A Pauline Theology of Charismata*. Peabody, Mass.: Hendrickson, 1987.

Turner, Max. "Spiritual Gifts Then and Now," *Vox Evangelica* 15(1985): 7-64.

Waefield, Benjamin B. *Miracles: Yesterday and Today, True and False* (formerly published as Counterfeit Miracles, 1918). Grand Rapids, Mich.: Eerdmans, 1953.

Yocum, Bruce. *Prophecy*. Ann Arbor, Mich.: Word of Life, 1976.

주
§

1. Wayne Grudem, *The Gift of Prophecy in 1 Corinthians* (Lanham, Md.: University Press of America, 1982).
2. David Hill, *New Testament Prophecy* (New Foundations Theological Library; Atlanta: John Knox Press, 1979).
3. David Aune, *Prophecy in Early Christianity and the Ancient Mediterranean World* (Grand Rapids, Mich.: Eerdmans, 1983).
4. Wayne Grudem, *The Gift of Prophecy in 1 Corinthians* (Lanham, Md.: University Press of America, 1982).
5. 별도의 표기가 없으면 성경 인용은 개역한글판임을 밝혀둔다. 이탤릭체는 원저자가 강조하기 위해 사용한 것이다.
6. 나는 이 주장을 다른 곳에서 폭넓게 논증했다. W. A. Grudem, "Scripture's Self-Attestation and the Problem of Formulating a Doctrine of Scripture," in *Scripture and Truth*, ed. D. A. Carson and John Woodbridge (Downers Grove, Ill.: InterVarsity, 1983), 19-59를 보라.
7. Thomas Edwards, *A Commentary on the First Epistle to the Corinthians* (London: Hodder and Stoughton, 1903), 384.
8. G. W. H. Lampe, "'Grievous Wolves' (Acts 20:29)," in *Christ and Spirit in the New Testament* (Fs. C. F. D. Moule), ed. B. Linders and S. Smalley (Cambridge: Cambridge University Press, 1973), 258.
9. Erich Fascher, Prophētēs: *Eine Sprach- und Religions-geschichtliche Untersuchung* (Töpelmann, 1927).
10. 팔레스타인 지역 내에 살고 있던 크리스천들은 또한 아람어를 사용했으며, 많은 사람들에게 아람어가 제일 언어였다. 그러나 팔레스타인 내에서도 대부분의 사람들은 헬라어와 아람어를 둘 다 유창하게 구사하는 철저한 이중 언어 사용자였다. A. W. Argyle, "Greek among the Jews of Palestine in New Testament Times," *NTS* 20 (1974) 특히 87-89; J. N. Sevenster, *Do You Know Greek? How Much Greek Could the First Jewish Christians Have Known? NovTSup* 19 (Leiden: E. J. Brill, 1968)과 비교하라.
11. 요한계시록에서 예언자가 언급된 경우들이 그 밖에도 있으나 이에 대해 말할 내용이 별로 없다. 요한계시록 11장에 나오는 두 예언자들은 마지막 때의 특별한 인물로서 주님이 다시 오시기 직전의 시기에 역할을 하는 것으로 보인다(계 11:14, 5를 유념할 것).
12. Richard B. Gaffin, *Perspectives on Pentecost* (Phillipsburg, N.J.: Presbyterian and Reformed, 1979), 96. 93-102쪽에 제시된 개핀의 논증은 에베소서 2:20이 신약 교회의 모든 예언자들에게 적용되며 예언의 은사가 중지되었음을 보여준다는 입장을 옹호하는 가장 신중한 발언이다.

13. 신약성경이 완결되었으며 이에 첨가할 새로운 글을 기대해서는 안 된다는 이유에 관한 논증은 부록 B를 보라.
14. 예를 들어, 로이 클레멘츠는 에베소서 2:20이 "누구나 마가처럼 언어적 감동을 받았으나 사도가 아닌 사람들"을 지칭하며 전체 구절은 "신약성경 정경의 기원이 된 사도적 증인들의 동아리"를 지칭할 수 있다고 주장했다. Roy Clements, *Word and Spirit: The Bible and the Gift of Prophecy Today* (Leicester, England: UCCF Booklets, 1986), 21을 보라. 비록 나는 부록 6에 설명된 이유로 4번의 견해를 선호하지만 나는 이 같은 해석의 가능성을 인정하며 이는 내 책의 나머지 부분에서 신약성경의 평범한 회중들의 예언의 은사에 관해 내가 주장하는 바와도 모순되지 않는다.
15. 보라. Wayne Grudem, *The Gift of Prophecy in 1 Corinthians* (Lanham, Md.: University Press of America, 1982), 3-5, 110-113 등 등.
16. 고린도전서 11:31에서 그는 이것을 "평가하다"라는 의미로 사용하고, 11:29에서는 "구별하다"(혹은 "평가하다")라는 의미로 사용하고, 6:5에서는 "법적 판단을 하다"라는 의미로 사용하고, 4:7에서는 "구별하다"라는 의미로 사용한다. 로마서 14:1에서 그는 '디아크리세이스'라는 단어를 "주장" 혹은 "논쟁"이라는 의미로 사용한다.
17. 나는 고린도전서 14:29과 12:10 사이의 관계와 "영들을 분별하다"라는 의미의 문제에 대해서 보다 전문적인 논문에서 다룬바 있다. Wayne Grudem, "A Response to Gehard Dauzenberg on 1 Corinthians 12:10," *Biblische Zeitschrift* 22:2 (1978): 253-270.
18. A. Bittlinger, *Gifts and Graces: A Commentary on 1 Corinthians 12-14*, trans. H. Klassen (London: Hodder and Stoughton, 1967), 46.
19. A. Robertson and A. Plummer, *A Critical and Exegetical Commentary on the First Epistle of St. Paul to the Corinthians*, ICC (Edinburgh: T and T Clark, 1914), 267.
20. F. Godet, *Commentary on St. Paul's First Epistle to the Corinthians*, trans. A Cusin, 2 vols. (Edinburgh: T and T Clark, 1898), 2:303.
21. 예를 들어, See D. A. Carson, *Showing the Spirit: A Theological Exposition of 1 Corinthians 12-14* (Grand Rapids, Mich.: Baker, 1987), 120. 여기에 나와 있는 다른 참고 문헌들도 보라.
22. 이러한 의미의 '디아크리노'는 다음과 같은 사실에서도 확증을 얻는다. 즉 중간대에서 이것은 "의심하다"라는 독특한 의미를 띠는데, 이것은 사람의 마음 속에서 경쟁하는 생각들을 면밀히 고려하는 강렬한 뉘앙스가 있다.
23. Kenneth L. Gentry, Jr., *The Charismatic Gift of Prophecy: A Reformed Analysis* (Lakeland, Fla.: Whitefield Seminary Press, 1986)는 구약의 예언은 하나님의 말씀일지라도 분별되었다는 사실을 언급하지만 그는 고린도전서에 있는 다른 종류의 분별 혹은 평가의 가능성을 인식하지 못하고 있음을 보여주며, 여기에서 의논된 증거가 사실 그러한 차이가 있다고 하는 것을 암시한다고 하는 것을 고려하지 않고 있다.
24. Richard B. Gaffin, *Perspectives on Pentecost* (Phillipsburg, N. J.: Presbyterian and Reformed, 1979), 97-99. 개핀은 하나님으로부터 두 종류의 계시가 있는 것이 아니라고

확신하지만-하나는 온 교회를 위한 "정경적" 예언과 다른 하나는 개인 신자를 위한 "사적인" 예언-이러한 언명을 뒷받침할 주장이나 증거를 제시하고 있지 않고 있으며 여기서 바로 뒤에 나오는 문단 혹은 고린도전서 14:24-28에서 내가 검토한 구절의 빛에서 어떻게 이것이 옳을 수 있는가를 보여주지 못한다. 게다가, 정확한 문제는 사실 계시의 종류가 아니라 다른 이에게 이 계시를 전달하는 것에 관계된 권위이다.

25. Gentry, *Charismatic Gift of Prophecy*, 34-35. 젠트리는 그러한 죄에 대한 계시를 보도하는 빌립보에서의 모든 대화는 절대적인 신적 권위를 가지고 있었을 것으로 생각하지만 사도들의 시대에 제한된 것이라고(그리고 아마도 예언자들에 의해 "모든 교회에" 말해졌을 것으로) 생각하는 것 같다. 하지만 바울의 말은 그러한 제한을 두지 않는다. 그는 전 빌립보 교회에게 쓰고 있으며 이들이 그리스도와 같은 마음을 가지고 행동하지 않는 어떤 것에 관한 하나님의 계시에 대해서 말하고 있다. 젠트리의 견해는 빌립보에 비정상적으로 많은 수의 예언자와 예언을 필요로 한다. -그들의 사고에 있어서 그리스도와 같지 않은 것은 어떤 것이라도 그의 백성에게 하나님이 정죄한다는 방식의 견해로 너무도 제한인 것이다(모두 성서와 같은 권위를 가지고 수십 혹은 수백의 사적인 의해서만이 아니라 그들의 개인적 양심 속에 그것을 그들에게 계시함으로써).

26. Carson, *Showing the Spirit*, 163.

27. 개핀(Gaffin, *Perspectives*, 60-61)은 고린도전서에서 예언은 계시와 연관되어 있다고 올바로 결론내고 있으나, 고린도 교회에서의 예언은 하나님의 말씀이나 사도들의 말보다 낮은 권위를 가지고 있다는 것을 지적하는 여기서 우리가 조사한 다양한 증거들을 분석하지 않는다. 고린도전서 14:29에 대한 그의 논의는 고린도전서 12:10에 있는 영들 분별함의 논의에서 수면 밑으로 사라진다(70-71). 하지만 12:10에 나오는 "영분별"이 그가 말하듯이 예언 은사의 "동반 은사"인지는 의심스럽다. 왜냐하면 이것이 신약 성서에서 한 번만 언급되어 있고 예언과의 연결점이 여기서 분명하지 않기 때문이다(고린도전서 12:10에 관한 것은 위를 보라).

28. BAGD, 180, III.2.b를 보라.

29. BAGD, 747.

30. 사도행전 19:1-2에 관한 변이 사본인 P38과 D을 보라. "바울의 자신의 뜻을 따라 예루살렘으로 가려고 했을 때, 성령이 그에게 아시아로 돌아가라고 말씀하셨다. 그래서 위 지방으로 다녀 그는 에베소에 왔다."(예언이 아니다)

31. Richard B. Gaffin, *Perspectives on Pentecost* (Phillisburg, N. J.: Presbyterian and Reformed, 1979), 66.

32. 구약의 예언들이 정확하게 성취된 것이 아니라고 단언하는 사람들이 때때로 있지만, 이 구절들에 대해서는 합리적인 해결책이 일반적으로 제시되어 있다. 예를 들면 Gleason Archer, *Encyclopedia of Bible Difficulties* (Grand Rapids, Mich.: Zondervan, 1982).

33. D. A. Carson, *Showing the Spirit: A Theological Exposition of 1 Corinthians 12-14* (Grand Rapids, Mich.: Baker, 1987), 98.

34. 개핀은 아가보의 예언에서 실수를 발견하는 것은 "지나치게 까다로운 것이"

(*Perspectives*, 66)라고 말하며, "단정적인 예언은 물론 정확하고 상세할 수 있지만 언제나 그래야 하는 것은 아니라"(66)고 언급한다. 하지만 요점은 아가보의 예언은 예언이 행해졌을 때 정확하고 상세하다는 것이다. 한 가지 의문은 그 두 가지 상세한 것이 성취되었는가 하는 것이다. 개핀은 상세한 것은 이루어지지 않는 비슷한 예를 신적인 권위를 가진 구약의 예언에서 발견해 낼 수 있는 예를 보여주지 못한다. 만약 그러한 예가 있다면 성서의 무오성을 유지하는데 어려움이 있을 것이다.

35. 이것은 레이몬드가 취한 입장이다. Robert L. Reymond, *What About Continuing Revelations and Miracles in the Presbyterian Church Today?* (Phillipsburg, N. J.: Presbyterian and Reformed, 1977), 28.
36. 접속사 "그러나"는 몇 몇 고대 사본에는 나오지 않는다. 하지만 증거의 무게로 볼 때 이것은 바울의 서신 원본에 있는 것이 더 선호된다. 하지만 그것이 없이도 부정적인 명령(멸시하지 말라) 뒤에 따라오는 긍정적인 명령(시험하라)은 이러한 대조의 의미를 요구한다: 즉각 배척하지 말라 (그러나) 평가하라.
37. 개핀(*Perspectives*, 71)은 여기서 "시험하다"('도키마조')라는 뜻으로 쓰인 헬라어는 로마서 12:2과 에베소서 5:10에서 바울의 사도적 말을 "증명"하는데도 쓰인 것을 주목하여 이 '시험하라'는 이 명령은 신약의 예언에 있어서 낮은 권위를 의미하는 것은 아니라고 결론내린다. 하지만 (1) 그가 언급한 두 구절 모두에서 '시험' 되어야 할 것은 사도의 말이 아니라 신자들이 실제 행동에 있어서 '시도'하는 행동 패턴이라고 한다는 것과 (2) 데살로니가전서 5:21에서(RSV) "좋은 것을 취하라"는 말은 여기서 시험받은 것 중에는 좋지 않은 것이 있다는 것이 암시되어 있는 것이다.
38. 이 주장은 클레멘츠가 한 것이다. Roy Clements, *Word and Spirit: The Bible and the Gift of Prophecy Today* (Leicester, England: UCCF Booklets, 1986), 24; and Carson, Showing the Spirit, 96.
39. 신약시대 이후의 초기 교회에서 있었던 예언의 역사에 관해서는 다음을 주목하라. Ronald A. Kydd, *Charismatic Gifts in the Early Church* (Peabody, Mass.: Hendrickson, 1984)(3세기 중반에 이르기까지의 "은사적" 행동에 대한 자세한 증거를 제시하는 최근의 연구); George Mallone, ed., *Those Controversial Gifts* (Downers Grove, Ill.: InterVarsity, 1983), 23-25; Michael Green, *I Believe in the Holy Spirit* (London: Hodder and Stoughton, 1975), 172-174; Max Turner, "Spiritual Gifts Then and Now," *Vox Evangelica* 15(1985): 31-43 (다른 문헌에 대한 해설과 함께).
40. Bruce Yocum, *Prophecy* (Ann Arbor, Mich.: Word of Life, 1976), 24.
41. Clements, *Word and Spirit*, 26.
42. 만약 사도행전 13:2이 예언을 가리킨다면, 이것 또한 이 분류에 해당될 것이다. 하지만 이것이 예언의 은사를 가리킨다고 여겨야 하는 가는 의문이다.
43. Dennis and Rita Bennett, *The Holy Spirit and You* (Eastbourne, England: Kingsway, 1971), 146.
44. Donal Gee, *Spiritual Gifts in the Work of Ministry Today* (Springfield, Mo.: Gospel Publishing House, 1963), 48-49.

45. Yocum, *Prophecy*, 79. 비슷한 관점이 대중적 은사주의 저자인 바샴에게서 발견된다. Don Basham, *A Handbook on Tongues, Interpretation and Prophecy* (Springdale, Pa.: Whitaker, 1971), 111-116. 비슷한 관점을 가진 몇 몇 다른 은사주의 저자들이 부드겐에 의해 인용되었다. Victor Budgen, *The Charimatics and the Word of God* (Welwyn, Herts., UK: Evangelical Press, 1985), 31-32. 하지만 부드겐은 이들과 다르게 몇 몇 예언(구약의 예언자들과 신약의 사도들을 통하여)은 절대적인 권위를 가지고 있기 때문에 모든 예언이 그러한 권위를 가지고 있어야 한다고 반복해서 주장했다. 하지만 그는 그의 전체 책에서 중요한 이 점을 증명하지는 못한다.

46. Mallone, *Those Controversial* Gifts, 39-40. 신약의 예언 중에서 본질상 신적이지 않은 권위를 가진 것에 대한 몇 몇 견해가 비은사주의 저자들인 다음의 사람들에게서 발견된다. Charles Hummel, *Fire in the Fireplace: Contemporary Charismatic Renewal* (Downers Grove, Ill.: InterVarsity, 1978), 157; and Roy Clements, *Word and Spirit*, 25.

47. Gaffin, Perspectives, 72. 또한 다음을 보라. John F. MacArthur, Jr., *The Charismatics: A Doctrinal Perspective* (Grand Rapids, Mich.: Zondervan, 1978), chapters 2 and 3.; and Budgen, Charismatics, 25-44.

48. Donald Bridge, *Signs and Wonders Today* (Downers Grove, Ill.: InterVarsity, 1985), 202-204.

49. Timothy Pain, *Prophecy*, *Ashburnham Insights Series* (Eastbourne, England: Kingsway, 1986), 56. Bruce Yocum, (Prophecy, 38)은 "주님이 내게 다음과 같이 보여 주신 것을 믿어"라는 것과 같은 문구를 지지하는 예를 보여준다.

50. Gee, Spiritual Gifts, 48.

51. Bridge, *Signs and Wonders Today*, 203.

52. 신약성서 저자들과 특히 바울은 어떤 것을 사람들에게 알리는 인간의 행위를 가리킬 때 '그노리조'라는 동사를 사용한다(고전 12:3; 15:1; 고후 8:1; 갈 1:11 등).

53. 만약 바울이 고린도전서 12:8-11에서 기적적인 은사들만 열거한다면 그것은 바울의 주장을 뒷받침하지 못할 것이다. 그 이유는 그렇다면 이러한 주장은 비 기적적인 은사들을 가진 사람들을 제외시키기 때문이다. 그래서 모든 고린도교인들을 포함시키기 위해서(그리고 암시적으로 모든 기독교인들을) 그는 그 목록에 "비기적적" 은사들을 포함시켜야만 했다. 그래서 "지혜의 말씀"과 "지식의 말씀"은 그러한 비기적적 은사로 분류할 수 있는 유일한 후보들이다.

게다가 "지혜의 말씀"과 "지식의 말씀"이라는 용어들은 일종의 특별하거나 기적적인 말을 하는 것에 적용하는 특별한 용어가 아니며 이 말들은 매우 단순하고 일상적인 단어인 "말씀"(헬, 로고스), "지혜"(헬, 소피아), "지식"(헬, 그노시스)로 구성되어 있어 고린도에 있는 어떤 독자도 이러한 단순한 표현들을 "지혜롭게 말하기"와 "지식으로 말하기"이외에 다른 것을 의미하는 것으로 생각하지 않았을 것이다. 문맥에서 혹은 바울이 이 은사들을 묘사하는 방식에서 있어서 그러한 결과로 이어지는 분명한 신호가 있지 않는 한 그렇다.

현대 은사주의자들이 "지혜의 말씀"과 "지식의 말씀"이라고 자주 부르는 것은 사도 바울에 의하면 단순히 "예언"이라고 부를 수 있을 것이다.
54. 신약의 예언자들에게 이러한 "성서 해석"의 기능이 있다는 주장을 하는 사람들에게 관해서는 다음을 보라. E. Earle Ellis, *Prophecy and Hermeneutic in Early Christianity: New Testament Essays* (Grand Rapids, Mich.: Eerdmans, 1978). 엘리스에 대한 두 편의 설득력 있는 반응은 다음을 보라. David Hill, *New Testament Prophecy* (Atlanta: John Knox, 1979), 103-106; David E. Aune, *Prophecy in Early Christianity and the Ancient Mediterranean World* (Grand Rapids, Mich.: Eerdmans, 1983), 339-346. 성서에 대한 "은사적 주석"에 대해서는 아우니가 올바로 결론내린다. "초기 기독교에서 '예언자들'이라고 꼬리표가 붙은 사람들에 의해 이러한 활동이 행해졌다는 사실상 증거가 없다."(345)
55. Michael Harper, Prophecy: *A Gift for the Body of Christ* (Plainfield, N. J.: Logos, 1964), 8.
56. Dennis and Rita Bennett, *The Holy Spirit and You* (Eastbourne, England: Kingsway; and Plainfield, N. J.: Logos, 1971), 108-109.
57. 골로새서 3:16은 "모든 지혜로 피차 가르치며 권면하고 시와 찬송과 신령한 노래를 부르며 감사하는 마음으로 하나님을 찬송하고"라고 말한다. 하지만 이것은 분명히 모든 신자가 모인 회중 앞에 서서 성경 교사로서 기능한다는 것을 의미하는 것은 아니다. 가르침의 은사가 없는 사람들과 그 역할을 하기 원치 않는 사람이 많았을 것이다. 골로새서 3:16은 모인 회중에게 주어진 성서적, 교리적 교훈을 언급하는 곳에서 디모데전서 2:12과 위에서 언급된 다른 많은 구절에서 사용되는 것보다도 "가르치다"라는 단어를 보다 넓고 일반적인 의미로 사용하는 것임이 틀림없다.
58. 아래 제 11장에서 나는 고린도전서 14:33b-35은 이러한 패턴에 맞출 때에 또한 가장 잘 이해된다고 주장한다. 여기서 나는 여성은 예배에 참여하지만 회중 모임에서 교리적 통제 혹은 권위를 행사하지 못하게 하는 것을 가정한다. 그래서 이것은 바울의 나머지 다른 글에서 우리가 발견하는 것과 일치한다.
59. G. Stälin, *TDNT* 5:821.
60. Bruce Yocum, *Prophecy* (Ann Arbor, Mich.: Word of Life, 1976), 88-102.
61. John F. MaArthur, Jr., *The Charismatics: A Doctrinal Perspective* (Grand Rapids, Mich.: Zondervan, 1978), 15, 19. 또한 203쪽을 주의해서 보라. 거기에서 그는 오늘날 교회에서 많은 효과적인 음악의 갱신의 공헌을 은사운동에 돌린다.
62. 이러한 것들과 다른 반대들에 대한 보다 충분한 언술에 대해서는 다음을 보라. David Hill, "On the Evidence for the Creative Role of Christian Prophets" *NTS* 20(1973-74), 262-274; 또한 그의 *New Testament Prophecy* (Atlanta: John Knox, 1979), 160-185.
63. Yocum, *Prophecy*, 82.
64. Ibid., 83.
65. Derek Kidner, "Isaiah," in *The New Bible Commentary*, ed. Donald Guthrie and J. A. Motyer (Grand Rapids, Mich.: Eerdmans, 1970), 606.

66. 몇 가지 예들을 보라. Wayne Grudem, *The Gift of Prophecy in 1 Corinthians* (Lanham, Md.: University Press of America, 1982), 192, n. 23; BAGD, 230, 8. a.와 비교하라.
67. 이러한 긍정적인 표적들을 믿기를 거절하는 이스라엘에 대해서는 민수기 14:11과 신명기 29:3을 비교하라. (또한 다음 구절들을 주목하라. 신 34:11; 수 24:5; 시 78:43; 105:27; 135:9; 렘 32:20-21; 지혜서 10:16; 시락서 45:3; 바룩서 2:11.)
68. 이것이 카슨(D. A. Carson)이 고린도전서 14:20-25의 해석에서 취한 것이다. *Showing the Spirit: A Theological Exposition of 1 Corinthians 12-14* (Grand Rapids, Mich.: Baker, 1987), 108-117; 여기에서 이 전 문장은 다른 문헌과 견해에 대한 광범위한 언급과 함께 긴 분석이 되어 있다.
69. O. Palmer Robertson, "Tongues: Sign of Covenantal Curse and Blessing," *WTJ* 38(1975-76): 43-53.
70. Zane Hodges, "The Purpose of Tongues," *BSac* 120(1963): 226-33.
71. 이 점에 있어서 로벗슨을 개핀이 따라가고 있다. Richard B. Gaffin, *Perspectives on Pentecost* (Phillipsburg, N. J.: Presbyterian and Reformed, 1979), 106-109.

John F. MacArthur, Jr., *The Charismatics: A Doctrinal Perspective* (Grand Rapids, Mich.: Zondervan, 1978)는 방언을 이스라엘에 대한 심판의 법적 표시이며 동시에 모든 나라로의 복음선포의 시기로의 중간시대의 표시라고 본다. 하지만 이러한 주장의 근본적인 결점은 맥아더 또한 고린도전서 14:20-25에서 바울이 방언의 오용에 대해서 말하고 있지(통역이 없이 말하는 방언) 올바로 방언을 사용하는 것(통역이 동반된 방언, 27-28절)에 대해서 말하고 있지 않다는 것을 간과하고 있는 것이다.
72. Carson, *Showing the Spirit*, 111. 로벗슨과 개핀의 견해에 반응하여.
73. 하지만 예언자들과 회중은 그들의 말이 누구에게 적용될지를 알 수도 혹은 모를 수도 있다(cf. 벧전 1:11; 행 2:30; 21:11).
74. 이 견해의 서술은 H. von Campenhausen, *Ecclesiastical Authority amd Spiritual Power in the Church of the First Three Centuries*, trans. by J. A. Baker (London: Black, 1969); E. Käsemann, "Ministry and Community in the New Testament," in *Essays on New Testament Themes*, Studies in Biblical Theology 41, trans. by J. W. Montague (London: SCM, 1969), 63-94; 또한 Käsemann의 "Sentences of Holy Law in the New Testament," in *New Testament Questions of Today*, trans. W. J. Montague (London: SCM, 1969), 66-81을 보라. James D. G. Dunn, *Jesus and the Spirit: A Study of the Religious and Charismatic Experience of Jesus and the First Christians as Reflected in the New Testament* (London: SCM, 1975), 180-182; 285-300도 이와 비슷한 입장을 취한다.
75. Richard B. Gaffin, *Perspectives on Pentecost* (Phillipsburg, N.J.: Presbyterian and Reformed, 1979), 51.
76. J. Dunn, *Jesus and the Spirit*, 285를 보라.
77. Bruce Yocum, *Prophecy* (Ann Arbor, Mich.: Word of Life, 1976), 68.

78. Michael Harper, *Prophecy: A Gift for the Body of Christ* (Plainfield, N.J.: Logos, 1964), 28.
79. Donald Gee, *Spiritual Gifts in the Work of Ministry Today* (Springfield, Mo.: Gospel Publishing House, 1963), 43-44.
80. 고린도전서 14:33b-35는 여자들이 예언하는 것을 금하지 않는다. 아래 제 11장의 논증을 보라.
81. 로마서 11:29는 "하나님의 은사와 부르심에는 후회하심이 없느니라"고 말한다. 그러나 이는 교회에서 성령의 은사를 사용하는 것에 관한 우리의 연구와는 직접적 관련이 없다. 왜냐하면 로마서 11장의 문맥에서 바울은 특정한 민족, 즉 유대인에게 주어진 언약의 축복을 받는 것에 관해 논의하고 있으며 개인들에게 사역을 위해 주어진 특정한 은사들에 대해 논의하고 있지 않다. 그러므로 이 본문은 우리가 지금 연구하는 것에 기여하는 것이 아니다.
82. Richard B. Gaffin, *Perspectives on Pentecost* (Phillipsburg, N.J.: Presbyterian and Reformed 1979), 54.
83. 로마서 12:6은 다음과 같이 번역될 수도 있다: "혹 예언이면 믿음에 일치하게"(다시 말해 가르침 받은 기독교 교리에 일치하게). 그러나 이는 '믿음'을 바울의 서신 어디에서도 확립되지 않은 의미를 갖게 한다. (유다서 3이 신약성서에서 이런 의미로 사용된 유일한 사례이다: 달리 제시된 사례들은 BAGD, 664, 3을 브라. 이들 중 애매하지 않은 것은 하나도 없다.) 바울이 이런 뜻으로 표현한다면 '건전한 가르침에 따라' 혹은 '건전한 교리' 또는 '너희가 받은 전통에 따라'라고 했을 가능성이 더 크다.

더구나 예언은 건전한 교리와 일치하도록 행해져야만 하는 것이 아니라 진실로 알려진 통상적 경험의 사실들과도 일치해야 한다. 따라서 (교리에 의한) 검증은 불안전하다. 그뿐만 아니라 바울은 다른 어느 곳에서도 예언하는 자에게 그 내용을 조절하라거나 판단하라고 말하지 않는다. 그것은 듣는 자들에게 맡겨졌다(고전 14:29; 살전 5:19-21). 그리고 그런 명령은 예언에 일종의 제약을 가해 교리를 아는 자들은 초신자들보다 더 큰 확신과 권위를 갖고 예언할 수 있도록 할 것이다. 그러나 이런 것들은 우리가 신약성서에서 발견하는 1세기의 예언에서는 생소한 것으로 브인다. 그러므로 "예언하는 자는 누구든지 (그의) 믿음에 비례해서"라고 번역하는 것이 최선이다.
84. Gaffin, *Perspectives*, 53.
85. 문법적으로 "모든 성도가 교회에서 함과 같이"(고전 14:33b)를 그에 앞서는 구절 "하나님은 무질서의 하나님이 아니시오 오직 화평의 하나님이시니라"(고전 14:33a)를 수식하는 것으로 만들 수 있다(KJV에서 Textus Receptus에 따라 그리고 NASB도 그리한다). 이렇게 할 수 있는 선택이 가능해진 것은 장-절 구분이 바울이 쓴 것에 따른 것이 아니라 후대의 편집자들의 작품이기 때문이다.

그러나 이렇게 읽는 것은 본문의 의미에 잘 맞지 않는다. 항상 변함이 없으신 하나님의 어떤 특성에 관해 말한 후에 마치 고린도 사람들이 하나님은 어떤 교회에서는 화평의 하나님이시지만 다른 교회에서는 아니라고 생각하였을 것이라는 듯 바울이 "모든 성도가 교회에서 함과 같이"라는 말을 추가하는 것은 의미 없는 일일 것이다. 그러나

"모든 성도가 교회에서 함과 같이"가 그 뒤에 나오는 예배에서의 행동에 관한 명령을 수식한다면 뜻이 잘 통한다. 고린도 사람들은 모든 곳의 모든 교회에서 따르는 예배의 표준으로부터 벗어나면 안 된다. NIV, RSV, ASV, NEB 및 United Bible Societies의 현대 학자들의 헬라어 텍스트와 Nestle-Aland 편집자들의 텍스트는 이렇게 해독한다.

이렇게 해독하는 것이 어색하거나 세련되지 않은 헬라어라고 생각하면 안 된다. 바울은 에베소서 5:24와 빌립보서 2:22에서 'as' (ὡς)로 시작하는 비슷한 구절로 문장을 시작한다.

86. 카슨(D. A. Carson)은 Showing the Spirit: A Theological Exposition of 1 Corinthians 12-14 (Grand Rapids, Mich.: Baker, 1987), 122에서 또 한 가지 중요한 요인을 주목한다. 34절의 "여자는 교회에서 잠잠하라"에서 '교회'라는 단어가 복수라는 사실이다. 그것은 사람들이 33b절을 가지고 무엇을 하든지 바울은 한 지역 교회를 넘어 '교회들'에 일반적인 관례에 대해 말하고 있다는 것을 의미한다.

우리는 이에 더해 이 '교회들'이라는 복수 표현이 33b절이 34절과 연결되어야 한다는 또 하나의 강력한 이유를 더해 준다고 말할 수 있다. 그렇지 않다면 본문은 불확실해지는데, 이는 독자들이 '교회들'에 관한 말을 읽을 터이지만 바울이 어떤 교회들에 대해 말하고 있는지 알 수 없기 때문이다. 다시 말하자면 "여자들은 교회들에서 잠잠하라"는 어떤 교회들을 의미하는지 사전에 특정할 것을 요구하고 독자들은 그것이 어떤 교회들인지 안다고 가정하는 것과 다름없다. "모든 성도가 교회에서"(정확하게는 "성도들의 모든 교회들에서"-옮긴이)는 그런 설명을 제공하고 33B절이 34절과 연결된다면 그 의미는 분명해진다.

87. 이 단락은 James Hurley, *Man and Woman in Biblical Perspective* (Grand Rapids, Mich.: Eerdmans, 1981), 188-194를 따랐다.

88. 예를 들어, 누가복음 9:36; 18:39와 '잠잠하다'를 다른 단어로 표현한 사도행전 11:18; 21:14를 보라. 또한 디모데전서 2:12에서는 매우 유사한 문맥이 비슷한 사례를 제공한다. 이 본문들을 포함한 다른 본문들은 Wayne Grudem, *The Gift of Prophecy in 1 Corinthians* (Lanham, Md.: University Press of America, 1982), 242-244에 자세히 논의되었다.

89. Carson, *Showing the Spirit*, 121-133은 관련된 참고 문헌과 함께 여러 가지 견해들을 길게 분석하고 나서 이 같은 입장을 취했다.

90. 헬라어로 epignosōmai ta panta 하면 "내가 모든 것을 알리라"가 된다.

91. 내가 이렇게 말한 이유는 보다 정확하게 말하자면 고린도전서 13:10에서 '온전한 것'은 그리스도 자신이 아니라 현재의 지식과 예언보다 너무 우월해서 이 둘을 시대에 뒤떨어진 것으로 만드는 지식의 획득 방법을 의미하기 때문이다. 왜냐하면 '온전한 것'이 올 때에 그것이 '부분적인 것'을 쓸모없게 만들기 때문이다. 그러나 바울이 만물의 종말적 성취에서 기대했던 종류의 지식만이 현재의 지식과 질적으로 아주 달라서 이같은 대조를 이룰 수 있고 '부분적인 것'에 반해 '온전한 것'이라고 불릴 수 있을 것이다.

92. D. A. Carson, *Showing the Spirit: A Theological Exposition of 1 Corinthians 12-14*

(Grand Rapids, Mich.: Baker, 1987), 70-72는 '온전한 것이 올' 때가 그리스도의 재림의 때일 수밖에 없다는 몇 가지 비슷한 이유들을 (다른 견해들과 참고 문헌들에 대한 언급과 함께) 제공한다.

'중지론자들'(예언과 같은 은사들은 '중지' 되었고 오늘날 유효하지 않다고 주장하는 사람들) 중에 다는 아니지만 일부는 '온전한 것이 올 때'가 그리스도 재림의 때일 수밖에 없다고 동의한다. John F. MacArthur, Jr., *The Charismatics: A Doctrinal Perspective* (Grand Rapids, Mich.: Zondervan, 1978), 165-166과 Richard B. Gaffin, *Perspectives on Pentecost* (Phillipsburg, N.J.: Presbyterian and Reformed, 1979), 109를 보라.

93. Gaffin, *Perspectives*, 109-110(개편, 『성령은사론』, 133-134).
94. Ibid., 111(앞의 책, 135-136).
95. Robert L. Reymond, *What About Continuing Revelations and Miracles in the Presbyterian Church Today?* (Phillipsburg, N.J.: Presbyterian and Reformed, 1977), 32-34. Kenneth L. Gentry, Jr., *The Charismatic Gift of Prophecy: A Reformed Analysis* (Lakeland, Fla.: Whitefield Seminary Press, 1986), 31-33은 이 견해와 개편의 견해(위의 반론 1을 보라) 둘 다 수용 가능한 선택으로 제시한다.
96. Walter J. Chantry, *Signs of the Apostles: Observations on Pentecostalism Old and New* (Carlisle, Pa.: Banner of Truth, 1976), 51-52.
97. 어떤 사람들은 주장하기를 믿음과 소망은 천국에서 지속되지 않을 것이기 때문에 고린도전서 13:13은 믿음과 소망이 그리스도의 재림까지만 지속되고 그 후는 아니라고 한다. 그러나 만일 믿음이 하나님을 의지하며 신뢰하는 것이라면, 그리고 소망이 하나님으로부터 받을 장래의 축복에 대한 확신 있는 기대라면 우리가 천국에서 믿음과 소망을 더 이상 갖지 않을 것이라고 생각할 이유가 없다. (Carson의 Showing the Spirit, 74-75에서 믿음, 소망, 사랑을 '세세토록 영존하는 덕목'으로 보는 잘된 논증을 보라.)
98. Gaffin, *Perspectives*, 109. Max Turner, "Spiritual Gifts Then and Now," Vox Evangelica 15(1985): 38과 비교하라.
99. D. Martyn Lloyd-Jones, *Prove All Things*, ed. Christopher Catherwood (Eastbourne, England: Kingsway, 1985), 32-33.
100. John Calvin, *The First Epistle of Paul the Apostle to the Corinthians*, trans. J. W. Fraser, ed. D. W. Torrance and T. F. Torrance (Grand Rapids, Mich.: Eerdmans, 1960), 281 (on 1 Cor. 13:10).
101. 이는 S. D. Toussaint이 "First Corinthians Thirteen and the Tongues Question," *BSac* 120(1963): 311-316에 제시한 입장이다.
102. 기적이 교회역사의 초기에 사멸되었다는 견해는 워필드(Benjamin B. Warfield)의 *Miracles: Yesterday and Today, True and False* (Grand Rapids, Mich.: Eerdmans, 1953)에서 길게 논의되었는데, 이 책은 그 전에 1918년도에 Counterfeit Miracles라는 제목으로 출판되었다. 워필드의 논증이 자주 인용되고 있긴 하지만 그것은 성서 본문의 분석이 아니라 역사적 개관이라는 점을 주목해야 할 것이다. 뿐만 아니라 워필드

의 의도는 오늘날 대부분의 은사주의 운동에 속한 사람들과 같은 그리스도인들 중에 성령의 은사들을 사용하는 것을 부정하려는 것이 아니었는데, 이들 은사주의자들의 교리(성령의 은사들 외에 모든 문제에 있어서)와 소속 교단은 복음주의 개신교의 주류에 속한다. 워필드는 오히려 교회 역사상 여러 시기에 로마 가톨릭 교회의 몇몇 분파들의 여러 이단적 집단들로부터 나온 기적의 거짓 주장들을 부정하고 있다. 현대의 중지론자들이 교리상, 그리고 삶에 있어서 워필드 자신이 반대했던 것과는 전혀 다른 것을 반대하기 위해 워필드가 자기들의 입장을 지지한다고 주장하는 것이 정당한지에는 질문이 제기될 수 있다.

워필드의 주장은 복음주의 역사학자들로부터도 비판을 받았다. Max Turner, "Spiritual Gifts Then and Now," 41-43, 다른 문헌에 대한 언급도 보라; Donald Bridge, *Signs and Wonders Today* (Downers Grove, Ill.: InterVarsity, 1985), 166-177; and Ronald A. Kydd, *Charismatic Gifts in the Early Church* (Peabody, Mass.: Hendrickson, 1984)를 보라.

103. George Mallone, ed., *Those Controversial Gifts* (Downers Grove, Ill.: InterVarsity, 1983), 21.

104. John F. MacArthur, Jr., *The Charismatics: A Doctrinal Perspective* (Grand Rapids, Mich.: Zondervan, 1978), 제 2-6장; 특히 27쪽 이하를 보라.

105. John F. MacArthur, Jr., *The Charismatics: A Doctrinal Perspective* (Grand Rapids, Mich.: Zondervan, 1978), chapters 2-6; 특히 27쪽 이하를 보라.

106. Michael Harper, *Prophecy: A Gift of the Body of Christ* (Plainfield, N.J.: Logos, 1964), 26.

107. Dennis and Rita Bennett, *The Holy Spirit and You* (Eastbourne, England: Kingsway; and Plainfield, N.J.: Logos, 1971), 107..

108. Donald Gee, *Spiritual Gifts in the Work of Ministry Today* (Springfield, Mo.: Gospel Publishing House, 1963), 51-52.

109. Bridge, *Signs and Wonders Today*, 183.

110. Donald Bridge and David Phypers, *Spiritual Gifts and the Church* (Downers Grove, Ill.: InterVarsity, 1973), 64.

111. Gaffin, *Perspectives*, 120. 개핀은 또한 (적어도 신약의 시기에는) 성령에 의해 계시된 것에 대해 신뢰할 수 없는 언어로 반응할 가능성을 인정한다. (행 21:4에 관하여 66쪽을 보라.) 그러나 신약의 시기에 계시에 대해 사람이 신뢰할 수 없는 언어로 반응할 수 있었다면 사람들이 오늘날에도 그럴 수 있지 않겠는가? 그리고 그것이 예언에서 일어나고 있는 것일 수 있지 않겠는가?

112. Reymond, *Continuing Revelations and Miracles*, 28-29.

113. Bridge, *Signs and Wonders Today*, 204.

114. 헬라어 단어 '아포스톨로스' [apostolos](사도)에는 단지 '전령' 또는 '보냄 받은 자'라는 뜻으로 사용되는 일반적 의미가 있었다. 이 헬라어 단어가 그런 일반적 의미로 신약성서에서 세 번 사용되었다(요 13:16; 고후 8:23; 빌 2:25). 그러나 이 구절들은 신약

성서에서 훨씬 더 좁은 의미로 사용된 '예수 그리스도의 사도'라는 직분을 논의하는 것이 아니다.

115. 이 두 가지 자격 요건에 대해서는 라이트푸트(J. B. Lightfoot)의 주석서 *The Epistle of St. Paul to the Galatians* (1865; repr. Grand Rapids, Mich.: Zondervan, 1957), 92-101에 실린 그의 고전적 논문 "The Name and Office of an Apostle"에 자세히 논의되어 있다. 또한 K. H. Rengstorf, "apostolos," *TDNT* 1:398-447을 보라.

116. 엄격한 의미에서 갈라디아서 1:19을 반드시 야고보를 사도들 중에 포함시키는 식으로 번역해야만 되는 것은 아니다. (NIV는 "I saw none of the other apostles - only James, the Lord's brother: 나는 다른 사도들 중 아무도 보지 못하였고 주의 형제 야고보만 보았다"고 번역했다.) 그러나 '주의 형제 야고보 외에'라고 번역하는 것이 더 나을 것 같다. 왜냐하면 (1) 그리스어 표현이 ei mē인데 통상적으로 '~외에(except)'를 뜻하며(BAGD, 22, 8a) 신약성서에서 사용된 대다수가 앞서 언급된 집단의 부분이나 거기에서 제외된 것을 지칭한다. (2) 갈라디아서 1:18의 문맥에서 볼 때 바울이 예루살렘에 갔을 때 베드로를 보았으나 야고보 외에 다른 어떤 사람도 - 또는 야고보 외에 다른 어떤 교회 지도자도 - 보지 못하였다고 말하는 것은 그가 거기에 '십오 일'이나 머물렀기 때문에(갈 1:18) 말이 되지 않는다. 따라서 바울이 베드로를 보았고 야고보 외에 다른 사도들을 보지 못하였다는 뜻으로 말했음이 틀림없다. 그러나 이 말은 야고보를 사도들과 함께 분류하는 것이 된다. 버튼(E. D. Burton)의 *The Epistle to the Galatians*, ICC (Edinburgh: T. and T. Clark, 1920), 60에 있는 논의를 보라. (버튼은 "ei mē는 명사 앞에서는 항상 그렇듯 여기에서 'except'를 뜻한다"고 말한다.)

117. 로벗슨(A. T. Robertson)의 *A Grammar of the Greek New Testament* (Nashville: Broadman, 1934), 172-73에서 'Junias'와 같은 다른 많은 이름의 사례들을 문법적으로 다룬 소논문을 보라.

118. 존 머리(John Murray)는 *The Epistle to the Romans* (2 vols. in 1; Grand Rapids, Mich.: Eerdmans, 1968), 2:229-230에서 만일 안드로니고와 유니아스가 사도들이었다는 것을 뜻한다면 "그렇다면 '사도'라는 단어는 보다 일반적인 의미에서 사자라는 뜻으로 사용되었을 것이다"고 말한다.

119. 리온 모리스(Leon Morris)의 *The First and Second Epistles to the Thessalonians*, NIC (Grand Rapids, Mich.: Eerdmans, 1959), 98-99의 논의를 보라. 모리스는 "이 서신에서 하는 것은 바울 서신의 일반적 관행과 조금 다르다. 대부분의 바울 서신에서 바울은 단수로 지칭하는데 반해 여기에서는 거의 전체를 관통히 복수가 사용된다"(98쪽; 46-47쪽과 비교하라). 모리스는 여기에서 복수가 바울 자신만을 지칭한다고 본다.

120. 이 부록은 저자의 *Systematic Theology: An Introduction to Biblical Doctrine* (Leicester, England: InterVarsity; and Grand Rapids, Mich.: Zondervan, 1994)의 출판 전 초고의 한 장(chapter)에서 취한 것으로 InterVarsity Press(United Kingdom)의 허락을 받아 여기에 실렸다.

121. Meredith Kline, *The Structure of Biblical Authority* (Grand Rapids, Mich.: Eerdmans, 1972)를, 특히 48-53과 113-130을 보라.

122. J. D. Douglas, ed., *The New Bible Dictionary*, (Grand Rapids, Mich.: Eerdmans, 1962), 221에 실린 "Chronology of the Old Testament"를 보라.
123. 여기서 '성령' 주로 신적 권위를 가진 예언을 말한다는 것은 bath qol(하늘로부터의 음성)이 예언을 대체하는 것으로 여겨졌다는 사실과 랍비 문헌의 다른 곳에서도 '성령'이 예언을 지칭하는 뜻으로 자주 사용되었다는 사실에서 분명해진다.
124. Carl F. H. Henry, ed., *Revelation and the Bible* (Wheaton, Ill.: Tyndale, 1959), 137-141에 실린 Roger Nicole, "New Testament Use of the Old Testament"를 보라.
125. 유다서 14-15는 에녹1서 1:9와 60:8을 인용하고 바울도 적어도 두 번 이교도 그리스 저자들을 인용하지만(행 17:28과 딛 1:12를 보라) 그것은 증명하려기보다는 예를 들기 위한 것이었다. 그 구절들은 한 번도 '하나님이 이르시되' 또는 '성서에 이르기를' 혹은 '기록되었으되'와 같은 표현 ? 인용된 말에 신적 권위가 있음을 의미하는 표현과 함께 제시된 적이 없다. (에녹1서나 바울이 인용한 기록들이나 다 외경에 속한 것이 아님을 주목할 필요가 있다.)
126. 외경은 다음의 기록들을 포함한다: 에스드라 1, 2서, 토빗, 유딧, 에스더서 첨가문, 솔로몬의 지혜, 집회서, 바룩서(예레미야 서신 포함), 세 거룩한 아이들의 노래, 수산나, 벨과 용(Bel and the Dragon), 므낫세의 기도, 마카베오 1, 2서. 이 책들은 히브리어 성서에는 없으나 칠십인역본(구약성서의 헬라어 번역본으로 그리스도 시대에 헬라어를 하는 많은 유대인들이 사용했음)에는 포함되었다. 최근의 좋은 번역본은 *The Oxford Annotated Apocrypha* (Revised Standard Version), ed. Bruce M. Metzger (Oxford: Oxford University Press, 1965)이다. 메츠거는 이 책들에 대한 간략한 서론과 유용한 주석을 제공한다.
127. Henry, ed., *Revelation and the Bible*, 169-185에 실린 G. Douglas Young, "The Apocrypha"를 보라.
128. 이것은 고린도전서 2:13의 마지막 구절을 나(그루뎀) 자신이 번역한 것이다. D. A. Carson and J. Woodbridge, ed., *Scripture and Truth* (Grand Rapids, Mich.: Zondervan, 1983), 365의 각주에 실린 Wayne A. Grudem, "Scripture's Self-Attestation"을 보라. 그러나 이 번역이 핵심 포인트에 불가결한 것은 아니다. 핵심 포인트는 바울은 성령이 가르쳐준 말로 말한다는 것인데 그것은 이 구절의 뒷부분이 어떻게 번역되든 간에 앞부분에서 확인된다.
129. 누가 자신은 사도가 아니었으나 그의 복음서는 분명 사도들의 글과 동등한 권위가 부여되었다. 아마도 이는 그가 사도들과, 특히 바울과 가까운 사이였기 때문이었을 것이다.
130. 신약성서 각 책의 저자에 대한 주제는 신약성서 개론에서 연구하는 분야에 속한다. 신약성서의 저자들에 대한 전통적 견해의 옹호론은 Donald Guthrie, *New Testament Introduction* (Downers Grove, Ill.: InterVarsity, 1970)을 보라.
131. 야고보는 갈라디아서 1:19와 고린도전서 15:7에 의하면 사도로 여겨진 것으로 보인다. 그는 또한 사도행전 12:17; 15:13; 21:18과 갈라디아서 2:9, 12, 그리고 아마 유다서 1에서 사도에 합당한 기능을 수행한다.

132. 유다서를 정경에 수용하는 것은 오래 걸렸는데, 그 주된 이유는 그가 비정경적인 에녹서를 인용한 것에 대한 의구심 때문이었다.
133. 오리겐의 이 말은 Eusebius, Ecclesiastical History, 6.25.14(유세비우스 팜필루스 지음, 엄성옥 옮김, 『유세비우스의 교회사』 (서울: 도서출판 은성,1990), 340)에 인용되어 있다.
134. 물론 이 말은 하나님은 그분의 섭리에 의해 필사하는 사람이 아무리 부주의한다 할지라도 모든 본문의 모든 사본에서 모든 단어를 보존하신다거나 하나님은 기적적으로 모든 신자에게 성서를 즉각 공급해 주실 것이라는, 있을 수 없는 개념에 동의한다는 말이 아니다. 그럼에도 불구하고 하나님이 자신의 자녀들을 신실하게 돌보신다는 생각은 하나님의 섭리 안에서 성서 본문이 충실하게 보존되고 전해져서 그리스도교의 교리나 윤리에 변화를 가져올 정도로 심각한 본문의 차이가 없다는 사실에 우리로 하여금 분명 감사하도록 하고 있다. 이는 또한 교회의 계속되는 선교 사역에서 성서의 번역이 전 세계의 많은 언어와 문화에서 흔히 최초의 그리고 가장 널리 보급된 인쇄된 책이었다는 사실에 우리가 감사하지 않을 수 없게 한다. 그뿐만 아니라 우리는 또한 폭력적 탄압으로 성서를 박멸하려는 모든 시도들이 항상 실패했다는 것과, 하나님은 그분의 교회가 그분의 말씀이 없게 되도록 허용하지 않을 것이기 때문에 그런 시도는 항상 실패할 수밖에 없다는 것에 감사해야 할 것이다.
135. 최근의 훌륭한 연구는 D. A. Carson and John Woodbridge, ed., *Hermeneutics, Authority and Canon* (Grand Rapids, Mich.: Zondervan, 1986), 259-360에 실린 David G. Dunbar, "The Biblical Canon"이다.
136. R. V. G. Tasker, *The General Epistle of James*, TNTC (London: The Tyndale Press, 1956), 67-71을 보라.
137. 바로 이 점에 있어서 복음주의 개신교가 로마 가톨릭과 다르고 비복음주의 개신교와도 다르다. 로마 가톨릭은 교회의 공식적 승인이 기록물에 신적 권위를 부여하는 수단이라고 말할 것이다. 비복음주의 개신교는 인간과 하나님의 공동저작물이라는 범주의 글들이 있다는 생각에 반대할 것이며, 따라서 그 같은 기준에 근거한 정경이라는 개념에 반대할 것이다.
138. 최근의 좋은 번역본은 *The Oxford Annotated Apocrypha* (앞의 7번 주를 보라). 'Apocrypha'(외경)라는 단어는 '숨겨진'(또는 문자적으로 '숨겨진 것들')을 의미하는데, 어떻게 이 용어가 이들 문헌에 부착되었는지는 알려지지 않았다. 또한 신약성서 시대부터 전해온 비성서 문헌집이 있는데 '신약 외경'(다음 주를 보라)이라 불리며 (구약 외경보다) 훨씬 덜 자주 읽힌다. 사람들이 보다 더 정확한 묘사 없이 '외경'에 대해 말할 때 그들은 구약성서 외경에 대해서만 말하는 것이다.
139. E. Hennecke, *New Testament Apocrypha*, ed. W. Schneemelcher; English Translation ed. R. McL. Wilson (London: SCM, 1965). 초기 교회로부터 전해온 보다 정통적인 다른 문헌들이 편리하게도 '속사도 교부들'(Apostolic Fathers)이라고 불리는 문헌집에서 찾아볼 수 있다는 점을 지적할 필요가 있다. 좋은 번역본은 Kirsopp Lake, trans., *The Apostolic Fathers, Loeb Classical Library* (Cambridge, Mass.: Harvard

University Press, 1912, 1913)이지만 다른 유용한 번역본도 구할 수 있다.
140. 이 부록은 저자의 *Systematic Theology: An Introduction to Biblical Doctrine* (Leicester, England: InterVarsity; and Grand Rapids, Mich.: Zondervan, 1994)의 출판 전 초고의 한 장(chapter)에서 취한 것으로 InterVarsity Press(United Kingdom)의 허락을 받아 여기에 실렸다.
141. 이 말은 하나님으로부터 오는 주관적 인상이 중요하지 않다거나 그런 것을 무시해야 한다는 것을 의미하는 것이 아니다. 그것은 하나님이 자기 자녀들의 삶에 개입하지 않으며 기계적이고 비인격적으로 인도하신다는 거의 이신론적(理神論的)인 관점을 암시한다. 하나님은 우리에게 상기시켜주고 격려하기 위해서, 그리고 우리가 하루 동안에 많은 것을 빨리 결정할 때에 우리의 생각을 옳은 방향으로 인도해주시기 위하여 자신의 의지의 주관적 인상을 사용하실 수 있으며 실제로 사용하고 계신다. 그러나 성서의 충분성에 관한 위의 본문들은 그 같은 주관적 인상은 단지 성서에 무엇이 있는지를 상기시켜줄 뿐이고, 성서의 계명들에 결코 더할 수가 없으며, 하나님의 의지가 무엇인지를 정의하는 데 성서를 대체할 수도 없고, 우리의 삶에서 성서와 같은 권위를 가질 수도 없다는 것을 우리에게 가르쳐준다.
142. 이 절이 일차적으로 지칭하는 것은 물론 요한 계시록이다. 그러나 이것을 바로 여기에, 신약성서 정경의 마지막에 나올 수밖에 없는 유일한 책의 맨 끝에 둔 것은 결코 우연일 수 없다. 따라서 이 절(경고)을 2차적으로 정경 전체에 적용하는 것이 부적절하지 않을 것으로 보인다.
143. 여기에서 나는 내가 성령의 은사들에 관한 '중지론자'의 견해(즉, 예언이나 방언을 말하는 것과 같은 특정의 은사들이 초기 사도들이 죽었을 때 중지되었다고 주장하는 견해)를 채택한다는 뜻으로 비춰지지 않기를 바란다. 나는 다만 여기에서 그리스도인들의 삶에서 이러한 은사들에게 명시적으로 또는 암묵적으로라도 성서의 권위나 성서의 충분성에 결과적으로 도전하는 지위를 부여하는 위험성이 있다는 것을 말하고자 한다.
144. 물론 국가나 교회 또는 가정과 같은 인간 사회는 그들 자신의 일들을 수행하기 위해 (예를 들어, "아이들은 평일 저녁에는 TV를 볼 수 없다"와 같은) 규칙을 만들 수 있다. 그런 규칙들은 성서에서 찾을 수 없고 성서의 원칙들이 그런 규칙들을 의미한다고 증명할 수도 없을 것이다. 그럼에도 이 같은 규칙들에 복종할 것을 하나님이 요구하시는데 왜냐하면 성서가 우리에게 위에 있는 권세들에게 복종하라고 말하기 때문이다(롬 13:1-7; 엡 6:1-3; 벧전 2:13-3:6; 등). 그런 규칙이 적절히 기능해야 하는 상황("우리 교회의 성도는 평일 저녁에 아무도 TV를 보면 안 된다" 혹은 "어떤 그리스도인도 평일 저녁에 TV를 보면 안 된다") 밖에서 일반적으로 적용하려 할 때에만 성서의 충분성을 부인하는 일이 발생한다. 그리하면 그것은 어느 특정한 상황에 적용되는 행동규칙이 아니라 그들의 상황이 어찌 되었든지 모든 그리스도인들에게 적용할 의도가 분명한 윤리 계명이 되어버린다. 우리는 마음대로 그런 규칙을 성서에 더할 수가 없으며, 우리가 영향력을 미칠 수 있는 모든 신자들에게 그런 것을 강제할 수 없고, 교회 전체가 이를 시도할 자유도 없다. (여기에서 다시 로마 가톨릭은 견해를 달리하여 성서에 더해 다른 도덕 규칙들을 모든 신자들에게 강제할 권위를 하나님이 교회에 주셨다고 말할 것이

다.)

145. 이 논문은 *New Dictionary of Biblical Theology* (Leicester, England: InterVarsity, 2001)에 실린 저자의 논문을 출판사의 허락을 받아 여기에 다시 실은 것이다. 논문은 성서 전체에 있는 예언자와 예언에 대한 개념을 성서신학적으로 고찰한 것이다.
146. David Aune, *Prophecy in Early Christianity and the Ancient Mediterranean World* (Grand Rapids, Mich.: Eerdmans, 1983).
147. Edmund Clowney, *The Church* (Downers Grove, Ill.: InterVarsity, 1995).
148. Wayne Grudem, *Systematic Theology* (Grand Rapids, Mich.: Zondervan, 1994), 1051, 주 4.
149. 저자의 이 논문은 *Christianity Today* (Sept. 16, 1988, 29-35)에서 허가를 받아 다시 게재하였다. 이 논문은 이 책의 논의를 간략하게 요약한 것이다.
150. Bruce Yocum, *Prophecy* (Ann Arbor, Mich.: Word of Life, 1976), 79.
151. Michael Harper, *Prophecy: A Gift for the Body of Christ* (Plainfield, N.J.: Logos, 1964), 26.
152. Donald Gee, *Spiritual Gifts in the Work of Ministry Today* (Springfield, Mo.: Gospel Publishing House, 1963), 51-52.
153. Donald Bridge, *Signs and Wonders Today* (Downers Grove, Ill.: InterVarsity, 1985), 183.
154. D. Martyn Lloyd-Jones, *Prove All Things*, ed. Christopher Catherwood (Eastbourne, England: Kingsway, 1985), 32-33.
155. John Calvin, *The First Epistle of Paul the Apostle to the Corinthians*, trans. J. W. Fraser, ed. D. W. Torrance and T. F. Torrance (Grand Rapids, Mich.: Eerdmans, 1960), 281.
156. Dan Wallace, *Greek Grammar Beyond the Basics* (Grand Rapids, Mich.: Zondervan, 1996), 270-290.
157. Richard B. Gaffin, *Perspectives on Pentecost* (Phillipsburg, NJ: Presbyterian and Reformed, 1979), 96. 개핀의 논의(93-102쪽)는 에베소서 2:20은 신약성서 교회의 모든 예언자들에게 적용되며 예언의 은사가 중지되었음을 보여준다는 입장을 피력하는 가장 신중한 발언이다.
158. 신약성서가 종결되었으며 더 이상의 기록이 이에 추가될 수 없다는 이유에 관한 논중은 〈부록 B〉를 보라.
159. Gaffin, *Perspectives*, 94-95.
160. 사도행전 13:50; 15:2와 바울 서신 중 고린도후서 6:7; 7:3; 13:11; 빌립보서 1:19, 25; 데살로니가후서 1:4; 2:2를 보라. 에베소서 1:1; 5:5와 데살로니가후서 1:12는 약간 애매하다.
161. 야고보를 사도들 중의 하나로 간주해야 할 것으로 보이는데, 이는 그가 예루살렘 교회에서 지도자의 역할을 한 것이 여기에 나타나 있기 때문이며 또한 갈라디아서 1:19와 고린도전서 15:17에 '사도들' 중에 포함된 것으로 보이기 때문이다. 그뿐만 아니라

그는 야고보서에서 사도의 권위로 글을 썼다.
162. 교회에서 사도들의 터의 역할을 그렇게 묘사한 것은 예수께서 베드로에게 하신 말씀과도 일치한다: "또 내가 네게 이르노니 너는 베드로라. 내가 이 반석 위에 내 교회를 세우리니 음부의 권세가 이기지 못하리라"(마 16:18). 이는 특히 베드로가 예수님을 메시아이시며 살아계신 하나님의 아들이라고 고백한 것을 초기 교회에서 사도들의 리더십을 대표하는 것으로 이해하면 그렇다.
163. 이 연구의 나중 부분에서 보게 되는 바와 같이 '예언자'라는 용어가 하나님으로부터 계시를 받는다는 사실을 강조하기는 하지만 그 계시를 다른 사람들에게 전할 때 하나님의 절대적 권위가 수반되는지에 대해서는 그 용어 자체가 말해주는 것이 없다. 따라서 '예언자'라는 단어 자체가 사도들이 하나님의 절대적 권위를 가졌다는 것을 의미하지는 않았다. 그들에게 그런 권위를 준 것은 그들의 '사도'로서의 지위였다. '예언자'라는 단어는 한 가지의 특정한 기능, 즉 바로 그 시점에 하나님의 계시를 받는 기능을 강조할 뿐이다.

'사도'라는 단어가 계시를 받는 사람이라는 개념을 이미 수반하고 있기 때문에 '또한 예언자들'이라는 말을 첨가하는 것을 사족(蛇足)이라고 반대하면 안 된다. 그것은 바울이 이 문맥에서 즉각적으로 목표하는 것을 위해 사도들의 한 가지 특정한 기능을 강조한 것이다. 예를 들어, '전파하는 자'와 '스승'으로서 그의 역할을 강조할 때 비록 그것들이 사도의 직분 자체에 당연히 속한 것이었지만 그는 디모데전서 2:7에서 그렇게 한다.

164. Gaffin, *Perspectives*, 93-94.
165. Ibid., 94-95.
166. 기술적으로는 '동료 장로'(fellow-elder)라는 단어가 헬라어로는 정확하게 (영어 번역과) 똑같지는 않다. 이는 헬라어에는 접두사가 첨가되어 있기 때문인데 그러나 어근(root word)은 같으며 독자들은 두 용어 사이의 연관성을 즉시 알 수 있을 것이다.
167. 예를 들어, 로이 클레멘츠(Roy Clements)는 에베소서 2:20이 "언어적으로 영감을 받았으나 사도가 아닌 누가와 마가 같은 인물들"을 지칭하며 전체 구절은 "신약성서 정경이 기원이 된 사도적 증인의 동아리"를 지칭할 수도 있다고 제안했다(*Word and Spirit: The Bible and the Gift of Prophesy Today* [Leicester, England: UCCF Booklets, 1986], 21). 나는 위에서 설명한 이유들로 네 번째 견해를 선호하지만 나는 이 같은 해석의 가능성과, 이 책에서 내가 보통의 신약성서 회중에서 나타나는 예언의 은사에 관해 주장하는 바와 일치한다는 점을 인정한다.
168. 위의 주 1번을 보라.
169. Jasper Ridley, *John Knox* (Oxford: Clarendon, 1968), 43.
170. Ridley, John Knox, 517. 나는 나의 옛 제자 론 럿겐스(Ron Lutgens)가 그의 논문 "The Reformed Fathers and the Gift of Prophecy"를 보내준 것을 감사한다. 그 논문에서 그는 존 녹스와 다른 개혁주의 저자들에 관한 자료들에 나의 주의를 환기시켰다.
171. Ibid., 519.
172. Byron Curtis, "'Private Spirits' in *The Westminster Confession of Faith* §§ 1.10 and

Catholic-Protestant Debate (1588-1652)," *WTJ* 58 (1996): 257-266.
173. Curtis, "Private Spirits," 264. 커티스에 대한 반론이 후에 Garnet H. Milne, "'Private Spirits' in the Westminster Confession of Faith and in Protestant-Catholic Debates: A Response to Byron Curtis," *WTJ* 61(1999): 101-110에 발행되었다. 밀네는 적어도 '개인적인 영들'이라는 표현이 때로는 성령의 영향 아래 있다고 거짓 주장하는 사람들을 지칭하는 데 사용되었다는 것을 보여주는데 그러나 그것을 커티스가 부인하는 것은 아니다.
174. Adam Loughridge, "Samuel Rutherford," in *New International Dictionary of the Christian Church*, ed. J. D. Douglas (Grand Rapids, Mich.: Zondervan; and Exeter, England: Paternoster, 1974), 867.
175. Ibid.
176. 여기에 나오는 장문의 인용은 세인트 루이스 소재 카비넌트 신학교(Covenant Seminary)의 데이빗 존스(David Jones) 교수가 나에게 보내준 복사본에서 베낀 것이다. 그가 나에게 이 자료에 대해 주의를 환기시키고 그의 복사본을 보내준 데 대해 그에게 감사한다.
177. Curtis, "Private Spirits," 265-266. 길레스피의 *Treatise of Miscellany Questions* (Edinburgh: 1844), 30에서 인용하였음.
178. John Howie, Scots Worthies, 2d edn, ed. Andrew A. Bonar (Glasgow: John M'Gready, n. d.). 이 책은 1775년에 처음 발간되었다. 이 책에 대해 언급하면서 잭 디어 (Jack Deere)는 『스코틀랜드의 명사들』의 초기 간행본들은 일부 스코틀랜드 개혁가들의 '예언'의 은사에 대해 언급했으나 1845년에 윌리엄 맥거빈(William McGavin)이라는 편집자가 '총명한 선견'(sagacious foresight)이라는 말로 표현을 바꾸었다고 지적한다(Jack Deere, *Surprised by the Voice of God* [Grand Rapids, Mich.: Zondervan, 1996], 79.).

나는 펜실베이니아 주 비버 폴스 (Beaver Falls, Pa.) 소재 제네바대학의 딘 스미스 (Dean Smith) 교수께 『스코틀랜드의 명사들』에 있는 자료에 처음으로 관심을 갖게 해 주신 것을 감사드린다.
179. Curtis, "Private Spirits," 265-266. 윌리엄 브릿지의 "Scripture Light the Most Sure Light," *The Works of William Bridge*, 5 vols. (1845; repr., Beaver Falls, Pa.: Soli Deo Gloria, 1989), 1:417-418에서 인용하였음.
180. Richard Baxter, *A Christian Dictionary* (1673; repr., Morgan, Pa.: Soli Deo Gloria, 1996).
181. 백스터는 여기에서 바울이 고린도전서 14:1에서 "신령한 것들을 사모하되 특별히 예언을 하려고 하라"고 한 것과 고린도전서 14:39에서 "예언하기를 사모하며"라고 권장한 것을 무시하고 아마 고려하지 않는 것 같다.
182. Baxter, *Christian Directory*, 722-723.
183. 패커가 그루뎀에게 1997년 9월 9일에 개인적으로 보낸 팩스(허락 받고 인용함).
184. Charles Spurgeon, *The Autobiography of Charles H. Spurgeon: Compiled from his*

Diary, Letters and Records by his Wife and his Private Secretary (London: Passmore and Alabaster, 1898), 2:226-227. 나는 스펄전의 이 인용문과 다음의 인용문에 나의 관심을 환기시켜준 데 대해 Wake Forest 소재 Southeastern Baptist Theological Seminary의 전 총장이신 고 루이스 드러먼드(Louis Drummond) 박사님께 감사드린다.

185. C. H. Spurgeon, *Autobiography*, vol. 2: The Full Harvest: 1860-1892 (repr., Carlisle, Pa.: Banner of Truth, 1973), 60.

186. 이 부록의 시작 부분에서 인용한 럿겐스(Lutgens)의 논문도 마르틴 루터(1483-1546)가 예언을 한다고 주장하는 당시의 열광주의자들을 반대했으나 하나님이 오늘 이 은사를 주실 수 있다고 인정했다는 인용문(*Luther's Works: Sermons* [Lenker edition], 12:190,207)과 존 칼빈(1509-1564)이 하나님은 그 때에 필요하다면 지금 다시 영적 은사들을 다시 활성화시키실 수 있으며 '특별한 계시'로서의 예언은 '오늘날 존재하지 않거나 잘 나타나지 않는' 부류의 예언이라는 인용(Calvin, *Institutes of the Christian Religion* IV.3.4를 인용)문을 제시한다.

예언의 은사가 2세기와 그 이후의 교회에서 계속되었다는 많은 증거는 Gary Shogren, "Christian Prophecy and Canon in the Second Century: A Response to B. B. Warfield," *JETS* 40 (1997): 609-626을 보라.

The Gift of Prophecy